"十四五"高等院校经济管理专业应用型人才培养规划教材

计量经济学

JILIANG JINGJIXUE

季　宇　陈　锐　刘春香◎主　编
田艳芬　刘　敏　王　硕◎副主编

中国铁道出版社有限公司
CHINA RAILWAY PUBLISHING HOUSE CO., LTD.

内 容 简 介

本书系“十四五”高等院校经济管理专业应用型人才培养规划教材，系统地讲解了计量经济学的基础内容，包括一元及多元线性回归模型、多重共线性、异方差性、序列相关性、单方程回归模型相关专题、滞后变量模型、时间序列模型和联立方程模型，并通过案例分析讲述了 EViews 软件的使用，以使学生在实际运用中掌握 EViews 的操作方法，力求简明扼要、通俗易懂，尽可能避免烦琐的数学推导。

本书适合作为应用型高等院校经济管理类专业计量经济学课程的教材，也可作为研究生的入门辅助教材。本书还可供读者自学使用。

图书在版编目（CIP）数据

计量经济学 / 季宇，陈锐，刘春香主编. -- 北京 ：中国铁道出版社有限公司，2025. 2. --（“十四五”高等院校经济管理专业应用型人才培养规划教材）.

ISBN 978-7-113-31835-2

Ⅰ. F224.0

中国国家版本馆 CIP 数据核字第 20241ZU279 号

书　　名：计量经济学

作　　者：季　宇　陈　锐　刘春香

策　　划：贾　星　　**编辑部电话：**（010）63549501

责任编辑：贾　星　贾淑媛

封面设计：高博越

责任校对：苗　丹

责任印制：赵星辰

出版发行：中国铁道出版社有限公司（100054，北京市西城区右安门西街 8 号）

网　　址：https：//www.tdpress.com/51eds

印　　刷：河北宝昌佳彩印刷有限公司

版　　次：2025 年 2 月第 1 版　2025 年 2 月第 1 次印刷

开　　本：787 mm×1 092 mm　1/16　**印张：**15.25　**字数：**380 千

书　　号：ISBN 978-7-113-31835-2

定　　价：45.00 元

前言

本书是为应用型高等学校经济管理类专业学习计量经济学课程而编写的教材。经教育部高等学校经济学学科教学指导委员会讨论决定，计量经济学纳入经济学类所有专业必修的核心课程。经过多年努力，中国高等学校的计量经济学教学有了很大的进展。目前，引进或翻译了许多国外的计量经济学教材，而且国内也编写了很多优秀的教材。经过多年教学实践，大家普遍认为，应该从中国高等学校经济管理类各专业学生的实际出发，合理组织教学内容，在有限的课时内使学生掌握计量经济学的基本理论和方法，培养学生综合分析和解决实际问题的能力。为此编写的计量经济学教材，应注重基本理论的教学，避免繁杂的数学推导，充分利用相关分析软件，以适合于经济管理各专业培养应用型人才的教学使用。

本书借鉴了国内外优秀教材的优点，结合了编者从事计量经济学教学的经验和体会，从经济管理类各专业的实际出发，精选教学内容组织教材。本科阶段的计量经济学课程的目标，应当定位在使学生掌握计量经济研究的最基本方法，并能够运用这些方法解决实际的经济问题。应用型本科院校的计量经济学课程以经典计量经济学的内容为主，适当概要性地介绍一些新发展的方向，以符合经济管理类应用型本科专业教学的实际要求。本书也安排了部分选讲内容，供教学选择使用，跳过这些内容，并不影响对计量经济学基础内容的系统学习。本书注重基本思想、经济背景、基本方法和实际应用，力求简明扼要、通俗易懂，尽可能避免烦琐的数学推导，通过案例分析说明理论方法，将 EViews 软件的学习与各章案例分析有机结合，使学生在实际运用中学习 EViews 的操作方法。

本书由季宇、陈锐、刘春香任主编，田艳芬、刘敏、王硕任副主编。其中季宇编写了第 1～4 章，陈锐编写了第 7～9 章，刘春香编写了第 5、6 章，田艳芬编写了第 10 章，刘敏编写了第 11 章，王硕编写了附录 A。感谢长春大学金融专业在读研究生姜宇豪同学为数据查找与更新做出的有力贡献，使得教材的案例分析、Eviews 操作与习题部分更具时效性。

由于编者水平有限，书中错误在所难免，恳请广大读者批评指正。

编　者

2024 年 9 月

教学建议

一、教学目的

本课程教学的目的在于让学生掌握计量经济学的基本原理与知识，主要包括满足经典假设条件的计量经济学模型、放宽经典假设条件的计量经济学模型、虚拟变量等专题、联立方程模型及时间序列计量经济学模型等内容，要求学生熟练掌握计量经济学的基础知识，能够运用计量经济模型分析经济现象，要求学生掌握用 EViews 软件完成相应数据处理的方法。

二、先修课程

前期需要掌握微观经济学、宏观经济学、微积分、线性代数、概率论与数理统计等知识。

三、课时分布建议

教学内容	学习要点	课时安排		案例使用建议
		MBA	本科	
第 1 章 绪论	(1)了解计量经济学的概念、历史和发展 (2)了解建立计量经济学模型的基本步骤 (3)了解 EViews 软件的基本操作	2	3	
第 2 章 一元线性回归模型	(1)了解相关分析与回归分析的概念 (2)了解总体回归函数和样本回归函数的概念，理解函数形式和参数的经济意义 (3)理解最小二乘法的思想、最小二乘估计量的性质 (4)掌握判定系数的概念和意义，掌握参数显著性检验的概念、步骤及意义 (5)理解点预测和区间预测 (6)掌握本章涉及知识点的 EViews 操作	6	8	案例分析 1
第 3 章 多元线性回归模型	(1)了解多元线性回归模型的概念 (2)掌握多元线性回归模型的参数最小二乘估计量的性质 (3)掌握多元线性回归模型的统计检验及模型参数受约束的 Wald 检验 (4)掌握非线性回归模型代换法 (5)掌握本章涉及知识点的 EViews 操作	4	6	案例分析 2

续表

教学内容	学习要点	课时安排		案例使用建议
		MBA	本科	
第4章 多重共线性	(1)理解多重共线性的概念、原因和后果 (2)掌握多重共线性的检验 (3)掌握多重共线性的解决方法 (4)掌握本章涉及知识点的 EViews 操作	2	3	案例分析 3
第5章 异方差性	(1)理解异方差性的概念 (2)掌握异方差性的检验 (3)掌握异方差性的解决方法 (4)掌握本章涉及知识点的 EViews 操作	3	4	案例分析 4
第6章 序列相关性	(1)理解序列相关性的概念 (2)掌握序列相关性的检验 (3)掌握序列相关性的解决方法 (4)掌握本章涉及知识点的 EViews 操作	3	4	案例分析 5
第7章 单方程回归模型的几个专题	(1)理解虚拟变量的概念 (2)掌握虚拟解释变量模型 (3)了解虚拟被解释变量 (4)了解工具变量法 (5)掌握本章涉及知识点的 EViews 操作	4	5	案例分析 6
第8章 滞后变量模型	(1)理解滞后变量的含义 (2)掌握滞后变量模型估计方法和检验 (3)掌握本章涉及知识点的 EViews 操作	4	4	案例分析 7
第9章 时间序列模型	(1)理解时间序列模型的基本概念 (2)掌握时间序列的平稳性检验 (3)掌握协整分析、误差修正模型 (4)掌握 Granger 因果关系检验 (5)掌握本章涉及知识点的 EViews 操作	5	6	案例分析 8
第10章 联立方程模型	(1)理解联立方程模型的基本概念 (2)掌握联立方程模型的识别方法 (3)掌握联立方程模型的估计方法 (4)掌握本章涉及知识点的 EViews 操作	5	5	案例分析 9
课时总计		38—48		

说明：

(1)在课时安排上，经济学专业安排 48 课时，其中含有 8 课时的实验，MBA 可以是 36 个课时加 6 课时的实验，或者 48 个课时含 8 课时的实验；管理专业本科生和非管理专业本科生是根据 42 个课时安排，含有 6 课时的实验。

(2)讨论、案例分析等时间已经包括在各个章节的教学时间中。

目录

第1章　绪　　论

教学目标

通过本章的学习，对计量经济学的产生、发展、内容、基本概念、研究方法以及 EViews 软件的使用有一个基本了解。

教学要求

了解计量经济学的产生、发展、内容及其与相关学科的关系；理解掌握计量经济学的基本概念和研究方法；掌握 EViews 软件的基本功能、主要功能菜单和主要命令。

1.1　计量经济学概述

1.1.1　计量经济学的概念

英文“Econometrics”最早是由挪威经济学家、首届诺贝尔经济学奖获得者拉格纳·费里希(Ragnar Frisch)仿照生物计量学(Biometrics)一词构造出来的，中译名有两种，一种译为“经济计量学”，另一种译为“计量经济学”。经济计量学是由英文直译得到的，该译法强调该学科的主要内容是经济计量的方法，是估计经济模型与检验经济模型，试图从名称上强调它是一门研究经济计量方法论的学科。译成计量经济学则是表明该学科主要研究的是用经济计量方法来解决经济规律如何进行定量表述的问题，试图通过名称强调它是属于经济学科，而且是应用经济学的一个分支学科。虽然译法不同，但在内容上都是一致的，都是研究经济学的方法论，研究这些方法在实际经济问题中的应用。教育部在 1998 年确定高等学校经济学门类专业核心课程时，采用的是“计量经济学”的译法，本教材采用译法“计量经济学”。

计量经济学的创立者费里希在 1933 年所写的 *Econometrics* 杂志发刊词中，给出了什么是计量经济学的描述：“用数学方法探讨经济学可以从好几个方面着手，但任何一个方面就其本身来说都不应该与计量经济学混为一谈。计量经济学与经济统计学绝非一码事；它也是不同于我们所说的一般经济理论，即使经济理论中有很大一部分具有一定的数量特征，也不应该把计量经济学与在经济中应用数学看成一样的。经验表明，统计学、经济理论和数学三方面观点之一分别是实际理解现代经济生活中数量关系的必要条件，但任何一种观点本身不是充分条件，这三者的结合才是强有力的工具，正是由于这三者的结合才构成了计量经济学。”对于这一描述，著名的计量经济学家邹至庄进一步解释道：“计量经济学就是从经济理论出发，根据以往的经济统计资料，运用数理统计的分析方法建立经济计量模型，并据以对经济系统进行结构分析、经济预测和政策评价的科学。”

1.1.2 计量经济学与其他学科的关系

计量经济学虽然是经济学、数学和统计学三者的结合，但更确切地说，是由数理经济学、经济统计学和数理统计学结合形成的新学科，计量经济学与它们之间的关系可以通过图 1.1 反映出来。由图 1.1 可知，经济学与数学结合形成了数理经济学，经济学与统计学结合形成了经济统计学，数学与统计学结合形成了数理统计学。数理经济学、经济统计学与数理统计学结合形成了计量经济学，这些学科都有其独立的研究对象和特点，它们之间既有区别也有联系。弄清了计量经济学与这些学科的关系，也就弄清了计量经济学研究的范畴。

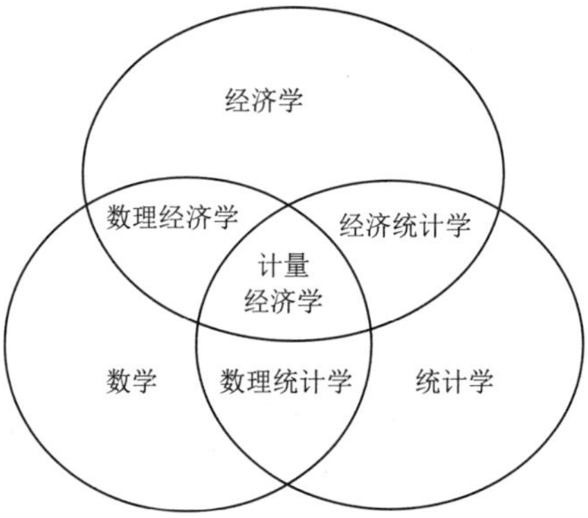

图 1.1　计量经济学与有关学科的关系

经济学是一般经济现象的理论抽象，经济学是运用逻辑推理的方法对经济现象用文字加以描述，大多数具有定性的性质，并没有提供具体的数量关系。例如，反映商品的价格与其需求量之间关系的需求定理，其基本内容是：在其他条件不变的情况下，商品的需求量与其价格之间成反方向变动，即需求量随着商品本身价格上升而下降，随着商品本身价格下降而上升。经济学理论说明的经济规律，是计量经济学分析经济数量关系的理论依据。

数学与经济学结合形成了数理经济学，数理经济学是采用数学符号或公式来表示经济理论或者说是将经济理论数学公式化，属于理论经济学的范畴。数理经济学侧重研究经济的定理方面，它仅是用数学形式表达经济理论，并不关心经济理论的可测性，它和一般经济学理论并无本质区别，因此，上述需求定理可写成如下数理关系：

$$Q=\beta_0+\beta_1 P \tag{1.1}$$

式中：Q 表示商品的需求量；P 表示商品的价格。式(1.1)表述了需求量和价格的确定性关系，可称为数理经济模型。

然而，经济生活的实践告诉我们，影响商品需求的并非只有价格一种因素，还可能受相关商品的价格、消费者的收入、消费者的爱好以及气候情况等其他因素的影响。为了反映所有这些其他因素对需求量的影响，计量经济学引入一个随机变量 μ，用以反映数理经济学模型中未考虑的所有非主要因素的影响，构建如下模型：

$$Q=\beta_0+\beta_1 P+\mu \tag{1.2}$$

这就是一个简单的计量经济模型。这就将数理经济模型所描述的确定性关系转化为表示不确定性关系的计量经济学模型。可以说，数理经济学为计量经济学提供了理论模型，计量经济学是数理经济学的具体应用和发展。

计量经济学与经济学、数理经济学的不同之处就在于：它引入了适合实际经济现象的随机因素 μ，μ 称为随机干扰项，式(1.2)也因之称为随机关系式。它虽然用数学形式表达经济关系，这些经济关系不是确定性的，它要研究随机干扰项 μ。对于随机干扰项 μ，假设 μ 服从于一定的概率分布，可以利用概率统计的方法和实际经济统计资料，对方程的参数[如式(1.2)中的 β_0 和 β_1]进行估计，确定变量之间的具体数量关系。研究如何运用和改进概率统计方法，使其适合于经济关系的计量问题，是计量经济学的基础研究范畴。

经济统计学是描述经济现象的数量表现，如式(1.2)涉及的两个变量 Q 和 P 的具体数值是多少，它们的变化特征是什么。经济统计学所提供的数据，其本身也是对经济现象的一种度量，只是侧重于描述。经济统计学提供的统计数据，是计量经济学估计参数、验证经济理论的原始资料。两者区别在于：经济统计学主要用统计指标和统计分析方法对经济现象进行描述；而计量经济学则主要通过模型，利用数理统计方法对经济变量之间相互关系涉及的参数进行计量，并对经济变量之间的数量关系加以验证。

数理统计学是计量经济学的方法论基础，两者的区别在于：数理统计学是抽象地研究一般随机现象的统计规律性，在一定标准假设下(如独立同分布的假设)，一般随机变量的概率分布特性，以及特征数的估计和推断；计量经济学却是从具有一定经济内容的经济模型出发，研究模型参数的估计和推断，如对式(1.2)中的参数 β_0 和 β_1 进行估计和推断。因此计量经济学所估计和推断的参数都具有特定的经济意义。这说明计量经济学是经济学科，而不是数学。此外，数理统计方法总是建立在标准假定条件下的，可是经济现象异常复杂，只能依赖于不能直接控制的统计观测数据，而这些统计数据又不可避免地可能含有测量误差，这样数理统计中的许多假定条件，在实际的计量经济分析中经常不能满足，从而使得古典的统计方法不再适用，这就需要建立一些专门的经济计量方法。由此可见，计量经济学并不是数理统计方法的简单应用，但它为经济关系中随机因素的研究提供了一种方法。

综合上述，计量经济学是以一定的经济理论为指导，对经济理论提出的经济关系，通过建立计量经济模型，以实际统计数据为依据，运用数学和数理统计方法及计算机技术，对具有随机性特征的经济变量之间的关系进行定量分析的一门经济学科。

1.1.3 计量经济学的特点

1. 计量性

传统经济理论研究主要是定性分析，虽然有量的概念和计量分析，但不处于主要地位。计量经济学都是以客观数据为基础，定量分析经济现象，用具体的数学关系式表达经济规律。

2. 模型化

计量经济学研究经济规律的主要手段是建立计量经济模型，运用模型表示经济规律，验证和发展经济理论，通过对模型参数的分析来评价经济政策和决策，利用模型预测未来。建立和运用计量经济模型，是计量经济学的核心。

3. 随机性

由于客观经济现象普遍存在随机性，所以计量经济学模型有随机项的设定，并且对随机项的性质和影响进行深入分析、估计和检验。这就使计量经济学模型能够比较真实地反映客观经济实际，比较正确地表示客观经济规律，比较准确地预测经济活动的未来。

4. 实证性

计量经济学不是从概念出发，搞纯理论的分析研究，而是从先验的理论或经验出发，建立计量模型，然后依据客观存在的经济数据对模型进行估计、检验、修正，从而检验经济理论。这种通过实践验证和发展经济理论的研究方法，是计量经济学取得成功的关键所在。

1.1.4 计量经济学在经济学科中的地位

计量经济学是经济学科领域中的一门应用学科，是应用经济学的一个分支，是经济类专业三门核心课程(另两门是"微观经济学"和"宏观经济学")之一。著名计量经济学家、诺贝尔经济学奖获得者克莱因(Klein)在《计量经济学教科书》序言中道："计量经济学已在经济学科中居于重要地位，……在大多数大学和学院中，计量经济学的讲授已成为经济学课表中最具权威的一部分。"著名美国经济学家、诺贝尔经济学奖获得者萨缪尔森(P. A. Samuelson)曾经说过："第二次世界大战后的经济学是计量经济学的时代。"

一般认为，自1969年诺贝尔经济学奖的设立以来，获奖的经济学家中近3/4都与计量经济学密切相关，近20位担任过世界计量经济学会会长。直接因为对计量经济学的创立和发展作出贡献而获奖者达到15人。他们或者是在计量经济学理论方面作出了重大贡献，或者是利用计量经济学理论和方法解决经济问题取得了杰出成就。1969年，诺贝尔经济学奖首次颁给创立计量经济学的拉格纳·费里希和推广应用计量经济学并建立第一个用于研究经济周期理论计量经济学模型的荷兰经济学家简·丁伯根(Jan Tinbergen)，表明计量经济学已成为经济学发展的趋势。以美国经济学家詹姆士·赫克曼(Jams Heckman)的"选择性样本数据分析理论和方法"和丹尼尔·麦克法登(Daniel L. McFadden)的"对自由选择定位进行分析的理论和方法"在2000年获得诺贝尔经济学奖为标志，计量经济学的发展正从宏观研究转向微观研究，即研究大量的个人、家庭或企业的微观数据及信息的计量分析方法，为经济学家研究微观主体的经济活动提供了有效的实证分析方法。这些足以说明计量经济学属于经济学，而且在经济学科中占据极其重要的地位。

1.1.5 计量经济学的产生和发展过程

1. 计量经济学的奠基时期

计量经济学的产生源于对经济问题的定量研究，早在17世纪后半期，英国古典经济学家威廉·佩蒂(William Petty)的书《政治算数》中，最早用"数字、重量和尺度"来阐明经济现象，马克思给予高度评价，认为他是统计学的创始人，后来，熊彼特又赋予它计量经济学开拓者的地位。

到19世纪，法国经济学家古诺(A. A. Cournot)在1838年出版的《财富理论的数学原理》一书中，首次用函数形式表达了需求与价格之间的关系，提出了需求函数 $Q=f(P)$，虽然古诺的理论还是比较抽象的，没有列出函数关系的具体形式及其所表述的数字关系，但他提出用数学语言描述经济规律的思想使他成为数理经济学的公认始祖。

1874年，瑞士洛桑大学教授、法国经济学家瓦尔拉斯(Leon Walras)在《纯粹政治经济学纲要》一书中创立了“一般均衡理论”，他认为经济上各种现象有彼此互相制约、互相影响和互相依存的关系，他用数学公式把商品的供给和需求，把生产、货币以及商品的价格完全用若干个联立方程表示出来，整个经济现象就像解联立方程那样，把各个经济变量结合在一起，才能确定经济变动的原因和结果。此后，他的继承者意大利经济学家帕累托(V. Pareto)发展了一般均衡理论，并用几何图示法研究经济变量之间的关系。在此基础上，1890年马歇尔(Alfred Marshall)出版了他的《经济学原理》，其中用较多篇幅介绍数学方法在经济学中的应用，并提出了“局部均衡论”，至此，数学方法已成为当时西方经济理论研究中不可缺少的描述和推理的重要工具，于是，数理经济学进入了新的发展阶段，从而为计量经济学的产生奠定了初步的理论基础。

2. 计量经济学的产生和形成

计量经济学是适应社会经济发展的需要而产生的。19世纪后期资本主义社会由自由资本主义向垄断资本主义过渡，周期性的经济危机不断深化，到20世纪20年代末至30年代初，爆发了世界性的经济大危机，使西方经济学关于资本主义市场经济能够自行调节、保持“均衡”发展的传统理论陷于破产。为了摆脱困境，许多国家广泛采用计量经济学理论和方法进行市场供需研究、商业循环预测和政策分析等，试图从加强政府对经济的干预和宏观管理上来寻求克服危机的措施。同时，由于这一时期社会产品的生产、销售已大部分集中于少数垄断组织手中，垄断资本家为了竞争取胜和获取高额利润，要求对市场需求、产品产量、产品价格等经济变量关系进行具体的研究和计量。随着数学方法在经济理论运用上的不断深入，计量经济学应运而生。1926年挪威经济学家弗里希提出了“计量经济学”的名称，为这门学科的建立打下了基础。接着，1929年美国经济学家穆尔出版了《综合经济学》一书，描述经济周期、工资率变化和商品需求等经济现象的数量关系，并建立了有关的经济模型，1930年弗里希出版了《运用完全回归系统的统计合流分析》一书，进一步深化了计量经济学的定量分析技术，被推崇为计量经济学的经典著作，为计量经济学的初步形成和发展奠定了基础。在计量经济学初步形成的基础上，1930年12月29日，弗里希、丁伯根和费歇尔(I. Fisher)等经济学家在美国克利夫兰市成立了“计量经济学会”，这是个国际性组织，其宗旨是要“促进对经济问题达到理论数量探讨和经验数量探讨相结合的目的”。并决定从1933年起，以计量经济学会的名义定期出版 *Econometrica* 杂志。这些可以看作是计量经济学作为一门新兴的独立经济学科确立的标志。从此，计量经济学以美国为中心，在西方资本主义国家迅速地发展，并得到广泛的应用。

3. 计量经济学的发展

90多年来，计量经济学理论和应用取得了长足的进展。在发展初期的十多年中，主要用于研究微观经济学。如柯布(C. Cobb)和道格拉斯(P. Douglas)关于产出与投入要素之间关系的研究；舒尔兹(H. Schultz)在消费理论和市场行为方面的研究；丁伯根在经济循环方面的研究以及弗里希对需求弹性的测定，都为计量经济学的发展做出了卓有成效的贡献。

1935年，丁伯根建立了世界上第一个宏观经济模型，开创了计量经济学以研究微观经济模型为主转向建立宏观经济模型的新阶段。1936年，凯恩斯的《就业、利息和货币通论》一书问世，书中提出了政府干预经济运行理论和需求决定理论，并提出经济总量倚于消费需求的基本模型，为建立联立方程模型并用其描述、解释经济现象提供了重要的理论依据，成为这一时期计量经济学研究的重要理论基础。

20世纪40年代，计量经济学迈进了新境界，学者们致力于经济理论的模型化及数学化的研究，并将统计推断应用到计量经济学上。代表人物是挪威的著名经济学家、1989年诺贝尔经济学奖获得者哈维尔莫(T. Haavelmo)，其代表作是1944年出版的《经济计量学的概率论方法》，建立了计量经济学方法论的基础。第二次世界大战以后，计量经济学在西方各国的影响迅速扩大，已发展成为西方经济学的一个重要分支，正如萨缪尔森所说的那样，第二次世界大战后的经济学是计量经济学的时代，而他的《经济分析基础》成为这一时期计量经济学研究的重要理论基础。

20世纪50年代，计量经济学的研究重点是宏观经济学，泰尔(H. Theil)提出了二阶段最小平方法，这个方法是联立方程模型参数估计的重要方法，对计量经济学的发展颇有建树。在应用方面，美国著名经济学家克莱因首次将凯恩斯的总量分析理论与计量经济方法相结合，相继发表了《美国经济波动(1921－1941)》《美国的一个计量经济模型(1929－1952)》，推动了宏观经济模型的应用与发展，使宏观计量经济模型在国民经济管理中的意义和作用与日俱增。

20世纪60年代是计量经济学的起飞阶段，阿尔蒙(S. Almon)提出了有关滞后分布的新处理方法，物理学中的光谱分析也被应用于计量经济学研究，同时有关非一次式模型的许多问题也被解决，这些都显示出了计量经济学的体系已经相当严密，其理论日益巩固。这时，计算机技术的快速发展和普及以及计算方法的不断改进和软件的深层开发，使得处理数据、建立模型更为方便，也使得大量的计量经济模型得以建立和应用，促进了计量经济学理论与应用的发展。

20世纪70年代，石油危机引发的世界经济衰退，使以概率论为框架和联立方程为主要内容的经典计量经济学固有缺陷受到严峻挑战，计量经济学的一场新方法论的改革开始，对模型估计和检验的方法研究转向对模型设定的方法论探讨。英国伦敦经济学院的萨根(D. Sargan)率先将误差修正模型形式运行于计量经济模型，为模型的理论假设提供了方便的计量检验形式，萨根所倡导的从一般到简单为原则的动态模型设定的新方法在20世纪70年代中期迅速发展。

20世纪80年代以来，在西方出现了经济的经验研究大爆发。计量经济理论和技术得到长足发展。研究的范围更加扩展，内容更加深入，应用更加广泛，现已形成了庞大的学科体系，使计量经济学在理论和应用上迈入了一个新阶段。

在理论方面，非经典计量经济学理论有了新的突破。1983年，格兰杰(Clive Granger)提出了协整概念和方法，在此基础上，英国牛津大学教授韩德瑞(D. F. Hendry)提出并建立了动态计量经济学，使计量经济学形成了一个新的理论体系。随后，金融计量经济学、非参数计量经济学、微观计量经济学、空间计量经济学等形成和发展，极大地丰富了计量经济学的理论。

从方法论看，非线性方法、随机过程方法、对策论方法、贝叶斯方法、最优化方法等现代数学、统计学的新方法相继被引入计量经济分析之中，使计量经济学方法得到不断丰富和完善，为现代经济发展奠定了良好的基础。

在应用方面，应用领域由传统的生产函数、需求函数、消费函数、投资函数和宏观经济模型转向金融市场、工资、福利、国际贸易、经济周期波动、科技进步、经济增长方式转变、产业结构调整等新的研究领域。应用重点也从经济预测转向经济理论假设和政策假设的检验，即更注重实证研究。在宏观计量经济模型的研制和应用方面，涉及的范围越来越广，目前有一百多个国家编制了不同的计量经济模型，模型也由国家经济模型逐步发展到地区经济模型乃至世界经济模型，并广泛利用宏观计量经济模型进行经济预测、拟定计划和提出经济政策建议；模型的规模也越来越大；涉及生产、需求、价格、收入等经济生活的各个方面，形成完整的有机模型系统，无论在经济预测还是在政策分析及决策方面都发挥了更大的作用。另一方面，对企业与个人的各种行为的微观经济计量分析在 20 世纪 80 年代开始活跃起来，并成为现代计量经济学最具活力的一个方向；到了 20 世纪 90 年代以后，由于金融对各国经济作用的加强，计量经济模型的应用又侧重于金融风险与控制、投资风险与控制和信用风险与控制，以及国际收支等现实问题的研究，并成为计量经济学研究前沿的一个新亮点。

4. 我国计量经济学的起步及发展

我国在 1978 年以前曾断断续续开展了一些经济数量方法的研究。20 世纪 50 年代后期，在著名经济学家孙冶方、刘国光、于光远和著名数学家华罗庚教授的积极倡导下，经济数学方法的研究和应用得以推动。1960 年，中国科学院经济研究所国民经济平衡研究室成立了经济数学研究小组，数学研究所运筹学研究室成立了经济组。1961 年，经济研究所和数学研究所就共同推动经济数学方法的研究和应用签订了合作协议，以华罗庚教授为首的一大批科学家在全国范围内大力推广优选法、统筹法(简称“双法”)，取得巨大的经济效益。

1978 年以后，我国计量经济学的研究和应用有了新的起步。1979 年，在中国科学院和中国社科院两个经济数学研究小组的基础上成立了数学经济学会。1980 年，应中国社会科学院的邀请，以克莱因教授为团长的美国经济学家七人代表团来到北京，在颐和园举办了为期七周的“经济计量讲习班”，有 100 多名学者和经济工作者得到了经济计量学理论和应用方面的培训，对我国计量经济学的研究起到了很大的推动作用。这批人后来成为计量经济学的学术骨干和学术带头人，随后，各高校相继开设了计量经济学课程。最初，各高校只是在经济类研究生中开设，到 20 世纪 90 年代初期，许多高校的本科生也陆续开设了“经济计量学”课程，1995 年，国家教委审核通过了计量经济学教学大纲，1998 年 7 月，教育部确定了高等学校经济学专业的八门共同核心课程，首次将计量经济学列入其中，从此，“计量经济学”也就成了经济学专业的必修课之一，这是我国经济学科教学走向现代化和科学化的重要标志。需要特别说明的是，我国的数量经济学(quantitative economics)是经济科学的一个重要的组成部分，它应用数学方法和电子计算机来研究经济中的定量问题。一般认为它是更加广泛的经济学科，是用数学方法分析研究经济现象和过程的各种学科的总称，可以包括数理经济学、计量经济学、经济统计学、经济预测学、投入产出分析、经济最优化理论和方法、经济系统论、经济控制论、经济信息论等，所以计量经济学是数量经济学的重要组成部分。

1.2 建立计量经济模型的基本步骤

1.2.1 理论模型的建立

经济模型是对经济现象或过程的一种数学模拟，建立模型就是对所研究的经济活动进行深入分析，根据研究目的，选择模型中将包含的变量，并根据经济行为理论和样本数据所显示出的变量之间的关系，建立描述这些变量间关系的数学表达式，这是经济计量研究的第一步，也是整个经济计量分析过程中最关键的一步。经济模型类型很多，其中的经济计量模型是一种代数方程式形式，一个经济计量模型中有很多构成因素，许多因素在不同的时间和空间会有不同状态，会取得不同的数值，这类因素称为经济变量；另外，模型中还会有一些相对稳定的因素，这些相对稳定的因素的全体决定了经济结构的基本特征，这些因素称为结构参数或参数。变量和参数的主要区别在于变量是经常变的，参数在一定的经济条件下是相对稳定的；变量可以直接通过观测取得其数值，参数的数值不能通过直接观测取得，需要通过一定的方法去估计，参数在估计之前是特定的未知量。所谓建立模型，就是把所研究的经济变量的相互依存关系，用参数联系起来，使之成为能反映变量内在依存关系的方程体系。

模型设定阶段的具体工作包括：①确定模型包括哪些变量，哪些变量是因变量，哪些变量是自变量；②确定模型函数的数学形式，是线性的还是非线性的；③模型包括几个参数，它们的符号（正或负）如何，以及它们之间的关系如何。

1. 确定模型所包含的变量

计量经济学方法，是定量分析经济活动中各因素之间的因果关系。所谓因果关系，是指两个或两个以上变量在行为机制上的依赖性，即指一个（或一组）变量直接影响、决定另一个变量的水平，不仅表现在数值上，而且有相应的经济意义。作为结果的变量是由作为原因的变量决定的，原因变量的变化引起结果变量的变化。因果关系有单项因果关系和互为因果关系之分。如果选择了某一变量作为“果”，那么重要的是正确地选择作为“因”的变量。在单方程计量经济学模型中，前者被称为“被解释变量”，是作为研究对象的变量；后者被称为“解释变量”，是说明被解释变量变动的原因的变量，即被解释变量的影响因素。如需求模型 $Q=\beta_0+\beta_1 P+\mu$ 中的 Q 为被解释变量，P 为解释变量。但单方程计量经济模型只能反映变量之间的单向因果关系，若要反映经济变量之间的相互依存、互为影响的双单向因果关系，就要将多个方程有机结合起来，构成联立方程模型系统。其中由模型系统内部因素决定的变量称为内生变量，内生变量的变化是模型内其他变量变动的结果。而由模型系统之外的其他因素决定的变量称为外生变量，它的变化是模型外的因素决定的，这些变量的数值通常是已知的，它们在模型中当作决定因素。

在计量经济学模型中，外生变量数值的变化影响内生变量的变化，而内生变量的变化却不能反过来影响外生变量，如根据宏观经济学建立的联立方程模型：

$$\begin{cases} C_t=\alpha_0+\alpha_1 Y_t+\mu_{1t} \\ I_t=\beta_0+\beta_1 Y_t+\beta_2 Y_{t-1}+\mu_{2t} \\ Y_t=C_t+I_t+G_t \end{cases} \tag{1.3}$$

式中：C_t、I_t、Y_t 为内生变量；G_t 为外生变量。此外，把反映经济关系中过去时期经济行为的变量，即模型中取前期值的变量称为滞后变量，如式(1.3)联立方程模型中的 Y_{t-1}，滞后变量又分为滞后内生变量和滞后外生变量。将外生变量和滞后变量统称为前定变量或先决变量，意即指在求解之前其取值已经事先确定的变量。除了客观存在的经济变量以外，为了区别经济活动的类型，有时还可以人为地构造虚拟变量作为解释变量。

建立经济计量模型，就是根据前定变量数值来解释本期的内生变量的数值。内生变量一般来说是未知的，有多少个内生变量，就有多少个方程，因此在区分了这些经济变量之后，就要根据经济理论的判断以及需要与可能，把这些变量之间的关系用数学方程表示出来。

2. 确定模型的数学形式

选择了适当的变量，接下来就要选择适当的数学形式描述这些变量之间的关系，这就是理论模型的建立，模型建立的主要依据是经济行为理论。也就是说，对某些可以计量的经济现象加以抽象，区分出各个不同的变量，建立一个方程或方程体系，借助方程体系表明经济变量之间的相互关系，说明经济体系的运行情况，这一阶段是计量经济学研究中重要的一步，但也是比较困难的一步，常常是计量经济学中最薄弱的环节。但计量经济学者一方面可以利用数理经济学家提出的数理方程式，并使这些方程式成为有助于经济检验的形式，把这种数理方程式转变为计量经济方程式，需要有大量的独创性和检验技巧；另一方面，根据样本数据做出解释变量与被解释变量之间关系的散点图，由散点图显示的变量之间的相关关系来确定模型的数学形式。

在某些情况下，如果无法事先确定模型的数学形式，那么就采用不同的形式进行模拟，然后选择模拟结果较好的一种。常见的模型类型有以下六种：

(1)宏观模型和微观模型。按模型反映的客体范围划分，若涉及局部范围，某个企业、部门、地区内部各方面的关系，称作微观经济模型；若涉及总体、全局各方面的关系，则称为宏观经济模型。

(2)静态模型和动态模型。按模型中的变量是否和时间有关划分，若只涉及同一时间的有关变量，与时间无关，称作静态模型；若与时间有关，则称作动态模型。

(3)行为方程与技术方程。按模型反映的经济现象发生的原因划分，若由于某些单位、部门、居民的经济行为而发生的经济现象，表示这类关系的方程，称为行为方程，如货币供给方程：

$$M = a_0 + a_1\mathrm{GDP} + a_2 r + \mu \tag{1.4}$$

式中：M 为货币供给量；GDP 为国内生产总值；r 为利率。

由科学技术水平可能确定的物质生产技术关系的方程式叫技术方程，如柯布-道格拉斯生产函数：

$$Y = AL^{\alpha}K^{\beta} \tag{1.5}$$

式中：Y 为产出量；L 为投入劳力；K 为投入资金；A、α、β 为待定参数。

(4)恒等式方程与随机方程。恒等式方程一般是用来说明有关的定义或者描述均衡条件的方程，不包括随机干扰项，属于确定性方程。如制度方程和定义方程，前者指根据法律制度或政府政策确定的经济变量之间的数量关系，例如，销售税金(T)＝销售税率(t)× 销售收入(Y)，其中销售税率(t)是由政府制度明确规定的，这是制度方程。后者指根据经济理论或假定确定的有关经济变量之间关系的定义，一般用公式或恒等式表示，如表示需求量和供给量相等的

方程 $Q^d = Q^s$ 。把包括随机干扰项的方程称为随机方程,它是计量经济学研究的主要对象。

(5)线性模型和非线性模型。按照模型结构的函数形式划分,若模型结构是线性方程,如式(1.4)货币供给方程,则称为线性模型;若模型结构是非线性方程,则称为非线性模型,有些非线性方程通过适当的数学变化,可以化成线性方程,这类模型也称作线性模型,如式(1.5)柯布-道格拉斯生产函数,两边取对数,即化为线性结构:

$$\ln Y = \ln A + \alpha \ln L + \beta \ln K$$

(6)单一方程模型与联立方程模型。从形式上分,若模型中仅用一个方程来描述某一经济变量(作为被解释变量)与引起这个变量的各因素(作为解释变量)之间的关系,称为单一方程模型。由多个方程组成的计量经济学模型称为联立方程模型。

3. 拟定模型中待估参数的理论期望值

对于模型中的待估参数,它们的符号、大小以及它们之间的关系,在很多的情况下,可以根据对所研究经济活动的认识加以确定,并用以检验模型的估计结果。

例如,对柯布-道格拉斯生产函数:$Y = AL^{\alpha}K^{\beta}$,其中待估参数为 A 、α 、β 。显然,根据人们对生产活动的认识,A 应是大于 0 的数,不可以为负;α 和 β 分别表示资本 K 和劳动 L 的产出弹性,它们应该是 0 和 1 之间的数。

总之,一个经济计量模型,应当具有以下基本条件:要有科学的理论依据,建立模型时必须对客观经济现象的相关关系作科学理论分析,使模型真实地反映经济现象之间的依存关系;方程中的变量一般有可观测性,只有可观测的变量,才可能取得实际的统计资料,也才可以用来估计参数;所构造的方程必须有解,特别是在建立联立方程模型时要使内生变量的数目与方程个数相等,而且方程形式要尽可能的简洁,模型中还应包含随机误差项;模型的建立是计量经济学研究中很关键的步骤。建立模型既讲究科学,又讲究艺术,一个好的模型的建立,要遵守基本的理论原则,要对现实经济现象有充分的了解,要掌握必要的专业知识,也要应用适当的方法。建立模型可以借鉴国内外计量经济研究的成功实例,但主要还是靠自身的实践。

1.2.2 数据的收集

建立了理论模型之后,接下来的任务是根据理论模型中变量的含义、统计口径收集并整理样本数据。

1. 数据的分类

数据是通过收集每个单位的各个变量的指标而获取的,为某一单位而收集的数据值的集合称为观察值。按与时间的关系,数据可分为时间序列数据、截面数据及混合数据。

(1)时间序列数据(time-series data)。按时间前后排列的若干个时期内所收集到的数据称为时间序列数据,也称动态数列数据,主要来源于定期报表资料,时间频率可以是年、季、月、日等,如历年国内生产总值、每季的货币供给量、每日股票指数等,时间序列数据是计量经济模型应用最多的数据形式。

(2)截面数据(cross-section data)。在同一时期或同一时点截面上某一变量在不同空间的观测数据称为截面数据。主要来源于专门调查,不同空间可以是不同的地理区域,也可以是不同的行业、部门或个人。例如,同一时间不同家庭的收入和消费支出。

(3)混合数据(pooled data)。是指既有时间序列数据又有截面数据的数据。例如,20 年间10个国家有关失业率方面的数据集合就是一个混合数据。每个国家的20年间的失业率数据是时间序列数据，而20个不同国家每年的失业率数据又组成截面数据。在混合数据中有一类特殊的数据，称为面板数据(panel data)或纵向数据。这种数据是指对不同时刻截面个体作连续观测所得到的多维时间序列数据。例如，我国城市居民家计调查，在每一时期的调查中，许多同样的家庭被调查，以观察自上一次调查以来，其家庭收入与支出的情况是否有变化。纵向数据就是通过重复上述过程得到的，它可以对研究家庭行为的动态化提供非常有用的信息。而且纵向数据也是计量经济学的重要研究内容之一。

(4)虚拟变量数据。虚拟变量数据经常被用在计量经济模型中，用来表示某些定性现象，如政策、条件等因素。通常取值为1或0，表示某种属性或特征是否存在。

2. 选择数据的出发点及数据来源

选择数据，除了考虑数据的可提供性以外，还必须考虑数据的可用性，这些都与模型研究的目的、长短期及参数估计方法有关。成功的计量经济研究需要大量高质量的数据。一些宏观数据，可以从国家统计局每年出版的《中国统计年鉴》以及各省市统计局出版的统计年鉴中获得，也可以从中央各主管部门出版的各种专业统计年鉴获得。一些微观数据，一方面需要通过各公司内部收集和整理，另一方面可以通过抽样调查获得。最新数据通过访问中国经济信息网即中经数据网、国家统计局的中国统计信息网等网站获得相关数据。近年来出现了一些数据库公司，如CCER中国经济金融数据库、Wind数据库等，通过付费可及时得到大量有效经济数据。

3. 样本数据的质量要求

样本数据质量的好坏与样本数据的完整性、准确性、可比性和一致性有着密切关系。

(1)完整性。即模型中包含的所有变量都必须得到相同容量的样本观测值。这既是模型参数估计的需要，也是经济现象本身应该具有的特征。但现实中往往有数据的遗失，对于少数遗失数据必须采用科学的方法，人为地补充以达到完整。

(2)准确性。包括两个方面的含义：一是必须准确反映它所代表的经济主体的状态；二是必须是模型研究中所要求的数据。前一方面是显而易见的，它要求统计数据或调查数据本身是准确的；而后一方面则容易被人们忽视，它要求研究人员准确地选择应用数据。

(3)可比性。也就是通常所说的数据口径问题，在计量经济模型研究中可以说无处不在。而人们可以得到的经济计量数据，却具有比较差的可比性。其原因在于统计范围口径的变化和价格口径的变化，必须进行处理后才能为研究所用。计量经济方法，是从历史数据或同一时间截面的不同点的数据中寻找其内在规律性，如果数据是不可比的，当然找出的规律并不反映经济活动本身的固有规律。

(4)一致性。即母体与样本的一致性。它是指样本数据的来源与被估母体应属同一个母体，计量经济学模型的参数估计，从数学上讲，是用从母体中随机抽取的个体样本估计母体的参数，那么要求母体与个体必须是一致的。如估计煤炭企业的生产函数模型，只能用煤炭企业的数据作为样本，而不能用煤炭行业的数据。

1.2.3 参数的估计

计量经济模型中的参数，在既定的条件下是未知的常数(系数)，由于随机误差的存在，我们不可能精确地去计算参数的数值，即只能采用一定的方法对它进行估计，经过实际估计所得出的参数值，称为参数的估计值。用一定的方法获得的用来描述总体参数估计的数学表达式，称为参数的估计式。估计式是计量的样本观测值的代数式，只要将变量的样本观测值代入估计式，即可得到参数的估计值。计量经济学的重要内容之一，就是研究如何确定满足计量经济学要求的估计式，也就是模型参数的估计方法，它是计量经济学的核心内容。

在获得理论模型所要求的样本数据之后，就可以选择适当的方法对模型中的参数进行估计。模型的估计是一个纯技术过程，具体做法包括以下几方面的内容。

1. 选择适当的计量经济学估计方法

对单一方程模型，主要有最小二乘法、加权最小二乘法、非线性最小二乘法、极大似然估计法等；对联立方程模型，有间接最小二乘法、二阶段最小二乘法、三阶段最小二乘法和信息极大似然法等。

2. 对模型中变量关系的研究

对解释变量之间相关程度加以研究，以克服由于多重共线性所引起的不良效果；对解释变量与被解释变量因果关系的检验以及对时间序列数据进行平稳性检验，以防出现伪回归；对联立方程模型中的方程进行识别，即考虑方程组的参数是否是唯一可信的估计值，以便决定采用哪种适当的估计方法进行估计。

3. 计量工具的应用

在实际的计量经济研究中，运用样本数据的估计与检验，将面临很大的计算工作量。现在这方面的工作已经可以由各种有关的计算机应用软件来实现，计算机应用软件已成为学习计量经济学必不可少的部分。本书采用的计算机应用软件是应用十分广泛的 EViews(econometrics views)，后面将结合每一章的内容介绍 EViewes 软件的使用方法。

此外，还应考虑经济关系的性质、估计方程参数方法的难易，以及费用多少等。

1.2.4 模型的检验

根据实际观测资料，求得模型的估计值以后，还要对这些参数以及模型进行检验，验证模型能否代表客观情况，是否反映研究经济活动中诸因素之间的实际关系，即检验模型的可靠程度，只有通过检验的模型才能用于经济实际，包括四个方面的检验。

1. 经济意义检验

经济意义是由经济理论决定的，主要是参数的符号和大小是否符合经济理论所拟定的期望值。如果不符，则要查找原因和采取必要的措施，如式(1.2)在需求方程中，如果估计出的 $\beta_1>0$，则可断定估计值是错误的，因为一般商品的价格和需求量为负相关，这与先验理论不相符；应找出导致错误的原因，提高参数估计值的可靠性。

2. 统计检验

统计检验是由统计理论决定的，目的在于检验模型参数估计值的可靠性。统计检验在一方面检验引入模型的解释变量与被解释变量之间是否密切相关，另一方面检验所设的计量经济模型是否有效地描述被解释变量的变化。应用最广泛的统计检验有拟合优度检验(R^2 检验)、方程的参数显著性检验(t 检验)、模型总体显著性检验(F 检验)。此项检验主要是利用数理统计中统计推断的原理进行的。

3. 计量经济学检验

计量经济学检验是由计量经济学理论确定的，统计检验主要是利用统计推断进行的，但是统计推断是需要一定的前提条件的，这些条件是否成立，直接影响到统计检验的可靠性，因此，需要对统计推断是否符合这些前提条件进行检验，常用的检验方法主要包括随机干扰项的异方差性检验、序列自相关检验和解释变量的共线性检验等。

4. 模型的预测检验

预测检验主要是检验估计量的稳定性以及相对样本容量变化时的灵敏度，以确定所建立的模型是否可以用于样本观测值以外的范围，即所谓模型的样本特性。具体做法是：利用扩大了的样本重新估计模型参数，将估计值和原来的估计结果进行比较，并检验其间差异的显著性；或将建立的模型对样本以外的某一时期进行预测，并将预测值和实际的观测值进行比较，然后检验其差异的显著性。

1.2.5 模型的应用

建立了计量经济模型并通过了检验，一般即可认为该模型就是实际经济系统的缩影，因而将对实际问题的分析转化为对该问题的计量经济模型的应用研究。计量经济模型主要应用于结构分析、经济预测、政策评价及检验和发展经济理论等方面。

1. 结构分析

结构分析是指用已经估计出参数值的计量经济模型，对所研究的经济系统内的经济变量之间的经济关系进行定量的考查，以说明经济变量之间的数量比例关系。具体说来，也就是分析在模型系统中，其他条件不变时，解释变量或前定变量发生一定的变动，对被解释变量或内定变量的影响程度，而最常用的方式就是边际分析或乘数分析。

2. 经济预测

经济预测是指利用估计了参数的经济计量模型，由已知的或预先测定的解释变量或前定变量的实际值，去预测被解释变量或内生变量在实际观测样本数据以外的数据。经济预测可以是对被解释变量或内生变量未来时期的动态预测，也可以是对被解释变量或内生变量不同空间状况的预测。

3. 政策评价

政策评价是指利用经济计量模型，对各种可供选择的政策方案的实施后果进行模拟预测，在此基础上对各方案作出评价。用模型进行政策评价最常用的是模拟法，即把模型当作“实验室”去模拟所研究的经济体系，分析整个体系对各种假设政策条件的反应。进行政策评价时，先要确定模型中的某些解释变量或前定变量作为可用政策加以调整的“政策变量”，再分析每个政策变量的变动对被解释变量或内生变量的影响。

4. 检验和发展经济理论

检验和发展经济理论是指利用计量经济模型和实际统计资料分析现实的经济现象，以此说明某个理论假设正确与否。任何经济理论，只有成功地解释了客观事实，才能被人们所接受。如果按照某种经济理论所建立的计量经济模型可以很好地拟合实际观察数据，则意味着该理论是符合客观事实的，也表明这种理论是正确的；反之，则说明理论不符合客观事实，是不正确的理论。因此，利用计量经济模型可以检验经济理论与客观事实的一致性，从而验证理论是否正确，进而发展经济理论。图 1.2 所示为建立与应用计量经济学模型的主要步骤。

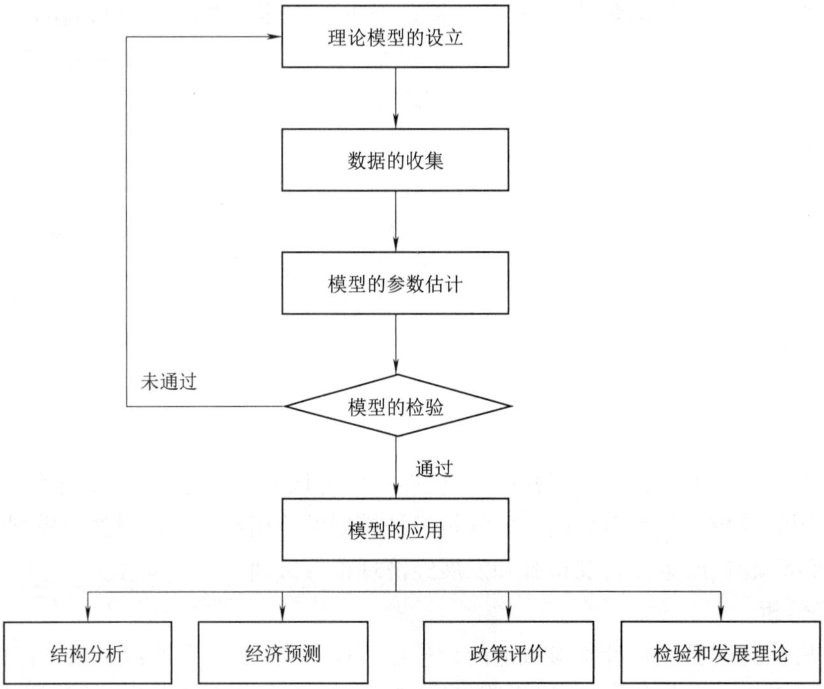

图 1.2　建立与应用计量经济学模型的主要步骤

从上述计量经济学研究问题的步骤可以看出，任何一项计量经济学研究赖以成功的要素应该有三个：理论、方法和数据。理论即经济理论所研究对象的行为理论，它是计量经济研究的基础，如消费理论；方法主要包括建模方法和计算方法，它是计量经济研究的工具和手段，是计量经济学不同于其他经济学科的主要特征；数据是反映研究对象的活动水平、相互间联系以及外部环境的数据，或更广义地讲是信息，可以看成计量经济研究的资料，这三方面缺一不可。

1.3　计量经济学应用软件 EViews 使用简介

EViews 直译为计量经济学观察，通常称为计量经济学软件包。其前身是 TSP(time series programs)，TSP 的原意是时间序列分析软件包，其基本操作对象是时间序列，但也被用于截面数据的分析。TSP 提供了经典计量经济学分析的大部分功能，包括单方程模型的各种估计方法和联立方程模型的单方程估计方法。它曾经是应用最为普遍的计量经济学分析软件包，我国流行最广的是 Micro TSP 6.0 版本。但是，由于它是在 DOS 操作系统下运行，目前已不常用。EViews 软件是美国 QMS 公司研制的 Micro TSP 软件的 Windows 版本。TSP 的操作简单、灵活方便，使用的命令接近自然语言，具有丰富的、多层次的菜单提示，使用者不需要编写程序，只要根据需要逐层选择菜单中所列的项目即能完成分析工作。将 TSP 软件移植到 Windows 平台之后，软件的操作更加灵活，允许用户通过鼠标在标准的 Windows 窗口、菜单、对话框上操作，处理结果直接显示在窗口之中，而且可以利用标准的 Windows 技术(如复制、粘贴等)进一步处理这些结果。因此，只要熟悉 Windows 环境下的软件操作，将会很快掌握 EViews 软件的基本操作方法，并且 EViews 软件体现了一种新的分析思想，即将计量经济分析的基本元素(如序列、数据、矩阵等)和分析结果(如方程、图形、系统等)都视为"对象"，每一个对象都用相应的窗口来表示。通过对每一个对象不同侧面采用计量经济学方法与技术进行"观察",来分析对象的属性和特征,揭示不同对象之间的关系。因此,EViews 是目前世界上最流行的计量经济学软件之一,并为国内广大用户所熟悉。

1.3.1 启动软件

1. 启动与退出

正常安装 EViews 软件后,在 Windows 系统【开始】菜单的程序组中将包括一项"EViews",单击该项则启动 EViews 软件,显示 EViews 软件的工作窗口,如图 1.3 所示。

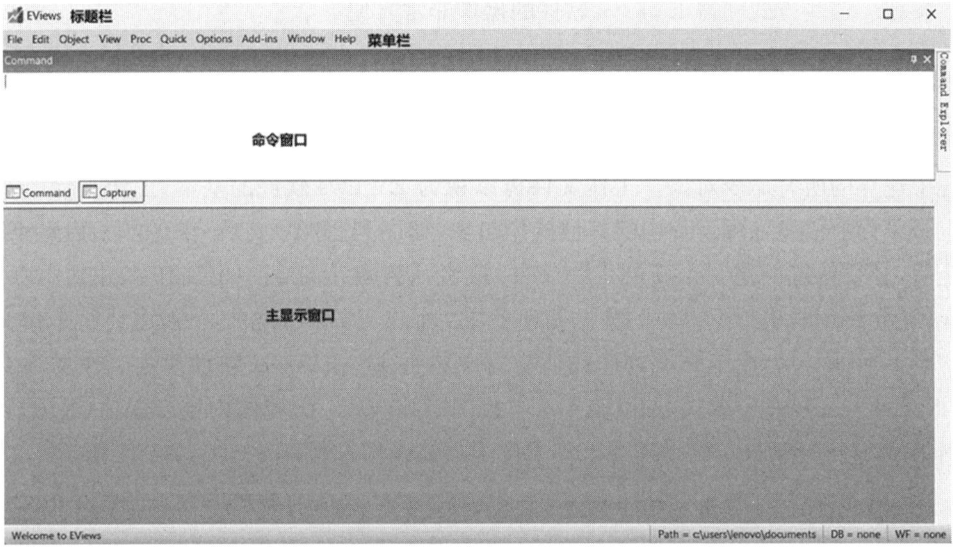

图 1.3　EViews 软件的工作窗口

在 EViews 中选择【File】|【Exit】,系统询问是否保存所修改的工作文件,确认之后将返回 Windows 窗口。

2. EViews 软件工作窗口的组成

(1)标题栏。如图 1.3 所示,窗口的顶部是标题栏,标题栏的左边是控制框,显示软件名称 EViews,右击则可选择关闭该窗口。右端有三个按钮:最小化、最大化(或复原)和关闭,控制框也有上述三个按钮的功能。

(2)菜单栏。标题栏下是菜单栏。菜单栏上有 10 个选项:File、Edit、Object、View、Proc、Quick、Options、Add-ins、Window、Help。每个选项都可以打开下拉式菜单(或再下一级菜单),单击某个选项计算机将执行对应的命令。

(3)命令窗口。菜单栏下是命令窗口,窗口最左端的竖线是提示符,用户在提示符后通过键盘输入 EViews(TSP 风格)的命令,按【Enter】键就可立即执行。如果熟悉 MicroTSP 的命令,可以在此直接输入。

(4)主显示窗口。命令窗口之下的灰色区域是 EViews 的主显示窗口,所有的导入数据的显示、操作产生的结果窗口(称为子窗口)均在此范围内显示,不能移出主窗口之外。

(5)状态栏。主窗口之下是状态栏,左端显示信息,中部显示当前路径,右端显示当前状态,如有无工作文件。

3. EViews 软件的操作方式

为了便于用户操作,EViews 软件提供了三种操作方式:一是菜单驱动方式,利用系统提供的命令菜单可以很方便地完成有关操作;二是命令输入方式,系统专门设置了命令输入窗口,以便用户在此窗口中直接输入有关命令,而且在命令字后可以添加命令参数;三是程序运行方式,将有关命令序列编制成程序后,运行该程序则以批量处理方式完成一组命令的操作,这种方式适用于经常使用的重复操作。另外,EViews 软件还在各个对象窗口中设置了常用的命令按钮。这些方式使得 EViews 软件的操作非常方便灵活。

1.3.2 建立工作文件

工作文件(Workfile)是用户使用 EViews 软件处理数据时存储在内存中的信息,包括操作过程中建立的所有命令对象。工作文件可以视为 EViews 软件的基本“工作平台”,在这个平台上可以存放信息处理过程中的其他操作对象,如序列、数组、方程、图像等。启动 EViews 软件之后,必须首先创建一个新的工作文件,或者从磁盘上加载一个工作文件到内存,这样 EViews 才允许用户进行下一步的数据处理工作。退出 EViews 之前,一般也要将工作文件存储到磁盘上,否则包含在工作文件中的所有对象将丢失。EViews 软件建立工作文件有两种方式,即菜单方式和命令方式,现以表 1.1 中我国财政收入(Y)和国内生产总值(X)的历年统计资料为例,说明 EViews 软件建立工作文件的具体操作过程。

表 1.1　我国财政收入与国内生产总值统计资料　　单位:亿元

年份	财政收入	国内生产总值	年份	财政收入	国内生产总值
2004	26 396.47	161 840.2	2014	140 370.03	643 563.1
2005	31 649.29	187 318.9	2015	152 269.23	688 858.2
2006	38 760.2	219 438.5	2016	159 604.97	746 395.1
2007	51 321.78	270 092.3	2017	172 592.77	832 035.9
2008	61 330.35	319 244.6	2018	183 359.84	919 281.1
2009	68 518.3	348 517.7	2019	190 390.08	986 515.2
2010	83 101.51	412 119.3	2020	182 913.88	1 013 567
2011	103 874.43	487 940.2	2021	202 554.64	1 149 237
2012	117 253.52	538 580	2022	203 649.29	1 204 724
2013	129 209.64	592 963.2	2023	216 784.37	1 260 582.1

1. 菜单方式

在主菜单上单击【File】|【New】|【Workfile】命令,将弹出一个对话框,如图 1.4 所示,可选择数据的时间频率(Frequency)及起始期(Start date)和终止期(End date)。

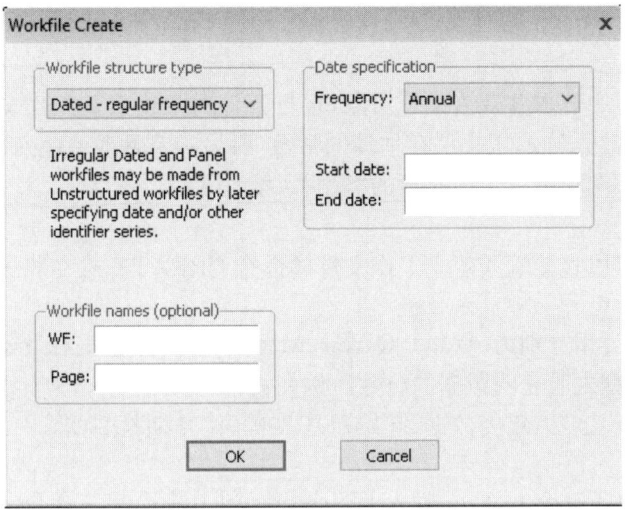

图 1.4 建立工作文件对话框

图 1.4 的 Frequency 的选项中,Annual 为年度,Semi-annual 为半年,Quarterly 为季度,Monthly 为月份,Weekly 为周,Daily 为日,Integer date 为截面数据。

选定时间频率之后,再分别单击起始栏和终止栏,输入相应的日期"2004"和"2023",输入季度、月份时用符号":"或"."分隔年、季(或月)。如果是非时序数据,则只需选择 Integer date,并输入数据起止序号。输入完毕单击【OK】按钮,EViews 的主显示窗口显示相应的工作文件窗口,如图 1.5 所示。

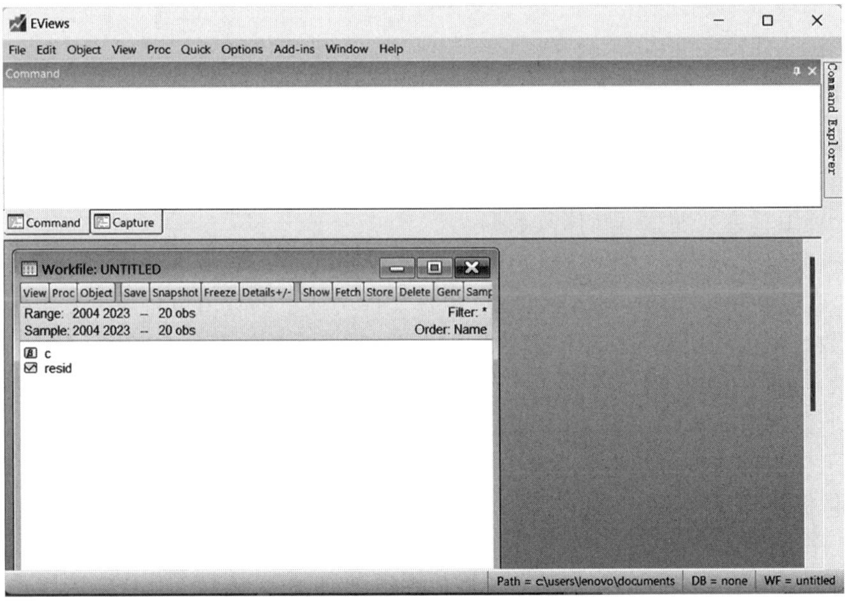

图 1.5 工作文件窗口

工作文件窗口是 EViews 的子窗口。它也有标题栏、控制栏、控制按钮。标题栏指明窗口的类型是 Workfile,以及工作文件名和存储路径。标题栏下是工作文件窗口的工具条,工具条上是一些命令按钮。例如:View—观察;Proc—过程;Object—对象;Save—保存工作文件;

Fetch—读取对象;Store—存储对象;Delete—删除对象;Sample—设置样本区间;Genr—生成新的序列。

在工作文件窗口中选取并双击某个对象,将打开该对象窗口。工作文件中一开始就包含了两个对象:一个是常数项 c,用来保存估计的常数项;另一个是残差序列 resid,用于存储实际值与拟合值之差。小图标上标示出对象的类型。

2. 命令方式

在命令窗口也可以直接输入建立工作文件的命令 CREATE,命令格式为:

CREATE 数据频率 起始期 终止期

其中,数据频率类型分别为 A(年)、Q(季)、M(月),非时序数据(U)等。如果是非时序数据,则只需在数据类型之后表明数据的组数。例如:

CREATE A 2004 2023:年度数据,起始期是 2004,终止期是 2023。

CREATE U 20

在此需要说明以下三个方面:①输入 EViews 命令时,命令字与命令参数之间只能用空格分隔;②利用光标移动键可以依次调入以前输入的命令,以便用户编辑之后重新执行命令,或浏览历史命令的执行过程;③如果当前窗口不是命令窗口,有时无法输入命令,此时只需单击命令窗口使其成为当前窗口即可。

1.3.3 数据输入与编辑

1. 命令方式

格式:DATA 变量名 1 变量名 2 … 变量名 k

功能:输入新变量的数据,或编辑工作文件中现有变量的数据。

例:DATA X Y

在此需要说明以下几点:

(1)执行命令之后,将在主窗口显示数组窗口,如图 1.6 所示。数组窗口是一个二维表格,变量的值按列排列。如果是新变量,则在表格中显示默认值 NA,此时可以通过键盘和方向移动键逐个输入数据;如果是工作文件中已经存在的变量,则在表格中显示有关变量的数值,此时可以用全屏编辑方式随意编辑修改数据。

(2)执行命令之后,工作文件(窗口)中将直接生成相应变量,变量的数值由数组窗口中的数据决定。在数组窗口中输入或修改数据,工作文件中变量的数值也将随之发生变化。

(3)在数组窗口的变量名栏可以直接添加新的变量,或更改变量的名称。输入或编辑完数据之后可以直接关闭数组窗口,此时系统询问是否删除数组,由于工作文件中已保留了有关变量的数据,所以一般选择【Yes】,工作文件中的变量不会因此丢失。

(4)在工作文件窗口中双击变量名,将重新显示该变量的数据;也可以选择若干变量组成的数组,具体做法如下:

①在工作文件窗口中单击组成新数组的第一个变量。

②如果数组中的其余变量在工作文件窗口连续排列,则采用拖动鼠标的方式直接选定;如果变量排列不连续,或想人为地确定变量的先后排列顺序,可以通过按【Ctrl】键在变量名上以单击的方式逐个选定变量。

③双击选取的变量,并在弹出的菜单中选择【Open as Group】命令,则打开新的数组窗口,以便显示或编辑数据。

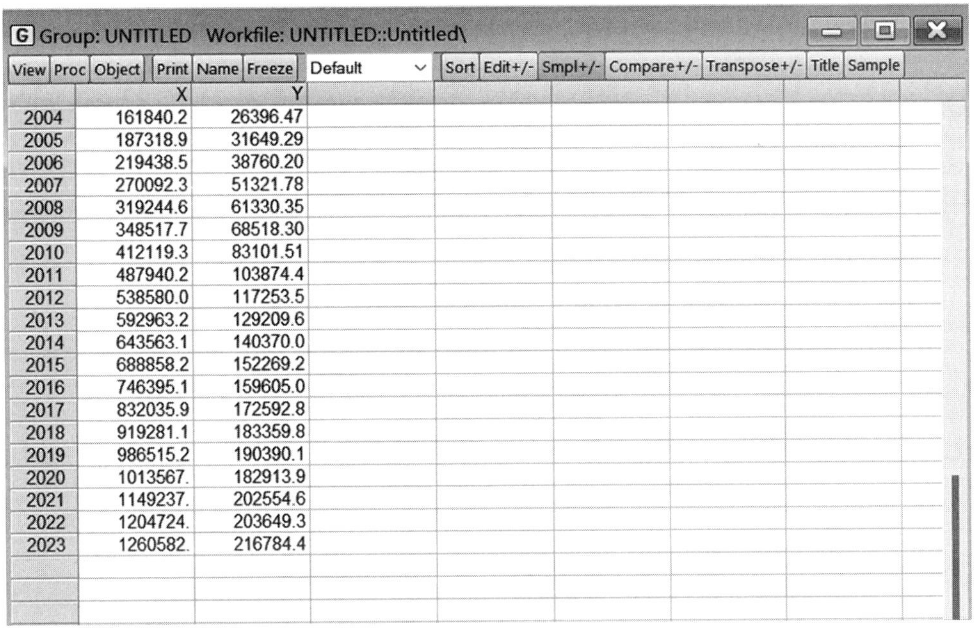

	X	Y
2004	161840.2	26396.47
2005	187318.9	31649.29
2006	219438.5	38760.20
2007	270092.3	51321.78
2008	319244.6	61330.35
2009	348517.7	68518.30
2010	412119.3	83101.51
2011	487940.2	103874.4
2012	538580.0	117253.5
2013	592963.2	129209.6
2014	643563.1	140370.0
2015	688858.2	152269.2
2016	746395.1	159605.0
2017	832035.9	172592.8
2018	919281.1	183359.8
2019	986515.2	190390.1
2020	1013567.	182913.9
2021	1149237.	202554.6
2022	1204724.	203649.3
2023	1260582.	216784.4

图 1.6 数组窗口

2. 菜单方式

单击【Quick】|【Empty Group】,先建立一个空组,再用方向键将光标移到每一列的顶部之后,输入各个变量名。如果变量名是工作文件中已有的变量,则回车之后显示相应的数据,否则显示省略值 NA,等待用户输入数据;或单击【Object】|【New object】|【Series】,输入序列名称后单击【OK】按钮,进入数据编辑窗口,单击【Edit+/-】打开数据编辑状态,然后输入数据。

1.3.4 图形分析和统计描述

1. 图形分析

在估计计量经济模型之前,借助图形分析可以直观地观察经济变量的变动规律和相关关系,以便合理地确定模型的数学形式。图形分析中最常使用的是趋势图和相关图(散点图)。

1)菜单方式

在工作文件窗口中双击选定的两个变量(如 X 和 Y),在弹出的对话框中选择【Open as Group】,则包含数据的表格被打开,在数据窗口中单击【View】|【Graph】|【Line&Symbol】,即可弹出 X 和 Y 趋势图,如图 1.7 所示;在数组窗口中单击【View】|【Graph】|【Scatter】,即可弹出 X 和 Y 相关图(散点图),如图 1.8 所示。

2)命令方式

(1)利用 PLOT 命令绘制趋势图。

格式:`PLOT 变量1 变量2 … 变量名k`

例:`PLOT X Y`

作用:分析经济变量的发展变化趋势,观察是否存在异常值。

(2)利用 SCAT 命令绘制 X、Y 的相关图。

格式:`SCAT X Y`

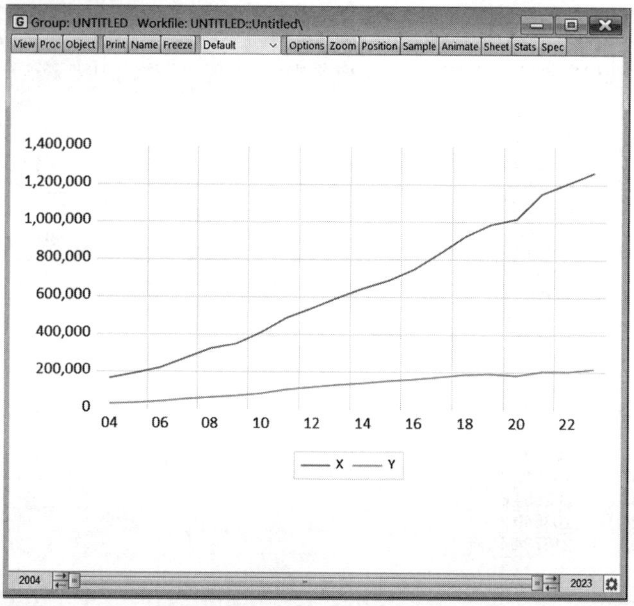

图 1.7 X和Y的趋势图

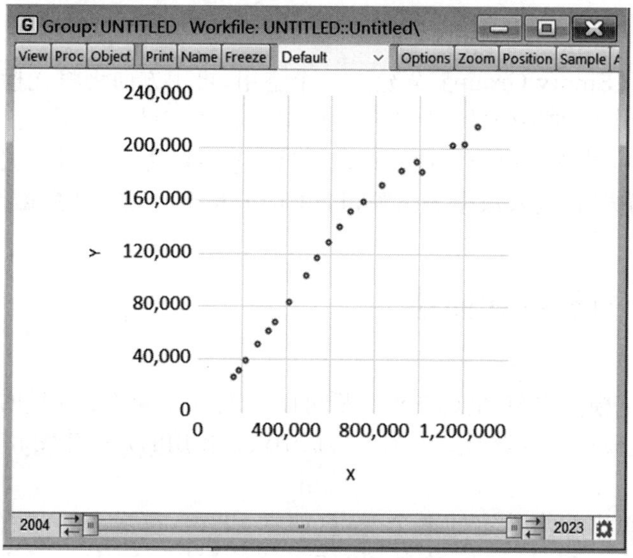

图 1.8 X和Y的散点图

作用:观察变量之间的相关程度;观察变量之间的相关类型,即为线性相关还是曲线相关,曲线相关时大致是哪种类型的曲线。

在此需要说明如下:①SCAT命令中,第一个变量为横轴变量,一般为解释变量;第二个变量为纵轴变量,一般为被解释变量。②SCAT命令每次只能显示两个变量之间的相关图,若模型中含有多个解释变量,可以逐个进行分析。此时虽然得到的是X与Y的切面图,但还是有助于分析被解释变量与各个解释变量X_i之间的相关关系。

2. 描述统计分析

描述统计主要是利用均值、标准差、偏态系数和峰态系数等数字特征来描述变量的取值分

布情况。在工作文件窗口中双击某个变量，并在序列窗口中单击【View】|【Descriptive Stats&Tests】|【Histogram and Stats】，就可以得到数组中每个变量的各个数字特征，并且还将显示其取值的频率直方图，如图 1.9 所示。

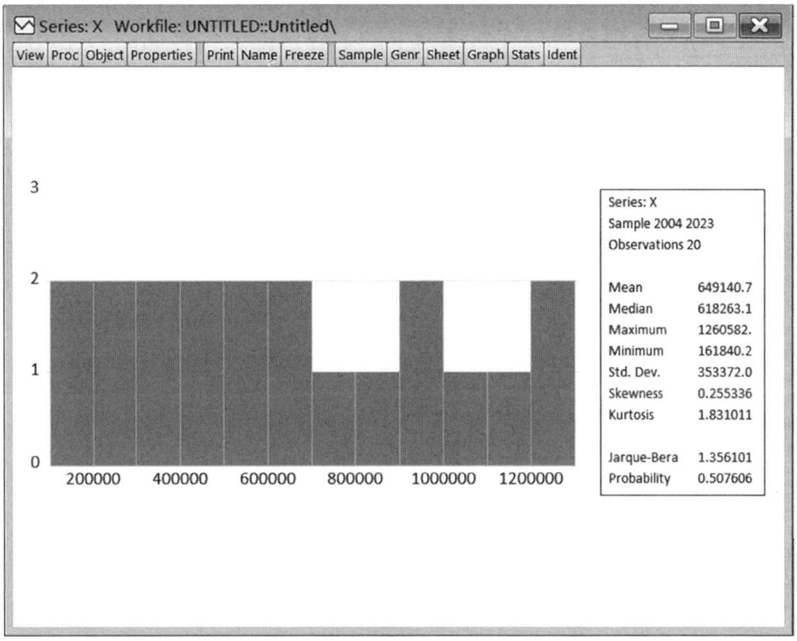

图 1.9 变量的描述统计量

图 1.9 中，Mean 和 Median 分别是反映集中趋势位置的均值和中位数，Maximum 和 Minimum 分别为变量的最大值和最小值；Std. Dev. 为反映变量离散程度的标准差；Skewness 和 Kurtosis 分别为偏态系数(S)和峰态系数(K)，计算公式为：

$$S=\frac{\sum(X_i-\overline{X})^3}{ns^3} \qquad K=\frac{\sum(X_i-\overline{X})^4}{ns^4}$$

式中：n 为观察值个数(Observations)；s 为标准差。

对于对称分布，$S=0$；当 $S>0$（或 $S<0$）时表明分布存在右偏态(或左偏态)。对于正态分布，$K=3$；当 $K>3$（或 $K<3$）时说明分布比较陡峭(或平坦)。

Jarque-Bera 统计量用于检验变量是否服从正态分布，简称 JB 检验。其计算公式为：

$$\text{JB}=n[S^2+(K-3)^2/4]/6$$

在变量服从正态分布的原假设下，JB 统计量服从自由度为 2 的 χ^2 分布；因此，如果 JB 统计量大于 χ^2 分布的临界值，或对应的概率值(Probability)较小，则拒绝该变量服从正态分布的假设。

1.3.5 其他基本对象的操作

EViews 提供两种方法来保存数据：一种是保存整个工作文件，在这种情况下，所有对象将保存在一个扩展名为 .wf1 的工作文件中；另一种是直接将对象以文件形式保存在磁盘中，其他工作文件可以调用此类文件。

1. 保存与调用工作文件

1)保存工作文件

(1)菜单方式。

在工作文件窗口中单击【Save】,或单击【File】|【Save】(或【Save As】),将弹出一个文件保存对话框,如图 1.10 所示;用户可以在对话框中的上部选择文件存储的路径,在“文件名”栏中命名欲保存的工作文件,最后单击“保存”按钮,则将当前工作文件按指定的文件名存储到磁盘的指定子目录中,工作文件的默认扩展名为 .wf1。

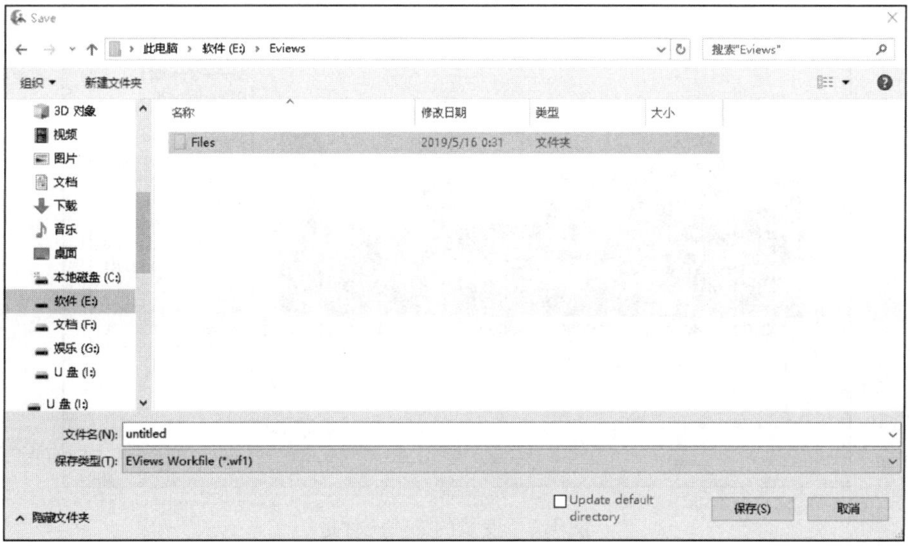

图 1.10　文件保存对话框

(2)命令方式。

格式:SAVE 工作文件名

在命名并保存工作文件以后,就可以随时对数据进行更新。选择主菜单中的【File】|【Save】,更新后的数据会自动保存在原有的文件中。【Save】和【Save As】功能的区别是:后者可以重新选择路径和名称,对工作文件重新保存。

2)调用工作文件

(1)菜单方式。

单击【File】|【Open】|【Workfile】,将显示与图 1.10 完全相同的对话框;指定盘符、路径之后,将在文件列表框中列出当前子目录中已经保存的文件。选定需要打开的文件之后单击【OK】按钮(或双击需要打开的文件名),则将该文件读入内存,并在内存中自动建立了相应的工作文件区。

(2)命令方式。

格式:LOAD 工作文件名

2. 对象的保存与调用

存储若干个变量,并在另一个工作文件中调用存储的变量。

1)在工作文件中调用与保存对象

在工作文件窗口中单击对象图标,将打开该对象窗口。在对象窗口上单击【Name】按钮,并输入有关名称,则将当前对象保存到当前工作文件中,各种对象用特定的图标表示。

2)在磁盘中对象的存储与调用

在主菜单(或对象窗口)中,单击【Object】|【Store】,或在工作文件窗口上选定有关对象后单击【Store】按钮,则将当前(或选定的)对象按指定的文件名保存到磁盘的指定路径中。各类对象的指定扩展名为:

DB 序列(series) DBE 方程(equation) DBM 矩阵(matrix,vector)
DBG 图像(graph) DBR 数组(group) DBT 表格(table)
DBL 模型(model) DBS 系统(system)

单击【Object】|【Fetch】并在弹出的对话框中指定盘符、路径,再从文件列表框中选定需要调用的对象之后单击【OK】按钮,则将选定的对象加载到当前工作文件之中。对各种对象单独进行存取操作,既节省了磁盘存储空间,又便于在不同的工作文件(或实用软件)中交换数据。

3. 存取其他格式的数据文件

1)将工作文件分别存储成文本文件和 Excel 文件

EViews 软件可以与 Excel 和 Lotus 软件相互交换数据文件,也可以将有关内容输出到文本文件。例如,Excel 或 Lotus 软件的电子数据表格见表 1.2。

表 1.2 电子数据表格

	A	B	C	D	E
1	T	Y	X1	X2	
2	2021	85	12	102	
3	2022	92	15	106	
4	2023	96	18	109	

若将 EViews 中的变量(序列)存储成 Excel 或 Lotus 软件的数据文件,则具体步骤为如下。

(1)单击【Proc】|【Export】|【Write Tex—Lotus—Excel】,将弹出一个文件存储对话框,此时可以指定驱动器、路径,并在文件类型列表栏中选择要装换的文件类型:文本文件(.txt),Lotus 的数据文件(.wk1 或 .wk3),Excel 的数据文件(.xls)。然后在文件名栏中输入文件名(扩展名由系统给定)。

(2)在系统弹出的输入/输出对话框(见图 1.11)上,需要依次确认以下内容:

①数据的排列次序(Data order),一般取按列存放(Series in columns)。

②数据表格中数据区的左上角单元地址(不包括变量名),表格中的第一行一般用于说明变量名,所以数据区的起始位置为 A2 或 B2。如果输出的是文本文件,则系统询问缺少的数据是否用 NA 表示(Text for NA),此时可以改用其他特殊的数值或符号来表示。

③需输出的变量(Series to export),即工作文件中需要输出的序列,如本例中的 Y、X1、X2 等。

2)在工作文件中分别调用文本文件和 Excel 文件

若将 Excel 或 Lotus 数据文件中的变量加载到 EViews 的工作文件中,则具体步骤如下。

单击【Proc】|【Import】,并在弹出的打开对话框(类似图 1.11)中指定驱动器、路径和文件类型,然后在文件名栏中确认需加载的数据文件。

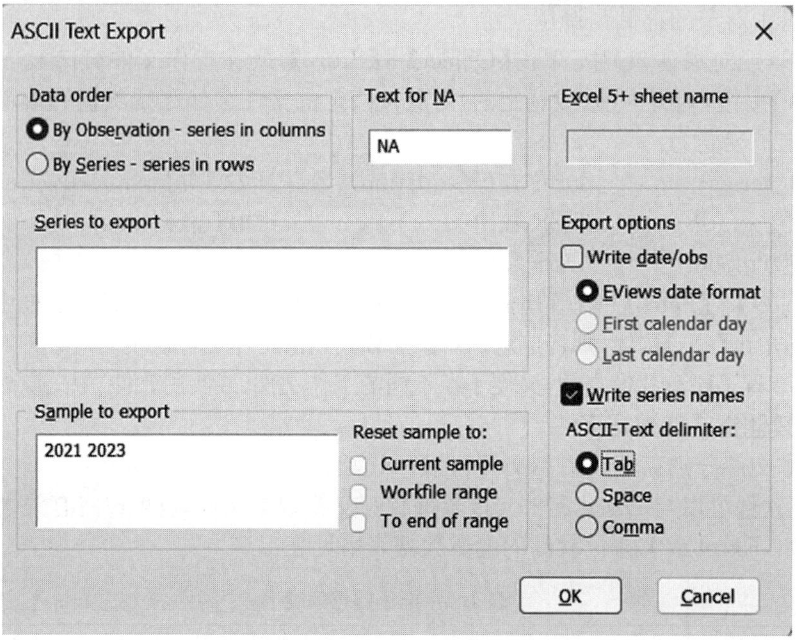

图 1.11　数据输入/输出对话框

在系统弹出的一个与图 1.11 类似的数据输入/输出对话框上，需要依次确认以下内容。

①Excel(或 Lotus)数据文件中数据的排列次序，本例中是取按列存放(Series in columns)。

②数据表格中数据区的左上角单元地址(不包括变量名)，本例中若只取 Y、X1、X2，则取成 B2；若还包括 T，则取成 A2。

③需加载的变量，此时可以输入数据表格中每个数据序列所对应的变量名，如本例中的 Y、X1、X2 等，也可以直接输入数据表格中已命名的变量数目。若数据区的左上角单元地址取成 B2，并且加载的变量数目为 2，则只输入 Y 和 X1；若加载的变量数目为 3，则还包括 X2。

需要特别说明以下两个问题。

①EViews 只能读取 Excel 工作表和 Lotus 的 . wk1、. wk3 数据文件。

②Excel 和 Lotus 的数据表格中，变量名必须直接排在数据区的上一行(如本例中的第一行)，否则将无法读取文件。

本 章 小 结

本章作为计量经济学绪论，首先介绍了什么是计量经济学，主要从计量经济学的产生与发展过程、计量经济学与相关学科的关系、计量经济学所包含的内容等方面进行了讲解。

其次介绍了计量经济学中的基本概念，即数据的来源与类型、经济变量与经济参数、模型与方程。

再次介绍了计量经济学的研究方法，即计量经济分析工作的对象、建立计量经济模型的主要步骤，以及计量经济学的主要应用领域。

最后介绍了计量经济学软件 EViews 的使用简介，主要包括 EViews 软件的基本功能、

EViews 软件的常用命令。

思考与练习

1. 什么是计量经济学？它在经济学科体系中的作用和地位是什么？

2. 怎样理解计量经济学与理论经济学、经济统计学的关系？

3. 结合具体问题说明建立计量经济学模型的基本步骤。

4. 计量经济学主要应用领域有哪些？

5. 计量经济学模型的显著特征是什么？

6. 计量经济学模型的检验包括哪几个方面？具体含义是什么？

7. 下列计量经济模型是否合理，为什么？

(1)ln(人均食品需求量)＝－2.0－0.5ln(人均收入)－4.5ln(食品价格)＋0.8ln(其他商品价格)

(2)ln(人均食品需求量)＝－2.0＋0.5ln(人均收入)－4.5ln(食品价格)＋0.8ln(其他商品价格)

(3) $C_t = 260 + 1.31\,Y_t$。其中，C_t 代表居民消费支出，Y_t 代表居民的可支配收入。

8. 通过统计年鉴查找近 20 年来我国居民收入与消费数据，利用 EViews 软件分别以菜单方式和命令方式建立 EViews 文件，做出散点图和趋势图，进行描述统计分析。

第 2 章　一元线性回归模型

教学目标

通过本章的学习，对计量经济学模型有一定的了解和认识。理解和掌握一元线性回归模型的设定、估计和检验问题，并能针对一元线性回归模型进行分析和说明。

教学要求

一元线性回归模型的理论与方法，不仅是计量经济学内容体系中最重要的组成部分，也是多元线性回归模型和联立方程计量经济学模型理论与方法的基础，因此必须学好本章。要求理解计量经济学模型涉及的一些基本概念；理解总体回归函数和样本回归函数的区别；掌握参数估计的最小二乘法及参数估计量的性质；掌握模型的拟合优度检验和变量的显著性检验；掌握点预测和区间预测的方法。

一元线性回归模型是整个计量经济分析的基础，由于其仅涉及两个变量，又称简单线性回归模型，了解和掌握一元线性回归模型的基本原理及其一般分析过程，对进一步学习多元线性回归模型乃至非线性回归模型，都具有重要作用。

2.1　相关分析与回归分析

利用计量经济模型进行经济分析，首先要了解经济变量之间的关系。各种经济变量之间的关系大体可分为两类：一类是函数关系；另一类是统计相关关系。函数关系是指变量之间存在着严格确定性的依存关系。在这种关系中，当一个或几个变量取一定数值时，另一个变量有唯一确定的值与之相对应，即为一一对应关系，并且这种关系可以用一个数学表达式反映出来。例如，当价格不变时，销售量 X 与销售额 Y 之间的关系，可表示为 $Y = f(X)$ 。相关关系是指变量之间存在一定的相关关系，不是确定性的，这类关系中，当一个或几个相互联系的变量取一定数值时，与之相对应的变量就会有若干个数值与之相对应，从而表现出一定的随机性。例如，每亩耕地的施肥量 X 与亩产量 Y 之间的关系，施肥量 X 不能唯一地决定亩产量

Y，亩产量 Y 除取决于施肥量 X 外，还受到品种、气候、土壤、管理水平等因素的影响，对于给定的施肥量 X，亩产量 Y 的取值是随机的。

2.1.1　相关分析

相关分析是研究一个变量与另一个(组)变量之间相关形式和相关程度的一种统计分析方法。其目的在于明确变量之间有无关系，判定相关关系的方向和测定相关关系的密切程度。

1. 相关关系的类型

对变量之间的相关关系进行定性的分类研究，可以按不同的标志来进行。

(1)按变量之间相互关系的方向，可以分为正相关与负相关。两个相关变量之间，当一个变量的数量由小变大时，另一个变量的数量也相应地由小变大，这种相关关系称为正相关；反之，一个变量由小变大，而另一个变量却由大变小，则称为负相关。

(2)按相关关系涉及的变量(或因素)的多少，可分为单相关、复相关及偏相关。单相关是指两个变量之间的相关关系；复相关是指三个或三个以上变量之间的相关关系，复相关又称多元相关。在某一变量与多个变量相关时，若假定其他变量不变，其中两个变量的相关关系称为偏相关。

(3)按变量之间相关关系的表现形式，可以分为直线相关和曲线相关，当一个变量变动时，另一个变量也相应地发生大致均等的变动，这种相关统称为线性相关，用相关系数来表示；当一个变量变动时，另一个变量也相应地发生变动，但这种变动不是均等的，这种相关关系就称曲线相关(或非线性相关)，用相关指数表示。

(4)按相关的程度，可以分为完全相关、不完全相关和不相关三类。如果一个变量的数量变化由另一个或一组变量变化唯一确定，则变量之间的相关关系表现为完全相关，完全相关也就是变量之间实际上是一种确定的函数关系，因此，函数关系是相关关系的一种特殊情况。当变量之间完全不存在任何依存关系，则变量之间没有相关关系，即不相关。如果一个变量的值不但与另一个或一组变量的值有关，而且受随机因素的影响，则变量之间的相关关系表现为不完全相关，即不完全相关是介于完全相关和不相关之间。

2. 相关关系的度量

变量之间的相关关系的程度可以用相关系数来度量。两个变量 X 和 Y 之间真实的线性相关程度使用总体相关系数 ρ 表示。总体相关系数计算公式为：

$$\rho_{XY}=\frac{\mathrm{Cov}(X,Y)}{\sqrt{\mathrm{Var}(X)}\sqrt{\mathrm{Var}(Y)}} \tag{2.1}$$

式中，$\mathrm{Cov}(X,Y)$ 是变量 X 和 Y 的协方差；$\mathrm{Var}(X)$ 和 $\mathrm{Var}(Y)$ 分别是 X 和 Y 的方差。

如果给出 X 和 Y 的一组样本 (X_i,Y_i)，$i=1,2,\cdots,n$，则样本相关系数为：

$$r_{XY}=\frac{\sum_{i=1}^{n}(X_i-\overline{X})(Y_i-\overline{Y})}{\sqrt{\sum_{i=1}^{n}(X_i-\overline{X})^2}\sqrt{\sum_{i=1}^{n}(Y_i-\overline{Y})^2}} \tag{2.2}$$

式中，$\overline{X}$ 和 $\overline{Y}$ 是 X 和 Y 的样本均值。

3. 相关系数的特征

(1)两个变量是对等关系，不分彼此，倒换顺序是一样的，是双向的关系，即 $r_{XY}=r_{YX}$。

(2)相关系数的范围是 $-1\leqslant r\leqslant 1$，其绝对值大小反映两变量相关的密切程度，正负号表示正相关或负相关。当 $|r|$ 很小甚至等于0时，不一定表明 X 与 Y 之间就不存在其他非线性的关系。

(3)两个变量都是随机变量，这也反映对等关系。而且相关关系要一定的行分析为前提，不然就会表现出“虚假相关”。只能算出一个相关系数，不能确定变量之间的因果关系。

若变量为多个，则变量间的线性相关程度可以用复相关系数与偏相关系数来度量。

2.1.2 回归分析

回归分析就是研究一个变量(被解释变量或因变量)对一个或多个其他变量(解释变量或自变量)的依赖关系，其目的在于根据已知的或固定解释变量的数值，来估计或者预测被解释变量的总体平均值。

回归分析是指对具有相关关系的变量，依据其相关的形态，选择一个合适的数学模型(回归方程)，来近似地表示变量间数量平均变化关系的一种统计法。按分析变量的多少，可以分为一元回归分析与多元回归分析，按分析变量间表现形态的不同，可以分为线性回归分析与非线性回归分析等。

1. 回归分析和相关分析的区别

(1)回归分析中变量之间不是对等关系。必须根据研究目的，确定其中一个是自变量，另一个是因变量，即为单向关系。

(2)回归方程反映的是变量间的具体的变动关系，不是抽象系数，在 X、Y 两个变量中，从方程式看，存在着两个回归式，从两个回归方程式的图像看，是两条斜率不同的回归直线，其意义是不同的。其回归系数有正负号，表示两个变量变动方向的关系，回归系数的大小表示变量间的影响程度。

(3)回归分析对资料的要求是，因变量是随机变量，而自变量是可控制的变量，是给定的数值。

2. 回归分析与相关分析的联系

(1)相关分析是回归分析的基础和前提，如果缺少相关关系，没有从定性上说明现象是否具有相关关系，没有对相关关系的密切程度做出判断，就不能进行回归分析，即使勉强进行了回归分析，也没有实际意义。

(2)回归分析是相关分析的深入和继续，仅仅说明现象之间具有密切的相关关系是不够的，只有进行了回归分析，拟合了回归方程，才可能进行有关分析的回归预测，相关分析才有实际的意义。因此，如果仅有回归分析而缺少相关分析，将会因为缺乏必要的基础和前提而影响回归分析的可靠性，如果仅有相关分析而缺少回归分析，就会降低相关分析的意义。只有把两者结合起来，才能达到统计分析的目的。

(3)回归分析是在相关分析和因果关系分析的基础上，去研究解释变量对因变量(被解释变量)的影响。因果关系是指两个或两个以上变量在行为机制上的依赖性，即指一个(或一组)变量直接影响、决定另一个变量的水平，因果关系确立的前提是必须对经济行为进行定性分析和理论上的思考。具有因果关系的变量之间一定具有数学上的相关关系，有相关关系的变量之间不一定具有因果关系，因此，回归分析正是研究具有因果关系的相关关系。

2.1.3 回归分析的基本概念

1. 总体回归函数

由于统计相关的随机性，回归分析关心的是当一个或多个其他变量(解释变量)取某个或某些确定值时，与之相关的另一个变量(被解释变量)所有可能出现的对应值的平均值。

例如，假设有 100 户家庭组成一个总体，目的是要研究每一个月的家庭消费支出 Y 与每一个月家庭可支配收入 X 之间的关系，根据家庭可支配收入水平去预测该总体每月家庭消费支出的平均水平。为此，可将 100 户家庭按照大致相同的收入水平划分为 10 组，再观察每组的家庭消费支出。观测数据见表 2.1。

表 2.1 家庭可支配收入与家庭消费支出 单位:元

每月家庭可支配收入 X	1 100	1 500	1 900	2 300	2 700	3 100	3 500	3 900	4 300	4 700
	840	970	1 156	1 356	1 467	1 896	2 016	2 205	2 538	2 961
	856	1 030	1 240	1 382	1 576	1 920	2 104	2 346	2 805	3 065
	892	1 090	1 237	1 492	1 602	1 946	2 186	2 478	2 906	3 287
	920	1 192	1 352	1 580	1 634	1 993	2 295	2 658	3 168	3 575
		1 270	1 410	1 530	1 703	2 030	2 389	2 783	3 286	3 872
		1 360	1 460	1 673	1 790	2 156	2 496	2 855	3 395	
			1 469	1 680	1 926	2 160	2 532	2 974	3 441	
每月家庭消费支出 Y			1 505	1 745	2 080	2 286	2 576	3 108		
			1 530	1 792	2 107	2 342	2 611	3 233		
			1 636	1 896	2 184	2 376	2 660	3 380		
			1 702	1 970	2 215	2 426	2 737			
				1 980	2 262	2 460	2 811			
				2 050	2 310	2 528	2 946			
					2 368	2 582	3 019			
					2 431	2 679				
$E(Y \mid X_i)$	877	1 152	1 427	1 702	1 977	2 252	2 527	2 802	3 077	3 352

由于不确定因素的影响，对同一可支配收入水平 X_i，不同家庭消费支出 Y 并不都相同。在给定家庭可支配收入 X 的条件下，家庭消费支出 Y 形成一定的分布，这种分布称为在 X 取某一特定值时 Y 的条件分布。当 X 取一特定值时，Y 取各种值的概率，称为 Y 的条件概率。例如，X 取某一特定值 1 500 元时，有 6 个 Y 值，每个 Y 值出现的概率为 1/6，即 $P(Y \mid X_i = 1\,500) = 1/6$，对于每一个收入水平 X_i 根据 Y 的条件分布和条件概率，可求出各条件均值 $E(Y \mid X_i)$，见表 2.1。对于每一个收入水平 X_i，都有 Y 的条件均值与之对应，根据表 2.1 中的数据，在直角坐标上做出家庭可支配收入 X 和家庭消费支出 Y 的散点图，如图 2.1 所示。

从散点图可以看出，对应于 X 和 Y 的点散布在一定范围内，总的趋势为 Y 随 X 的增加而增加。可以看出这些点(X_i，$E(Y \mid X_i)$)恰好都落在一条线上，这条线称为 Y 对 X 的回归线。

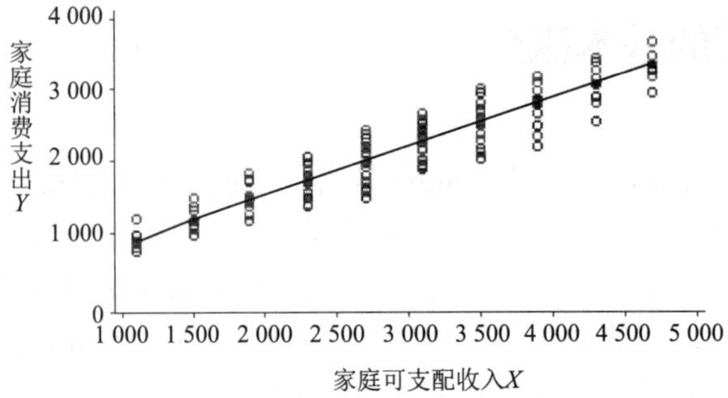

图 2.1　家庭可支配收入与家庭消费支出的散点图(单位:元)

一般地,对应于每个解释变量 X_i,若都可以得到一个 Y 的条件均值 $E(Y \mid X_i)$,这说明 $E(Y \mid X_i)$ 是 X_i 的一个函数,用函数形式表达为:

$$E(Y \mid X_i) = f(X_i) \tag{2.3}$$

称式(2.3)为总体回归函数,简记为 PRF(population regression function)。本例中总体回归函数用函数形式表示为:

$$E(Y \mid X_i) = \beta_0 + \beta_1 X_i \tag{2.4}$$

称式(2.4)为总体回归直线。其中 β_0 和 β_1 是未知的但取值为固定值的待定参数,称之为回归参数或回归系数。β_0 称为截距系数,β_1 称为斜率系数。总体回归函数具体采用什么函数形式,需要根据实践经验和经济理论来确定。若知道了参数 β_0、β_1 的值,则可以确定出总体回归函数,即确定了总体中家庭消费支出对家庭收入的平均依赖程度,根据这个总体回归函数,预测出对应于某一特定收入水平的(总体)平均消费支出。

2. 随机扰动项

总体回归函数 $E(Y \mid X_i) = f(X_i)$ 只是反映了总体的平均变化规律。但就个别家庭来说,其消费支出就不全在这条直线上,而是围绕着这条直线上下波动,个别家庭的消费支出 Y_i 与平均消费支出 $E(Y \mid X_i)$ 之间存在着一定的离差。为了更完善地描述个别家庭消费支出的变化情况,特引进一个变量 $\mu_i = Y_i - E(Y \mid X_i)$,偏差 μ_i 是一个不可观测的、可正可负的随机变量,在计量经济学中称作随机扰动项(stochastic disturbance)或随机干扰项、随机误差项(stochastic error),用它来代表所有影响 Y 的未包含在函数中的其他因素。

引入随机扰动项 μ_i 之后,对应于每一个可支配收入 X_i 值就有多个家庭的消费支出 Y_i 值,亦即 Y_i 的值有一个概率分布,而不是一个确定的单一值,所以,个别家庭的消费支出 Y_i 与收入 X_i 之间的关系就表示成以下形式:

$$Y_i = E(Y \mid X_i) + \mu_i \tag{2.5}$$

在线性假设下为:

$$Y_i = \beta_0 + \beta_1 X_i + \mu_i \tag{2.6}$$

称式(2.5)为总体回归模型,简记为 PRM(population regression model),它反映了总体中每个家庭的可支配收入 X_i 与消费支出 Y_i 的关系,同时还表明,给定可支配收入水平 X_i,个别家庭的消费支出 Y 由两部分组成:一部分是 $E(Y \mid X_i) = \beta_0 + \beta_1 X_i$,即由 X 的变化引起的 Y(平均)变化部分,也就是在某个收入水平下总体回归直线上对应的点,另一部分来自未包括在模型中的诸多因素的综合影响部分,用随机干扰项 μ_i 来代表。

在总体回归模型中引入随机干扰项,主要有以下几方面原因:

(1)人类行为的随机性质。计量经济模型引入随机项,从根本上看,是由于经济活动是人类参加的活动,经济行为不像科学实验那样完全处在可控状态下,人类行为的随机性及社会环境与自然环境影响的随机性决定了经济问题的随机性。

(2)模型省略变量。研究某一经济现象时,影响某一经济变量的因素很多,在建立模型时,只能包括我们要研究的几个重要因素(解释变量),其他被省略的因素的影响都归于随机项中。

(3)测量与归并误差。在收集、处理统计数据中,总要产生某些主观或客观上的测量误差、登记误差,致使有些变量的观测值并不精确等于实际值,尤其在综合资料过程中可能产生归并误差。在模型估计时,测量误差与归并误差都归入随机扰动项 μ_i 。

(4)模型数学形式的误差。经济现象是很复杂的,被解释变量与解释变量之间的真实关系可能是非线性的,我们或者对此认识不足,或者为了简单起见往往用线性形式来表示,因此而形成的误差也归入随机扰动项,或者略去模型中的某些方程,即由于方程个数不足,而不能真实反映经济现象而产生的误差也归入随机扰动项。

误差的随机性使得 Y 与 X 之间呈现出一种随机的因果关系。由于经济变量之间大多数是不确定的相关关系,因此用这种形式描述经济关系更加准确、合理。在计量经济学中,随机扰动项 μ_i 具有非常丰富的内容,起着重要的作用,随机扰动项的性质决定着计量经济方法的选择和使用。

3. 样本回归函数

我们希望求出总体回归函数的参数 β_0 、β_1 ,如上例中,我们是将 100 户家庭作为总体来研究其消费和收入的关系,因而可以根据收集的数据求出总体回归函数。可是对于实际的社会经济问题的研究,通常总体包含的单位数很多,事实上我们无法掌握总体所有单位的全部数据,就不可能知道 Y 的总体分布和条件期望 $E(Y \mid X_i)$,从而参数 β_0 和 β_1 不可能求出,所以总体回归函数实际上是未知的。而实际中能够得到总体的一个样本资料,通过样本资料去估计总体回归函数。在上例中,对每一个 X_i ,随机抽取一个样本 Y_i (作一次观察),可得 n 个 (X_i, Y_i) 样本观察值 $(i = 1,2,\cdots,n)$,具体见表 2.2。

表 2.2　家庭可支配收入与家庭消费支出的一个随机样本　　单位:元

X	1 100	1 500	1 900	2 300	2 700	3 100	3 500	3 900	4 300	4 700
Y	856	1 192	1 530	1 492	2 080	2 156	2 496	3 233	2 906	3 576

将表 2.2 随机样本的数据绘成散点图,如图 2.2 所示。

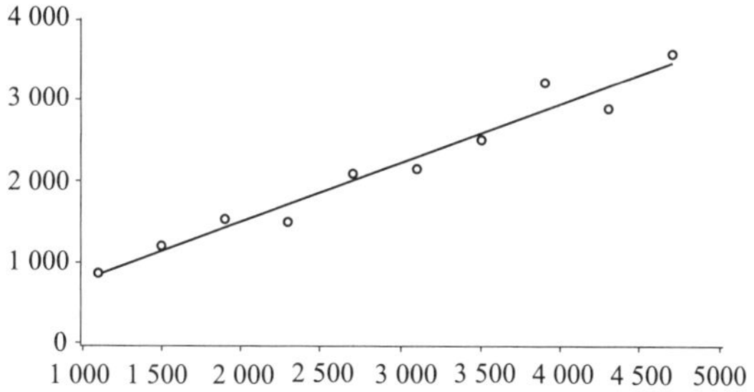

图 2.2　家庭可支配收入与家庭消费支出的样本散点图(单位:元)

从散点图可以看出,虽然由 X 和 Y 组成的 10 对样本点并没有完全落在一条直线上,但样本是从总体中随机抽取的，必然包含总体的信息，散点分布仍然呈现出明显的线性趋势。现确定一条直线来较好地拟合这些样本观察值，称这条直线为样本回归线，其对应的函数形式为：

$$\hat{Y}_i = \hat{\beta}_0 + \hat{\beta}_1 X_i \tag{2.7}$$

称式(2.7)为样本回归函数，简记为 SRF(sample regression function)。一般地是用来估计总体回归函数的函数，称为样本回归函数，因此，样本回归函数的函数形式应与设定的总体回归函数的函数形式一致，如果拟合的是一条曲线，就称为样本回归曲线。上式中 $\hat{\beta}_0$ 、$\hat{\beta}_1$ 为样本回归参数，分别是样本回归函数的截距系数和斜率系数，可看作是总体参数 β_0 、β_1 的估计，这样，$\hat{Y}_i$ 可看作是总体条件均值 $E(Y \mid X_i)$ 的估计值。

由于随机性，对于确定的解释变量 X_i 由样本回归函数所得到的值 $\hat{Y}_i$ 与实际观察值 Y_i 之间的偏差，即散点图中样本点与其样本回归直线之间的距离，称为残差(residual)或剩余项，记作 e_i ，$e_i = Y_i - \hat{Y}_i$ 。e_i 代表了其他影响 Y_i 随机因素的组合，e_i 可以看作 μ_i 的估计量，样本回归函数中生成 e_i 的原因与总体回归函数中生成 μ_i 的原因是相同的，从而有：

$$Y_i = \hat{\beta}_0 + \hat{\beta}_1 X_i + e_i \tag{2.8}$$

称式(2.8)为样本回归函数模型，简记为 SRM(sample regression model). 它反映了样本中每个家庭的可支配收入 X_i 与消费支出 Y_i 的关系。

4. 样本回归函数与总体回归函数的关系

由于总体回归函数是未知的，在计量经济学中，进行回归分析的主要目的就是根据 $Y_i = \hat{\beta}_0 + \hat{\beta}_1 X_i + e_i$ 来估计 $Y_i = \beta_0 + \beta_1 X_i + \mu_i$ 。总体回归模型描述总体中变量 Y 和 X 之间的关系，总体回归函数虽然未知，但它是确定的；样本回归模型描述所观测的样本中变量 Y 和 X 之间的关系，由于从总体中每次抽样都能获得一个样本，都可拟合一条样本回归线，对于不同的样本，拟合回归线也不同，因此样本回归线是随抽样样本变化的。所以，样本回归线还不是总体回归线，至多只是未知的总体回归线的近似反映；总体回归函数是根据总体全体观测资料建立的，其参数 β_0 和 β_1 是确定的常数；而样本回归函数依据样本观测资料建立，参数 $\hat{\beta}_0$ 和 $\hat{\beta}_1$ 是随抽样而变化的随机变量；总体回归模型中的 μ_i 是不可直观测量的；而样本回归模型中的 e_i 是只要估计出样本回归函数的参数就可以计算出来。

2.2 一元线性回归模型的参数估计

一元线性回归模型是最简单的计量经济学模型，在模型中只有一个解释变量，其一般形式是：

$$Y_i = \beta_0 + \beta_1 X_i + \mu_i \qquad i = 1,2,\cdots,n \tag{2.9}$$

式中，Y_i 为被解释变量；X_i 为解释变量；β_0 和 β_1 为待估参数；μ_i 为随机扰动项。

2.2.1 古典回归模型的基本假定

利用样本数据估计总体回归模型中的参数时，为了使模型参数的估计具有较好的统计性质，提高估计的精度，在计量经济研究中需要对模型的随机误差项和解释变量事先做些假设，回归模型的基本假设如下。

假设 1：模型的设定是正确的。一项计量经济研究开始时首先要设定适当的计量经济模型，包括模型应包含的变量和模型的函数形式。

假设 2：解释变量是确定性变量，不是随机变量，在重复抽样中取固定值。

假设 3：随机干扰项 μ 的均值为零，即

$$E(\mu_i \mid X_i) = 0 \tag{2.10}$$

随机误差项 μ_i 的均值为 0，此假定表示对于每一个 X_i，由于随即扰动因素的存在，Y_i 的值在其条件均值 $E(Y \mid X_i)$ 附近上下波动，如果模型设定正确，Y_i 相对于 $E(Y \mid X_i)$ 的正偏差和负偏差都会有，故此随机扰动项可正可负，发生的概率大致相同，平均地看，这些随机扰动项有相互抵消的趋势，对 Y 的平均影响为零。

另外，假设 $E(\mu_i \mid X_i) = 0$，有 $E(Y \mid X_i) = \beta_0 + \beta_1 X_i$，表示回归线通过 X 与 Y 的条件均值组成的点。这样回归方程才能反映总体的平均变化趋势，否则将产生系统误差。

假设 4：随机干扰项 μ 方差是常数，即

$$\mathrm{Var}(\mu_i) = \sigma^2 \tag{2.11}$$

此假定表明，各个随机误差项的离散程度（或波动幅度）是相同的，对每个 X_i，随机扰动项 μ_i 相对于各自均值（零均值）的分散程度是相同的；被解释变量 Y_i 与 μ_i 具有相同的方差，被解释变量 Y_i 可能取值的分散程度也是相同的。这是因为：

$$\begin{aligned}\mathrm{Var}(Y_i) &= E(Y_i - E(Y_i))^2 = E((\beta_0 + \beta_1 X_i + \mu_i) - (\beta_0 + \beta_1 X_i))^2 \\ &= E(\mu_i)^2 = E(\mu_i - E(\mu_i))^2 \\ &= \mathrm{Var}(\mu_i) = \sigma^2\end{aligned}$$

假设 5：随机干扰项 μ 不存在序列相关性，即

$$\mathrm{Cov}(\mu_i, \mu_j) = 0 \quad (i \neq j) \tag{2.12}$$

此假设说明，随机误差项之间是互不相关、互不影响的，产生干扰的因素是完全随机、独立、互不相关的，因为：

$$\mathrm{Cov}(\mu_i, \mu_j) = E((\mu_i - E(\mu_i))(\mu_j - E(\mu_j))) = E(\mu_i \mu_j) = 0$$

假设 6：随机干扰项 μ 与解释变量不相关，即

$$\mathrm{Cov}(X_i, \mu_i) = 0 \tag{2.13}$$

此假定表明解释变量和随机扰动项 μ_i 对被解释变量 Y_i 的影响是完全独立的。事实上，在回归分析中，X 在重复抽样中取固定值，是确定性变量，因此，X_i 与 μ_i 不相关的假设一般都能够满足。

假设 7：随机干扰项 μ 服从正态分布，即

$$\mu_i \sim N(0, \sigma^2)$$

此假设表明，被解释变量 Y_i 服从正态分布，即：$Y_i \sim N(\beta_0 + \beta_1 X_i, \sigma^2)$。如果只利用最小二乘法进行参数估计，不需要误差项 μ_i 服从正态分布这个假定条件，如果要进行假设检验和预测，就必须知道总体 Y_i 的分布情况。

以上这些基本假设是高斯提出的，也称为高斯假设或古典假设。将满足这些假设的线性回归模型称为古典（线性）回归模型。在回归分析的参数估计和假设检验理论中，许多结论都以这些假设为基础，这些假设的成立与否将直接影响回归分析中统计推断的结论。

2.2.2　普通最小二乘法

对线性回归模型的参数的估计方法有很多种，其中最简单、最有效的是普通最小二乘法。

我们的目的是确定总体回归模型 $Y_i=\beta_0+\beta_1X_i+\mu_i$ ，只有来自总体的样本，假设从总体中获取了一组 $(X_i,Y_i)(i=1,2,\cdots,n)$ 样本观测值，可采用不同的方法，如直观画线法、几何画线法(两点连线)、半数平均法等来确定样本回归直线 $\hat{Y}_i=\hat{\beta}_0+\hat{\beta}_1X_i$ ，以拟合样本观察值，那么，如何从这些直线中选择一条最佳拟合直线？

直观地，从几何意义上讲，应该使样本回归线尽量靠近这些数据点，也就是使残差 e_i 都很小，可是因为 e_i 有正有负，简单代数和 $\sum e_i$ 中会出现相互抵消。为使数学上便于处理，采用使残差平方和最小的原则，这就是最常用的普通最小二乘法(ordinary least square，OLS)，用数学形式表现为：

$$\min\sum e^2=\min\sum(Y_i-\hat{Y}_i)^2=\min\sum(Y_i-\hat{\beta}_0-\hat{\beta}_1X_i)^2 \tag{2.14}$$

即所选择的回归模型应该使所有观察值的残差平方和达到最小。

只要确定了其中的 $\hat{\beta}_0$ 、$\hat{\beta}_1$ 的取值，便能确定符合最小二乘法准则的样本回归线，由于 $\sum e_i{}^2$ 是 $\hat{\beta}_0$ 、$\hat{\beta}_1$ 的二次函数并且是非负的、连续可微的，所以存在极小值。根据微积分学求极值的原理，使 $\sum e_i{}^2$ 极小的必要条件为对 $\hat{\beta}_0$ 、$\hat{\beta}_1$ 的偏导数为零，即

$$\frac{\partial\sum e_i^2}{\partial\hat{\beta}_0}=-2\sum(Y_i-\hat{\beta}_0-\hat{\beta}_1X_i)=0 \tag{2.15}$$

$$\frac{\partial\sum e_i^2}{\partial\hat{\beta}_1}=-2\sum(Y_i-\hat{\beta}_0-\hat{\beta}_1X_i)X_i=0 \tag{2.16}$$

则得：

$$\sum(Y_i-\hat{\beta}_0-\hat{\beta}_1X_i)=0 \tag{2.17}$$

$$\sum(Y_i-\hat{\beta}_0-\hat{\beta}_1X_i)X_i=0 \tag{2.18}$$

整理得正规方程：

$$\begin{cases}\sum Y_i=n\hat{\beta}_0+\hat{\beta}_1\sum X_i\\ \sum X_iY_i=\hat{\beta}_0\sum X_i+\hat{\beta}_1\sum X_i{}^2\end{cases} \tag{2.19}$$

解正规方程组，得 $\hat{\beta}_0$ 、$\hat{\beta}_1$ 表示式为：

$$\hat{\beta}_1=\frac{n\sum X_iY_i-\sum X_i\sum Y_i}{n\sum X_i{}^2-(\sum X_i)^2}=\frac{\sum X_i\sum Y_i-n\overline{X}\,\overline{Y}}{\sum X_i{}^2-n\overline{X}^2} \tag{2.20}$$

$$\hat{\beta}_0=\frac{\sum X_i^2\sum Y_i-\sum X_i\sum X_iY_i}{n\sum X_i^2-(\sum X_i)^2}=\frac{1}{n}(\sum Y_i-\hat{\beta}_1\sum X_i)=\overline{Y}-\hat{\beta}_1\overline{X} \tag{2.21}$$

式中：$\overline{X}=\frac{\sum X_i}{n}$ ；$\overline{Y}=\frac{\sum Y_i}{n}$ 。

式(2.20)、式(2.21)称为回归参数的最小二乘估计式(ordinary least square estimator，OLSE)，它们是用样本观测值 X_i 和 Y_i 表示的 $\hat{\beta}_0$ 、$\hat{\beta}_1$ 的表达式。为了方便起见，在实际应用时常采用 X_i 和 Y_i 的离差形式表示 $\hat{\beta}_0$ 、$\hat{\beta}_1$ ，在计量经济学中，往往用小写字母表示对均值的离差，即 $x_i=X_i-\overline{X}$，$y_i=Y_i-\overline{Y}$ ，应用式(2.20)、式(2.21)的结果可得：

$$\hat{\beta}_1 = \frac{\sum xy}{\sum x^2} \qquad \hat{\beta}_0 = \overline{Y} - \hat{\beta}_1 \overline{X}$$

又：

$$\hat{\beta}_1 = \frac{\sum xy}{\sum x^2} = \frac{\sum xy}{\sqrt{\sum x^2}\sqrt{\sum x^2}} = \frac{\sum xy\sqrt{\sum y^2}}{\sqrt{\sum x^2}\sqrt{\sum x^2}\sqrt{\sum y^2}}$$

$$= r\frac{\sqrt{\sum y^2}}{\sqrt{\sum x^2}} = r\frac{\sqrt{\frac{\sum (Y-\overline{Y})^2}{n}}}{\sqrt{\frac{\sum (X-\overline{X})^2}{n}}}$$

$$= r\frac{S_y}{S_x} \tag{2.22}$$

式中：$r = \frac{\sum (X-\overline{X})(Y-\overline{Y})}{nS_xS_y} = \frac{\sum xy}{\sum x^2 \sum y^2}$，$S_x = \sqrt{\frac{\sum (X_i - \overline{X})^2}{n}}$，

$S_y = \sqrt{\frac{\sum (Y_i - \overline{Y})^2}{n}}$。

利用 $\hat{\beta}_0$、$\hat{\beta}_1$ 的估计式，可直接把样本观察值代入其中，求得回归参数的估计值，从而得到样本回归函数的具体形式。同时，说明一元线性回归模型的回归系数 $\hat{\beta}_1$ 与其模型中的两个变量的相关系数 r 密切相关。

表 2.3 所示为根据样本数据估计样本回归函数的过程。

表 2.3 根据样本数据估计样本回归函数的过程

序号	可支配收入 X	消费支出 Y	$x_i = X_i - \overline{X}$	$y_i = Y_i - \overline{Y}$	$x_i y_i$	x_i^2	y_i^2	$\hat{Y}$	e_i	e_i^2
1	1 100	856	−1 800	−1 295.7	2 332 260	3 240 000	1 678 838.49	840.4	15.6	243.36
2	1 500	1 192	−1 400	−959.7	1 343 580	1 960 000	921 024.09	1 131.8	60.2	3 624.04
3	1 900	1 530	−1 000	−621.7	621 700	1 000 000	386 510.89	1 423.2	106.8	11 406.24
4	2 300	1 492	−600	−659.7	395 820	360 000	435 204.09	1 714.6	−222.6	49 550.76
5	2 700	2 080	−200	−71.7	14 340	40 000	5 140.89	2 006	74	5 476
6	3 100	2 156	200	4.3	860	40 000	18.49	2 297.4	−141.4	19 993.96
7	3 500	2 496	600	344.3	206 580	360 000	118 542.49	2 588.8	−92.8	8 611.84
8	3 900	3 233	1 000	1 081.3	1 081 300	1 000 000	1 169 209.69	2 880.2	352.8	124 467.84
9	4 300	2 906	1 400	754.3	1 056 020	1 960 000	568 968.49	3 171.6	−265.6	70 543.36
10	4 700	3 576	1 800	1 424.3	2 563 740	3 240 000	2 028 630.49	3 463	113	12 769
合计	29 000	21 517			9 616 200	13 200 000	7 312 088.1			306 686.4
平均	2 900	2 151.7								

由该表，计算可得：

$$\hat{\beta}_1 = \frac{\sum x_i y_i}{\sum x_i^2} = \frac{9\ 616\ 200}{13\ 200\ 000} = 0.728\ 5$$

$$\hat{\beta}_0 = \bar{Y} - \hat{\beta}_1 \bar{X} = 2\ 151.7 - 0.728\ 5 \times 2\ 900 = 39.05$$

样本回归方程为： $\hat{Y}_i = 39.05 + 0.728\ 5 X_i$

用普通最小二乘法(OLS)拟合的样本回归线具有以下性质。

(1)样本回归直线经过样本均值点 $(\bar{X},\bar{Y})$ 。

由 $\hat{\beta}_0 = \bar{Y} - \hat{\beta}_1 \bar{X}$ 可得： $\bar{Y} = \hat{\beta}_0 + \hat{\beta}_1 \bar{X}$

可见，样本均值 $\bar{X}$ 、$\bar{Y}$ 满足样本回归函数，因而样本回归直线经过样本均值点 $(\bar{X},\bar{Y})$ 。

(2)剩余项 e_i 的均值 $\bar{e}$ 为 0，即：

$$\bar{e} = 0 \tag{2.23}$$

由最小二乘法的式(2.15)知：$\dfrac{\partial \sum e_i^2}{\partial \hat{\beta}_0} = -2\sum(Y_i - \hat{\beta}_0 - \hat{\beta}_1 X_i) = 0$

即有：

$$\sum(Y_i - \hat{\beta}_0 - \hat{\beta}_1 X_i) = \sum(Y - \hat{Y}_i) = \sum e_i = 0$$

所以：

$$\bar{e} = \frac{\sum e_i}{n} = 0$$

(3)估计量 $\hat{Y}_i$ 的平均值 $\hat{Y}$ 等于样本平均值 $\bar{Y}$ ，即：

$$\bar{\hat{Y}} = \bar{Y} \tag{2.24}$$

因为： $\hat{Y}_i = \hat{\beta}_0 + \hat{\beta}_1 X_i = \bar{Y} - \hat{\beta}_1 \bar{X} + \hat{\beta}_1 X_i = \bar{Y} + \hat{\beta}_1 (X_i - \bar{X})$

把上式两边加总，再除以样本容量 n，得：

$$\frac{\sum \hat{Y}_i}{n} = \frac{\sum(\bar{Y} + \hat{\beta}_1 (X_i - \bar{X}))}{n}$$

$$\bar{\hat{Y}} = \bar{Y} + \hat{\beta}_1 \frac{\sum(X_i - \bar{X})}{n}$$

$$\bar{\hat{Y}} = \bar{Y} + \hat{\beta}_1 \left[\frac{\sum X_i}{n} - \frac{n\bar{X}}{n}\right]$$

$$\bar{\hat{Y}} = \bar{Y}$$

这说明，对 X_i 的每一个预测值都可估计出 $\hat{Y}_i$ ，由各个样本观测值所估计的 $\hat{Y}_i$ 的均值与实际样本观测值 Y_i 的均值 $\bar{Y}$ 相等。

(4)解释变量与剩余项 e_i 不相关：

$$\mathrm{Cov}(X_i, e_i) = 0 \tag{2.25}$$

因为：

$$\mathrm{Cov}(X_i, e_i) = \frac{\sum(X_i - \bar{X})(e_i - \bar{e})}{n}$$

$$= \frac{\sum(X_i - \bar{X})e_i}{n} = \frac{\sum X_i e_i - \sum \bar{X} e_i}{n}$$

$$= \frac{\sum X_i e_i - \bar{X}\sum e_i}{n} = \frac{\sum X_i e_i}{n}$$

由式(2.18)知：$$\sum X_i e_i = 0$$
所以：$$\mathrm{Cov}(X_i, e_i) = 0$$
从而说明 X_i 与 e_i 不相关。

(5)估计量 $\hat{Y}_i$ 与剩余项 e_i 不相关，即：
$$\mathrm{Cov}(\hat{Y}_i, e_i) = 0 \tag{2.26}$$
因为：
$$\begin{aligned}\mathrm{Cov}(\hat{Y}_i, e_i) &= \frac{1}{n}\sum(\hat{Y}_i - \bar{\hat{Y}})(e_i - \bar{e}) = \frac{1}{n}\sum(\hat{Y}_i - \bar{Y})e_i \\ &= \frac{1}{n}\sum \hat{\beta}_1[(X_i - \bar{X})]e_i = \frac{1}{n}\hat{\beta}_1\sum(X_i - \bar{X})e_i \\ &= \frac{1}{n}\hat{\beta}_1\left(\sum X_i e_i - \bar{X}\sum e_i\right) = \frac{1}{n}\hat{\beta}_1(0 - 0) = 0\end{aligned}$$
由此可见，$\hat{Y}_i$ 和 e_i 不相关。

2.2.3　最小二乘估计量的性质

利用最小二乘法求得模型总体参数 β_0 和 β_1 的估计量 $\hat{\beta}_0$ 和 $\hat{\beta}_1$ 是样本数据 X_i 和 Y_i 的函数，由于 Y_i 的随机性及抽样时样本的随机波动，使参数的估计量 $\hat{\beta}_0$ 和 $\hat{\beta}_1$ 也是随样本而发生变化的随机变量。虽然每次抽样后，用最小二乘法估计的 $\hat{\beta}_0$ 和 $\hat{\beta}_1$ 与其总体参数值 β_0 和 β_1 总会有差异，但在古典假设成立的情况下，最小二乘估计的 $\hat{\beta}_0$ 和 $\hat{\beta}_1$ 是总体参数估计值 β_0 和 β_1 最佳线性无偏估计量(best linear unbiased estimator，BLUE)。这就是著名的高斯-马尔科夫定理，它表明最小二乘估计与用其他方法得到的任何线性无偏估计量相比，具有方差最小的特性。

1. 线性性

线性性即估计式 $\hat{\beta}_0$ 和 $\hat{\beta}_1$ 为 Y_i 的线性组合(线性函数)。这是由于：
$$\begin{aligned}\hat{\beta}_1 &= \frac{\sum x_i y_i}{\sum x_i^2} = \sum \frac{x_i}{\sum x_i^2} y_i = \sum k_i y_i = \sum k_i (Y_i - \bar{Y}) \\ &= \sum k_i Y_i - \sum k_i \bar{Y} = \sum k_i Y_i - \bar{Y}\sum k_i = \sum k_i Y_i\end{aligned} \tag{2.27}$$
式中，$k_i = \dfrac{x_i}{\sum x_i^2}$；$\sum k_i = \sum \dfrac{x_i}{\sum x_i^2} = \dfrac{\sum x_i}{\sum x_i^2} = 0$。

在重复抽样过程中，解释变量 X_i 总是取一组固定的值，因此 k_i 是一组常数，而且 $\sum k_i = 0$。

同样可得：
$$\hat{\beta}_0 = \bar{Y} - \beta_1 \bar{X} = \frac{\sum Y_i}{n} - \sum k_i Y_i \bar{X} = \sum\left(\frac{1}{n} - k_i \bar{X}\right)Y_i = \sum a_i Y_i \tag{2.28}$$
式中，$a_i = \dfrac{1}{n} - k_i \bar{X}$。

可见，$\hat{\beta}_0$ 和 $\hat{\beta}_1$ 是 Y_i 的线性函数。因为在重复抽样的过程中，解释变量 X_i 总是取固定的值，Y_i 是随机变量，所以最小二乘估计量 $\hat{\beta}_0$ 和 $\hat{\beta}_1$ 只是决于 Y_i，所以，估计量 $\hat{\beta}_0$ 和 $\hat{\beta}_1$ 也是随机变量。

2. 无偏性

无偏性即最小二乘估计量 $\hat{\beta}_0$ 和 $\hat{\beta}_1$ 的期望值等于总体回归参数真值 β_0 和 β_1 ，即：

$$E(\hat{\beta}_0)=\beta_0 \qquad E(\hat{\beta}_1)=\beta_1$$

$$\begin{aligned}\hat{\beta}_1&=\sum k_i Y=\sum k_i(\beta_0+\beta_1 X_i+\mu_i)\\&=\beta_0\sum k_i+\beta_1\sum k_i X_i+\sum k_i\mu_i\end{aligned}\tag{2.29}$$

$$\begin{aligned}\sum k_i X_i&=\sum\frac{x_i X_i}{\sum x^2}=\frac{\sum x_i(x_i+\overline{X})}{\sum x^2}\\&=\frac{\sum x^2}{\sum x^2}+\frac{\overline{X}\sum x_i}{\sum x^2}\\&=1+\overline{X}\frac{\sum(X_i-\overline{X})}{\sum x^2}=1\end{aligned}\tag{2.30}$$

又由式(2.29)，所以得：

$$\hat{\beta}_1=\beta_1+\sum k_i\mu_i\tag{2.31}$$

$$\begin{aligned}E(\hat{\beta}_1)&=E(\beta_1+\sum k_i\mu_i)=\beta_1+E(\sum k_i\mu_i)\\&=\beta_1+\sum k_i E(\mu_i)\\&=\beta_1\end{aligned}$$

因为 $E(\mu_i)=0$ ，所以：

$$E(\hat{\beta}_1)=\beta_1\tag{2.32}$$

同理可证：

$$E(\hat{\beta}_0)=\beta_0\tag{2.33}$$

所以，$\hat{\beta}_0$ 和 $\hat{\beta}_1$ 是 β_0 和 β_1 无偏估计量。

3. 有效性

有效性即在所有的线性无偏估计量中，最小二乘估计量 $\hat{\beta}_0$ 和 $\hat{\beta}_1$ 具有最小方差。也就是说，若 $\tilde{\beta}_0$ 和 $\tilde{\beta}_1$ 是其他方法估计出的总体参数值 β_0 和 β_1 的线性无偏估计量，则有：$\mathrm{Var}(\hat{\beta}_0)\leqslant\mathrm{Var}(\tilde{\beta}_0)$ ，$\mathrm{Var}(\hat{\beta}_1)\leqslant\mathrm{Var}(\tilde{\beta}_1)$ 。

下面分两步证明。

(1)求 $\hat{\beta}_0$ 和 $\hat{\beta}_1$ 的方差。

$$\begin{aligned}\mathrm{Var}(\hat{\beta}_1)&=E(\hat{\beta}_1-E(\hat{\beta}_1))^2=E(\hat{\beta}_1-\beta_1)^2=E\left(\sum k_i\mu_i\right)^2\\&=E(k_1\mu_1+k_2\mu_2+\cdots+k_n\mu_n)^2\\&=E\Big(k_1^2\mu_1^2+k_2^2\mu_2^2+\cdots+k_n^2\mu_n^2+2\sum_{i\neq j}k_i k_j\mu_i\mu_j\Big)\\&=\sum E(k_i^2\mu_i^2)+2\sum_{i\neq j}k_i k_j E(\mu_i\mu_j)\\&=\sum k_i^2 E(\mu_i-E(\mu_i))^2=\sum k_i^2\sigma^2\\&=\sigma^2\sum k_i^2=\sigma^2\sum\left[\frac{x}{\sum x^2}\right]^2=\sigma^2\frac{\sum x^2}{(\sum x^2)^2}=\frac{\sigma^2}{\sum x^2}\end{aligned}$$

所以：

$$\mathrm{Var}(\hat{\beta}_1)=\frac{\sigma^2}{\sum x_i{}^2} \tag{2.34}$$

或：
$$\mathrm{Var}(\hat{\beta}_1)=\mathrm{Var}\left(\sum k_i Y_i\right)=E(k_i{}^2\mathrm{Var}(Y_i))=\sigma^2\sum k_i{}^2=\frac{\sigma^2}{\sum x_i{}^2}$$

同理可得 $\hat{\beta}_0$ 的方差：

$$\mathrm{Var}(\hat{\beta}_0)=\frac{\sigma^2\sum X_i^2}{n\sum x_i^2} \tag{2.35}$$

(2)证明最小方差性。

假设 $\tilde{\beta}_1$ 是其他方法估计出的总体参数值 β_1 的线性无偏估计量，即 $\tilde{\beta}_1=\sum c_i Y_i$，且 $E(\tilde{\beta}_1)=\beta_1$。其中，$c_i$ 为不等于 k_i 的权数。

$$\begin{aligned}E(\tilde{\beta}_1)&=E\left(\sum c_i Y_i\right)=\sum c_iE(Y_i)=\sum c_iE(\beta_0+\beta_1X_i+\mu_i)\\&=\beta_0\sum c_i+\beta_1\sum c_iX_i+\sum c_iE(\mu_i)=\beta_0\sum c_i+\beta_1\sum c_iX_i\\&=\beta_1\end{aligned}$$

要使上面无偏性成立，必须满足：

$$\begin{cases}\sum c_i=0\\\sum c_iX_i=1\end{cases}$$

$$\begin{aligned}\mathrm{Var}(\tilde{\beta}_1)&=\mathrm{Var}\left(\sum c_i Y_i\right)=\sum c_i^2\mathrm{Var}(Y_i)=\sigma^2\sum c_i^2\\&=\sigma^2\sum(c_i+k_i-k_i)^2\\&=\sigma^2\sum[(c_i-k_i)^2+2k_i(c_i-k_i)+k_i^2]\\&=\sigma^2\sum(c_i-k_i)^2+2\sigma^2\sum k_i(c_i-k_i)+\sigma^2\sum k_i^2\end{aligned}$$

$$\begin{aligned}\sum k_i(c_i-k_i)&=\sum c_ik_i-\sum k_i^2=\sum c_i\frac{x_i}{\sum x_i^2}-\frac{1}{\sum x_i^2}\\&=\frac{\sum c_ix_i-1}{\sum x_i^2}=\frac{\sum c_i(X_i-\bar{X})-1}{\sum x_i^2}\\&=\frac{\sum c_iX_i-\sum c_i\bar{X}-1}{\sum x_i^2}=\frac{1-\bar{X}\sum c_i-1}{\sum x_i^2}=0\end{aligned}$$

又因为：
$$\sum(c-k_i)^2\geqslant 0$$

所以：

$$\mathrm{Var}(\hat{\beta}_1)\leqslant\mathrm{Var}(\tilde{\beta}_1) \tag{2.36}$$

而且等号只有当 $c_i=k_i$ 时才能成立，此时 $\tilde{\beta}_1$ 就是 $\hat{\beta}_1$，也就是说，对于 β_1 的任意一个线性无偏估计量，其方差均大于最小二乘法估计量的方差。最小二乘法估计量具有最小方差性。

同理可证 $\hat{\beta}_0$ 具有最小方差性，即：

$$\mathrm{Var}(\hat{\beta}_0)\leqslant\mathrm{Var}(\tilde{\beta}_0) \tag{2.37}$$

最小二乘估计量 $\hat{\beta}_0$ 和 $\hat{\beta}_1$ 具有线性性、无偏性、最小方差性，因此，$\hat{\beta}_0$ 和 $\hat{\beta}_1$ 称为最佳线性无偏估计量。

2.3 一元线性回归模型的统计检验

根据样本数据利用最小二乘法进行估计得到的样本回归函数，只是对总体回归函数的一个近似估计，所估计的模型是否确切地反映了经济变量之间的相互关系还需要进行检验。回归分析中主要是通过一些统计检验方法保证所估计的模型在统计意义上具有可靠性。

2.3.1 拟合优度检验

拟合优度检验是指对样本回归直线与样本观察值之间拟合程度的检验。样本回归直线是对样本数据的一种拟合，观测值离直线越近，拟合优度就越好。样本回归直线对样本观测数据拟合的优劣程度，称为样本回归线的拟合优度。对于同一组样本数据，用不同的方法去估计回归直线的参数，可以得到拟合度不同的回归直线，虽然最小二乘法已经使所估计的样本回归函数的残差平方和 $\sum e_i^2$ 达到最小，但残差平方和 $\sum e_i^2$ 的值本身可能会很大，因此就需要有一个度量拟合优度的相对指标，拟合优度是由在总变差分解基础上确定的可决系数来度量的。

1. 总离差平方和的分解

设对于样本观察值 $(X_i, Y_i)(i=1,2,\cdots,n)$，由最小二乘估计得到的样本回归直线为 $\hat{Y}_i=\hat{\beta}_0+\hat{\beta}_1 X_i$，如图 2.3 所示。

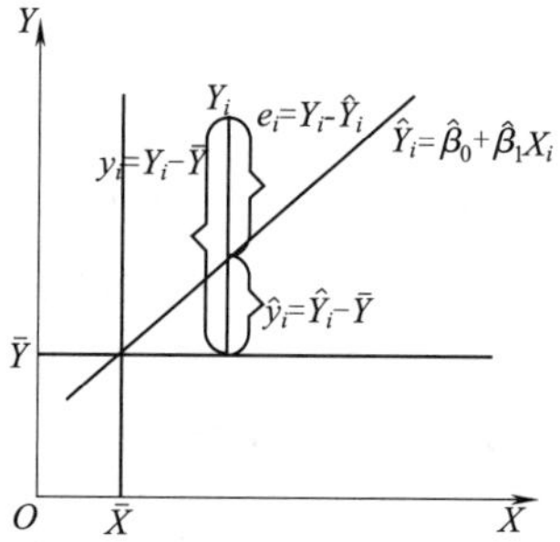

图 2.3　总离差平方和的分解

由图 2.3 可看出，Y 的第 i 个观察值与样本均值 $\overline{Y}$ 的离差称为总离差，记为 $y_i=Y_i-\overline{Y}$，总离差可以分作两部分，即：

$$Y_i-\overline{Y}=(Y_i-\hat{Y}_i)+(\hat{Y}_i-\overline{Y}) \tag{2.38}$$

式中，一部分 $\hat{y}_i=\hat{Y}_i-\overline{Y}$，是通过样本回归直线计算的拟合值与观察值的平均值之差，它是由样本回归线(解释变量)所解释的部分，是由于 X 的变化而引起的 Y 的变化；另一部分 $e_i=Y_i-\hat{Y}_i$，是实际观察值与回归直线的拟合值之差，称为残差，它是样本回归直线所不能解释的部分，是由随机因素、观测误差等综合影响而产生的。

显然，若样本回归直线所能解释的部分 $\hat{y}_i=\hat{Y}_i-\overline{Y}$ 的绝对值越大，则残差的绝对值就越小，样本回归直线与样本点 (X_i, Y_i) 拟合得越好。若 Y_i 落在样本回归线上，表明在该点实现完全拟合。

由于 $Y_i-\bar{Y}=(Y_i-\hat{Y}_i)+(\hat{Y}_i-\bar{Y})$，若用加总 Y_i 的全部离差来表示显然是不行的，这是因为 $\sum(Y_i-\bar{Y})=\sum Y_i-\sum\bar{Y}=n\bar{Y}-n\bar{Y}=0$，因此，利用加总全部离差平方和来反映总离差。

$$\begin{aligned}\sum(Y_i-\bar{Y})^2&=\sum[(Y_i-\hat{Y}_i)+(\hat{Y}_i-\bar{Y})]^2\\&=\sum(Y_i-\hat{Y}_i)^2+\sum(\hat{Y}_i-\bar{Y})^2+2\sum(Y_i-\hat{Y}_i)(\hat{Y}_i-\bar{Y})\end{aligned}$$

因为：$\sum(Y_i-\hat{Y}_i)(\hat{Y}_i-\bar{Y})=\sum(\hat{Y}_i-\bar{Y})e_i=\sum\hat{\beta}_1(X_i-\bar{X})e_i=0$

所以：

$$\sum(Y_i-\bar{Y})^2=\sum(Y_i-\hat{Y}_i)^2+\sum(\hat{Y}_i-\bar{Y})^2 \tag{2.39}$$

称式(2.39)为总离差平方和的分解公式，也可以简写为：

$$\sum y_i^2=\sum e_i^2+\sum\hat{y}_i^2$$

式中，$\sum y_i^2=\sum(Y_i-\bar{Y})^2$，称为总离差平方和，也称为总变差(total sum of squares)，用TSS表示，是被解释变量 Y_i 的样本观测值与其均值的离差平方和。

$\sum\hat{y}_i^2=\sum(\hat{Y}_i-\bar{Y})^2$，称为回归平方和(explained sum of squares)，用ESS表示，是被解释变量 Y 的估计值与其均值的离差平方和，也就是由回归模型解释了的变差平方和，反映了 Y 的总的变差中由于解释变量 X 变化而引起 Y 变化的部分。

$\sum e_i^2=\sum(Y_i-\hat{Y}_i)^2$ 称为残差平方和(residual sum of squares)，用RSS表示，是被解释变量 Y 与估计值之差的平方和，反映了样本观测值与估计值偏离的大小，也是模型中解释变量不能解释的那部分离差的大小，是由随机因素、观测误差等综合影响而产生的。

因此总离差分解公式可以写成：

$$\text{TSS}=\text{ESS}+\text{RSS} \tag{2.40}$$

总离差平方和分解公式表明 Y 的变化由两部分组成，一部分是模型中解释变量引起的变化，另一部分是模型之外其他因素引起的变化。

2. 判定系数

总离差平方和分解公式(2.40)表明，在 Y 的总变化中，被样本回归模型解释的部分越多，则模型的拟合误差相对来说就越小。对于一组确定的样本数据，总离差平方和是一个确定的数值，因此，在总离差平方和中，如果回归平方和所占的比例越大，残差平方和所占比例越小，表明回归直线与样本点 (X_i,Y_i) 拟合得越好。把回归平方和与总离差平方和之比作为衡量模型对样本拟合优度的指标，称为判定系数或可决系数，用 R^2 表示，即：

$$R^2=\frac{\text{ESS}}{\text{TSS}}=\frac{\sum\hat{y}_i^2}{\sum y_i^2}=\frac{\sum(\hat{Y}_i-\bar{Y})^2}{\sum(Y_i-\bar{Y})^2}=1-\frac{\sum e_i^2}{\sum y_i^2} \tag{2.41}$$

判定系数 R^2 是衡量回归直线与样本观测值之间的拟合优度的数量指标，是对模型拟合程度的综合度量。其数值范围 $0\leqslant R^2\leqslant 1$。若 $R^2=1$，说明全部样本观察值均在估计的回归直线上，观察值 Y_i 与回归值 $\hat{Y}_i$ 完全拟合，即 $Y_i=\hat{Y}_i$；R^2 越大，说明在 Y 变差中由模型作出了解释的部分占的比重越大，模型拟合程度就越好；判定系数 R^2 越小，说明在 Y 的总变差中，由模型解释了的部分占的比重越小，模型对样本的拟合程度越差。$R^2=0$，说明完全不拟合。

判定系数不仅反映了模型拟合优度的优劣，而且有直观的经济含义：它定量地描述了 Y 的变化中可以用回归模型来说明的部分，即模型的可解释程度，表明在被解释变量总变差中由解释变量 X 解释的变差所占的百分比。

利用表 2.3 中的样本数据计算可决定系数：

$$R^2 = 1 - \frac{306\ 686.4}{7\ 312\ 088.1} = 0.958\ 1$$

这个可决系数值与 1 非常接近，说明家庭消费支出的水平和变化中，由家庭可支配收入的水平和变化解释的部分占 95.81%。

3. 判定系数与相关系数的联系和区别

(1)判定系数与相关系数的联系：

$$R^2 = \frac{\text{ESS}}{\text{TSS}} = \frac{\sum (\hat{Y}_i - \bar{Y})^2}{\sum (Y_i - \bar{Y})^2} = \frac{\sum \hat{y}_i^2}{\sum y_i^2} = \frac{\sum \hat{\beta}_1^2 x_i^2}{\sum y_i^2}$$

$$= \hat{\beta}_1^2 \frac{\sum x_i^2}{\sum y_i^2} = \left[\frac{\sum x_i y_i}{\sum x_i^2}\right]^2 \cdot \frac{\sum x_i^2}{\sum y_i^2} = \frac{(\sum x_i y_i)^2}{\sum x_i^2 \sum y_i^2} = r^2 \qquad (2.42)$$

式(2.42)说明在一元线性回归模型中，R^2 和 r 二者之间的联系是判定系数 R^2 等于相关系数 r 的平方。这是因为相关系数度量了 Y 与 X 之间的线性相关程度，而判定系数也是衡量 Y 和 X 之间的线性关系(因果)程度，两者的含义是类似的。

(2)判定系数与相关系数的区别。首先，从意义上讲，判定系数(可决系数)是就模型而言的，是对回归直线与样本点拟合程度的综合度量；而相关系数是就两个变量而言的，衡量是两个变量之间相关密切程度，是对两个随机变量线性依存程度的度量。其次，判定系数度量的是具因果关系回归模型的拟合优度，说明模型中解释变量 X 对被解释变量 Y 的离差的解释比率，并不表明 Y 对 X 的变化的解释程度，而相关系数是对称的，即 $r_{XY} = r_{YX}$，它不包含任何因果关系，不能用来指出非线性关系。再次，对于回归模型来说，判定系数 R^2 除上述作用外，也可以度量 Y 对 X 的非线性依存程度。而相关系数 r 仅仅是 Y 与 X 之间线性依存关系的度量，不能用来描述非线性关系。此外，判定系数具有非负性，取值范围为 $0 \leqslant R^2 \leqslant 1$；但相关系数可为正数，也可为负数，取值范围为 $-1 \leqslant r \leqslant 1$。

2.3.2 参数的显著性检验

1. 参数估计量 $\hat{\beta}_0$ 和 $\hat{\beta}_1$ 的概率分布

我们知道模型在满足基本假设下，模型参数的最小二乘估计量是被解释变量 Y_i 的线性组合，因此 $\hat{\beta}_0$ 和 $\hat{\beta}_1$ 的概率分布取决于 Y_i。在随机干扰项 μ_i 是正态分布的假设下，Y_i 是正态分布，则 $\hat{\beta}_0$ 和 $\hat{\beta}_1$ 服从正态分布。由最小二乘估计量的性质可知 $\hat{\beta}_0$ 和 $\hat{\beta}_1$ 服从以参数真实值为中心，以随机扰动项方差的一个倍数为方差的正态分布，即：

$$\hat{\beta}_1 \sim N\left(\beta_1, \frac{\sigma^2}{\sum x_i^2}\right)$$

$$\hat{\beta}_0 \sim N\left(\beta_0, \frac{\sigma^2 \sum X_i^2}{n \sum x_i^2}\right)$$

于是 $\hat{\beta}_0$ 和 $\hat{\beta}_1$ 的标准差为：

$$\sigma_{\hat{\beta}_1}=\sqrt{\frac{\sigma^2}{\sum x_i^2}} \tag{2.43}$$

$$\sigma_{\hat{\beta}_0}=\sqrt{\frac{\sigma^2\sum X_i^2}{n\sum x_i^2}} \tag{2.44}$$

2. 随机干扰项方差 σ^2 的估计

在估计的参数 $\hat{\beta}_0$ 和 $\hat{\beta}_1$ 的方差表达式中，都含有随机干扰项 μ_i 的方差 σ^2。由于实际上 σ^2 是未知的，因此 $\hat{\beta}_0$ 和 $\hat{\beta}_1$ 的方差实际上无法计算，这就需要对 σ^2 进行估计，由于随机项是不可观测的，只能从 μ_i 的估计——残差 e_i 出发，对总体方差 σ^2 进行估计。可以证明 σ^2 的最小二乘估计为：

$$\hat{\sigma}^2=\frac{\sum e_i^2}{n-2} \tag{2.45}$$

随机干扰项 μ_i 的方差 σ^2 估计出来后，参数的方差和标准差的估计量分别是：

$\hat{\beta}_1$ 的方差：

$$S_{\hat{\beta}_1}^2=\frac{\hat{\sigma}^2}{\sum x_i^2} \tag{2.46}$$

$\hat{\beta}_1$ 的标准差：

$$S_{\hat{\beta}_1}=\sqrt{\frac{\hat{\sigma}^2}{\sum x_i^2}} \tag{2.47}$$

$\hat{\beta}_0$ 的方差：

$$S_{\hat{\beta}_0}^2=\frac{\hat{\sigma}^2\sum X_i^2}{n\sum x_i^2} \tag{2.48}$$

$\hat{\beta}_0$ 的标准差：

$$S_{\hat{\beta}_0}=\sqrt{\frac{\hat{\sigma}^2\sum X_i^2}{n\sum x_i^2}} \tag{2.49}$$

利用表 2.3 中的样本数据计算得：

$$\hat{\sigma}^2=\frac{\sum e_i^2}{n-2}=\frac{306\ 686.4}{10-2}=38\ 336$$

$$S_{\hat{\beta}_1}=\sqrt{\frac{\hat{\sigma}^2}{\sum x_i^2}}=\sqrt{\frac{38\ 336}{13\ 200\ 000}}=0.053\ 9$$

$$S_{\hat{\beta}_0}=\sqrt{\frac{\hat{\sigma}^2\sum X_i^2}{n\sum x_i^2}}=\sqrt{\frac{38\ 336\times 97\ 300\ 000}{10\times 13\ 200\ 000}}=168.1$$

3. 参数的显著性检验：t 检验

参数的显著性检验是一种假设检验。所谓假设检验，就是对未知参数，先假设一个确定值，然后根据随机抽选的样本数据，采用适当的方法，检验参数的假设值与真实值是否一致，从而决定接受或拒绝假设值。回归系数假设检验的基本思想：在所估计样本回归系数概率分布性质的基础上，在总体回归系数某种原假设成立的条件下，利用适当的有明确概率分布的统计量和给定的显著性水平 α，构成一个小概率事件，判断原假设结果合理与否。因为一个小概率事件在一次观察中可以认为基本不发生，如果该事件发生，就认为原假设不真，从而拒绝原假设，接受备择假设。

一元线性回归模型的基本出发点，就是认为所讨论的两个变量之间存在因果关系，认为解释变量是影响被解释变量变化的主要原因，并且解释变量是以线性的方式影响被解释变量的变化。这种变量之间的关系是否存在，都会在参数 β_1 中反映出来，即 β_1 的数值是否明显异于零，对确定变量之间关系和模型真实性非常重要。这种检验称为参数的显著性检验。

对于一元线性回归方程中的 $\hat{\beta}_1$，已经知道它服从正态分布：

$$\hat{\beta}_1 \sim N\left(\beta_1, \frac{\sigma^2}{\sum x_i^2}\right)$$

根据数理统计学中的定义，如果真实的 σ^2 未知，而用它的无偏估计量 $\hat{\sigma}^2 = \frac{\sum e_i^2}{n-2}$ 替代时，可构造如下统计量：

$$t = \frac{\hat{\beta}_1 - \beta_1}{\sqrt{\frac{\hat{\sigma}^2}{\sum x_i^2}}} = \frac{\hat{\beta}_1 - \beta_1}{S_{\hat{\beta}_1}} \sim t(n-2) \tag{2.50}$$

该统计量服从自由度为 $n-2$ 的 t 分布。因此，可用该统计量作为 $\hat{\beta}_1$ 显著性检验的 t 统计量。

如果变量之间关系是显著成立的，那么参数 β_1 应该显著不为零。具体的检验步骤如下：

(1)对总体参数提出假设。

原假设 $H_0:\beta_1 = 0$，备择假设 $H_1:\beta_1 \neq 0$。

在原假设成立的条件下，解释变量对被解释变量没有影响，在备择假设成立的条件下，解释变量对被解释变量有显著影响。

(2)构造统计量：

$$t = \frac{\hat{\beta}_1 - \beta_1}{\sqrt{\frac{\hat{\sigma}^2}{\sum x_i^2}}} = \frac{\hat{\beta}_1}{S_{\hat{\beta}_1}} \tag{2.51}$$

(3)在原假设成立的条件下，由样本观测值计算 t 统计量的值。

(4)给定显著性水平 α，查自由度 $n-2$ 的 t 分布表，得临界值 $t_{\frac{\alpha}{2}}(n-2)$。

(5)作出判断。①若 $|t| > t_{\frac{\alpha}{2}}(n-2)$，则拒绝原假设 $H_0:\beta_1 = 0$，接受备择假设 $H_1:\beta_1 \neq 0$，即 β_1 与 0 有显著区别，与系数 β_1 所对应的解释变量 X 对 Y 有显著的影响。

②若 $|t| \leqslant t_{\frac{\alpha}{2}}(n-2)$，则接受原假设 $H_0:\beta_1 = 0$，即 β_1 与 0 的差异不显著，与系数 β_1 所对应的解释变量 X 对 Y 没有显著的影响。即变量间不存在明显的线性依存关系，所估计的线性回归方程无实际意义。

同理，对参数 β_0 可以构造 $t = \frac{\hat{\beta}_0 - \beta_0}{S_{\hat{\beta}_0}} \sim t(n-2)$ 进行显著性检验。

例如，对样本回归方程的估计参数进行显著性检验(显著性水平为 0.05)。

原假设 $H_0:\beta_1=0$，备择假设 $H_1:\beta_1\neq 0$。由前面的数据可知：

$$t_1=\frac{\hat{\beta}_1}{S_{\hat{\beta}_1}}=\frac{0.7285}{0.0539}=13.52$$

给定显著性水平 $\alpha=0.05$，查自由度 8 的 t 分布表，得临界值 $t_{0.025}(8)=2.306$。

由于 $t_1=13.52>t_{0.025}(8)$，所以拒绝原假设，说明 $\hat{\beta}_1$ 是显著的，即两个变量之间的关系是显著的。

在实际应用中，用 p 值更方便，即概率值提供的信息也是很有用的，p 值是统计量精确的显著性水平。它表示 $P(|t|>t_{\frac{\alpha}{2}}(n-2))=p$，$p$ 值度量的是错误地拒绝正确的原假设的概率，因而不需要从 t 分布表查临界值，使 t 检验更方便。p 值越大，错误地拒绝原假设的可能性就越大；p 值越小，拒绝原假设时就越放心。对参数的显著性检验来说，如果截距项 β_0 和解释变量系数 β_1 的 t 检验的 p 值都很小，说明截距和斜率都显著不为零，因为在拒绝原假设(零假设)的过程中，犯错误的概率很小。

4. 参数的置信区间

利用普通最小二乘法得到的是参数的点估计，是待估参数的一个近似值，而点估计本身既没有反映这种近似值的精确度，又不知道它的误差范围。为了对参数的取值情况有更多的了解，可以按一定的可靠性确定参数真值的取值范围。用统计术语来说，就是在一定置信度下求参数的置信区间，这就是参数的区间估计。要判断估计的参数值 $\hat{\beta}_1$ 离真实的参数值 β_1 有多近，可预先选定一个概率 $\alpha(0<\alpha<1)$，并求得一个正数 δ，使得随机区间 $(\hat{\beta}_1-\delta,\hat{\beta}_1+\delta)$ 包含 β_1 的概率为 $1-\alpha$。用符号表示为：

$$P(\hat{\beta}_1-\delta\leqslant\beta\leqslant\hat{\beta}_1+\delta)=1-\alpha \tag{2.52}$$

这样一个区间如果存在，就称之为置信区间；$(1-\alpha)$ 称为置信度，α 称为显著性水平；置信区间的端点称为置信限或临界值。

在变量显著性检验中已经知道：

$$t=\frac{\hat{\beta}_j-\beta_j}{\sqrt{\dfrac{\hat{\sigma}^2}{\sum x_i^2}}}=\frac{\hat{\beta}_j-\beta_j}{S_{\hat{\beta}_j}}\sim t(n-2)\qquad(j=0,1) \tag{2.53}$$

如果给定置信度 $(1-\alpha)$，从 t 分布表中查得自由度为 $(n-2)$ 的双侧临界值 $t_{\frac{\alpha}{2}}(n-2)$，那么 t 值处在 $(-t_{\frac{\alpha}{2}}(n-2),t_{\frac{\alpha}{2}}(n-2))$ 的概率是 $(1-\alpha)$，表示为：

$$P\left(-t_{\frac{\alpha}{2}}(n-2)<t<t_{\frac{\alpha}{2}}(n-2)\right)=1-\alpha$$

即：

$$P\left(-t_{\frac{\alpha}{2}}(n-2)<\frac{\hat{\beta}_j-\beta_j}{S_{\hat{\beta}_j}}<t_{\frac{\alpha}{2}}(n-2)\right)=1-\alpha$$

$$P\left(\hat{\beta}_j-t_{\frac{\alpha}{2}}(n-2)\,S_{\hat{\beta}_j}<\beta_j<\hat{\beta}_j+t_{\frac{\alpha}{2}}(n-2)\,S_{\hat{\beta}_j}\right)=1-\alpha$$

于是得到置信度为 $(1-\alpha)$ 下 β_j 的置信区间：

$$\left(\hat{\beta}_j-t_{\alpha/2}(n-2)\,S_{\hat{\beta}_j},\hat{\beta}_j+t_{\alpha/2}(n-2)\,S_{\hat{\beta}_j}\right) \tag{2.54}$$

参数的置信区间的计算。

根据前面假设检验中已有的计算数据，直接代入式(2.54)即可：

$$\hat{\beta}_1 - t_{\alpha/2}(n-2)S_{\hat{\beta}_1} = 0.7285 - 2.306 \times 0.0539 = 0.604$$

$$\hat{\beta}_1 + t_{\alpha/2}(n-2)S_{\hat{\beta}_1} = 0.7285 + 2.306 \times 0.0539 = 0.853$$

因此置信度为95%的置信区间为:(0.604,0.853)。

显然,置信区间越小,参数估计值越接近真值,置信区间越小越好,缩小置信区间可用两种方式。

(1)增大样本容量 n 。当样本容量增大时,在给定的显著水平下,临界值 $t_{\alpha/2}$ 会变小;当样本容量增大时,随机干扰项的方差会变小, $S_{\hat{\beta}_j}$ 就会变小。所以增大样本容量 n 可以使置信区间缩小。

(2)提高模型的拟合优度。拟合优度提高意味着残差平方和变小,参数估计值的标准差变小,置信区间变小。

2.4 一元线性回归模型的预测

如果建立的回归方程通过了各项统计检验,并且在经济上也是有实际意义的,利用估计出参数的回归模型就可以对被解释变量进行预测。对于一元线性回归模型而言,预测就是将解释变量的已知值或预测的数值代入估计的样本回归函数,对被解释变量的预测期或样本以外的可能取值或可能取值范围作出定量的估计,为政策评价和政策分析提供依据。按照预测方法来分,预测可分为点预测和区间预测两种。

2.4.1 点预测

所谓点预测,就是用解释变量 X 的特定值 X_0 ,直接利用回归方程估计被解释变量的条件均值或个别值。

1. $E(Y \mid X_0)$ 的点预测

假设估计的回归方程为:

$$\hat{Y}_i = \hat{\beta}_0 + \hat{\beta}_1 X_i \tag{2.55}$$

当解释变量 X 的特定值为 X_0,相应的样本拟合值为 $\hat{Y}_0 = \hat{\beta}_0 + \hat{\beta}_1 X_0$, $\hat{Y}_0$ 就是 $E(Y \mid X_0)$ 预测值。

当 $X_i = X_0$ 时,相应的总体均值为 $E(Y \mid X_0) = \hat{\beta}_0 + \hat{\beta}_1 X_0$,因为 $\hat{\beta}_0$ 和$\hat{\beta}_1$ 是随样本变化的随机变量,又因为 $\hat{\beta}_0$ 和$\hat{\beta}_1$ 分别是 β_0 和 β_1 的最佳线性无偏估计,所以由样本回归函数 $\hat{Y}_0 = \hat{\beta}_0 + \hat{\beta}_1 X_0$ 计算的 $\hat{Y}_0$ 也是均值 $E(Y \mid X_0)$ 的最佳线性无偏估计(证明过程略)。

2. 个别值 Y_0 的点预测

假设估计的回归方程为:

$$\hat{Y}_i = \hat{\beta}_0 + \hat{\beta}_1 X_i$$

当解释变量 X 的特定值为 X_0,相应的样本拟合值 $\hat{Y}_0 = \hat{\beta}_0 + \hat{\beta}_1 X_0$,$\hat{Y}_0$ 就是被解释变量 Y 的预测值。$\hat{Y}_0$ 可作为个别值 Y_0 的预测值。

实际上,点预测估计出的 $\hat{Y}_0$ 仅仅是被解释变量的预测值的估计值,不是其预测值。这是因为:一是参数估计量本身就是随机变量,是不确定的;二是受随机干扰项的影响。因此,点估计得到的只是预测值的一个估计值。

2.4.2　区间预测

区间预测就是在一定的显著水平下找出预测值真值所在的区间。在一定的置信度下，预测区间越小，预测结果越准确。

1. 均值的预测区间

在总体回归函数为 $E(Y \mid X_i)=\beta_0+\beta_1 X_i$ 的情况下，Y 在 $X=X_0$ 时的条件均值为：

$$E(Y \mid X_0)=\beta_0+\beta_1 X_0 \tag{2.56}$$

由样本回归函数得 $\hat{Y}_0=\hat{\beta}_0+\hat{\beta}_1 X_0$，又 $\hat{\beta}_1 \sim N\left(\beta_1,\dfrac{\sigma^2}{\sum x_i^2}\right)$、$\hat{\beta}_0 \sim N\left(\beta_0,\dfrac{\sigma^2\sum X_i^2}{n\sum x_i^2}\right)$，可以证明 $\hat{Y}_0$ 是服从正态分布的，期均值为 $\beta_0+\beta_1 X_0$，方差为：

$$\operatorname{Var}(\hat{Y}_0)=\sigma^2\left(\frac{1}{n}+\frac{(X_0-\bar{X})^2}{\sum x_i^2}\right)$$

因此有：

$$\hat{Y}_0 \sim N\left(\beta_0+\beta_1 X_0,\sigma^2\left(\frac{1}{n}+\frac{(X_0-\bar{X})^2}{\sum x_i^2}\right)\right)$$

将未知的 σ^2 用它的无偏估计量 $\hat{\sigma}^2$ 代替，则可构造 t 统计量：

$$t=\frac{\hat{Y}_0-(\beta_0+\beta_1 X_0)}{S_{\hat{Y}_0}} \sim t(n-2)$$

式中，$S_{\hat{Y}_0}=\sqrt{\hat{\sigma}^2\left(\dfrac{1}{n}+\dfrac{(X_0-\bar{X})^2}{\sum x_i^2}\right)}$。

于是，在 $(1-\alpha)$ 的置信度下，总体均值 $E(Y \mid X_0)$ 的置信区间为：

$$\hat{Y}_0-t_{\frac{\alpha}{2}}(n-2)\times S_{\hat{Y}_0}<E(Y \mid X_0)<\hat{Y}_0+t_{\frac{\alpha}{2}}(n-2)\times S_{\hat{Y}_0} \tag{2.57}$$

2. 个别值的预测区间

由 $Y_0=\beta_0+\beta_1 X_0+\mu_0$ 知：

$$Y_0 \sim N(\beta_0+\beta_1 X_0,\sigma^2)$$

由样本回归函数 $\hat{Y}_i=\hat{\beta}_0+\hat{\beta}_1 X_i$ 有：

$$\hat{Y}_0=\hat{\beta}_0+\hat{\beta}_1 X_0$$

$$\begin{aligned}E(\hat{Y}_0)&=E(\hat{\beta}_0+\hat{\beta}_1 X_0)=E(\hat{\beta}_0)+E(\hat{\beta}_1)X_0\\&=\beta_0+\beta_1 X_0\end{aligned}$$

可以证得：

$$\hat{Y}_0-Y_0 \sim N\left(0,\sigma^2\left(1+\frac{1}{n}+\frac{(X_0-\bar{X})^2}{\sum x_i^2}\right)\right)$$

σ^2 用它的无偏估计量 $\hat{\sigma}^2$ 代替，则可构造 t 统计量：

$$t=\frac{\hat{Y}_0-Y_0}{S_{\hat{Y}_0-Y_0}} \sim t(n-2)$$

式中，$S_{\hat{Y}_0-Y_0}=\sqrt{\hat{\sigma}^2\left(1+\dfrac{1}{n}+\dfrac{(X_0-\bar{X})^2}{\sum x_i^2}\right)}$。

于是，在 $(1-\alpha)$ 的置信度下，Y_0 的置信区间为：

$$\hat{Y}_0 - t_{\frac{\alpha}{2}}(n-2) \times S_{\hat{Y}_0 - Y_0} < Y_0 < \hat{Y}_0 + t_{\frac{\alpha}{2}}(n-2) \times S_{\hat{Y}_0 - Y_0} \quad (2.58)$$

例如，求可支配收入 $X_0 = 3\ 000$ 时，消费支出 Y 的均值 $E(Y \mid X_0)$ 和消费支出 Y_0 个别值的预测值和预测区间（显著性水平 0.05）。

点预测值：将 $X_0 = 3\ 000$ 代入样本回归方程 $\hat{Y}_i = 39.05 + 0.728\ 5\ X_i$，得：

$$\hat{Y}_0 = 39.05 + 0.728\ 5 \times 3\ 000 = 2\ 224.55$$

所以 Y 的均值 $E(Y \mid X_0)$ 和消费支出 Y_0 个别值的预测值为 2 224.55。

给定显著性水平 $\alpha = 0.05$，查得临界值 $t_{0.025}(8) = 2.306$。

$$S_{\hat{Y}_0} = \sqrt{\hat{\sigma}^2 \left[\frac{1}{n} + \frac{(X_0 - \bar{X})^2}{\sum x_i^2}\right]}$$

$$= \sqrt{38\ 336\left(\frac{1}{10} + \frac{(3\ 000 - 2\ 900)^2}{13\ 200\ 000}\right)}$$

$$= 62.15$$

因此真实 $E(Y \mid X = 3\ 000)$ 的 95%预测区间可由下式得出：

$$2\ 224.55 - 2.306 \times 62.15 < E(Y \mid X = 3\ 000) < 2\ 224.55 + 2.306 \times 62.15$$

即：

$$2\ 081.23 < E(Y \mid X = 3\ 000) < 2\ 367.87$$

$$S_{\hat{Y}_0 - Y_0} = \sqrt{\hat{\sigma}^2 \left[1 + \frac{1}{n} + \frac{(X_0 - \bar{X})^2}{\sum x_i^2}\right]}$$

$$= \sqrt{38\ 336 \times \left(1 + \frac{1}{10} + \frac{(3\ 000 - 2\ 900)^2}{13\ 200\ 000}\right)}$$

$$= 205.42$$

所以，Y_0 个别值 95%的预测区间为：

$$2\ 224.55 - 2.306 \times 205.42 < Y_0 < 2\ 224.55 + 2.306 \times 205.42$$

即：

$$1\ 750.85 < Y_0 < 2\ 698.26$$

从对被解释变量的均值预测和个别值预测，可以看出有以下特点：

(1)由 $\hat{Y}_0$ 对个别值预测的方差要大于对均值预测的方差。从图 2.4 看出个别值预测区间比均值预测区间更宽。

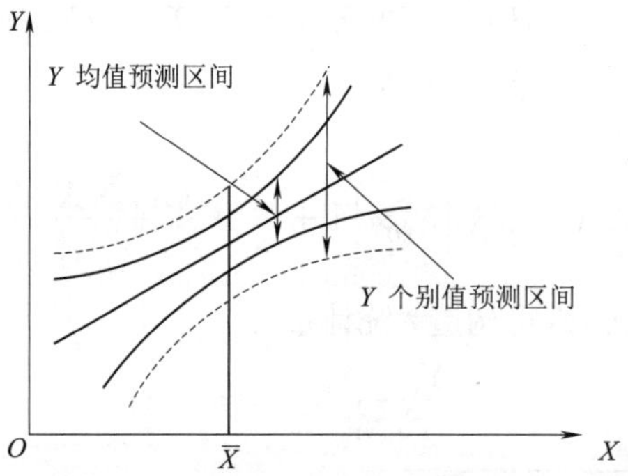

图 2.4　单个值和均值的预测区间

(2)对 $\hat{Y}_0$ 个别值预测区间和均值预测区间都不是常数，它们随解释变量预测值 X_0 的变化而变化，当 $X_0=\overline{X}$ 时，此时预测区间最窄，X_0 越是远离 $\overline{X}$ 预测区间越宽。所以用回归模型做预测时，X_0 的取值不宜偏离 $\overline{X}$ 过远，否则预测精度会降低。

(3)预测区间和样本容量 n 有关。由式(2.57)、式(2.58)可以看出，样本容量 n 越大，预测误差的方差越小，预测区间越窄，预测精度越高。

2.5　案例分析与 EViews 操作

2.5.1　案例的背景

改革开放以来，随着中国经济的快速发展，人民生活水平不断提高，居民的消费水平也不断增长。居民消费是构成消费的重要组成部分。对中国居民消费问题，拟利用消费函数对中国城镇居民消费支出与可支配收入关系进行实证分析。

2.5.2　理论与建模

对消费行为的研究(即消费理论)，一直是经济学研究中一个十分重要的领域，出现了各种消费理论。消费函数正是这些消费理论的数学描述，人们根据不同的消费理论建立消费函数，同时又利用消费函数来检验和发展消费理论。

凯恩斯认为，消费由收入唯一确定，消费与收入之间存在稳定的函数关系。消费将随着收入的增加而增加，两者之间具有正向同步变化的趋势。但消费的增长低于收入的增长，并且消费在收入中的比例是递减的，消费支出除受可支配收入影响之外，还受其他一些变量及随机因素的影响，对消费支出有影响的其他因素均可包含在随机误差项中，根据这一理论假设，可以建立如下消费函数模型：

$$Y_t=\beta_0+\beta_1 X_t+\mu_t$$

式中，Y_t 表示消费额；X_t 表示收入；β_0 、β_1 为待估参数。

从经济意义上讲，β_0 为最低消费支出(又称为自发性消费)，β_1 为边际消费倾向(MPC)。根据凯恩斯理论，应该有 $0<\beta_1<1$ ，$\beta_0>0$ 。

2.5.3　数据收集

为了研究全国居民消费与收入之间的关系，由经济统计学的知识可知，居民消费可分为城镇居民消费和农村居民消费，而城镇与农村人口比例及经济结构有较大差异，最具有直接可比性的是城市居民消费。而且，由于各地区人口和经济总量不同，只能用“城镇居民家庭平均每人全年消费性支出”来比较，而这正是可从统计年鉴中获得数据的变量。所以，模型的被解释变量 Y 选定为“城镇居民人均消费支出”。为了与“城镇居民人均消费支出”相对应，选择在统计年鉴中可以获得的“城镇居民人均可支配收入”作为解释变量 X 。通过查 1993—2022 年中国统计年鉴，可以找到相应的 X 与 Y 的数据，见表 2.4。

表 2.4　我国城镇居民人均消费支出和人均可支配收入资料　　单位:元

年份	人均可支配收入	人均消费	年份	人均可支配收入	人均消费
1993	2 577.4	2 110.8	2008	15 549.4	11 242.9
1994	3 496.2	2 851.3	2009	16 900.5	12 264.6
1995	4 283	3 537.6	2010	18 779.1	13 471.5
1996	4 838.9	3 919.5	2011	21 426.9	15 160.9
1997	5 160.3	4 185.6	2012	24 126.7	16 674.3
1998	5 425.1	4 331.6	2013	26 467	18 488
1999	5 854	4 615.9	2014	28 844	19 968
2000	6 255.7	4 998	2015	31 195	21 392
2001	6 824	5 309	2016	33 616	23 079
2002	7 652.4	6 029.9	2017	36 396	24 445
2003	8 405.5	6 510.9	2018	39 251	26 112
2004	9 334.8	7 182.1	2019	42 359	28 063
2005	10 382.3	7 942.9	2020	43 834	27 007
2006	11 619.7	8 696.6	2021	47 412	30 307
2007	13 602.5	9 997.5	2022	49 283	30 390

根据 Y 和 X 的样本数据，作城镇居民人均消费支出（Y）和城镇居民人均可支配收入（X）的散点图，如图 2.5 所示。

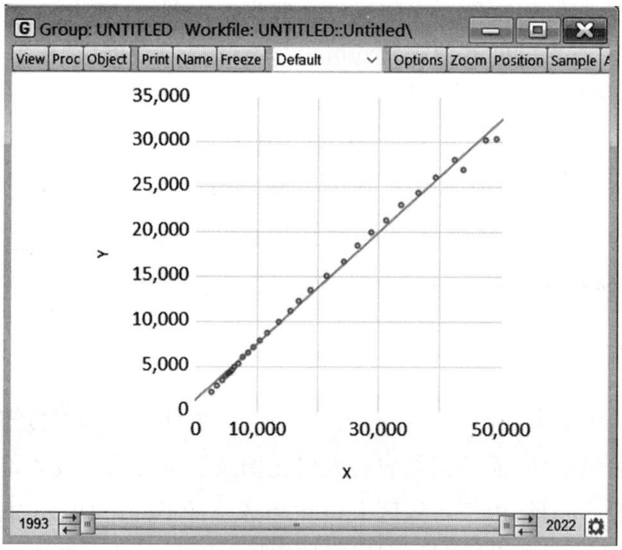

图 2.5　X 与 Y 的散点图

从散点图可以看出，城镇居民人均消费支出（Y）和城镇居民人均年可支配收入（X）大体呈现为线性关系，所以从经验数据方面说明，建立一元线性回归计量经济学模型是合适的。

2.5.4　参数估计

选择用普通最小二乘法(OLS)估计模型的参数，运用计算机应用软件 EViews 13 作计量经济分析十分方便。利用 EViews 作一元线性回归分析的过程如下：

1. 建立工作文件

首先，在【开始】菜单的程序组中单击【EViews】，进入 EViews 主页。单击【File】|【New】|【Workfile】，出现对话框【Workfile Range】。在【Frequency】中选择数据频率为 Annual(年度数据)，在【Start Date】里输入起始时间“1993”，在【End Date】里输入终止时间“2022”，然后单击【OK】按钮后，屏幕出现【Workfile】工作文件窗口。其中已有变量：“c”表示截距项，“resid”表示剩余项。

2. 输入数据

在【Objects】菜单中，单击【New Object】，在【New Object】对话框里【Tpye of Object】中选择【Series】，并在【Name for Object】上定义变量名为 X，单击【OK】按钮，在工作文件上出现【X】变量，双击【X】，屏幕出现数据编辑窗口，然后录入数据。然后单击【Quick】|【Empty Group】，出现数组编辑窗口，按上行键“↑”，这时对应的“obs”字样的空格会自动上跳，在对应的第二个“obs”有边框的空格输入变量名，如“Y”，再按下行键“↓”，对应变量名下的列出现“NA”字样，即可依顺序输入相应的数据。其他变量的数据也可用类似的方法输入。

3. 估计参数

在 EViews 主页界面选择【Quick】|【Estimate Equation】，出现【Equation Specification】对话框，选择 OLS 估计，即单击【Least Squares】，输入“Y C X”，单击【确定】或回车，即出现图 2.6所示的回归结果。或者在数据窗口中单击【Procs】|【Make Equation】，则打开一个方程描述窗口，如果不需要重新定义方程中的变量或调整样本区间，则可直接单击【OK】进行估计，屏幕显示有关估计结果。也可以在 EViews 软件的命令窗口中，直接输入 LS 命令估计模型参数。命令格式为：LS Y C X，回车后即显示估计结果，如图 2.6 所示。

Dependent Variable：Y
Method：Least Squares
Date：10/23/24　Time：19：41
Sample：1993 2022
Included observations：30

Variable	Coefficient	Std. Error	t-Statistic	Prob.
C	1 261.601	187.972 0	6.711 643	0.000 0
X	0.623 652	0.007 740	80.578 63	0.000 0

R-squared	0.995 706	Mean dependent var	13 342.81
Adjusted R-squared	0.995 553	S. D. dependent var	9 311.926
S. E. of regression	620.989 4	Akaike info criterion	15.764 85
Sum squared resid	10 797 580	Schwarz criterion	15.858 26
Log likelihood	−234.472 7	Hannan-Quinn criter.	15.794 73
F-statistic	6 492.916	Durbin-Watson stat	0.625 173
Prob(F-statistic)	0.000 000		

图 2.6　回归结果

4. 结果解读

回归结果各项统计结果解释见表 2.5。

表 2.5　回归结果解释

Dependent Variable: Y	被解释变量 Y			
Method: Least Squares	方法：最小二乘法			
Date: 10/23/24　Time: 19:41	日期：2024-10-23　时间：19:41			
Sample: 1993 2022	样本：1993 至 2022			
Included observations: 30	包含样本：30			
变量	参数估计值	参数标准差	t 统计量	P 值
C	1 261.601	187.972 0	6.711 643	0.000 0
X	0.623 652	0.007 740	80.578 63	0.000 0
判定系数	0.995 706	被解释变量的均值		13 342.81
调整的判定系数	0.995 553	被解释变量的标准差		9 311.926
回归方程标准差	620.989 4	赤池信息准则		15.764 85
残差平方和	10 797 580	施瓦茨准则		15.858 26
对视似然函数值	−234.472 7	H-Q 准则		15.794 73
F 统计量	6 492.916	杜宾沃森统计量		0.625 173
F 统计量的 P 值	0.000 000			

其中，赤池信息准则的定义为 $\mathrm{AIC}=\ln\left(\frac{\mathrm{RSS}}{n}\right)+\frac{2(k+1)}{n}$，施瓦茨信息准则定义为 $\mathrm{SC}=\ln\left(\frac{\mathrm{RSS}}{n}\right)+\frac{k+1}{n}\ln(n)$，式中 RSS 是残差平方和 $\sum e_i^2$，n 为样本容量，k 为模型中的解释变量个数(不包含截距项)。

5. 回归分析结果的报告

回归模型经过估计、检验之后，得到了一系列数据，在以后的计量经济分析中还可能得到更多的说明模型特性的有用数据。为了更清晰、简明地表现这些数据，通常将这些数据加以整理，并用一定规范的格式去报告回归分析的结果，以便于分析应用。在计量经济研究中，通常按下面规范格式表述以上各项数据：

$$\hat{Y}_t=\hat{\beta}_0+\hat{\beta}_1 X_t$$
$$S_e:\quad (S_{\hat{\beta}_0})(S_{\hat{\beta}_1})$$
$$t:\quad (t_0)\quad (t_1)$$
$$R^2=\quad F=\quad \mathrm{df}=$$

对于图 2.6 的有关数据，其回归分析表达式为：

$$\hat{Y}_t=1\ 261.601+0.623\ 652X_t$$
$$S_e:(187.972\ 0)\quad (0.007\ 740)$$
$$t:\quad (6.711\ 643)\quad (80.578\ 63)$$
$$R^2=0.995\ 706\quad F=6\ 492.916\quad \mathrm{df}=28$$

其中，列在回归方程下方第一排括号内的数字是对应参数的估计标准误差；第二排括号内的数字分别为在对应参数等于 0 的原假设下所计算的 t 统计量的值。当然，有时也可不列出标准误差，而只列出 t 统计量的值，同时最好把 t 统计量的 P 值列出来，以便检验。

表达式还要表述的其他内容（ F 统计量，DW 统计量等），在后面有关章节再说明。

2.5.5　模型检验

1. 经济意义检验

所估计的参数 $\hat{\beta}_1 = 0.6237$ 是样本回归直线的斜率，表示城镇居民的边际消费倾向，说明该城镇居民人均可支配收入每增加 1 元，城镇居民人均消费支出平均增加 0.623 7 元。$\hat{\beta}_0 = 1261.601$ 是样本回归直线的截距，其表示不受可支配收入影响的自发性消费支出，显然，两参数的符号和大小均符合经济理论和实际情况。

2. 统计检验

用 EViews 得出回归模型参数估计结果的同时，已经给出了用于模型检验的相关数据。

(1)拟合优度的度量。由图 2.6 中可以看出，本例中可决系数为 $R^2 = 0.995706$，说明所建模型整体上对样本数据拟合较好，同时也说明，解释变量“城镇居民人均可支配收入”对被解释变量“城镇居民人均消费支出”的变化的 99.570 6%作出了解释。

(2)回归系数的显著性检验（ t 检验）。

针对原假设 $H_0: \beta_1 = 0$ 和原假设 $H_0: \beta_0 = 0$，由表 2.4 中还可以看出，估计的回归系数 β_1 的 t 值为 $t_1 = 80.57863$，$\hat{\beta}_0$ 的 t 值为 $t_0 = 6.711643$。取 $\alpha = 0.05$，查 t 分布表，在自由度为 $n-2=30-2=28$ 的临界值 $t_{0.025}(28) = 2.048$。因为 $t_{0.025}(28) = 2.048 < t_1 = 80.57863$，所以拒绝 $H_0: \beta_1 = 0$。这表明，城镇居民人均可支配收入对人均消费支出有显著影响。因为 $t_{0.025}(28) = 2.048 < t_0 = 6.711643$，所以，应拒绝 $H_0: \beta_0 = 0$，说明模型的截距项显著不为 0。

(3)估计误差与估计区间。

由于回归系数 $\hat{\beta}_1$ 的估计标准误差 $S_{\hat{\beta}1} = 0.007740$，据此可计算 β_1 的置信区间。由：

$$p\left(\left|\frac{\hat{\beta}_1 - \beta_1}{S_{\hat{\beta}_1}}\right| < t_{0.025}(28)\right) = 0.95$$

得：

$$|\hat{\beta}_1 - \beta_1| < t_{0.025}(28)\, S_{\hat{\beta}_1}$$

β_1 的置信区间是：

$$(\hat{\beta}_1 - t_{0.025}(28)\, S_{\hat{\beta}_1}, \hat{\beta}_1 + t_{0.025}(28)\, S_{\hat{\beta}_1})$$

代入数值得：[0.623 7－2.048×0.007 740，0.623 7＋2.048×0.007 740]，即：[0.607 9，0.639 6]，说明以 95%的置信度认为，β_1 的真值范围应在[0.607 9，0.639 6]范围中；同理可计算 β_0 置信区间为[876.634 3，1 646.567 7]。

2.5.6　模型应用

假定利用解释变量的趋势方程 $X_t = a + bt$ 预测出 2023 年、2024 年的城镇居民人均收入分别为 X_{2023}，X_{2024}，在此基础上再预测被解释变量的值。

利用 EViews 进行点预测步骤：

(1)双击工作文件的【Range：1993 2022】。在弹出对话框【End data】处改为“2024”，单击【OK】按钮。

(2)双击工作文件的【Sample:1993 2022】,在弹出对话框的【Sample range pars】处把 2022 改为“2024”。

(3)在【Object】菜单中,选择【New Object】,在弹出的对话框【Type for Object】中,选择 Series,并在【Name for Object】上定义变量名为 T,单击【OK】,屏幕出现数组编辑窗口,单击【Edit+/—】,使 T 数据窗口处于可编辑状态,然后录入数据 T 从 1 到 32。

(4)双击选取的变量 X、T,并在弹出的菜单中选择【Open Group】,则打开新的数组窗口,在数组窗口中选择【Proc】|【Make Equation】,则打开一个方程描述窗口,定义方程 $X_t = a + bt$ 和样本区间(1993,2022),单击【OK】进行估计,屏幕显示有关估计结果。

(5)在估计结果方程窗口中,单击【Forecast】,在出现的对话框【Forecast Name】中有默认预测值变量 X_F ,将【Forecast Smaple】变为 1993 至 2024,单击【OK】,即得到模型估计值及标准差的图形,同时在【Workfile】窗口中可看到新增加的变量序列 X_F 。

(6)双击选取的变量 Y 、X_F ,并在弹出的菜单中选择【Open Group】,则打开新的数组窗口,把 X_F 的 2023 年、2024 年预测值 $X_{2023} = 44\ 618.10$,$X_{2024} = 46\ 246.89$ 复制到 X 的相应年份。

(7)双击选取的变量 X 、Y ,并在弹出的菜单中选择【Open Group】,则打开新的数组窗口,在数据窗口中选择【Proc】|【Make Equation】,则打开一个方程描述窗口,定义方程和样本区间(1993,2022),单击【OK】进行估计,屏幕显示 Y 与 X 回归估计结果。

(8)在 Y 与 X 回归估计结果方程窗口中,单击【Forecast】,在出现的对话框中【Forecast Name】默认预测值变量 Y_F ,在【S. E. 】选择框处填入“yfse”,表示 Y_t 的预测标准差,将【Forecast Smaple】改为 1993 至 2024,单击【OK】,即得到模型估计值及标准误差的图形,同时在【Workfile】窗口可看到新增加的变量序列 Y_F 。双击【yf】序列,可以看到预测值 $\hat{Y}_{2023} = 29\ 087.78$,$\hat{Y}_{2024} = 30\ 103.58$。

利用 EViews 进行预测评价:

在估计的 Y 和 X 回归线性方程窗口里选【Forecast】项,EViews 自动计算出样本估计期内的被解释变量的预测值,预测变量记为 YF,其预测曲线图同时出现,如图 2.7 所示。

从图 2.7 右边的方框中可以看到,平均绝对误差(MAE)=444.227 2,平均相对误差(MPE)=5.047 116,均方根误差(RMSE)=580.882 4,Theil 不等系数(U)=0.016 766。其中,偏差率 BP=0.000 000,方差率 VP=0.000 898,协变率 CP=0.999 102=1−BP−VP。

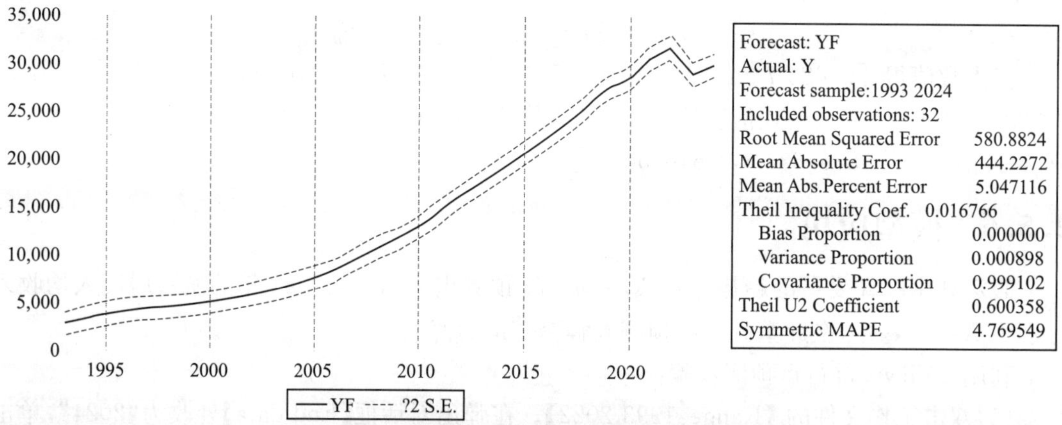

图 2.7 拟合预测值与实际值趋势图

可以看出,平均相对误差(MPE)小于10%,模型有较好的拟合优度和预测能力。偏差率BP等于零,则预测的系统误差为零。方差率VP的值几乎为0,说明模型能很好地描述预测变量的波动变化情况。协变率CP度量了剩余的误差,对于比较理想的预测,均方根误差应主要集中在协变率上,而其余两项都很小。

2.5.7　利用EViews软件作相关分析

利用EViews做出的相关图可以直观地分析变量的相关情况,还可以直接计算变量的简单相关系数和协方差系数。

(1)菜单方式:

先在工作文件窗口中选定有关变量组成数组,并打开数组窗口;然后在数组窗口中单击【View】|【Correlations】,或单击【Covariances】,将显示变量的相关系数矩阵或协方差系数矩阵。

(2)命令方式:

COR　变量名1　变量名2,…,变量名k:计算相关系数矩阵。

COV　变量名1　变量名2,…,变量名k:计算协方差矩阵。

本章小结

本章对计量经济学最核心的基本知识进行说明。首先,介绍了总体回归函数和样本回归函数的概念,理解两者的含义和区别是进行计量经济分析的前提。

其次,介绍了参数估计的最小二乘法以及作为其必要前提的一元线性回归模型的基本假定,并证明了最小二乘估计量是最优线性无偏估计量,说明了最小二乘法的优越性。

再次,介绍了一元线性回归模型的检验方法,一元线性回归模型的检验包括拟合优度检验和参数的显著性检验,说明了拟合优度可以用可决系数的大小衡量,显著性检验通过t检验进行。

最后,介绍了回归分析的一个主要应用方面——预测,包括均值预测和个别值预测。

思考与练习

1. 回归分析与相关分析的区别与联系是什么?

2. 什么是总体回归模型、样本回归模型?什么是总体回归函数、样本回归函数?它们之间的区别和联系是什么?

3. 最小二乘法对随机扰动项作了哪些基本(古典)假定?这些假定有何作用?

4. 古典假定条件下的最小二乘法估计式有哪些统计性质?由此得到的样本回归线有哪些特点?

5. 参数的估计误差与估计区间的区别和联系是什么?

6. 什么是可决系数?在一元线性回归模型中可决系数R^2与相关系数r的关系是什么?相关系数r和参数估计量$\hat{\beta}_1$的关系是什么?

7. 被解释变量的均值预测和个别值预测有何不同？哪个预测误差大？解释原因。

8. 根据我国 1993—2024 年 32 年间的财政收入(Y)和国民生产总值(X)统计资料，要求：

(1)作出 X 与 Y 的散点图，建立财政收入随国民生产总值变化的一元线性回归模型。

(2)估计模型 $Y_t=\beta_0+\beta_1 X_t+\mu_t$ 的参数，并解释斜率系数的经济意义。

(3)解释可决系数的意义，并计算财政收入中有解释的变差的平方和。

(4)试写出回归参数的标准误差，并求出置信度为 95%的置信区间。

(5)在 5%的显著性水平上，对回归参数进行显著性检验。

(6)根据国民生产总值的趋势模型 $X_t=a+bt$，用 OLS 法计算 2025 年的 X 值，并据此对我国 2025 年的财政收入作出预测，同时写出置信度为 95%的预测区间。

9. 联系我国实际情况，自己确定一个研究对象，设计一个线性回归模型，要求：

(1)选题要有现实经济意义，样本资料要真实(可以通过调查取得；查阅文献资料要注明资料来源)，样本容量不小于 15。

(2)估计样本回归函数，并讨论回归系数 $\hat{\beta}$ 和 R^2 的经济意义。

(3)对模型进行显著性检验。

(4)求被解释变量均值和个别值置信度为 95%的预测区间。

第 3 章　多元回归模型

教学目标

本章主要介绍了多元线性回归分析,包括多元线性回归模型的建立和假设、参数的最小二乘估计、参数估计性质的分析、回归拟合优度评价、相关推断建议和预测分析。多元回归模型是第 2 章一元线性回归模型的自然扩展,两者之间有很多相通的地方,因此本章对多元模型与一元模型不同的地方作重点讨论,对相似的地方简略分析。要求通过本章的学习,对多元线性回归模型有一定的认识和掌握,能够对多元线性回归模型进行参数估计和检验。本章 3.4 节也对非线性回归模型进行了介绍。

教学要求

理解多元线性模型的基本概念及与一元线性回归模型的联系;理解多元线性回归模型的矩阵表示;掌握模型估计的最小二乘法及其性质;掌握模型的拟合优度评价和显著性及相关统计推断和检验,注意其与一元线性回归模型中的相关评价和检验的区别,理解这种区别的原因和意义。

一元线性回归模型主要研究一个被解释变量只受一个解释变量影响的情形。在实际经济问题中,由于社会经济现象的复杂性,一个经济变量的变动往往不只受一个因素影响,常常受到多个因素的影响。例如,商品的需求量不仅取决于商品本身的价格,还取决于消费者的收入、其他相关商品的价格及消费者的偏好等因素的影响,在被解释变量受多因素影响的情况下,仅用一元线性回归模型显然不能满足要求,因此,需要引入含有两个或两个以上解释变量的多元线性回归模型。

3.1　多元线性回归模型的概念

3.1.1　多元线性回归模型的概念

在计量经济学中,将含有两个或两个以上解释变量的回归模型叫作多元回归模型,相应地，在此基础上进行的回归分析就叫多元回归分析。

1. 多元线性总体回归模型

如果总体回归模型描述了一个被解释变量与多个解释变量之间的线性关系，由此而设定的回归模型就称为多元线性回归模型。假定被解释变量 Y 与 k 个解释变量 X_1 ，X_2，…，X_k 存在线性相关关系：

$$Y_i = \beta_0 + \beta_1 X_{1i} + \beta_2 X_{2i} + \cdots + \beta_k X_{ki} + \mu_i \ (i = 1,2,\cdots,n) \tag{3.1}$$

其中：β_0 为截距项，$\beta_j(j = 1,2,\cdots,k)$ 为偏回归系数，反映了在其他解释变量保持不变的情况下，解释变量 X_j 变化一个单位时，对被解释变量 Y 的影响程度；μ_i 为随机干扰项。因此，对应于解释变量的每一组观察值 $(X_{1i},X_{2i},\cdots,X_{ki})$，被解释变量 Y_i 的值是随机的，故称式(3.1)为总体线性回归模型，而把被解释变量 Y_i 的总体条件期望与解释变量 $X_1,X_2,\cdots,X_k$ 存在的线性关系式：

$$E(Y_i \mid X_{1i},X_{2i},\cdots,X_{ki}) = \beta_0 + \beta_1 X_{1i} + \beta_2 X_{2i} + \cdots + \beta_k X_{ki} \tag{3.2}$$

称为 k 元线性总体回归函数。特别地，当 $k = 2$ 时，二元线性总体回归模型的形式为：

$$Y_i = \beta_0 + \beta_1 X_{1i} + \beta_2 X_{2i} + \mu_i \tag{3.3}$$

二元线性总体回归函数形式为：

$$E(Y_i \mid X_{1i},X_{2i}) = \beta_0 + \beta_1 X_{1i} + \beta_{2i} X_{2i} \tag{3.4}$$

2. 多元线性样本回归模型

多元线性总体回归函数的参数基本是未知的，不可能直接得到，只能抽取样本观察值对其进行估计。对应公式(3.1)的总体回归函数，k 元线性样本回归函数表达式为：

$$\hat{Y}_i = \hat{\beta}_0 + \hat{\beta}_1 X_{1i} + \hat{\beta}_2 X_{2i} + \cdots + \hat{\beta}_k X_{ki} \tag{3.5}$$

式中，$\hat{Y}_i$ 是总体均值 $E(Y_i \mid X_{1i},X_{2i},\cdots,X_{ki})$ 的估计，$\hat{\beta}_i$ 是总体偏回归系数 β_i 的估计(i=0,1,2…,k)。

由样本回归方程得到的被解释变量估计值 $\hat{Y}_i$ 与实际观测值 Y_i 之间存在偏差，这一偏差就是残差 e_i 。这样，与式(3.1)相对应，多元线性样本回归模型：

$$Y_i = \hat{\beta}_0 + \hat{\beta}_1 X_{1i} + \hat{\beta}_2 X_{2i} + \cdots + \hat{\beta}_k X_{ki} + e_i \tag{3.6}$$

式中：残差项 e_i 是随机扰动项 μ_i 的估计。特别当 $k = 2$ 时，二元线性样本回归函数为：

$$\hat{Y}_i = \hat{\beta}_0 + \hat{\beta}_1 X_{1i} + \hat{\beta}_2 X_{2i} \tag{3.7}$$

二元线性样本回归模型为：

$$Y_i = \hat{\beta}_0 + \hat{\beta}_1 X_{1i} + \hat{\beta}_2 X_{2i} + e_i \tag{3.8}$$

3.1.2 多元线性回归模型的基本假定

为了使模型的参数估计量有良好的统计性质并对模型进行统计检验，常常需要对多元线性总体回归模型的随机扰动项和解释变量作一些假设。

(1)零均值假定，即：

$$E(\mu_i) = 0 \quad (i = 1,2,\cdots,n) \tag{3.9}$$

(2)同方差假定，即：

$$\mathrm{Var}(\mu_i) = \sigma^2 \quad (i = 1,2,\cdots,n) \tag{3.10}$$

(3)无自相关假定，即：

$$\mathrm{Cov}(\mu_i,\mu_j) = 0 \quad (i \neq j;i,j = 1,2,\cdots,n) \tag{3.11}$$

(4)随机扰动项 μ_i 与每个解释变量 $X_{ji}(j=1,\cdots,k)$ 都不相关，即：

$$\mathrm{Cov}(X_{ji},\mu_i)=0$$

若 $X_1,\cdots,X_k$ 是非随机变量，则由基本假定(1)可推得基本假定(4)，因 X_{ji} 是重复抽样取得的固定数值，因此该假定自动满足。

(5)无多重共线性假定，即各解释变量之间不存在确定的线性关系，即变量 X 之间不存在精确的线性关系，即是说不存在不全为 0 的数 $\lambda_0,\lambda_1,\cdots,\lambda_k$，能使下式成立：

$$\lambda_0+\lambda_1X_{1i}+\lambda_2X_{2i}+\cdots\lambda_{ki}X_{ki}=0 \tag{3.12}$$

其中，对所有的 $i=1,2,\cdots,n$，如果存在精确线性关系，则变量是共线的，即某一个解释变量可以用其他解释变量的线性组合表示。反之，如果仅当 $\lambda_1=\lambda_2=\cdots=\lambda_k=0$ 式(3.12)才成立，就是说变量 X 是线性无关的。

(6)正态假定，即随机扰动项 μ_i 服从正态分布：

$$\mu_i\sim N(0,\sigma^2) \tag{3.13}$$

满足这些基本假定的模型称为古典线性回归模型。

3.1.3　多元线性回归模型的矩阵表示

为了分析简便，对多元线性回归模型可以用线性方程组和矩阵表示如下：若能取得总体的所有个体的观测值 $(Y_i,X_{1i},X_{2i},\cdots,X_{ki})$，$i=1,2,\cdots,n$，将其带入总体回归模型：

$$Y_i=\beta_0+\beta_1X_{1i}+\cdots+\beta_kX_{ki}+\mu_i$$

则得随机方程组：

$$\begin{aligned}Y_1&=\beta_0+\beta_1X_{11}+\cdots+\beta_kX_{k1}+\mu_1\\Y_2&=\beta_0+\beta_1X_{12}+\cdots+\beta_kX_{k2}+\mu_2\\&\vdots\\Y_n&=\beta_0+\beta_1X_{1n}+\cdots+\beta_kX_{kn}+\mu_n\end{aligned} \tag{3.14}$$

令：

$$\boldsymbol{Y}=\begin{pmatrix}Y_1\\Y_2\\\vdots\\Y_n\end{pmatrix}\quad \boldsymbol{X}_{n\times(k+1)}=\begin{pmatrix}1&X_{11}&X_{21}&\cdots&X_{k1}\\1&X_{12}&X_{22}&\cdots&X_{k2}\\\vdots&\vdots&\vdots&&\vdots\\1&X_{1n}&X_{2n}&\cdots&X_{kn}\end{pmatrix}\quad \boldsymbol{\beta}=\begin{pmatrix}\beta_0\\\beta_1\\\vdots\\\beta_k\end{pmatrix}\quad \boldsymbol{\mu}=\begin{pmatrix}\mu_1\\\mu_2\\\vdots\\\mu_n\end{pmatrix}$$

根据矩阵法则，式(3.14)可写成矩阵形式：

$$\begin{pmatrix}Y_1\\Y_2\\\vdots\\Y_n\end{pmatrix}=\begin{pmatrix}1&X_{11}&X_{21}&\cdots&X_{k1}\\1&X_{12}&X_{22}&\cdots&X_{k2}\\\vdots&\vdots&\vdots&&\vdots\\1&X_{1n}&X_{2n}&\cdots&X_{kn}\end{pmatrix}\begin{pmatrix}\beta_0\\\beta_1\\\vdots\\\beta_k\end{pmatrix}+\begin{pmatrix}\mu_1\\\mu_2\\\vdots\\\mu_n\end{pmatrix} \tag{3.15}$$

或写成如下形式：

$$\boldsymbol{Y}=\boldsymbol{X\beta}+\boldsymbol{\mu} \tag{3.16}$$

式(3.16)就是用矩阵表示的随机多元线性总体回归模型。其中，$\boldsymbol{Y}$ 向量表示 n 阶被解释变量观测值向量；$\boldsymbol{X}_{n\times(k+1)}$ 矩阵表示 $n\times(k+1)$ 阶解释变量观测值矩阵；$\boldsymbol{\mu}$ 表示 n 阶随机项向量；$\boldsymbol{\beta}$ 表示 $(k+1)$ 阶回归参数向量。

类似地，抽取 n 个样本观测值 $(Y_i, X_{1i}, X_{2i}, \cdots, X_{ki})$，$i=1,2,\cdots,n$，将其带入样本回归模型：$Y_i=\hat{\beta}_0+\hat{\beta}_1 X_{1i}+\hat{\beta}_2 X_{2i}+\cdots+\hat{\beta}_k X_{ki}+e_i$，则多元线性回归模型可用矩阵表示为：

$$\boldsymbol{Y}=\boldsymbol{X}\hat{\boldsymbol{\beta}}+\boldsymbol{e} \tag{3.17}$$

式中，$\boldsymbol{Y}=\begin{pmatrix} Y_1 \\ Y_2 \\ \vdots \\ Y_n \end{pmatrix}$；$\boldsymbol{X}_{n\times(k+1)}=\begin{pmatrix} 1 & X_{11} & X_{21} & \cdots & X_{k1} \\ 1 & X_{12} & X_{22} & \cdots & X_{k2} \\ \vdots & \vdots & \vdots & & \vdots \\ 1 & X_{1n} & X_{2n} & \cdots & X_{kn} \end{pmatrix}$；$\hat{\boldsymbol{\beta}}=\begin{pmatrix} \hat{\beta}_0 \\ \hat{\beta}_1 \\ \vdots \\ \hat{\beta}_k \end{pmatrix}$；

$\boldsymbol{e}=\begin{pmatrix} e_1 \\ e_2 \\ \vdots \\ e_n \end{pmatrix}$；$\hat{\boldsymbol{Y}}=\begin{bmatrix} \hat{Y}_1 \\ \hat{Y}_2 \\ \vdots \\ \hat{Y}_n \end{bmatrix}$。

其中，$\hat{\boldsymbol{\beta}}$ 是 $k+1$ 阶回归参数估计值向量，$\boldsymbol{e}$ 表示 n 阶残差向量，$\hat{\boldsymbol{Y}}$ 是 n 阶被解释变量回归拟合值向量。相应地，多元线性样本回归函数可用矩阵表示为：$\hat{\boldsymbol{Y}}=\boldsymbol{X}\hat{\boldsymbol{\beta}}$。

根据这些矩阵和向量的表示，可以将多元线性回归模型基本假定表示如下。

基本假定(1)，零均值假定：

$$E(\boldsymbol{\mu})=\boldsymbol{E}\begin{pmatrix} \mu_1 \\ \mu_2 \\ \vdots \\ \mu_n \end{pmatrix}=\begin{pmatrix} E(\mu_1) \\ E(\mu_2) \\ \vdots \\ E(\mu_n) \end{pmatrix}=\begin{pmatrix} 0 \\ 0 \\ \vdots \\ 0 \end{pmatrix}=\boldsymbol{0} \tag{3.18}$$

基本假定(2)、(3)，同方差和无自相关假定：

$$\mathrm{Var}(\boldsymbol{\mu})=E(\boldsymbol{\mu}\boldsymbol{\mu}')=\begin{pmatrix} E(\mu_1\mu_1) & E(\mu_1\mu_2) & \cdots & E(\mu_1\mu_n) \\ E(\mu_2\mu_1) & E(\mu_2\mu_2) & \cdots & E(\mu_2\mu_n) \\ \vdots & \vdots & & \vdots \\ E(\mu_n\mu_1) & E(\mu_n\mu_2) & \cdots & E(\mu_n\mu_n) \end{pmatrix}=\begin{pmatrix} \sigma^2 & 0 & \cdots & 0 \\ 0 & \sigma^2 & \cdots & 0 \\ \vdots & \vdots & & \vdots \\ 0 & 0 & \cdots & \sigma^2 \end{pmatrix}=\sigma^2\boldsymbol{I}_n$$

式中，$\boldsymbol{I}_n$ 是 $n\times n$ 阶单位矩阵。

基本假定(4)，随机扰动项 μ_i 与每个解释变量 $X_{ji}(j=1,\cdots,k)$ 都不相关：

$$E(\boldsymbol{X}'\boldsymbol{\mu})=E\begin{pmatrix} \sum \mu_i \\ \sum X_{1i}\mu_i \\ \sum X_{2i}\mu_i \\ \vdots \\ \sum X_{ki}\mu_i \end{pmatrix}=\begin{pmatrix} \sum E(\mu_i) \\ \sum X_{1i}E(\mu_i) \\ \sum X_{2i}E(\mu_i) \\ \vdots \\ \sum X_{ki}E(\mu_i) \end{pmatrix}=\boldsymbol{0} \tag{3.19}$$

基本假定(5)，无多重共线性，即所有解释变量之间不存在严格的线性关系。也就是说，矩阵 $\boldsymbol{X}$ 的各列元素彼此线性无关，不存在一列不全为 0 的数 $\lambda_0, \lambda_1, \lambda_2, \cdots, \lambda_k$ 能使下式成立：

$$\lambda_0+\lambda_1 X_1+\lambda_2 X_2+\cdots+\lambda_k X_k=0 \tag{3.20}$$

其中，X_j 是第 j 个解释变量的所有观测量值组成的列向量，即要求解释变量观测值矩阵 $\boldsymbol{X}$ 满秩；$r(\boldsymbol{X})=k+1$，此时矩阵 $\boldsymbol{X}'\boldsymbol{X}$ 也应是满秩的，$r(\boldsymbol{X}'\boldsymbol{X})=k+1$，所以，行列式 $|\boldsymbol{X}'\boldsymbol{X}|\neq 0$，因此，$(\boldsymbol{X}'\boldsymbol{X})^{-1}$ 存在，即 $\boldsymbol{X}'\boldsymbol{X}$ 是可逆矩阵。

基本假定(6)，正态性假定——随机扰动项 $\boldsymbol{\mu}$ 服从正态分布：

$$\boldsymbol{\mu} \sim N(\mathbf{0}, \sigma^2 \boldsymbol{I}_n) \tag{3.21}$$

3.2　多元线性回归模型的参数估计

对于多元线性总体回归模型式(3.1)中的参数（即偏回归系数），用普通最小二乘法进行估计，一元线性回归模型中的一些性质对多元线性回归模型同样适用。

3.2.1　多元线性回归模型的普通最小二乘法

已知多元线性总体回归模型对应的多元线性样本回归函数是：

$$Y_i = \hat{\beta}_0 + \hat{\beta}_1 X_{1i} + \hat{\beta}_2 X_{2i} + \cdots + \hat{\beta}_k X_{ki} + e_i \tag{3.22}$$

则：

$$e_i = Y_i - (\hat{\beta}_0 + \hat{\beta}_1 X_{1i} + \hat{\beta} X_{2i} + \cdots + \hat{\beta}_k X_{ki}) \tag{3.23}$$

由最小二乘法原理可知，$\hat{\beta}_0, \hat{\beta}_1, \hat{\beta}_2, \cdots, \hat{\beta}_k$ 应使残差平方和 $\sum e_i^2$ 达到最小。即要：

$$Q = \sum e_i^2 = \sum [Y_i - (\hat{\beta}_0 + \hat{\beta}_1 X_{1i} + \hat{\beta}_2 X_{2i} + \cdots + \hat{\beta}_k X_{ki})]^2$$

取最小值。由多元函数的极值原理可知，使残差平方和取最小值的必要条件是：

$$\frac{\partial Q}{\partial \hat{\beta}_j} = 0 \quad (j = 0, 1, \cdots, k) \tag{3.24}$$

得正规方程组：

$$\begin{cases} \sum (\hat{\beta}_0 + \hat{\beta}_1 X_{1i} + \hat{\beta}_2 X_{2i} + \cdots + \hat{\beta}_k X_{ki}) = \sum Y_i \\ \sum (\hat{\beta}_0 + \hat{\beta}_1 X_{1i} + \hat{\beta}_2 X_{2i} + \cdots + \hat{\beta}_k X_{ki}) X_{1i} = \sum X_{1i} Y_i \\ \sum (\hat{\beta}_0 + \hat{\beta}_1 X_{1i} + \hat{\beta}_2 X_{2i} + \cdots + \hat{\beta}_k X_{ki}) X_{2i} = \sum X_{2i} Y_i \\ \quad \vdots \\ \sum (\hat{\beta}_0 + \hat{\beta}_1 X_{1i} + \hat{\beta}_2 X_{2i} + \cdots + \hat{\beta}_k X_{ki}) X_{ki} = \sum X_{ki} Y_i \end{cases} \tag{3.25}$$

解 $k+1$ 个方程组成的线性代数方程组，即可得到 $k+1$ 个待估参数的估计值 $\hat{\beta}_j (j = 0, 1, 2, \cdots, k)$

式(3.25)的矩阵形式如下：

$$\begin{pmatrix} n & \sum X_{i1} & \cdots & \sum X_{ki} \\ \sum X_{1i} & \sum X_{1i}^2 & \cdots & \sum X_{1i} X_{ki} \\ \vdots & \vdots & & \vdots \\ \sum X_{ki} & \sum X_{ki} X_{1i} & \cdots & \sum X_{ki}^2 \end{pmatrix} \begin{pmatrix} \hat{\beta}_0 \\ \hat{\beta}_1 \\ \vdots \\ \hat{\beta}_k \end{pmatrix} = \begin{pmatrix} 1 & 1 & \cdots & 1 \\ X_{11} & X_{12} & \cdots & X_{1n} \\ \vdots & \vdots & & \vdots \\ X_{k1} & X_{k2} & \cdots & X_{kn} \end{pmatrix} \begin{pmatrix} Y_1 \\ Y_2 \\ \vdots \\ Y_n \end{pmatrix}$$

即

$$(\boldsymbol{X}'\boldsymbol{X})\hat{\boldsymbol{\beta}} = \boldsymbol{X}'\boldsymbol{Y} \tag{3.26}$$

由基本假设有矩阵 $\boldsymbol{X}'\boldsymbol{X}$ 是满秩阵，$(\boldsymbol{X}'\boldsymbol{X})^{-1}$ 存在，有：

$$\hat{\boldsymbol{\beta}} = (\boldsymbol{X}'\boldsymbol{X})^{-1} \boldsymbol{X}'\boldsymbol{Y} \tag{3.27}$$

式(3.27)就是参数估计量 β 的最小二乘估计量，它使 $\sum e_i^2$ 达到最小值。

多元线性回归模型的最小二乘估计量有以下一些重要结论：

(1) $\overline{Y}=\hat{\beta}_0+\hat{\beta}_1\overline{X}_1+\hat{\beta}_2\overline{X}_2+\cdots+\bar{\hat{\beta}}_k\overline{X}_k$ (3.28)

(2) $E(Y_i)=E(\hat{Y}_i)=\overline{Y}$ (3.29)

(3) $\sum e_i=0$ (3.30)

(4) $\sum e_iX_{ji}=0\,(j=1,2,\cdots,k)$ (3.31)

(5) $\sum e_i\hat{Y}_i=0$ (3.32)

在普通最小二乘法下随机干扰项 μ 的方差的无偏估计量为：

$$\hat{\sigma}^2=\frac{\sum e_i^2}{n-k-1}=\frac{\boldsymbol{e}'\boldsymbol{e}}{n-k-1} \tag{3.33}$$

证明略。

3.2.2 多元线性回归模型的最小二乘估计量的性质

在一元线性回归模型中，我们知道在古典线性回归模型的基本假定下，最小二乘估计量是最佳线性无偏估计量，这些性质对于多元线性回归模型同样成立。

1. 线性性

线性性即参数估计量是被解释变量观测值 Y_i 的线性组合。

由 $\hat{\boldsymbol{\beta}}=(\boldsymbol{X}'\boldsymbol{X})^{-1}\boldsymbol{X}'\boldsymbol{Y}$ 知，矩阵 $(\boldsymbol{X}'\boldsymbol{X})^{-1}\boldsymbol{X}'$ 是根据解释变量的样本观测值矩阵 $\boldsymbol{X}$ 计算的，其中的元素是已知数值，而 $\hat{\beta}_j=(j=0,1,2,\cdots,k)$ 等于矩阵 $(\boldsymbol{X}\boldsymbol{X})^{-1}\boldsymbol{X}$ 的第 j 行与被解释变量观测值列向量 $\boldsymbol{Y}$ 的乘积，从而为观测值 Y_i 的线性函数，即说明参数的最小二乘估计量具有线性性。

2. 无偏性

无偏性的含义是模型中每个参数的最小二乘估计量的数学期望等于参数的真实值。证明如下：

$$\begin{aligned}E(\hat{\boldsymbol{\beta}})&=E((\boldsymbol{X}'\boldsymbol{X})^{-1}\boldsymbol{X}'\boldsymbol{Y})\\&=E((\boldsymbol{X}'\boldsymbol{X})^{-1}\boldsymbol{X}'(\boldsymbol{X}\boldsymbol{\beta}+\boldsymbol{\mu}))\\&=\boldsymbol{\beta}+(\boldsymbol{X}'\boldsymbol{X})^{-1}\boldsymbol{X}'E(\boldsymbol{\mu})=\boldsymbol{\beta}\end{aligned}$$

3. 最小方差性

参数估计量 $\hat{\boldsymbol{\beta}}$ 的方差一协方差矩阵：

$$\begin{aligned}\mathrm{Var}(\hat{\boldsymbol{\beta}})&=E((\hat{\boldsymbol{\beta}}-E(\hat{\boldsymbol{\beta}}))(\hat{\boldsymbol{\beta}}-E(\hat{\boldsymbol{\beta}}))')\\&=E((\hat{\boldsymbol{\beta}}-\boldsymbol{\beta})(\hat{\boldsymbol{\beta}}-\boldsymbol{\beta})')\\&=E((\boldsymbol{X}'\boldsymbol{X})^{-1}\boldsymbol{X}'\boldsymbol{\mu}\boldsymbol{\mu}'\boldsymbol{X}(\boldsymbol{X}'\boldsymbol{X})^{-1})\\&=(\boldsymbol{X}'\boldsymbol{X})^{-1}\boldsymbol{X}'E(\boldsymbol{\mu}\boldsymbol{\mu}')\boldsymbol{X}(\boldsymbol{X}'\boldsymbol{X})^{-1}\\&=\sigma^2(\boldsymbol{X}'\boldsymbol{X})^{-1}\end{aligned}$$

根据高斯马尔科夫定理，该方差在所有的无偏估计量的方差中是最小的。该矩阵对角线上的元素是 $\hat{\beta}_j(j=0,1,2,\cdots,k)$ 的方差，其余位置的元素是 $\hat{\beta}_j(j=0,1,2,\cdots,k)$ 之间的协方差。

3.3 多元线性回归模型的统计检验

3.3.1 拟合优度检验

1. 判定系数与调整的判定系数

在一元线性回归模型中，用判定系数 R^2 去度量模型对观测值的拟合优度。在多元线性回归模型中，也可用该统计量来衡量样本回归线对样本观测值的拟合程度。

设估计的多元样本线性回归函数为：

$$\hat{Y}_i = \hat{\beta}_0 + \hat{\beta}_1 X_{1i} + \hat{\beta}_2 X_{2i} + \cdots + \hat{\beta}_k X_{ki}$$

则带残差项的多元样本线性回归模型为：

$$Y_i = \hat{\beta}_0 + \hat{\beta}_1 X_{1i} + \hat{\beta}_2 X_{2i} + \cdots + \hat{\beta}_k X_{ki} + e_i$$

记 $\mathrm{TSS} = \sum (Y_i - \overline{Y})^2$ 为总离差平方和，是被解释变量 Y_i 的样本观测值与其均值的离差平方和。$\mathrm{ESS} = \sum (\hat{Y}_i - \overline{Y})^2$ 为回归平方和，是被解释变量 Y 的估计值与其均值的离差平方和。$\mathrm{RSS} = \sum (Y_i - \hat{Y}_i)^2$ 为残差平方和，是被解释变量 Y 与其估计值之差的平方和。

$$\begin{aligned} \mathrm{TSS} &= \sum (Y_i - \overline{Y})^2 = \sum [(Y_i - \hat{Y}_i) + (\hat{Y}_i - \overline{Y})]^2 \\ &= \sum (Y_i - \hat{Y}_i)^2 + \sum (\hat{Y}_i - \overline{Y})^2 + 2\sum (Y_i - \hat{Y}_i)(\hat{Y}_i - \overline{Y}) \end{aligned}$$

$$\begin{aligned} \sum (Y_i - \hat{Y}_i)(\hat{Y}_i - \overline{Y}) &= \sum e_i(\hat{Y}_i - \overline{Y}) \\ &= \sum e_i \hat{Y}_i + \sum e_i \overline{Y} \\ &= 0 \end{aligned}$$

所以有：

$$\mathrm{TSS} = \sum (Y_i - \hat{Y}_i)^2 + \sum (\hat{Y}_i - \overline{Y})^2 = \mathrm{RSS} + \mathrm{ESS} \tag{3.34}$$

总平方和分解公式(3.34)表明，在 Y 的总变化中，被样本回归模型解释的部分越多，则模型的拟合误差相对来说就越小。对于一组确定的样本数据，总离差平方和是一个确定的数值，因此，在总离差平方和中，如果回归平方和所占的比例越大，残差平方和所占比例越小，表明样本回归线与样本观测值拟合得越好。把回归平方和与总离差平方和之比作为衡量模型对样本拟合优度的指标，称为判定系数或可决系数，用 R^2 表示，即：

$$R^2 = \frac{\mathrm{ESS}}{\mathrm{TSS}} = 1 - \frac{\mathrm{RSS}}{\mathrm{TSS}} \tag{3.35}$$

多元回归模型的判定系数 R^2 是模型中出现的解释变量个数的非减函数。也就是说，当模型中增加新的解释变量时，不论这个解释变量是否有加入的必要，也会使多重判定系数增大。但在现实情况往往是，由增加解释变量个数引起的 R^2 增大与拟合优劣无关，因此，在对比被解释变量相同而解释变量个数不同的两个模型时，不能简单地直接对比二者的判定系数，而必须根据模型中所含变量的数目，对判定系数 R^2 的值进行调整。在计量经济学中定义了调整的判定系数(adjusted coefficient of determination)：

$$\overline{R^2} = 1 - \frac{\mathrm{RSS}/(n-k-1)}{\mathrm{TSS}/(n-1)} \tag{3.36}$$

其中，$(n-k-1)$、$(n-1)$ 分别为残差平方和与总离差平方和的自由度。显然，如果增加的解释变量没有解释能力，则对残差平方和 RSS 的减小没有多大帮助，却增加了待估计参数的个数，从而使 $\overline{R^2}$ 有较大幅度的下降。所以，也可以说调整的判定系数是用模型的自由度对判定系数 R^2 进行修正的结果，这两者之间的联系为：

$$\overline{R^2} = 1-(1-R^2)\frac{n-1}{n-k-1} \tag{3.37}$$

由此可以推知 $\overline{R^2} \leqslant R^2$ 。

2. 赤池信息准则和施瓦茨准则

为了比较所含解释变量个数不同的多元回归模型的拟合优度，常用的标准还有赤池信息准则(akaike information criterion，AIC)和施瓦茨准则(schwarz criterion，SC)，其定义分别为：

$$AIC = \ln\left(\frac{\sum e_i^2}{n}\right)+\frac{2(k+1)}{n} \tag{3.38}$$

$$SC = \ln\left(\frac{\sum e_i^2}{n}\right)+\frac{k}{n}\ln n \tag{3.39}$$

其中，e_i 为残差，n 为样本容量，k 为模型中的解释变量个数。这两个准则均要求仅当所增加的解释变量能够减少 AIC 值或 SC 值时，才在原模型中增加该解释变量。显然，与调整的判定系数相仿，如果增加的解释变量没有解释能力，则对残差平方和 $\sum e_i^2$ 的减小没有多大的帮助，却增加了待估计参数的个数，这时可能导致 AIC 值或 SC 的值增加。

3.3.2 回归参数的显著性检验

1. 参数估计量的分布

由参数估计量的性质，最小二乘估计量具有线性性，即 $\hat{\beta}_j(j=0,1,2,\cdots,k)$ 可以写成 Y 的线性函数形式；又 $\hat{\beta}_j(j=0,1,2,\cdots,k)$ 具有无偏性，即 $E(\hat{\beta}_j)=\beta_j\ (j=0,1,2,\cdots,k)$；随机干扰项 μ 服从正态分布，方差为 σ^2。

所以：

$$\hat{\beta}_j \sim N(\beta_j, \sigma^2 c_{jj}) \tag{3.40}$$

式中，c_{jj} 表示矩阵$(\boldsymbol{X}'\boldsymbol{X})^{-1}$主对角线上第 j 个元素。

又 $\hat{\sigma}^2 = \dfrac{\sum e_i^2}{n-k-1}$，所以有：

$$S_{\hat{\beta}_j} = \sqrt{\hat{\sigma}^2 c_{jj}} \tag{3.41}$$

2. 参数的显著性检验：t 检验

对多元线性回归模型来说，对各单个回归系数的检验，其目的是检验当其他解释变量不变时，该回归系数对应的解释变量对被解释变量是否产生显著的线性影响。检验过程采用假设检验的方法，具体骤如下。

(1)提出假设。原假设 $H_0:\beta_j=0$；备择假设 $H_1:\beta_j\neq 0\quad(j=0,1,2,\cdots,k)$。

(2)构造统计量。在 H_0 成立的条件下，有：

$$t_j = \frac{\hat{\beta}_j - \beta_j}{\sqrt{\hat{\sigma}^2 c_{jj}}} = \frac{\hat{\beta}_j - \beta_j}{S_{\hat{\beta}_j}} = \frac{\hat{\beta}_j}{S_{\hat{\beta}_j}} \sim t(n-k-1)$$

(3)在给定显著性水平 α 的条件下,查 t 分布表,得临界值 $t_{\frac{\alpha}{2}}(n-k-1)$ 。

(4)计算原假设成立时 t_j 统计量的值。

(5)判断:若 $|t_j| > t_{\frac{\alpha}{2}}(n-k-1)$,则拒绝原假设 $H_0: \beta_j = 0$,接受备择假设 $H_1: \beta_j \neq 0$。说明 β_j 所对应的解释变量 X_j 对被解释变量 Y 有显著性的线性影响。若 $|t_j| \leqslant t_{\frac{\alpha}{2}}(n-k-1)$,则接受 $H_0: \beta_j = 0$,即 β_j 与0的差异不显著。说明 β_j 所对应的解释变量 X_j 对被解释变量 Y 线性作用不显著。

对参数的显著性检验,同样可以通过 p 值来检验。检验方法同一元线性回归模型一样,即如果解释变量的系数 β_j 的估计值的 p 值很小,说明 β_j 显著异于零。

3. 参数的置信区间

利用最小二乘估计式得到的只是参数的点估计。为了对参数的取值情况有更多的了解,可以按一定的可靠性确定系数的取值范围,就是在一定的置信度下求参数的置信区间。

如同在一元线性回归模型一样,在变量显著性检验中已经知道:

$$t_j = \frac{\hat{\beta}_j - \beta_j}{\sqrt{\hat{\sigma}^2 c_{jj}}} = \frac{\hat{\beta}_j - \beta_j}{S_{\hat{\beta}_j}} \sim t(n-k-1) \quad (j = 0,1,2,\cdots,k) \tag{3.42}$$

如果给定置信度 $(1-\alpha)$,从 t 分布表中查得自由度为 $(n-k-1)$ 的临界值 $t_{\frac{\alpha}{2}}(n-k-1)$,那么 t 值处在 $(-t_{\frac{\alpha}{2}}(n-k-1), t_{\frac{\alpha}{2}}(n-k-1))$ 的概率是 $(1-\alpha)$,表示为:

$$P(-t_{\frac{\alpha}{2}}(n-k-1) < t < t_{\frac{\alpha}{2}}(n-k-1)) = 1-\alpha$$

即:

$$P\left(-t_{\frac{\alpha}{2}}(n-k-1) < \frac{\hat{\beta}_j - \beta_j}{S_{\hat{\beta}_j}} < t_{\frac{\alpha}{2}}(n-k-1)\right) = 1-\alpha$$

$$P(\hat{\beta}_j - t_{\frac{\alpha}{2}}(n-k-1)S_{\hat{\beta}_j} < \beta_j < \hat{\beta}_j + t_{\frac{\alpha}{2}}(n-k-1)S_{\hat{\beta}_j}) = 1-\alpha$$

于是得到置信度为 $(1-\alpha)$ 下 β_j 的置信区间:

$$(\hat{\beta}_j - t_{\alpha/2}(n-k-1)S_{\hat{\beta}_j}, \hat{\beta}_j + t_{\alpha/2}(n-k-1)S_{\hat{\beta}_j})$$

4. Beta 系数

由于回归系数都与变量的原有单位有直接的联系,计量单位不同,彼此不能直接比较计量单位不同的解释变量对被解释变量的影响大小。为此,在比较被解释变量对各个解释变量的敏感性时,可以将回归系数转换为 Beta 系数,其定义如下:

$$\hat{\beta}_j^* = \hat{\beta}_j \frac{S_{X_j}}{S_Y} = \hat{\beta}_j \sqrt{\frac{\sum x_j{}^2}{\sum y^2}} \quad (j = 1,2,\cdots,k) \tag{3.43}$$

由此可知,Beta 系数就是按照解释变量标准差 S_{X_j} 与被解释变量标准差 S_Y 的比例对估计的回归系数进行调整,其数值与测定变量时的单位无关,用来说明回归模型中解释变量变化一个标准差时,将使被解释变量 Y 变化几个标准差,因此 Beta 系数是说明每个解释变量相对重要程度的指标。

3.3.3　多元线性回归模型总体显著性检验

对于多元线性回归模型,不仅要求检验每个解释变量对被解释变量的线性影响,还应当检验模型中全部解释变量对被解释变量的联合线性作用。对回归模型总体显著性的检验,也就是对总体的线性关系是否显著成立作出推断,称为回归模型总体显著性检验。

具体检验的步骤如下:

(1)提出假设。原假设 $H_0:\beta_1=\beta_2=\cdots=\beta_k=0$。

备择假设 $H_1:\beta_j$ 不全为零 $(j=1,2,\cdots,k)$。

(2)构造统计量。在原假设成立的条件下:

$$F=\frac{\mathrm{ESS}/k}{\mathrm{RSS}/(n-k-1)}\sim F(k,n-k-1)$$

(3)给定显著性水平 α,查 F 分布表得临界值 $F_\alpha(k,n-k-1)$。

(4)若 $F>F_\alpha(k,n-k-1)$,则拒绝原假设 H_0,即回归模型总体线性关系显著成立,这说明回归模型中的解释变量联合起来对被解释变量有显著影响,也就是说,总体回归模型是显著线性的。

若 $F\leqslant F_\alpha(k,n-k-1)$,则不拒绝 H_0,即回归模型总体线性关系不成立,说明解释变量与被解释变量没有显著的线性影响关系。

对于多元线性回归模型总体的显著性检验,同样可以运用 F 统计量的 p 值进行检验。如果 F 的统计量 p 值很小,说明拒绝零假设犯错误的概率很小,也就是说拒绝零假设的概率保证程度很大。

F 检验和判定系数 R^2 二者的联系为:

$$F=\frac{\mathrm{ESS}/k}{\mathrm{RSS}/(n-k-1)}=\frac{n-k-1}{k}\cdot\frac{\mathrm{ESS}/\mathrm{TSS}}{\mathrm{RSS}/\mathrm{TSS}}=\frac{n-k-1}{k}\cdot\frac{R^2}{1-R^2}\tag{3.44}$$

可以看出,F 与 R^2 同方向变化,当 $R^2=0$ 时,$F=0$;当 R^2 越大时,F 值就越大;当 R^2 趋向于 1 时,F 趋向于 $+\infty$。

因此,用来判断估计的回归方程联合显著性的 F 检验,实际上也就是对判定系数 R^2 的显著性检验。即检验原假设 $H_0:\beta_1=\cdots=\beta_k=0$,等价于检验 $R^2=0$ 这一虚拟假设。

3.3.4 模型参数受约束的沃尔德检验

在建立回归模型时,有时经济理论需对模型中变量的参数施加一定的约束条件。例如,生产函数模型,规模报酬不变时,产出关于资本与劳动的弹性和为 1 的约束。沃尔德(Wald)提出的 Wald 检验就是处理有关解释变量系数有约束的假设检验。Wald 检验适用于线性与非线性约束条件的检验,其优点是只需估计无约束模型。

例如,柯布—道格拉斯(Cobb-Douglas)生产函数将产出量 Y 与投入要素劳动 L 和资本 K 之间的关系描述为幂函数形式的模型。

$$Y=AL^{\alpha}K^{\beta}e^{u}\tag{3.45}$$

对方程式(3.45)两边取对数后成为:

$$\ln Y=\ln A+\alpha\ln L+\beta\ln K+u\tag{3.46}$$

规模报酬不变的假设是否成立,就是检验 $\alpha+\beta=1$ 是否成立 。

Wald 检验只需对无约束模型式(3.46)进行估计。因为对约束条件估计量 $\hat{\alpha}$ 和 $\hat{\beta}$ 来说,必然有 $\hat{\alpha}+\hat{\beta}=1$,如果约束条件成立,则无约束条件估计量 $\hat{\alpha}+\hat{\beta}$ 应该近似为 1;如果约束条件不成立,则无约束条件估计量 $\hat{\alpha}+\hat{\beta}$ 应该显著不为 1。关键是要找到一个准则,从而判断二者之和是否显著为1。

首先需要知道 $\hat{\alpha}+\hat{\beta}$ 的抽样分布。依据回归模型的古典假定条件可知，$\hat{\alpha}+\hat{\beta}$ 服从均值为 $\alpha+\beta$、方差为 $\mathrm{Var}(\hat{\alpha}+\hat{\beta})$ 的正态分布。

因此，在 $\alpha+\beta=1$ 的约束条件下：

$$z=\frac{\hat{\alpha}+\hat{\beta}-1}{\sqrt{\mathrm{Var}(\hat{\alpha}+\hat{\beta})}}\sim N(0,1) \tag{3.47}$$

通常情况下 $\mathrm{Var}(\hat{\alpha}+\hat{\beta})$ 是未知的，使用的是样本估计量 $S^2_{(\hat{\alpha}+\hat{\beta})}$。

定义 W 统计量为：

$$W=\frac{(\hat{\alpha}+\hat{\beta}-1)^2}{S^2_{(\hat{\alpha}+\hat{\beta})}}\sim \chi^2(1) \tag{3.48}$$

如果有 h 个约束条件，可以得到 h 个类似于式(3.47)的统计量 $z_1,z_2,\cdots,z_h$。在各约束条件为真时，可建立大样本下的服从自由度为 h 的渐近 χ^2 分布统计量：

$$W=\boldsymbol{Z}'\boldsymbol{C}^{-1}\boldsymbol{Z}\sim \chi^2(h) \tag{3.49}$$

其中，$\boldsymbol{Z}$ 为以 z_i 为元素的列向量，$\boldsymbol{C}$ 是 z_i 估计的方差一协方差矩阵。因此，W 从总体上测量了无约束回归不满足各约束条件的程度。

对非线性约束，Wald 检验同样适用。

3.4 非线性回归模型

前面讨论的线性回归模型 $Y_i=\beta_0+\beta_1X_i+u_i$，其结构具有两个特点：一方面是被解释变量 Y_i 是解释变量 X_i 的线性函数，即解释变量线性模型；另一方面是被解释变量是相应参数 β_1 的线性函数，即参数线性模型。对于非线性的回归模型，前面介绍的线性回归分析方法就不能直接运用，而需要通过变量代换或函数变换的方式，将非线性函数关系转化成线性关系，从而得以应用线性回归模型的分析方法予以解决。对非线性模型进行线性化处理的方法常用的有直接代换法、间接代换法等。

3.4.1 直接代换法

若变量之间的关系虽然是非线性的，但被解释变量与参数之间的关系却是线性关系时，可以利用变量直接代换的方法将模型线性化，从而将非线性回归模型的参数估计问题转化成线性回归模型的参数估计，下面给出几种常见的模型。

1. **双对数线性模型**(不变弹性模型)

模型：

$$\ln Y_i=\beta_0+\beta_1\ln X_i+\mu_i \tag{3.50}$$

称为双对数线性模型。若 μ 满足线性回归模型的古典假定条件，则可作如下变量代换。令：

$$\ln Y_i=Y_i^*,\ln X_i=X_i^*$$

则式(3.50)可变为线性回归模型：

$$Y_i^*=\beta_0+\beta_1X_i^*+\mu_i \tag{3.51}$$

然后就可用最小二乘法对参数进行估计，得出的 $\hat{\beta}_0$ 和 $\hat{\beta}_1$ 分别是 β_0 和 β_1 的最佳线性无偏估计量。

双对数线性模型的特点是：其中的回归系数 β_1 恰好就是被解释变量 Y 关于解释变量 X 的弹性。因此，双对数线性模型称为不变弹性模型。这是因为：

$$\beta_1=\frac{\mathrm{d}(\ln Y)}{\mathrm{d}(\ln X)}=\frac{\mathrm{d}Y/Y}{\mathrm{d}X/X}=\frac{X}{Y}\cdot\frac{\mathrm{d}Y}{\mathrm{d}X} \tag{3.52}$$

由于弹性是经济分析中的一个十分重要的指标，如需求函数中的价格弹性、收入弹性及生产函数中的资本弹性、劳动弹性等，若所研究的经济关系可用双对数模型描述，那么估计模型之后就可以直接利用系数进行弹性分析，若 Y 和 X 分别表示商品需求量和价格，式(3.52)说明当价格 X 变动 1%时，商品需求量 Y 将变动 β_1%。

2. **半对数线性模型**

如果简单模型中只有变量 Y 或只有变量 X 用对数形式表示，就称为半对数回归模型，其形式有两种：

(1)线性—对数模型：

$$Y_i=\beta_0+\beta_1\ln X_{1i}+\mu_i$$

$$\beta_1=\frac{\mathrm{d}Y}{\mathrm{d}(\ln X)}=\frac{\mathrm{d}Y}{\mathrm{d}X/X}=\frac{Y\text{ 的绝对变化量(幅度)}}{X\text{ 的相对变化率(速度)}} \tag{3.53}$$

式(3.53)表明：当 X 发生一定的相对变动时，引起变量 Y 平均值的绝对变动是一个常数，即 X 变动 1%时，商品需求量 Y 将变动 β_1 个单位。

(2)对数—线性模型：

$$\ln Y_i=a_0+a_1X_i+\mu_i$$

$$a_1=\frac{\mathrm{d}(\ln Y)}{\mathrm{d}X_i}=\frac{\mathrm{d}Y/Y}{\mathrm{d}X}=\frac{Y\text{ 的相对变化率(速度)}}{X\text{ 的绝对变化量(幅度)}} \tag{3.54}$$

式(3.54)表明：当变量 X 的绝对量发生一个单位变化时，引起变量 Y 平均值的相对变化率是一个常数，即 X 变化 1 个单位时，Y 将变动 β_1%。特别地，若 X 为时间变量(如年份)，则 $\ln Y_i=a_0+a_1X_i+\mu_i$ 的系数 a_1 为年均增长速度，这比用 $\beta=\sqrt[n]{\frac{Y_n}{Y_0}}\times100\%-1$ 求年均增长速度要科学合理得多，因此，对数—线性模型也称为不变增长模型。

令：$\ln X_i=X_i^*$，则线性—对数模型 $Y_i=\beta_0+\beta_1\ln X_i+\mu_i$ 变为：

$$Y_i=\beta_0+\beta_1X_i^*+\mu_i \tag{3.55}$$

令：$\ln Y_i=Y_i^*$，则对数—线性模型 $\ln Y_i=a_0+a_1\ln X_i+\mu_i$ 变为：

$$Y_i^*=a_0+a_1X_i+\mu_i \tag{3.56}$$

式(3.55)和式(3.56)两个模型都可用简单线性回归模型参数估计的方法对其中的参数进行估计。

3. **倒数变换模型**(又称双曲线模型)

模型：

$$Y_i=\beta_0+\beta_1\frac{1}{X_i}+\mu_i\text{ 或 }\frac{1}{Y_i}=\beta_0+\beta_1X_i+\mu_i \tag{3.57}$$

称为倒数变换模型。

令：$X_i^*=\frac{1}{X_i}$，则模型 $Y_i=\beta_0+\beta_1\left(\frac{1}{X_i}\right)+\mu_i$ 变为：

$$Y_i = \beta_0 + \beta_1 X_i^* + \mu_i \tag{3.58}$$

令：$Y_i^* = \dfrac{1}{Y_i}$，则模型 $\dfrac{1}{Y_i} = \beta_0 + \beta_1 X_i + \mu_i$ 变为：

$$Y_i^* = \beta_0 + \beta_1 X_i + \mu_i \tag{3.59}$$

即对倒数变换模型进行变量的倒数变换，就可以将其转化成线性回归模型，所以称该模型为倒数变换模型。变换后的两个模型都可用简单线性回归模型参数估计的方法对其中的参数进行估计，进而进行检验及应用。由于这种模型的曲线形状呈现双曲线的变化规律，又称其为双曲线函数模型。在现实生活中，平均固定成本曲线、恩格尔消费曲线、菲利普斯曲线恰好有类似的变动规律，因此，可以用倒数模型进行拟合。

4. 多项式回归模型

$$Y_i = \beta_0 + \beta_1 X_i + \beta_2 X_i^2 + \cdots + \beta_k X_i^k + \mu_i \tag{3.60}$$

称为多项式回归模型。其特点是在等式的右边只有一个变量，但却以该变量不同次幂出现。因而，令 $X_{ji} = X_i^j (j = 1,2,\cdots,k)$，则模型转换成多元线性回归模型：

$$Y_i = \beta_0 + \beta_1 X_{1i} + \beta_2 X_{2i} + \beta_3 X_{3i} \cdots + \beta_k X_{ki} + \mu_i \tag{3.61}$$

从而可用最小二乘法进行参数估计以及检验。这个模型在生产与成本函数中被广泛使用。

3.4.2 间接代换法

在某些经济问题中，经济变量之间的非线性关系不能通过直接代换转化为线性形式，而需要通过函数转换(通常是对方程两边取对数)，然后直接进行变量代换，使其转化为线性形式，再进行参数估计。

1. 幂函数模型

若被解释变量 Y 和解释变量 X 之间的关系呈现幂函数形式，如：

$$Y_i = AX_i^{\beta_1} \tag{3.62}$$

该模型中变量 Y_i 关于 X_i 和参数 β_1 都是非线性的，对这类问题的线性转化方法是将两边取对数，做恒等变换：

$$\ln Y_i = \ln A + \beta_1 \ln X_i$$

令：$\beta_0 = \ln A$，则 $\ln Y_i = \beta_0 + \beta_1 \ln X_i$ 引入随机扰动项，可得 $\ln Y_i = \beta_0 + \beta_1 \ln X_i + \mu_i$，此时称为双对数模型。因此，对于实际观测的经济数据，只要先令 $Y_i^* = \ln Y_i$，$X_i^* = \ln X_i$，求出所有 Y_i^*、X_i^* 即可。

$$Y_i^* = \beta_0 + \beta_1 X_i^* + \mu_i \tag{3.63}$$

然后，用线性回归模型参数估计的方法估计出 $\widehat{\beta_0}$、$\widehat{\beta_1}$。即可估计出原模型的参数 A 和 β_1。

例如，柯布—道格拉斯生产函数将产出量 Y 与投入要素劳动力 L 和资本 K 之间的关系描述为幂函数形式的模型：

$$Y_i = AL_i^{\alpha} K_i^{\beta} e_i^{u}$$

对方程两边取对数后成为：

$$\ln Y_i = \ln A + \alpha \ln L_i + \beta \ln K_i + u_i \tag{3.64}$$

式(3.65)即为多元对数模型形式。然后通过变量代换写成线性模型的形式，再用线性模型估计出 $\ln A$，α，β。

2. 指数函数模型

若被解释变量 Y 和解释变量 X 之间的关系呈现指数函数形式：

$$Y_i = Ae^{\beta_1 X_i} + u_i \tag{3.65}$$

该模型中变量 Y_i 关于 X_i 和 β_1 都是非线性的。对这类模型线性化的方法，也是只需对两边取对数，即得：

$$\ln Y_i = \ln A + \beta_1 X_i + u_i \tag{3.66}$$

式(3.66)实际上是对数一线性模型，只要令 $Y_i^* = \ln Y_i$
就可转化为：

$$Y_i^* = \beta_0 + \beta_1 X_i + u_i \tag{3.67}$$

再用线性回归模型参数估计的方法估计出 $\hat{\beta}_0$ 和 $\hat{\beta}_1$，进一步可得 $\hat{A} = e^{\hat{\beta}_0}$。

3.5 案例分析与 EViews 操作

下面以生产函数的应用为例进行介绍。

3.5.1 问题的提出

生产函数是描述生产过程中生产要素投入量与可能的最大产出量相互关系的数学方程。它反映在一定的条件下，生产函数对产出的影响和作用。生产函数的一般形式为：$Y = f(X_1, X_2, \cdots, X_k)$，其中，$X_k$ 为第 k 个生产要素的投入量，Y 是这些要素组合可能形成的最大产出量。

生产函数中生产要素的投入比例一般是可以变动的，而且生产要素的投入量在一定程度上可以相互替代。例如，增加劳动时间可以减少设备的投入，更新设备也可以替代部分人力，对于同样的产出，可以有多种不同的要素投入组合方案，因此，有必要对生产函数进行深入的研究。

3.5.2 理论与模型

在经济学中，生产的投入目的是利润最大化，使投入要素的组合比例总是向实现利润最大化的方向变动。为反映生产函数过程中生产要素投入的某种组合与可能生产的最大产量之间的具体依存关系，美国数学家 Charles Cobb 和经济学家 Paul Douglas 于 1928 年在 *The Theory of Wages* 一书中提出了著名的 Cobb—douglas(C—D)生产函数的形式：

$$Y = f(L, K) = AL^{\alpha}K^{\beta} \tag{3.68}$$

其中，L、K 分别为生产过程中投入的劳动和资本，Y 为可能的最大产出。

利用我国 1995—2022 年的国内生产总值、固定资产投资和劳动力人数数据，对生产函数进行估计。

3.5.3 数据收集

为了分析我国改革开放以来全社会总产出与资本、劳动总投入之间的关系，这里选择我国 1995—2022 年国内生产总值、固定资产投资和从业人员总数的数据，作为生产函数的因变量与自变量，通过查 1995—2022 年中国统计年鉴，可以找到相关的国内生产总值(GDP)与固定资产投资额(K)和研究与试验发展人员全时当量(L)的数据,见表3.1。

表3.1　国内生产总值、固定资产投资总额和研究与试验发展人员全时当量的数据

年份	GDP/亿元	K/亿元	L/万人	年份	GDP/亿元	K/亿元	L/万人
1995	61 339.9	20 019	75.17	2009	348 517.7	181 760	229.13
1996	71 813.6	22 914	80.4	2010	412 119.3	218 834	255.4
1997	79 715	24 941	83.12	2011	487 940.2	223 646	288.3
1998	85 195.5	28 406	75.52	2012	538 580.0	263 770	324.7
1999	90 564.4	29 855	82.17	2013	592 963.2	308 312	353.3
2000	100 280.1	32 918	92.2	2014	643 563.1	349 732	371.06
2001	110 863.1	37 214	95.65	2015	688 858.2	379 873	375.88
2002	121 717.4	43 500	103.51	2016	746 395.1	406 406	387.81
2003	137 422	53 841	109.48	2017	832 035.9	431 526	403.36
2004	161 840.2	66 235	115.26	2018	919 281.1	456 981	438.14
2005	187 318.9	80 994	136.48	2019	986 515.2	480 393	480.08
2006	219 438.5	97 583	150.25	2020	1 013 567.0	493 208	523.45
2007	270 092.3	118 323	173.62	2021	1 149 237.0	517 133	571.6
2008	319 244.6	144 587	196.54	2022	1 210 207.2	542 366	635.4

资料来源:1995—2022年《中国统计年鉴》

3.5.4　参数估计

下面采用计量经济软件EViews对该问题进行多元回归分析。

1. 建立工作文件

启动EViews,进入EViews主页。单击【File】|【Workfile】,出现对话框【Workfile reat】。在【Frequency】中选择数据频率为Annual(年度数据),在【Start Date】里输入起始时间“1995”,在【End Date】里输入终止时间“2022”,单击【OK】按钮后,屏幕出现【Workfile】工作文件窗口。

2. 输入数据

单击【Quick】|【Empty Group】,出现数据编辑窗口,然后录入数据。首先按上行键“↑”,这时对应的“obs”字样的空格会自动上跳,在对应列的第二个“obs”右边框的空格处输入变量名,如“GDP”,再按下行键“↓”,对应变量名下的列出现“NA”字样,即可依顺序输入相应的数据。其他变量的数据也可用类似方法输入。

3. 线性生产函数的参数估计

在EViews主页界面,单击【Quick】|【Estimate Equation】,出现【Equation Specification】对话框,输入被解释变量、截距项、常数项,选OLS估计,单击【OK】进行估计。屏幕显示有关估计结果。

也可以在EViews软件的命令窗口中,直接输入LS命令估计模型参数。命令格式为:

```
LS GDP C K L
```

估计结果见表3.2。

表 3.2　线性生产函数回归结果

Dependent Variable：Y

Method：Least Squares

Date：10/24/24　Time：19：42

Sample：1995 2022

Included observations：28

Variable	Coefficient	Std. Error	t-Statistic	Prob.
C	−57 158.36	15 739.67	−3.631 485	0.001 3
L	0.767 974	0.208 888	3.676 484	0.001 1
P	1 323.269	224.713 4	5.888 694	0.000 0

R-squared	0.994 116	Mean dependent var	449 522.3
Adjusted R-squared	0.993 645	S. D. dependent var	367 837.6
S. E. of regression	29 323.25	Akaike info criterion	23.511 11
Sum squared resid	2.15E+10	Schwarz criterion	23.653 84
Log likelihood	−326.155 5	Hannan-Quinn criter.	23.554 74
F-statistic	2 111.83	Durbin-Watson stat	0.646 8
Prob(F-statistic)	0.000 000		

将回归结果表示如下：

$$\overline{GDP} = -57\ 158.36 + 0.767\ 974K + 1\ 323.269L$$

$$t:\quad (-3.631\ 485)\ (3.676\ 484)\ (5.888\ 694)$$

$$R^2 = 0.994\ 116 \qquad F = 2\ 111.830 \qquad DW = 0.646\ 800$$

对上述结果可作如下解释：

(1)经济意义。可以看出参数的估计值的符号与先验理论是相符的，一般情况下，国内生产总值与固定资产投资总额、研究与试验发展人员全时当量之间成正相关关系。而且，$\hat{\beta}_1 = 0.767\ 974$ 表示固定资产投资总额每增加 1 亿元，使国内生产总值平均增加 0.767 974 亿元；$\hat{\beta}_2 = 1\ 323.269$表示研究与试验发展人员全时当量每增加 1 万人，会使国内生产总值平均增加 1 323.269亿元；$R^2 = 0.994\ 116$ 表示在样本数据中，国内生产总值变化的 99.411 6%可由固定投资总额和研究与试验发展人员全时当量的变化(线性)来解释，同时也说明所估计的回归函数较好地拟合了样本数据。

(2)单个变量显著性。在显著水平 $\alpha=0.05$ 情况下，$|t_1| = 3.676\ 484 > t_{0.025} = 2.060$，$t_2 = 5.888\ 694 > t_{0.025} = 2.060$，说明分别来看，固定资产投资总额和研究与试验发展人员全时当量对国内生产总值的影响都是显著的。

(3)总体显著性。在显著水平 $\alpha=0.05$ 情况下，$F = 2\ 111.830 > F_\alpha(2,25) = 2.060$，所以拒绝原假设 $H_0: \beta_1 = \beta_2 = 0$，即认为固定资产投资总额和研究与试验发展人员全时当量联合起来对国内生产总值的影响是显著的。

4. C-D 生产函数的参数估计

先将 C-D 生产函数 $Y = AL^{\alpha}K^{\beta}$ 转化成线性模型，在 C-D 生产函数两端同时取对数，得：

$$\ln Y = \ln A + \alpha \ln L + \beta \ln K$$

设 $Y_{1i}=\ln Y, a=\ln A, X_{1i}=\ln L_i, X_{2i}=\ln K_i$ 则得到线性模型：

$$Y_{1i}=\alpha+\beta_1 X_{1i}+\beta_2 X_{2i}+\mu_i$$

再用最小二乘法估计出各个参数。

计量经济软件 EViews 的实现步骤如下：

在主菜单上单击【Object】|【Generate Series】，或在工作文件窗口中直接单击【Genr】按钮，然后在弹出的对话框中输入新序列的名称及其计算式：

$$Y_1=\log(\text{GDP})$$
$$X_1=\log(L)$$
$$X_2=\log(K)$$

再输入命令：LS　Y1　C　X1　X2

估计结果见表 3.3。

表 3.3　C-D 生产函数回归结果

Dependent Variable：Y1

Method：Least Squares

Date：10/24/24　Time：22：01

Sample：1995 2022

Included observations：28

Variable	Coefficient	Std. Error	t-Statistic	Prob.
C	3.812 602	0.211 035	18.066 22	0.000 0
X1	0.477 138	0.058 876	8.104 173	0.000 0
X2	0.599 029	0.094 016	6.371 568	0.000 0

R-squared	0.997 553	Mean dependent var	12.611 36
Adjusted R-squared	0.997 358	S. D. dependent var	0.979 11
S. E. of regression	0.050 329	Akaike info criterion	−3.039 513
Sum squared resid	0.063 325	Schwarz criterion	−2.896 776
Log likelihood	45.553 18	Hannan-Quinn criter.	−2.995 877
F-statistic	5 096.785	Durbin-Watson stat	0.776 504
Prob(F-statistic)	0.000 000		

将回归结果表述如下：

$$\ln(\text{GDP})=3.812\ 602+0.477\ 138\ln L+0.599\ 029\ln K$$
$$S_e:\quad (0.211\ 035)\ (0.058\ 876)\quad (0.094\ 016)$$
$$t:\quad (18.066\ 22)\ (8.104\ 173)\quad (6.371\ 568)$$
$$R^2=0.997\ 358\qquad F=5\ 096.785\qquad \text{DW}=0.776\ 504$$

这里，$\hat{\beta_1}=0.477\ 138$ 表示研究与试验发展人员全时当量每增加 1%会使国内生产总值平均增加 0.477 138%，$\hat{\beta_2}=0.599\ 029$ 表示固定资产投资总额每增加 1%会使国内生产总值平均增加 0.599 029%。其他检验方法与线性函数的相同。

参数受约束的 Wald 检验。在方程窗口选择【View】|【Coefficient Tests】|【Wald-Coefficient】,然后将约束式输入对话框,这些约束可表示为包含估计系数与常数在内的方程。在0.05显著性水平下,若χ^2分布统计量概率大于0.05,说明统计量落在了零假设的接收域,结论是接受原假设(约束条件成立)。

本章小结

本章介绍了有多个解释变量的多元线性回归分析。内容包括对多元线性回归模型假定的讨论,对多元线性回归模型参数的最小二乘估计方法的介绍、性质的讨论,对回归拟合优度评价和可决系数的讨论,以及对各种相关统计检验、推断分析方法的介绍。为了避免表达和运算的复杂烦琐,本章的大部分分析推导,都采用了矩阵表示和运算。

通过本章的介绍和分析可以发现,在模型假定成立的前提下,以最小二乘估计为核心的多元线性回归分析同样具有线性、无偏性、最小方差性等优良性质,能够在经济问题的理论和实证分析中,起非常重要的作用。

本章的难点一个是回归模型的矩阵表示和计算,另一个是各种统计检验,特别是参数的显著性检验和模型的整体显著性检验两者的区别。

思考与练习

1. 解释概念:总变差、回归平方和、残差平方和;估计标准误差、多重判定系数、调整的判定系数;回归参数的显著性检验(t检验)、回归模型的整体显著性检验(F检验)。

2. 给出二元回归模型:

$$Y_i = \beta_0 + \beta_1 Y_{1i} + \beta_2 Y_{2i} + \mu_i \ (i = 1, 2, \cdots, n)$$

(1)叙述模型的古典假定。

(2)写出总体回归模型与样本回归模型。

(3)写出回归模型的矩阵表示。

(4)写出回归系数及随机误差项方差的最小二乘估计量,并叙述参数估计量的性质。

(5)试述总离差平和方和、回归平方和、残差平方和之间的关系及其自由度之间的关系。

3. 在多元线性回归分析中,为什么用调整的判定系数衡量估计模型对样本观测值的拟合优度?

4. 请说明判定系数R^2与总体线性关系显著性F检验之间的关系,F检验与t检验之间的关系,以及修正的判定系数$\overline{R^2}$及其作用。

5. 指出下列模型中所要求的待估参数的经济意义:

(1)食品类需求函数$\ln Y = \alpha_0 + \alpha_1 \ln I + \alpha_2 \ln P_1 + \alpha_3 \ln P_2 + \mu$中的$\alpha_1$、$\alpha_2$、$\alpha_3$(其中$Y$为人均食品支出额,$I$为人均收入,$P_1$为食品类价格,$P_2$为其他替代商品类价格)。

(2)消费函数$C_t = \beta_0 + \beta_1 Y_t + \beta_2 Y_{t-1} + \mu_t$中的$\beta_1$、$\beta_2$(其中$C$为人均消费额,$Y$为人均收入)。

6. 设货币需求方程式的总体模型为:$\ln \dfrac{M_t}{P_t} = \beta_0 + \beta_1 \ln r_t + \beta_2 \ln \mathrm{RGDP}_t + \mu_t$;其中$M$为名义货币需求量,$P$为物价水平,$r$为利率,RGDP为实际国内生产总值。假定根据容量为$N=$

19 的样本，用最小二乘法估计出如下样本回归模型：

$$\ln\frac{\hat{M}_t}{P_t}=0.03-0.26\ln r_t+0.54\ln \mathrm{RGDP}_t$$

$$t:\qquad (-13)\qquad (3)$$

$$R^2=0.9\qquad \mathrm{DW}=0.1$$

其中括号内的数值为系数估计的 t 统计量。

(1)从经济意义上考查估价模型的合理性。

(2)在 5%显著性水平上，分别检验参数 β_1、β_2 的显著性。

(3)在 5%显著性水平上，检验模型的整体显著性。

7. 表 3.4 列出了 1996—2022 年全国粮食总产量 Y 与农产品价格指数 X_1、农用化肥施用量 X_2 的相关数据。

表 3.4　1996—2022 年全国粮食总产量、农产品价格指数与农用化肥施用量

年份	粮食总产量 Y/万吨	农产品价格指数 X_1	农用化肥施用量 X_2/万吨
1996	50 453.5	104.2	3 827.9
1997	49 417.1	95.5	3 980.7
1998	51 229.53	92	4 084
1999	50 838.58	87.8	4 124.3
2000	46 217.52	96.4	4 146.41
2001	45 263.67	103.1	4 253.76
2002	45 705.75	99.7	4 339.39
2003	43 069.53	104.4	4 411.6
2004	46 946.95	113.1	4 636.6
2005	48 402.19	101.4	4 766.22
2006	49 804.23	101.2	4 927.69
2007	50 413.86	118.5	5 107.83
2008	53 434.29	114.1	5 239.02
2009	53 940.86	97.6	5 404.4
2010	55 911.31	110.9	5 561.68
2011	58 849.33	116.5	5 704.24
2012	61 222.62	102.7	5 838.85
2013	63 048.2	103.2	5 911.86
2014	63 964.83	99.8	5 995.94
2015	66 060.27	101.7	6 022.6
2016	66 043.52	103.4	5 984.1
2017	66 160.72	96.5	5 859.41
2018	65 789.22	99.1	5 653.42
2019	66 384.34	114.5	5 403.59
2020	66 949.15	115.0	5 250.65
2021	68 284.75	97.8	5 191.26
2022	68 652.77	100.4	5 079.20

要求：利用上述资料。设定适当的模型进行回归分析。

8. 表 3.5 给出的是 2003—2022 年中国出口货物总额 Y、工业增加值 X_1、人民币汇率 X_2 的数据。

表 3.5 中国出口货物总额、工业增加值、人民币汇率

年份	出口货物总额 Y/亿元	工业增加值 X_1/亿元	人民币汇率 X_2	年份	出口货物总额 Y/亿元	工业增加值 X_1/亿元	人民币汇率 X_2
2003	36 287.9	55 363.8	827.7	2013	137 131.4	222 337.6	619.32
2004	49 103.3	65 776.8	827.68	2014	143 883.8	233 856.4	614.28
2005	62 648.1	77 960.5	819.17	2015	141 166.8	236 506.3	622.84
2006	77 597.9	92 238.4	797.18	2016	138 419.3	247 877.7	664.23
2007	93 627.1	111 693.9	760.4	2017	153 309.4	278 328.2	675.18
2008	100 394.9	131 727.6	694.51	2018	164 128.8	301 089.3	661.74
2009	82 029.7	138 095.5	683.1	2019	172 373.6	311 858.7	689.85
2010	107 022.8	165 126.4	676.95	2020	179 278.8	312 902.9	689.76
2011	123 240.6	195 142.8	645.88	2021	214 255.2	374 545.6	645.15
2012	129 359.3	208 905.6	631.25	2022	237 411.5	395 043.7	672.61

(1)建立出口货物总额与工业增加值和人民币汇率之间的对数需求函数 $\ln Y_t = \beta_0 + \beta_1 \ln X_{1t} + \beta_2 \ln X_{2t} + \mu_t$，解释各回归系数的意义，用 p 值检验所估计回归系数是否显著。

(2)建立出口货物总额与工业增加值和人民币汇率之间的线性需求函数 $Y_t = \beta_0 + \beta_1 X_{1t} + \beta_2 X_{2t} + \mu_t$，解释各回归系数的意义，用 p 值检验所估计回归系数是否显著。

第 4 章　多重共线性

教学目标

通过本章的学习，对多重共线性的定义、产生的原因、后果有一定的了解和认识，并能针对一般应用模型进行多重共线性的检验、修正的分析和说明。

教学要求

了解多重共线性的定义、产生原因和后果；掌握多重共线性的检验和修正方法；掌握多重共线性的检验和修正方法在实际问题中的应用。

4.1　多重共线性概述

4.1.1　多重共线性的概念

对于模型：

$$Y_i = \beta_0 + \beta_1 X_{1i} + \beta_2 X_{2i} + \cdots + \beta_k X_{ki} + \mu_i \quad i = 1,2,\cdots,n \tag{4.1}$$

应用普通最小二乘法进行参数估计时的基本假设之一是解释变量 $X_1, X_2, \cdots, X_k$ 是相互独立的。如果模型中某两个或多个解释变量之间出现了线性相关关系，则称模型解释变量之间存在多重共线性(multicollinearity)。

如果存在不全为 0 的常数 c_i 使得

$$c_1 X_{1i} + c_2 X_{2i} + \cdots + c_k X_{ki} = 0 \quad i = 1,2,\cdots,n \tag{4.2}$$

成立，即某一个解释变量可以用其他解释变量的线性组合表示，则称为解释变量之间存在完全共线性。实际中，完全共线性的情况并不多见，一般出现的是一定程度上的共线性或者近似线性关系，即：

$$c_1 X_{1i} + c_2 X_{2i} + \cdots + c_k X_{ki} + v_i = 0 \quad i = 1,2,\cdots,n \tag{4.3}$$

式中，c_i 不全为 0；v_i 是随机变量，称为不完全多重共线性。

完全共线性意味着对于一组给定的样本，列向量 $\boldsymbol{X}_1,\boldsymbol{X}_2,\cdots,\boldsymbol{X}_K$ 是线性相关的。不完全多重共线性表明，由于存在随机变量 v_i，列向量 $\boldsymbol{X}_1,\boldsymbol{X}_2,\cdots,\boldsymbol{X}_K$ 不是完全线性相关的，而是近似线性相关的。

多重共线性是指解释变量之间的线性关系，并不是指它们之间的非线性关系。例如，对于下述回归模型：

$$Y_i=\beta_0+\beta_1X_{1i}+\beta_2X_{1i}^2+\beta_3X_{1i}^3+\mu_i \quad i=1,2,\cdots,n \tag{4.4}$$

式中，Y_i 为生产总成本，X_{1i} 为产量。变量 X_{1i}^2（产量的平方）和 X_{1i}^3（产量的立方）显然是 X_{1i} 的函数，但这仅是非线性关系，该模型(4.4)并不违反无多重共线性假定。

4.1.2 多重共线性产生的原因

多重共线性产生的原因很多，主要有以下几个方面：

1. 经济变量之间的内在联系

例如，农业生产函数中，影响农业产量 Y 的因素有耕地面积 X_1 和施肥量 X_2 等因素，其模型可写为 $Y_i=\beta_0+\beta_1X_{1i}+\beta_2X_{2i}+\mu_i$。土地面积与施肥量有密切关系，面积越大，施肥量越多，二者存在着一定的线性依存关系。又如，在研究企业的生产量时，企业的资本和劳动力总是高度相关的，因为一般来说大型企业的资本和劳动力都较多，小型企业的资本和劳动力都较少，这些截面数据中常常存在多重共线性。

2. 经济变量具有相关的共同趋势

在国民经济处于繁荣的时期，国民收入、消费额、投资额、储蓄额等都会迅速增长。而在国民经济紧缩时期，这些变量的增长速度又都会相应放慢。这时的时间序列数据很可能呈现一定程度的多重共线性。

3. 模型中引进滞后变量

在经济计量模型中，需要滞后变量来反映真实的经济关系。例如，在消费函数中，现在的收入水平与过去的收入水平往往有密切联系，当把本期收入和过去收入(滞后变量)同时引进模型时，由于变量与其滞后变量呈现高度相关性，很可能导致多重共线性发生。

4. 样本资料的局限

完全符合理论模型所需要的样本数据是很难搜集的，只能被动接受，而且只能获得一个有限范围观察值，无法进行重复实验，如果解释变量个数大于观测次数，就会出现过度拟合的模型。如医疗研究中，可能只有少数病人，却要收集大量变量的信息，这些变量之间就会出现相关性。从方程组的角度看，若方程个数少于变量的个数，则方程组有无数组解，其中部分解可以用其他解线性表示，即变量之间存在相关性。

4.1.3 多重共线性的后果

计量经济模型出现多重共线性，如果仍然采用普通最小二乘法估计模型参数，会产生不良后果。

1. 完全多重共线性产生的后果

以二元线性回归模型为例，说明完全多重共线性产生的后果。

$$Y_i=\beta_0+\beta_1X_{1i}+\beta_2X_{2i}+\mu_i \quad i=1,2,\cdots,n \tag{4.5}$$

假设 $X_{1i}=\lambda X_{2i}$，常数 $\lambda\neq 0$。

显然，最小二乘估计量为：

$$\hat{\beta}_1=\frac{\sum x_{2i}^2\sum x_{1i}y_i-\sum x_{1i}x_{2i}\sum x_{2i}y_i}{\sum x_{1i}^2\sum x_{2i}^2-(\sum x_{1i}x_{2i})^2}$$

$$=\frac{\lambda\sum x_{2i}^2\sum x_{2i}y_i-\lambda\sum x_{2i}x_{2i}\sum x_{2i}y_i}{\lambda^2(\sum x_{2i}^2)^2-\lambda^2(\sum x_{2i}^2)^2}=\frac{0}{0} \tag{4.6}$$

同样的方法可得：

$$\hat{\beta}_2=\frac{0}{0} \tag{4.7}$$

由式(4.6)和式(4.7)可知，参数估计值 $\hat{\beta}_1$ 和 $\hat{\beta}_2$ 无法确定。

$$\mathrm{Var}(\hat{\beta}_1)=\frac{\sigma^2\sum x_{2i}^2}{\sum x_{1i}^2\sum x_{2i}^2-(\sum x_{1i}x_{2i})^2}$$

$$=\frac{\sigma^2\sum x_{2i}^2}{\lambda^2(\sum x_{2i}^2)^2-\lambda^2(\sum x_{2i}^2)^2}$$

$$=\frac{\sigma^2\sum x_{2i}^2}{0}\to\infty \tag{4.8}$$

同样的方法可得：

$$\mathrm{Var}(\hat{\beta}_2)=\frac{\sigma^2\sum x_{1i}^2}{0}\to\infty \tag{4.9}$$

由式(4.8)和式(4.9)可知，$\hat{\beta}_1$ 和 $\hat{\beta}_2$ 的方差变为无穷大。

以上分析表明，如果模型中解释变量之间存在完全多重共线性时，基本假设中的其余假设均满足，采用普通最小二乘法估计模型参数，参数估计值将无法确定，参数估计量的方差为无穷大。

2. 不完全多重共线性产生的后果

(1)参数估计量的方差随多重共线性“严重程度”的增加而增大。例如对于二元线性回归模型：$Y_i=\beta_0+\beta_1X_{1i}+\beta_2X_{2i}+\mu_i \quad i=1,2,\cdots,n$，假设此模型存在不完全的共线性。由 $\hat{\beta}_1$ 和 $\hat{\beta}_2$ 的方差容易导出：

$$\mathrm{Var}(\hat{\beta}_1)=\frac{\sigma^2\sum x_{2i}^2}{\sum x_{1i}^2\sum x_{2i}^2-(\sum x_{1i}x_{2i})^2}=\frac{\sigma^2}{\sum x_{1i}^2}\cdot\frac{1}{1-r_{12}^2} \tag{4.10}$$

$$\mathrm{Var}(\hat{\beta}_2)=\frac{\sigma^2\sum x_{1i}^2}{\sum x_{1i}^2\sum x_{2i}^2-(\sum x_{1i}x_{2i})^2}=\frac{\sigma^2}{\sum x_{2i}^2}\cdot\frac{1}{1-r_{12}^2} \tag{4.11}$$

式中，r_{12} 为 X_1 和 X_2 之间的相关系数。

由于 $r_{12}^2\leqslant 1$，故 $\frac{1}{1-r_{12}^2}\geqslant 1$。

当完全不共线时，$r_{12}=0$，$\mathrm{Var}(\hat{\beta}_1)=\frac{\sigma^2}{\sum x_{1i}^2}$。

当不完全共线时，$0<r_{12}<1$，$\mathrm{Var}(\hat{\beta}_1)=\frac{\sigma^2}{\sum x_{1i}^2}\cdot\frac{1}{1-r_{12}^2}>\frac{\sigma^2}{\sum x_{1i}^2}$。

当完全共线时，$r_{12}=1$，$\mathrm{Var}(\hat{\beta}_1)=+\infty$。

由此，多重共线性使参数估计量的方差变大，式(4.10)和式(4.11)中 $\frac{1}{1-r_{12}^2}$ 称为方差膨胀因子，记成 VIF，即 $VIF = \frac{1}{1-r_{12}^2}$。

表 4.1 反映了多重共线性对 VIF 的影响，即对最小二小乘估计量方差的影响。VIF 把 r_{12} 的细小变化用明显的数量变化反映出来，这就是膨胀因子的含义。

表 4.1　多重共线性对参数估计方差的影响

r_{12}^2	0	0.5	0.8	0.9	0.95	0.96	0.97	0.98	0.99	0.999
VIF	1	2	5	10	20	25	33	50	100	1 000

从表 4.1 可以看出，当 $r_{12}^2 = 0.8$ 时，$\mathrm{Var}(\hat{\beta}_1)$ 的方差是 $r_{12}^2 = 0$ 时的方差的 5 倍；当 $r_{12}^2 > 0.9$ 时，方差呈现急剧增大的趋势。

(2)进行统计检验时容易删掉重要解释变量而造成模型设定偏误。在对参数进行显著性检验时，检验统计量为：$t = \frac{\hat{\beta}_j}{\mathrm{Se}(\hat{\beta}_j)}$ $(j = 1, 2, \cdots, k)$，当存在多重共线性时，由于 $\mathrm{Var}(\hat{\beta}_j)$ 变大，t 统计量将会减小。这样，很可能本应该否定原假设 $H_0: \beta_j = 0$，但却由于 t 值减小而错误地接受了原假设，即认为解释变量 X_j 对 Y 的影响不显著，而从模型中剔除掉，进而造成剔除重要解释变量的设定偏误。

(3)参数的置信区间明显扩大。由于存在多重共线性，参数估计量有较大的标准差，因此参数真值的置信区间也将增大。而置信区间愈大，对真值的估计愈不准确。

(4)当多重共线性严重时，可能造成可决定系数 R^2 较高，经 F 检验的参数联合显著性很高，但对参数单独的 t 检验却可能不显著，甚至可能使估计的回归系数符号相反，得出完全错误的结论。出现这种情况，很可能是存在严重多重共线性。

综上所述，模型中存在严重多重共线性会导致下列情形发生：用普通最小二乘法得到的回归参数估计值不稳定，回归系数的方差随着多重共线性强度的增加而加速变大，对参数不能做出精确的估计；回归方程整体显著的情况下，有些回归系数不能通过显著性检验，甚至出现回归系数符号不能得到合理的经济解释。不过，当模型存在多重共线性时，OLS 估计仍然是最佳线性无偏估计(BLUE)。如果我们的目的仅仅是预测 Y 的未来值，且预计解释变量之间的多重共线关系在预测期不发生变化，那么，多重共线性对 Y 的预测就没有明显影响。

4.2　多重共线性的检验

4.2.1　多重共线性的特征

模型存在多重共线性的一个显著特征是：模型的可决系数 R^2 很大，F 统计量值大，方程总体性检验显著；模型估计结果具有较大的标准误差和较小的 t 统计量，有些重要解释变量的回归系数的 t 检验不显著，甚至回归系数的符号相反，经济意义不合理。根据这些特征可初步判断模型存在多重共线性，在此基础上做进一步的检验。

4.2.2　相关系数检验

利用相关系数可以分析解释变量之间的两两相关情况，如果每两个解释变量之间的简单相关系数比较高，则可认为存在多重共线性。比较高的简单相关系数只是存在多重共线性的充分条件，而不是必要条件。特别是在多于两个解释变量的回归模型中，有时解释变量两两之间较低的简单相关系数也可能存在多重共线性。因此，并不能简单地依据相关系数进行多重共线性的准确判断。

4.2.3　辅助回归判定系数检验

模型为 $Y_i=\beta_0+\beta_1X_{1i}+\beta_2X_{2i}+\cdots+\beta_kX_{ki}+\mu_i$，含有 k 个解释变量，利用它们依次建立 k 个辅助线性回归方程：

$$X_1=f_1(X_2,X_3,\cdots,X_k)$$
$$X_2=f_2(X_1,X_3,\cdots,X_k)$$
$$\vdots$$
$$X_k=f_k(X_2,X_3,\cdots,X_{k-1})$$

计算各个回归方程对应的可决系数 R_1^2、R_2^2、$\cdots$、R_k^2。对每一个 R_i^2 构造 F 统计量得：

$$F_i=\frac{R_i^2/(k-1)}{(1-R_i^2)/(n-k)}\quad(i=1,2,\cdots,k)\tag{4.12}$$

在无相关性的原假设下，F_i 服从自由度为 $k-1$、分母自由度为 $n-k$ 的 F 分布。以 F_i 作检验统计量，检验总体拟合优度。如果 F_i 大于临界值，就表明解释变量 X_i 与其余 $k-1$ 个解释变量的线性组合在整体上不相关，即 X_i 未受其余解释变量的共线影响；如果 F_i 小于等于临界值，则表明 X_i 与其余解释变量线性相关，或 X_i 受其余解释变量的线线影响。

4.2.4　方差膨胀因子检验

多元线性回归模型 $Y_i=\beta_0+\beta_1X_{1i}+\beta_2X_{2i}+\cdots+\beta_kX_{ki}+\mu_i$，$\beta_j$ 的方差可以表示成：

$$\mathrm{Var}(\hat{\beta}_1)=\frac{\sigma^2}{\sum x_j^2}\cdot\frac{1}{1-R_j^2}=\frac{\sigma^2}{\sum x_j^2}\mathrm{VIF}_j\tag{4.13}$$

式中，R_j^2 为 X_j 关于其他解释变量的辅助回归模型的可决系数；VIF_j 是变量 X_j 的方差膨胀因子，即 $\mathrm{VIF}_j=\dfrac{1}{1-R_j^2}$。

随着多重共线性程度的增强，VIF_j 及系数估计误差都在增大。因此，VIF_j 可以作为判断多重共线性的一个指标。一般地，当 $\mathrm{VIF}_j>10$ 时，认为模型存在较严重的多重共线性。

另一个与 VIF_j 等价的指标是“容许度”(Tolerance)，其定义为：

$$\mathrm{TOL}_j=1-R_j^2=1/\mathrm{VIF}_j$$

显然，$0\leqslant\mathrm{TOL}_j\leqslant1$，当 X_j 与其他解释变量高度相关时，$\mathrm{TOL}_j\to0$，因此，一般当 $\mathrm{TOL}_j<0.1$ 时，认为模型存在较严重的多重共线性。

4.3　多重共线性的解决方法

由于产生多重共线性的原因看所不同，因而不存在处理多重共线性的普遍有效方法。要针对具体问题的性质和多重共线性的严重程度而采取不同的方法处理。

4.3.1 增大样本容量

参数估计量的方差随着多重共线性的“严重程度”的增大而增大，通过增加样本容量减小方差，也就削弱了多重共线性的不利影响。当样本容量增加时，样本数据的平方和也会增大，即式(4.10)中的 $\sum x_{1i}^2$ 会增大，这时参数估计量的方差也将减小。增大样本容量虽然没有消除模型中的多重共线性，但却能降低多重共线性造成的影响。

4.3.2 删除不重要的解释变量

1. 直接剔除次要或可替代的解释变量

在设定计量经济模型时，为了全面，就会考虑过多的解释变量，其中有些可能是无显著影响的次要因素，还有些可以用模型中的其他变量来代替。次要变量可以通过被解释变量和解释变量的相关系数检验等统计分析加以鉴别。可替代变量可以利用辅助回归模型来检验。对于这两类变量，如果它们是引起多重共线性的原因，就可以直接剔除。

2. 间接删除解释变量

(1)利用先验信息剔除解释变量。“先验信息”，是指根据经济理论及实际的统计资料所获得的解释变量之间的关系。如果已经知道模型存在着多重共线性，而且也知道解释变量之间的关系，便可以把这种关系考虑到模型中去，以消除多重共线性。

(2)变换模型形式削弱解释变量之间的相关关系。对原设定的模型进行适当的变换，也可以消除或削弱原模型中解释变量之间的相关关系。具体有两种变换方式：一是变换模型的函数形式，如将线性模型转换成双对数模型、半对数模型、多项式模型等；二是变换模型的变量形式，如引入差分变量、相对数变量等。

4.3.3 综合分析法

综合分析法也称逐步回归法。这种方法的基本步骤：首先是把被解释变量对每一个解释变量分别进行回归，从而得到所有的基本回归方程式，并对每一个基本回归方程进行统计检验，分析其估计结果，从中选择最合适的基本回归方程，然后再逐一增加其他的解释变量，重新再作回归，并根据统计分析作如下的分类判断。

如果新引入的解释变量使调整的判定系数 $\overline{R}^2$ 值增加，且其他回归系数在统计上和经济理论上仍然合理，那么就可以认为这个新引入的解释变量是有用的，作为模型中的解释变量予以保留。

如果新引入的解释变量不能提高调整的判定系数 $\overline{R}^2$ 的值，对其他回归系数也没有影响，则不作为解释变量。

如果新引入的解释变量不仅改变了调整的判定系数 $\overline{R}^2$ 的值，而且也显著地影响了回归系数的符号或数值，以至于某些回归系数达到不能接受的程度，则可断言产生了严重的多重共线性，说明这个新引入的解释变量可能是重要的，但由于它与其他解释变量存在着线性相关关系，普通最小二乘法估计失效，所以不能盲目地挑剔这个变量，否则就会造成随机扰动项与模型中的解释变量相关。如果通过检验，其相关的两个解释变量中的一个可以由另一个来解释，则可以略去对被解释变量影响较小的一个，保留影响较大的一个。

4.4 案例分析与 EViews 操作

为了规划中国未来旅游产业的发展，需要定量地分析影响中国旅游市场发展的主要因素。

1. 建立模型

经分析，影响国内旅游市场收入的主要因素，除了国内城镇和农村居民旅游人数以外，还可能与基础设施有关。为此，考虑全国旅游收入 Y 的影响因素主要有城镇居民旅游人数 X_1 、农村居民旅游人数 X_2 、公路里程 X_3 和铁路里程 X_4 。为此设定如下形式的计量经济学模型：

$$Y_t = \alpha + \beta_1 X_{1t} + \beta_2 X_{2t} + \beta_3 X_{3t} + \beta_4 X_{4t} + \mu_t$$

为估计参数收集旅游事业 2004—2022 年的统计数据资料，如表 4.2 所示。

表 4.2 2004—2022 年的统计数据资料

年份	国内旅游总收入 Y/亿元	城镇居民旅游人数 X_1/百万人次	农村居民旅游人数 X_2/百万人次	公路里程 X_3/万千米	铁路里程 X_4/万千米
2004	4 710.7	459	643	187.07	7.44
2005	5 285.9	496	716	334.52	7.54
2006	6 229.7	576	818	345.7	7.71
2007	7 770.6	612	998	358.37	7.8
2008	8 749.3	703	1 009	373.02	7.97
2009	10 183.7	903	999	386.08	8.55
2010	12 579.8	1 065	1 038	400.82	9.12
2011	19 305.4	1 687	954	410.64	9.32
2012	22 706.2	1 933	1 024	423.75	9.76
2013	26 276.1	2 186	1 076	435.62	10.31
2014	30 311.9	2 483	1 128	446.39	11.18
2015	34 195.1	2 802	1 188	457.73	12.1
2016	39 390	3 195	1 240	469.63	12.4
2017	45 660.8	3 677	1 324	477.35	12.7
2018	51 278.29	4 119	1 420	484.65	13.17
2019	57 250.92	4 471	1 535	501.25	13.99
2020	22 286.30	2 065	814	519.81	14.63
2021	29 190.70	2 342	904	528.07	15.07
2022	20 444.00	1 928	601	535.48	15.49

在 EViews 软件中，建立包含变量 Y、X_1、X_2、X_3、X_4 的工作文件，运用最小二乘法的命令：

```
LS  Y  C  X1  X2  X3  X4
```

对多元线性回归模型进行回归，得到表 4.3 所示结果。

表 4.3 回归结果

Dependent Variable:Y

Method:Least Squares

Date:10/24/24 Time:10:55

Sample:2004 2022

Included observations:19

Variable	Coefficient	Std. Error	t-Statistic	Prob.
C	−5 640.668	2 381.222	−2.368 812	0.032 8
X1	11.529 83	0.591 399	19.495 87	0
X2	7.320 788	2.146 047	3.411 289	0.004 2
X3	−11.412 8	5.419 583	−2.105 844	0.053 7
X4	369.521 9	259.645 7	1.423 177	0.176 6
R-squared	0.998 429	Mean dependent var		23 884.50
Adjusted R-squared	0.997 980	S.D. dependent var		16 031.36
S.E. of regression	720.571 7	Akaike info criterion		16.218 90
Sum squared resid	7 269 130	Schwarz criterion		16.467 44
Log likelihood	−149.079 6	F-statistic		2 223.905
Durbin-Watson stat	2.794 467	Prob(F-statistic)		0.000 000

报告如下：

$$\hat{Y}_t = -5\ 640.668 + 11.529\ 83\ X_1 + 7.320\ 788\ X_2 - 11.412\ 80 X_3 + 369.521\ 9 X_4$$

$$t:(-2.368\ 812)\quad (19.495\ 87)\quad (3.411\ 289)\quad (-2.105\ 844)\quad (1.423\ 177)$$

$$\bar{R}^2 = 0.997\ 980 \qquad F = 2\ 223.905 \qquad DW = 2.794\ 467$$

从估计结果可以看出，$\bar{R}^2$、F 统计量值都较大，但 $\hat{\beta}_4$ 的 t 统计量值较小，且 $\hat{\beta}_3$ 的符号与预期的相反，因此模型可能存在严重的多重共线性。

2. 多重共线性检验

在 EViews 软件中可以直接计算出解释变量的相关系数矩阵，从而判定共线性的程度。

命令方式：

```
COR 解释变量 1 解释变量 2…
```

菜单方式：将所有解释变量设为一个数组，并且在数组窗口中单击【View】|【Correlation】，结果见表 4.4

表 4.4 相关系数矩阵

	X1	X2	X3	X4
X1	1	0.792 296	0.721 041	0.757 002
X2	0.792 296	1	0.411 77	0.288 039
X3	0.721 041	0.411 77	1	0.892 516
X4	0.757 002	0.288 039	0.892 516	1

从表4.4中可见各个解释变量之间的相关系数较高，解释变量之间是高度相关的。

根据辅助回归计算得到的方差膨胀因子见表4.5。

表4.5　辅助回归的有关统计量

被解释变量	解释变量	R_i^2	F_i	VIF_i
X_1	X_2、X_3、X_4	0.947 584	90.391 08	19.078 144 08
X_2	X_1、X_3、X_4	0.899 473	44.737 82	9.947 576 273
X_3	X_1、X_2、X_4	0.862	31.232	7.246 376 812
X_4	X_1、X_2、X_3	0.944 395	84.919 57	17.983 994 25

给定显著性水平$\alpha=0.05$，$F_{0.05}(3.15)=3.29$，而表4.5中的F统计量都大于3.29，说明存在严重的多重共线性。另外，VIF_i有的大于10，同样说明存在严重的多重共线性。

3. 用综合分析法（逐步回归法）消除多重共线性

(1)选择基本回归方程。分别作Y对X_1、X_2、X_3、X_4的一元线性回归，以R^2最大的方程作为基本回归方程，回归结果见表4.6。

表4.6　回归结果

	X_1	X_2	X_3	X_4
参数估计值	12.749 20	52.822 46	131.967 8	4 196.313
t统计量	58.984 07	5.961 311	3.979 201	4.354 096
t值的概率	0.000 0	0.000 0	0.001 0	0.000 4
R^2	0.995 137	0.676 420	0.482 245	0.527 228
$\bar{R}^2$	0.994 851	0.657 386	0.451 788	0.499 418

从表4.6中可以看出关于X_1的回归方程$\bar{R}^2=0.994\ 851$最大，基本回归方程是以X_1为解释变量的回归方程。

(2)在X_1的基础上新加入变量X_2、X_3、X_4分别回归的结果见表4.7。

表4.7　模型在X_1基础上分别加入X_2、X_3、X_4的回归结果

	X_1	X_2	X_3	X_4
参数估计值 t统计量 t值的概率	11.876 60 49.514 98 0.000 0	5.534 706 4.591 661 0.000 3		
参数估计值 t统计量 t值的概率	13.226 12 47.960 54 0.000 0		−9.835 213 −2.398 514 0.029 0	
参数估计值 t统计量 t值的概率	13.407 57 51.045 26 0.000 0			−393.279 9 −3.311 158 0.004 4
$\bar{R}^2$		0.997 640	0.995 976	0.996 754

经比较，新加入 X_2 的方程 $\overline{R}^2=0.997\ 640$，改进最大，经济意义合理且 X_2 是显著的，也没有改变 X_1 的显著性，所以 X_2 可作为独立变量引入到模型中。

(3)在 X_1、X_2 的基础上新加入变量 X_3、X_4 分别回归的结果见表 4.8。

表 4.8　模型在 X_1、X_2 基础上分别加入 X_3、X_4 的回归结果

	X_1	X_2	X_3	X_4
参数估计值	12.242 041	4.792 730	−5.123 725	
t 统计量	37.581 46	3.850 557	−1.579 941	
t 值的概率	0.000 0	0.001 6	0.135 0	
参数估计值	12.116 30	4.824 580		−76.307 96
t 统计量	20.948 86	2.432 683		−0.457 929
t 值的概率	0.000 0	0.028 0		0.653 6
$\overline{R}^2$			0.997 842	0.997 517

从在含有 X_1、X_2 的基础上再分别加入 X_3、X_4 的回归结果的统计量值可以看出，加入新变量 X_3、X_4 虽然调整的判定系数略有增加，但是估计结果符号与预期不符，且在 5% 显著水平下不显著。因此，模型最终形式只包含变量 X_1、X_2。

最终修正多重共线性影响后的估计为

$$Y=-5\ 342.104+11.876\ 60X_1+5.534\ 706X_2$$
$$t:(-5.800\ 680)\quad(49.514\ 98)\quad(4.591\ 661)$$
$$\overline{R}^2=0.997\ 640\quad F=3\ 805.173\quad DW=2.374\ 443$$

这说明，在其他因素不变的情况下，当城镇居民旅游人数 X_1 每增加 1 万人、农村居民旅游人数 X_2 每增加 1 万人时，平均来说国内旅游收入 Y 将分别增加 11.876 60 亿元和 5.534 706 亿元。

本章小结

本章作为计量经济学的主要内容，首先介绍了多重共线性的定义及产生的原因。其次介绍了多重共线性的后果，从完全共线性和不完全共线性两方面进行了阐述。再次介绍了多重共线性的检验，即相关系数检验、辅助回归判定系数检验、方差膨胀因子检验。又介绍了多重共线性修正的方法，主要包括增大样本容量、删除不重要的解释变量、综合分析法等。最后，通过案例分析介绍了 EViews 软件的应用。

思考与练习

1. 什么是多重共线性？多重共线性产生的原因是什么？
2. 多重共线性对经济模型产生的主要影响是什么？
3. 简述检验多重共线性的方法。
4. 简述修正多重共线性的方法。

5. 表 4.9 是某地区 2001—2022 年城镇居民人均消费支出、人均国内生产总值、城镇居民平均可支配收入和消费价格指数的数据资料。

表 4.9　2001—2022 年某地区城镇居民人均消费支出及其影响因素数据资料

年份	城镇居民人均消费支出/元	人均国内生产总值/元	城镇居民平均可支配收入/元	消费价格指数（上年=100）
2001	5 309	8 717	6 824	100.7
2002	6 029.9	9 506	7 652.4	99.2
2003	6 510.9	10 666	8 405.5	101.2
2004	7 182.1	12 487	9 334.8	103.9
2005	7 942.9	14 368	10 382.3	101.8
2006	8 696.6	16 738	11 619.7	101.5
2007	9 997.5	20 494	13 602.5	104.8
2008	11 242.9	24 100	15 549.4	105.9
2009	12 264.6	26 180	16 900.5	99.3
2010	13 471.5	30 808	18 779.1	103.3
2011	15 160.9	36 277	21 426.9	105.4
2012	16 674.3	39 771	24 126.7	102.6
2013	18 488	43 497	26 467	102.6
2014	19 968	46 912	28 844	102
2015	21 392	49 922	31 195	101.4
2016	23 079	53 783	33 616	102
2017	24 445	59 592	36 396	101.6
2018	26 112	65 534	39 251	102.1
2019	28 063	70 078	42 359	102.9
2020	27 007	71 828	43 834	102.5
2021	30 307	81 370	47 412	100.9
2022	30 391	85 310	49 283	102.0

(1)试建立关于人均消费影响因素线性回归模型。

(2)检验模型是否存在多重共线性。

(3)如果存在多重共线性，则对模型进行适当修正，给出一个比较合理的模型形式。

6. 表 4.10 是中国粮食产量及主要影响因素的数据。其中，Y 为粮食产量（万吨），X_1 为农业化肥使用量（万吨），X_2 为粮食播种面积（千公顷），X_3 为受灾面积（千公顷），X_4 为农业机械动力（万千瓦），X_5 为有效灌溉面积（千公顷）。

表 4.10　中国粮食产量及主要影响因素的数据

年份	粮食产量/万吨	农业化肥使用量/万吨	粮食播种面积/千公顷	受灾面积/千公顷	农业机械动力/万千瓦	有效灌溉面积/千公顷
1993	45 648.8	3 151.8	110 508.7	48 830	31 816.6	48 727.9

续表

年份	粮食产量/万吨	农业化肥使用量/万吨	粮食播种面积/千公顷	受灾面积/千公顷	农业机械动力/万千瓦	有效灌溉面积/千公顷
1994	44 510.1	3 317.9	109 543.7	55 050	33 802.5	48 759.1
1995	46 661.8	3 593.7	110 060.4	45 820	36 118.05	49 281.2
1996	50 453.5	3 827.9	112 547.92	46 990	38 546.92	50 381.4
1997	49 417.1	3 980.7	112 912.1	53 430	42 015.64	51 238.5
1998	51 229.53	4 084	113 787.4	50 150	45 207.71	52 295.6
1999	50 838.58	4 124.3	113 160.98	49 980	48 996.12	53 158.41
2000	46 217.52	4 146.41	108 462.54	54 690	52 573.61	53 820.33
2001	45 263.67	4 253.76	106 080.03	52 210	55 172.1	54 249.39
2002	45 705.75	4 339.39	103 890.83	46 950	57 929.85	54 354.85
2003	43 069.53	4 411.6	99 410.37	54 510	60 386.54	54 014.23
2004	46 946.95	4 636.58	101 606.03	37 110	64 027.91	54 478.42
2005	48 402.19	4 766.22	104 278.38	38 820	68 397.85	55 029.34
2006	49 804.23	4 927.69	104 957.7	41 090	72 522.12	55 750.5
2007	50 413.85	5 107.83	105 998.62	48 990	76 589.56	56 518.34
2008	53 434.29	5 239.02	107 544.51	39 990	82 190.41	58 471.68
2009	53 940.86	5 404.35	110 255.09	47 210	87 496.1	59 261.45
2010	55 911.31	5 561.68	111 695.42	37 430	92 780.48	6 0347.7
2011	58 849.33	5 704.24	112 980.35	32 470	97 734.66	61 681.56
2012	61 222.62	5 838.85	114 368.04	24 960	102 558.96	62 490.52
2013	63 048.2	5 911.86	115 907.54	31 350	103 906.75	63 473.3
2014	63 964.83	5 995.94	117 455.18	24 890	108 056.58	64 539.53
2015	66 060.27	6 022.6	118 962.81	21 770	111 728.07	65 872.64
2016	66 043.51	5 984.41	119 230.06	26 220	97 245.59	67 140.62
2017	66 160.73	5 859.41	117 989.06	18 480	98 783.35	67 815.57
2018	65 789.22	5 653.42	117 038.21	20 814	100 371.74	68 271.64
2019	66 384.34	5 403.59	116 063.6	19 257	102 758.26	68 678.61
2020	66 949.15	5 250.65	116 768.17	19 958	105 622.15	69 160.52
2021	68 284.75	5 191.26	117 630.82	11 739	107 764.32	69 609.48
2022	68 652.77	5 079.2	118 332.11	12 072	110 597.19	70 358.87

(1)估计模型 $\ln Y_t = \beta_0 + \beta_1 \ln X_{1t} + \beta_2 \ln X_{2t} + \beta_3 \ln X_{3t} + \beta_4 \ln X_{4t} + \beta_5 \ln X_{5t} + \mu_t$。

(2)检验是否存在多重共线性。

(3)如果存在多重共线性，采用综合分析法进行修正，给出一个比较合理的模型形式。

第 5 章　异方差性

教学目标

通过本章的学习，使学生对异方差以及它在计量经济学中的作用有所了解和认识，并能利用有关理论和方法对实际应用问题进行建模和分析说明。

教学要求

了解异方差的概念和产生异方差的原因；掌握异方差模型的检验和修正方法；掌握异方差模型的应用。

5.1　异方差性概述

5.1.1　异方差性的概念

线性回归模型的经典假定中曾要求对所有的 i（$i=1,2,\cdots,n$）都有 $\mathrm{Var}(u_i|X_i)=\sigma^2$，即 u_i 具有同方差性，也就是说，在不同的观测值 X_i 的条件下，随机扰动项 u_i 的方差等于一个常数，由于方差 σ^2 度量的是随机扰动项围绕其均值的分散程度，并且 $E(u_i)=0$，因此，方差 σ^2 度量的是被解释变量 Y 围绕区均值 $E(Y)$ 的分散程度。同方差实际对总体回归函数线来说，被解释变量 Y 所有观测值的分散程度相同。若在经典假定中 $\mathrm{Var}(u_i)=\sigma^2$ 不成立，即如果不同的观测值 X_i 对应的随机扰动项 u_i 的方差不等于一个常数，而且随随机解释变量 X 的变化而变化，也就是对于不同的观测值，总体方差是一个变数，即：

$$\mathrm{Var}(u_i|X_i)=\sigma_i^2\neq\text{常数}\ (i=1,2,\cdots,n) \tag{5.1}$$

则称随机扰动项 u_i 具有异方差性(heterosscedasticity)。异方差指的是被解释变量 Y 所有观测值的分散程度随解释变量 X 的变化而变化。

例如在研究家庭收入与消费支出的关系中，用 X_i 表示第 i 户的收入，Y_i 表示第 i 户的支出，则支出函数为 $Y_i=\beta_0+\beta_1X_i+u_i$，对这一问题中的随机扰动项 u_i 的同方差性假定是不符合实际情况的。因为收入低的家庭，支出将主要用来购买生活必需品，变化幅度一般不大；而对于高收入家庭来说，他们的支出除了用来购买生活必需品以外，还有较大的选择余地，易受其他因素的影响，故呈现较大变化趋势，因此上式 u_i 有异方差性，其方差随 X_i 的增加而增加。

5.1.2 异方差性产生的原因

1. 模型省略了某些重要的解释变量

异方差表现为随机扰动项的方差与解释变量的变化有密切的关系，如果回归模型本来应该为：

$$Y_i = \beta_0 + \beta_1 X_{1i} + \beta_2 X_{2i} + u_i \tag{5.2}$$

假如略去某个重要的解释变量 X_2 变化的影响，如果被略去的解释变量 X_2 与 X_1 呈同方向变化的趋势，或呈相反方向变化的趋势，而且 X_2 具有异方差性，从而导致 μ_i 的方差会随着 X_1 的变化而变化。如在研究家庭收入与支出的关系的例子中，未考虑家庭的年龄结构这一解释变量，因为由于较多年轻人组成的家庭支出变化较大，由较多的老年人组成的家庭支出变化较小，而年龄结构这一解释变量的作用被归入 u_i 中，而且一般年轻人较多的家庭收入较低，由较多的老年人组成的家庭的收入较高，因此年龄结构这一解释变量与收入 X_i 是同方向变动，所以致使 u_i 呈现出异方差性质。

2. 模型函数形式设定有误

解释变量与被解释变量之间的关系是比较复杂的。在构造模型时，为了简化模型，往往用简单的线性模型代替了非线性关系，造成了模型关系不准确的误差。如将成本函数的二次函数形式 $Y_i = \beta_0 + \beta_1 X_i + \beta_2 X_i^2 + u_i$，误设成了线性函数模型 $Y_i = \beta_0 + \beta_1 X_i + \mu_i$，这样 $\mu_i = \beta_2 X_i^2 + u_i$，$\mu_i$ 就会随着 X_i 增大而逐渐扩大，其方差就有增大的趋势。

3. 由于测量误差引起

在随机扰动项 u_i 中包含了观测误差。一方面，由于观测误差常常随着观测范围的扩大而增加，或随时间的推移逐渐累积，引起随机扰动项 u_i 的方差增大；另一方面，由于抽样技术的发展、数据处理技术的提高，观测误差会有所减少，也可能引起 u_i 的方差减少。例如，对生产函数 $Y_i = AL_i{}^{\alpha} K_i{}^{\beta} e^{u_i}$，随企业模型(通常用 K 和 L 反映)的扩大、管理水平的提高以及统计监督功能的落实，观测误差较小，u_i 的方差也较小，因此 u_i 具有异方差性。

4. 截面数据中总体各单位的差异

通常认为，截面数据较时间序列数据更容易产生异方差。这是因为同一时点不同对象的差异，一般说来会大于同一对象不同时间的差异。况且，由于经济变量本身受很多随机因素的影响，特别是社会经济问题涉及人的思维和行为，也涉及各阶层的物质利益，人的行为具有很多不确定因素，使不同的单位有不同的规模和水平。不过，在时间序列数据发生较大变化的情况下，也可能出现比截面数据更严重的异方差。特别是一些比较大的偶然因素如自然灾害、金融危机、政策变动等，使经济分析中经常会遇异方差性的问题。

5.1.3 异方差性产生的后果

当一个线性回归模型的随机误差项 u_i 存在异方差时，就违背了线性回归模型的古典假定，如果仍然用最小二乘法估计参数，将会对模型参数估计的性质、模型的检验及模型的应用产生严重的后果。

1. 参数的最小二乘估计仍是线性无偏的，不再是有效估计

以一元线性回归模型为例，设一元线性回归模型为：

$$Y_i = \beta_0 + \beta_1 X_i + u_i \tag{5.3}$$

其中，随机扰动项 u_i 具有异方差性。为了讨论的方便，不妨设 $\mathrm{Var}(u_i) = \sigma^2 X_i^2$，这意味着随机扰动项的方差随着解释变量 X 取值的增大而增大。同时假设其他假定都成立，如：$E(u_i) = 0$，$\mathrm{Cov}(u_i, u_j) = 0$，$\mathrm{Cov}(X_i, u_i) = 0$ 都成立，以便说明异方差的影响。

先用普通最小二乘法对此具有异方差性的模型进行估计，可求得估计量：

$$\hat{\beta} = \frac{\sum x_i y_i}{\sum x_i^2} = \frac{\sum x_i (Y_i - \bar{Y})}{\sum x_i^2} = \sum \frac{x_i}{\sum x_i^2} Y_i = \sum k_i Y_i$$

式中，$k_i = \dfrac{x_i}{\sum x_i^2}$ 说明 $\hat{\beta}_1$ 仍是线性估计量。由于 $\hat{\beta}_1 = \sum k_i Y_i = \beta_1 + \dfrac{\sum x_i u_i}{\sum x_i^2}$，于是 $E(\hat{\beta}_1) = \beta_1 + \dfrac{\sum x_i E(u_i)}{\sum x_i^2} = \beta_1$，说明 $\hat{\beta}_1$ 仍是 β_1 的无偏估计量。同理可以证明 $\hat{\beta}_0$ 是 β_0 的线性无偏估计量。但是：

$$\begin{aligned}
\mathrm{Var}(\hat{\beta}_1) &= E(\hat{\beta}_1 - E(\hat{\beta}_1))^2 = E(\hat{\beta}_1 - \beta_1)^2 \\
&= E\left[\left(\frac{\sum x_i u_i}{\sum x_i^2}\right)^2\right] = E\left[\frac{\sum x_i^2 u_i^2 + 2\sum_{i \neq j} x_i x_j u_i u_j}{(\sum x_i^2)^2}\right] = \frac{\sum x_i^2 E(u_i^2)}{(\sum x_i^2)^2} \\
&= \begin{cases} \dfrac{\sigma^2 \sum x_i^2}{(\sum x_i^2)^2} = \dfrac{\sigma^2}{\sum x_i^2} & \text{(同方差时)} \\[2ex] \dfrac{\sigma^2 \sum x_i^2 X_i^2}{(\sum x_i^2)^2} = \dfrac{\sigma^2}{\sum x_i^2} \dfrac{\sum x_i{}^2 X_i^2}{\sum x_i^2} & \text{(异方差时)} \end{cases}
\end{aligned} \tag{5.4}$$

由于经济问题一般有 $\dfrac{\sum x_i^2 X_i^2}{(\sum x_i^2)^2} > 1$，所以存在异方差时 $\mathrm{Var}(\hat{\beta}_1)$ 大于同方差时 $\mathrm{Var}(\hat{\beta}_1)$ 的方差，从而说明异方差时，最小二乘估计式不再具有最小方差性。可见，当存在异方差性时，普通最小二乘估计将失去有效性，但仍是无偏估计，同理可以证明 $\hat{\beta}_0$ 也有类似的结果。

2. 无法正确估计参数的标准误差和估计区间

仍以一元线性回归模型式(5.3)为例进行讨论。在一元线性回归模型中，在同方差情况下，如果以总体方差 σ^2 的无偏估计量 $\hat{\sigma} = \dfrac{\sum e_i^2}{n-2}$ 估计 σ^2，就可以得到参数估计量 $\hat{\beta}_1$ 的估计标准误差为：$S(\hat{\beta}_1) = \hat{\sigma} / \sqrt{\sum x_i^2}$。同理，参数估计量 $\hat{\beta}_0$ 的估计标准误差为：$S(\hat{\beta}_0) = \hat{\sigma}\sqrt{\dfrac{\sum X_i^2}{n \sum x_i^2}}$；总体参数 β_1 的置信区间为 $(\hat{\beta}_1 - t_{\frac{\alpha}{2}}(n-2)S(\hat{\beta}_1), \hat{\beta}_1 + t_{\frac{\alpha}{2}}(n-2)S(\hat{\beta}_1))$。但在异方差的情况下，$\sigma_i^2$ 是一些不同的数值，只有估计出每一个 σ_i^2 之后才能得到系数的标准误差，这在只有一组样本观察值的情况下是无法做到的。因此，在存在异方差情况下，参数的标准误差无法正确估计，从而 β_1 的置信区间的建立也发生困难。

3. 参数显著性检验失效

对一元线性回归模型式(5.3),在原假设 $H_0:\beta_1=0$ 成立的情况下,参数 β_1 的 t 统计量为:

$$t=\frac{\hat{\beta}_1}{S(\hat{\beta}_1)} \tag{5.5}$$

当 u_i 存在异方差时,参数估计量 $\hat{\beta}_i$ 的方差 $\mathrm{Var}(\hat{\beta}_1)$ 不再是最小方差,如果仍用同方差时 $\mathrm{Var}(\hat{\beta}_1)$ 去估计其方差,如在一元线性回归模型中仍用 $\mathrm{Var}(\hat{\beta}_1)=\dfrac{\sigma^2}{\sum x^2}$ 作为参数估计量的方差,将会低估存在异方差时的真实方差,从而低估 $S(\hat{\beta}_1)$,这将导致用于参数显著性检验的 t 统计量的数值偏大,可能造成本来应该接受原假设却成为拒绝原假设的错误。导致可能本来是解释变量对被解释变量的影响是不显著的,却作出影响是显著的判断,使用 t 检验来判断解释变量影响的显著性失去意义。

4. 预测的精确度降低

尽管参数的最小二乘估计量仍是无偏的,并且基于此的预测也是无偏的,但是由于参数估计量不是有效的,从而对 Y 的预测也将不是有效的。在 u_i 存在异方差时,σ_i^2 与 X_i 的变化有关,参数 OLS 估计的方差 $\mathrm{Var}(\hat{\beta}_1)$ 不能唯一确定,Y 预测区间的建立将发生困难。而且 $\mathrm{Var}(\hat{\beta}_1)$ 会增大,降低 Y 预测值的精确度。

上述分析表明,出现异方差性,会直接影响回归模型的估计、检验和应用。因此,在建立计量经济模型的过程中,必须对是否存在异方差性进行检验,以便对存在异方差的计量经济模型进一步采取适当的方法,消除由于异方差性的存在而带来的严重后果。

5.2 异方差性的检验

由于异方差是指随机扰动项 u_i 的方差随着解释变量 X 的变化而变化,而随机扰动项 u_i 是没有办法取得数据的,且每个解释变量 X 对应的整个总体中的所有 Y_i 也很难观测,也就很难知道相应的 σ_i^2,因此只能根据已有的样本资料,利用适当的方法对模型的异方差性作出推断。下面介绍几种常用的检验方法。

5.2.1 图示检验法

异方差的类型大致可分为递增异方差、递减异方差和复杂异方差 3 种。由异方差的定义可知,异方差时随机扰动项 u_i 的方差随 X 的变化而变化,或者变量 Y 所有观测值的分散程度随解释变数 X 的变化而变化,故可以利用被解释变量 Y 与解释变量 X 的散点图,或者通过观察作为随机扰动项 u_i 的方差的代表值残差平方 e^2 与 X 散点图,对异方差是否存在及其类型作直观的推测。图示检验法有相关图分析法和残差图分析法两种方法。

1. 相关图分析法

方差描述随机变量相对其均值的离散程度,而异方差中被解释变量 Y 与随机扰动项 u_i 有相同的方差,因此通过观察被解释变量 Y 与解释变量 X 的相关图,分析被解释变量 Y 的离散程度与解释变量 X 之间是否存在相关关系。如果随着 X 值的增加,Y 的离散程度呈现逐渐增大(或减小)的趋势,则表明模型存在着递增型(或递减型)的异方差性。建立回归模型时为了判断模型的函数形式，一般要观察被解释变量与解释变量的相关图，同时也可以大致判断模型是否存在异方差性。图 5.1 是同方差和异方差的几种典型相关图。

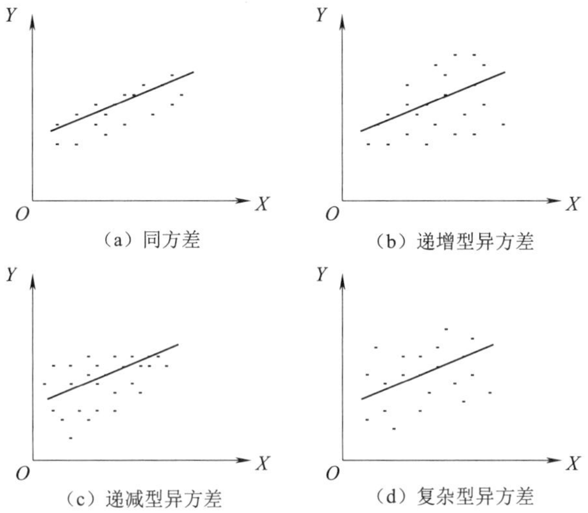

图 5.1　X 和 Y 的散点图

2. 残差图形分析法

虽然随机扰动项 u_i 无法观测，但残差在一定程度上反映了随机扰动项 u_i 的分布特征，因此可以通过残差的图形对异方差性进行观察。一般是在 OLS 估计的基础上得到残差的平方 e_i^2，通过观察残差的平方 e_i^2 对解释变量 X 的散点图进行推断。如果 e_i^2 不随 X 而变化，如图 5.2(a)所示，则表明不存在异方差；如果 e_i^2 随 X 而变化，如图 5.2(b)、(c)、(d)所示，则表明存在异方差。

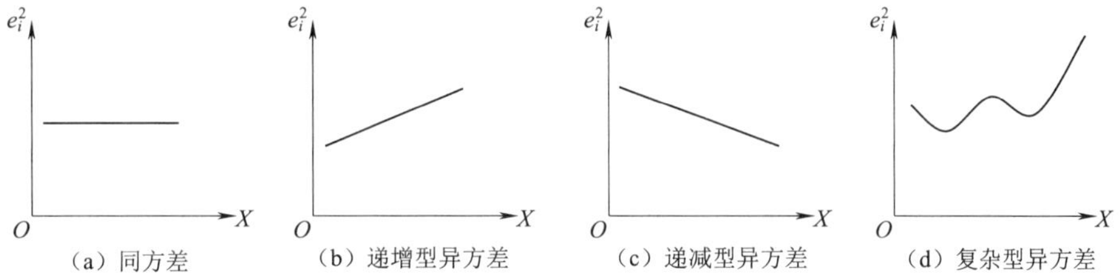

图 5.2　残差的平方 e_i^2 对解释变量 X 的散点图

图示检验法简单直观，但只能粗略地观察模型是否存在异方差性。当异方差性不太明显时，还需要采用一些较为精确的检验方法。

5.2.2　戈德菲尔德－匡特(G－Q 检验)检验法

戈德菲尔德－匡特(Goldfeld－Quandt)检验是由 S. M. Goldfeld 和 Quandt 于 1965 年提出的，用于检验递增型或递减型异方差。此检验适用于样本容量较大的情况，并且假定随机扰动项 u_i 服从均值为零的正态分布，且 u_i 与 u_j 的协方差为零，即 $E(u_iu_j)=0(i\neq j)$。此检验通过 $\sum e_i^2$ 是否显著变大来判断 u_i 是否具有递增型异方差。其基本思想是：先将样本按某一个解释变量排序，排序后去掉中间部分样本后，将剩余的样本分为样本容量相同的两部分，然后对两个子样分别做回归，再利用两个子样回归的残差平方和之比构造统计量，进行异方差检验。具体步骤如下：

第一步：将观测值按照解释变量 X_i 的大小顺序排序。

第二步：删去中间的 c 个（约 1/4）观测值，将剩下的 $n-c$ 个观测值划分为容量相等的两个子样本，其中一个包含 X 的较小值，另一个包含 X 的较大值，每部分观察值个数为 $(n-c)/2$ 。

第三步：对两个子样本分别用普通最小二乘法求回归方程，分别求出两个子样本回归模型的剩余平方和 $\sum e_{1i}^2$ 及 $\sum e_{2i}^2$ 。$\sum e_{1i}^2$ 表示 X 较小值的子样本的残差平方和，$\sum e_{2i}^2$ 表示 X 较大值的子样本的残差平方和，它们的自由度均为 $(\frac{n-c}{2})-k-1$ ，其中 k 是模型变量个数。

第四步：提出同方差假设，构造统计量。

H_0：两部分数据的方差相等；H_1：两部分数据的方差不相等。

在原假设成立的条件下，$\sum e_{1i}^2$ 和 $\sum e_{2i}^2$ 分别服从自由度均为 $(\frac{n-c}{2})-k-1$ 的 χ^2 分布，可导出：

$$F=\frac{\sum e_{2i}^2/(\frac{n-c}{2}-k-1)}{\sum e_{1i}^2/(\frac{n-c}{2}-k-1)}=\frac{\sum e_{2i}^2}{\sum e_{1i}^2}\sim F(\frac{n-c}{2}-k-1,\frac{n-c}{2}-k-1) \tag{5.6}$$

第五步：判断。给定显著性水平 α ，查 F 分布表，第一自由度为 $\frac{n-c}{2}-k-1$ ，第二自由度为 $\frac{n-c}{2}-k-1$ ，得临界值 $F_\alpha(\frac{n-c}{2}-k-1,\frac{n-c}{2}-k-1)$。

若 $F>F_\alpha$，则拒绝原假设，表明存在异方差；若 $F<F_\alpha$，则接受原假设，表明不存在异方差。还可以根据两个残差平方和对应的子样的顺序判断是单调递增异方差还是单调递减异方差。该方法得到的只是异方差是否存在的判断，在存在多个解释变量的情况下，对判断是哪一个变量引起异方差还存在局限性。

5.2.3 格里瑟与帕克检验法

1. 格里瑟检验法

格里瑟检验法是 Glejser 于 1969 年提出的，其基本思想是：先由普通最小二乘法得到残差 e_i 及 $|e_i|$ ，将 $|e_i|$ 对 X_i 进行回归，利用拟合优度、解释变量的显著性检验确定 $|e_i|$ 与 X_i 之间的关系，以便判断 u_i 的异方差性。其步骤如下：

第一步：建立 Y 与 X 之间的回归方程 $\hat{Y}_i=\hat{\beta}_1+\hat{\beta}_2X_i$ ，并计算 $|e_i|$ $(i=1,2,\cdots,n)$。

第二步：用 $|e_i|$ 对 X_i 进行回归，由于 $|e_i|$ 与 X_i 之间的真实函数形式是不知道的，所以通常用各种不同函数形式进行检验，以选择最佳形式。如设：

$$|e_i|=\alpha_0+\alpha_1 f(X_i)+\varepsilon_i \tag{5.7}$$

式中，$f(X_i)$ 可选为 $f(X_i)=X_i^p(p=1,2,-1,1/2,\cdots)$ ，再利用判定系数、t 检验、F 检验等统计量确实式(5.7)的最佳形式。

第三步：对于式(5.7)中的最佳形式，对 α_1 进行显著性检验。若显著不为零，就可以认为存在异方差性；否则认为是同方差性。

2. 帕克检验法

帕克(Park)提出 σ_i^2 是解释变量 X_i 的某种函数,使图示法显示的异方差具有具体的形式。他提出的函数形式是:

$$\sigma_i^2 = \lambda X_i{}^{\beta} e^{u_i} \quad (\lambda > 0) \tag{5.8}$$

对参数 β 进行估计并作假设检验,若 β 显著不为 0,则存在异方差;否则不存在明显的异方差。实际上这是一种间接的推测。帕克检验具体实施步骤如下:

第一步:提出假设。原假设 $H_0: \beta = 0$,备择假设:$\beta \neq 0$。

第二步:对函数关系式 $\sigma_i^2 = \lambda X_i{}^{\beta} e^{u_i}$ 取对数,化成线性模型:

$$\ln \sigma_i^2 = \ln \lambda + \beta \ln X_i + u_i$$

第三步:由于 σ_i^2 未知,可以用 e_i^2 来代替:

$$\ln e_i^2 = \ln \lambda + \beta \ln X_i + u_i \tag{5.9}$$

第四步:对 β 进行 t 检验。若显著不为 0,表明 X_i 对 e_i^2 从而对 σ_i^2 有显著的线性作用,异方差存在;若显著为 0,X_i 对 e_i^2 无显著影响,则推测异方差不存在。

格里瑟检验和帕克检验的最大优点是,不仅回答了是否存在异方差性,同时也给出了异方差形式的信息。可以有针对性地消除异方差性。

5.2.4 怀特检验法

怀特检验法是 White 在 1980 年提出的。White 检验法不需要关于异方差的任何先检认识,但要求在大样本的情况下进行,做 e_i^2 对常数项、原模型中的解释变量和解释变量的平方及交叉项的乘积等所构成的辅助回归模型的回归,利用辅助回归模型相应的检验统计量,来判断是否存在异方差性。

设原模型为:

$$Y_i = \beta_0 + \beta_1 X_{1i} + \beta_2 X_{2i} + u_i \tag{5.10}$$

设检验用辅助回归模型为:

$$e_i^2 = \alpha_0 + \alpha_1 X_{1i} + \alpha_2 X_{2i} + \alpha_3 X_{1i}^2 + \alpha_4 X_{2i}^2 + \alpha_5 X_{1i} X_{2i} + \varepsilon_i \tag{5.11}$$

实际上还可以引进解释变量的高次项,但这样会使样本的自由度大幅下降,所以一般只引入二次项,而且在样本容量较小、解释变量个数相对较多的情况下,为了保证自由度,在 e_t^2 的方程中可以省去交叉乘积项。White 检验的具体步骤如下:

第一步:提出假设。$H_0: \alpha_1 = \alpha_2 = \cdots = \alpha_5 = 0$; $H_1: \alpha_j (j=1,2,3,4,5)$ 不全为 0。

第二步:用普通最小二乘法估计原模型,计算得到剩余序列 e_t,并求 e_t^2。

第三步:估计 e_t^2 对于 X_1、X_2、X_1^2、X_2^2、$X_1 X_2$ 的线性回归方程,即得辅助回归函数。

第四步:计算检验统计量 nR^2,其中 n 为样本容量,R^2 为辅助回归函数中的可决定系数。

第五步:在 H_0 假设条件下,nR^2 服从自由度为 5 的 χ^2 分布,给定显著性水平 α,查 χ^2 分布表,得临界值 $\chi_\alpha^2(5)$,比较 nR^2 与 $\chi_\alpha^2(5)$,如果 $nR^2 > \chi_\alpha^2(5)$,否定 H_0,接受 H_1,表明原模型的 u_i 中存在异方差。

5.3 异方差性的解决方法

经过异方差性检验,若模型存在异方差性,要运用适当的估计方法,消除或减小异方差对模型的影响。

5.3.1 模型变化法

模型变化法是对存在异方差性的模型进行适当的变量变换，使之成为满足同方差假定的模型，从而可以利用最小二乘法估计变换后的模型，得到的参数估计仍是最佳线性无偏估计。

若异方差性与 X_i 的变化有关，且：

$$\mathrm{Var}(u_i)=\sigma_i^2=\sigma^2 f(X_i) \tag{5.12}$$

式中，σ^2 为常数；$f(X_i)$ 是解释变量 X_i 的函数，则用 $\sqrt{f(X_i)}$ 除以原模型的两端，就可以将模型转化为同方差模型，然后再利用最小二乘法估计变换后的模型，估计的参数仍是最佳线性无偏估计。设原模型为：

$$Y_t=\beta_0+\beta_1 X_i+u_i \tag{5.13}$$

式中，u_i 是异方差性的，但它满足线性回归模型的所有其他假设条件。

在实际处理异方差问题时，函数 $f(X_i)$ 可以有不同的形式，通常取下列形式。

(1)假定异方差性的形式为：$\mathrm{Var}(u_i)=\sigma_i^2=\sigma^2 X_i^2$（$\sigma$ 为一个常数），即 u_i 的方差随着 $X_i{}^2$ 按比例递增，对模型实行变换就是用 $\sqrt{X_i^2}$ 去除模型两边，即：

$$\frac{Y_i}{X_i}=\frac{\beta_0}{X_i}+\beta_1+\frac{u_i}{X_i} \tag{5.14}$$

记：

$$Y_i^*=\frac{Y_i}{X_i},X_i^*=\frac{1}{X_i},u_i^*=\frac{u_i}{X_i} \tag{5.15}$$

则模型(5.13)变为：

$$Y_i^*=\beta_1+\beta_0 X_i^*+u_i^* \tag{5.16}$$

模型(5.16)中的参数 β_0、β_1 是原模型中的参数，这时新的 u_i^* 的方差

$$\mathrm{Var}(u_i^*)=\mathrm{Var}\left(\frac{u_i}{X_i}\right)=\frac{1}{X_i^2}\mathrm{Var}(u_i)=\sigma^2\ (\text{常数})$$

即为同方差。

这时对模型(5.16)应用 OLS 法，得出参数 β_0、β_1 的最佳线性无偏估计量。

(2)假定异方差性的形式是：

$$\mathrm{Var}(u_i)=\sigma_i^2=\sigma^2 X_i \tag{5.17}$$

对原模型两边同除以 $\sqrt{X_i}$ 得：

$$\frac{Y_i}{\sqrt{X_i}}=\frac{\beta_0}{\sqrt{X_i}}+\beta_1\sqrt{X_i}+\frac{u_i}{X_i} \tag{5.18}$$

记：

$$Y_i^*=\frac{Y_i}{\sqrt{X_i}},X_{1i}^*=\frac{1}{\sqrt{X_i}},X_{2i}^*=\sqrt{X_i},u_i^*=\frac{u_i}{\sqrt{X_i}} \tag{5.19}$$

则模型(5.13)变为：

$$Y_i^*=\beta_0 X_{1i}^*+\beta_1 X_{2i}^*+u_i^* \tag{5.20}$$

模型(5.20)中的参数 β_0、β_1 是原模型中的参数，这时新的 u_i^* 的方差

$$\mathrm{Var}(u_i^*)=\mathrm{Var}\left(\frac{u_i}{\sqrt{X_i}}\right)=\frac{1}{X_i}\mathrm{Var}(u_i)=\sigma^2\ (\text{常数})$$

即为同方差。

这时对模型(5.20)应用 OLS 法,得出参数 β_0 、β_1 的最佳线性无偏估计量。

5.3.2 加权最小二乘法(WLS)

用普通最小二乘法估计模型中的参数时,对参数的估计是使残差平方和 $\sum e_i^2=\sum(Y_i-\hat{Y}_i)^2$ 达到最小,是在同方差的情况下进行的。即对每个残差平方 e_i^2 所提供信息的重要程度是同等看待的。它们在决定参数 β_0、β_1 的过程中所起的作用是相同的,或者说取了相同的权数。当随机项具有异方差时,例如当 u_i 的方差随 X_i 值的增大而增大时,对应于较大 X_i 值的估计值的偏差就比较大,用相同的尺度去衡量不断变化的偏差是不合适的,使得回归的精确度降低,因此在考虑"使回归偏差达到最小"时,需要对不同的 e_i^2 给予必要的权数,以使不同的 e_i^2 变为相同或接近相同。合理的做法是:对较小的 e_i^2 给予较大的权数,对较大的 e_i^2 给予较小的权数,提高参数估计的精度。

通常取权数 $W_i=\dfrac{1}{\sigma_i^2}$($i=1,2,\cdots,n$),这样,$W_i$ 与 σ_i^2 变化趋势相反,σ_i^2 越小,W_i 越大;σ_i^2 越大,W_i 越小。

以一元线性总体回归模型

$$Y_i=\beta_0+\beta_1X_i+u_i \tag{5.21}$$

为例,其相应的样本回归模型为:

$$Y_i=\hat{\beta}_0+\hat{\beta}_2X_i+e_i \tag{5.22}$$

如果随机扰动项 u_i 的方差 $\mathrm{Var}(u_i)=\sigma_i^2$,则用 σ_i 除总体回归模型得:

$$\frac{Y_i}{\sigma_i}=\beta_0\frac{1}{\sigma_i}+\beta_1\frac{X_i}{\sigma_i}+\frac{u_i}{\sigma_i} \tag{5.23}$$

记 $Y_i^*=\dfrac{Y_i}{\sigma_i}, X_{1i}=\dfrac{1}{\sigma_i}, X_{2i}=\dfrac{X_i}{\sigma_i}, v_i=\dfrac{u_i}{\sigma_i}$,则:

$$Y_i^*=\beta_0X_{1i}+\beta_1X_{2i}+v_i \tag{5.24}$$

其相应的样本回归模型为:

$$Y_i^*=\hat{\beta}_0X_{1i}+\hat{\beta}_1X_{2i}+e_i^*$$

此时,因为 $\mathrm{Var}(v_i)=\mathrm{Var}\left(\dfrac{u_i}{\sigma_i}\right)=\dfrac{1}{\sigma_i^2}\mathrm{Var}(u_i)=1$,模型变换成了同方差模型,可以利用最小二乘估计模型,并且得到的 $\hat{\beta}_1$ 与 β_1 是最佳线性无偏估计量。根据普通最小二乘估计的原理,估计过程应该是:

$$\begin{aligned}\sum e_i^{*2}&=\sum(Y_i^*-\hat{Y}_i^*)^2=\sum(Y_i^*-\hat{\beta}_0X_{1i}-\hat{\beta}_1X_{2i})^2\\&=\sum\left(\frac{Y_i}{\sigma_i}-\hat{\beta}_0\frac{1}{\sigma_i}-\hat{\beta}_1\frac{X_i}{\sigma_i}\right)^2\\&=\sum\frac{1}{\sigma_i^2}(Y_i-\hat{\beta}_0-\hat{\beta}_1X_i)^2\\&=\sum W_i(Y_i-\hat{\beta}_0-\hat{\beta}_1X_i)^2\\&=\min\end{aligned}$$

这与原模型的残差平方和

$$\sum e_i^2 = (Y_i - \hat{Y}_i) = \sum (Y_i - \hat{\beta}_0 - \hat{\beta}_1 X_i)^2 = \min$$

仅差权数 $W_i = \frac{1}{\sigma_i^2}$，由于在最小化过程中对通常意义的残差平方和加上了权数 W_i，所以称此方法为加权最小二乘法(Weighted Least Squares，WLS)，由此得到的参数估计量称为加权最小二乘估计量。通过加权，残差平方和为：

$$\sum W_i e_i^2 = \sum W_i (Y_i - \hat{\beta}_0 - \hat{\beta}_1 x_i)^2$$

运用 OLS 法，使：

$$\frac{\partial \sum W_i e_i}{\partial \beta_j} = 0 \quad (j = 0,1) \tag{5.25}$$

可得参数估计式：

$$\hat{\beta}_0 = \overline{Y}^* - \hat{\beta}_1 \overline{X}^* \tag{5.26}$$

$$\hat{\beta}_1 = \frac{\sum W_i y_i^* x_i^*}{\sum W_i (x_i^*)^2} \tag{5.27}$$

式中，$\overline{X}^* = \frac{\sum W_i X_i}{\sum W_i}$；$\overline{Y}^* = \frac{\sum W_i Y_i}{\sum W_i}$；$x_i^* = X_i - \overline{X}^*$；$y_i^* = Y_i - \overline{Y}^*$。

从以上推导过程可以看出，对异方差模型的 WLS 估计是最佳线性无偏估计。显然，当满足同方差假定时，$W_1 = W_2 = \cdots = \frac{1}{\sigma^2}$，即权数相同时，则加权最小二乘估计就是普通最小二乘估计式。由此可以推论，对于异方差模型，WLS 估计是最佳线性无偏估计。

5.4 案例分析与 EViews 操作

表 5.1 是 2022 年各地区城镇居民家庭人均可支配收入与家庭人均生活消费支出的数据。

1. 模型设立

根据经济理论，消费支出主要由可支配收入决定，所以城镇居民人均可支配收入为解释变量 X，城镇人均生活消费支出为被解释变量 Y，则理论模型设定为

$$Y_i = \beta_0 + \beta_1 X_i + \mu_i \tag{5.28}$$

其中，$0 < \beta_1 < 1$，X：城镇居民人均可支配收入，Y：城镇人均生活消费支出。

表 5.1　2022 年各地区城镇居民人均可支配收入与城镇人均生活消费支出的数据　　单位：元

地　区	人均可支配收入	人均生活消费支出	地　区	人均可支配收入	人均生活消费支出
北　京	77 415	42 683	辽　宁	36 089	22 604
天　津	48 976	31 324	吉　林	27 975	17 898
河　北	30 867	20 890	黑龙江	28 346	20 412
山　西	29 178	17 537	上　海	79 610	46 045
内蒙古	35 921	22 298	江　苏	49 862	32 848

续表

地 区	人均可支配收入	人均生活消费支出	地 区	人均可支配收入	人均生活消费支出
浙 江	60 302	38 971	重 庆	25 508	17 939
安 徽	32 745	22 542	四 川	26 937	18 951
福 建	43 118	30 042	贵 州	26 675	15 886
江 西	32 419	21 708	云 南	30 116	19 848
山 东	37 560	22 640	西 藏	23 273	17 489
河 南	28 222	19 019	陕 西	27 000	17 261
湖 北	47 065	32 169	甘 肃	29 599	19 136
湖 南	27 981	18 343	青 海	27 063	17 927
广 东	30 957	21 500	宁 夏	47 065	32 169
广 西	35 666	25 371	新 疆	27 981	18 343
海 南	30 679	22 302			

2. 参数估计

EViews 软件操作。单击【Quick】|【Estimate Equation】命令，在打开的【Equation Specification】窗口中输入“Y C X”，单击【OK】按钮，估计结果见表 5.2。

表 5.2 回归结果

Dependent Variable: Y

Method: Least Squares

Date: 10/25/24 Time: 22:24

Sample: 1 31

Included observations: 31

Variable	Coefficient	Std. Error	t-Statistic	Prob.
C	4 226.385	847.406 5	4.987 435	0.000 0
X	0.539 185	0.021 692	24.856 6	0.000 0

R-squared	0.955 167	Mean dependent var	23 951.42
Adjusted R-squared	0.953 621	S.D. dependent var	7 685.601
S.E. of regression	1 655.147	Akaike info criterion	17.723 51
Sum squared resid	79 445 792	Schwarz criterion	17.816 02
Log likelihood	−272.714 4	Hannan-Quinn criter.	17.753 67
F-statistic	617.850 7	Durbin-Watson stat	1.416 065
Prob(F-statistic)	0.000 000		

估计结果为：

$$\begin{aligned}&\overline{Y}_t=4\,226.385+0.539\,185X_t\\&\text{Se:}\ (847.406\,5)\quad(0.021\,692)\\&t:\ (4.987\,435)\quad(24.856\,6)\\&\overline{R}^2=0.953\,621\quad \text{DW}=1.416\,065\end{aligned}\tag{5.29}$$

3. 检验模型的异方差

由于地区之间发展水平存在差异，这种差异使得模型很容易产生异方差，从而影响模型的估计和运用。为此，必须对该模型是否存在异方差进行检验。

1)图形法

残差图分析是在利用软件对回归模型进行了参数估计之后，在方程窗口单击【Resids】按钮，直接在计算机屏幕上可以看到残差分布，如图 5.3 所示，如果残差分布图的区域逐渐变宽或变窄，或出现偏离带状区域的复杂变化，则表明存在着异方差性。但应注意在观察之前需要先将数据关于解释变量排序，命令格式为：SORT X。

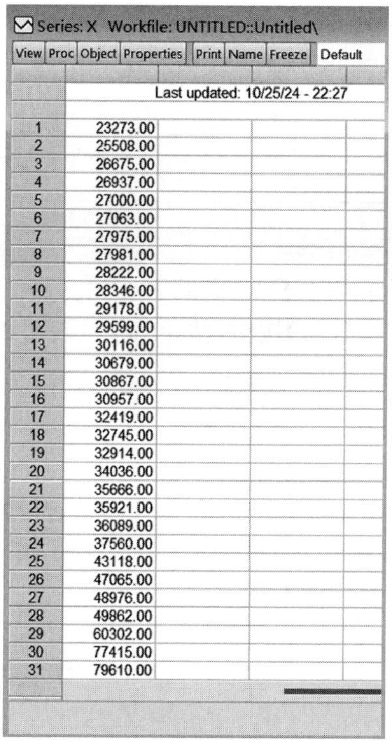
Series: X Workfile: UNTITLED::Untitled\
View | Proc | Object | Properties | Print | Name | Freeze | Default

Last updated: 10/25/24 - 22:27

1	23273.00
2	25508.00
3	26675.00
4	26937.00
5	27000.00
6	27063.00
7	27975.00
8	27981.00
9	28222.00
10	28346.00
11	29178.00
12	29599.00
13	30116.00
14	30679.00
15	30867.00
16	30957.00
17	32419.00
18	32745.00
19	32914.00
20	34036.00
21	35666.00
22	35921.00
23	36089.00
24	37560.00
25	43118.00
26	47065.00
27	48976.00
28	49862.00
29	60302.00
30	77415.00
31	79610.00

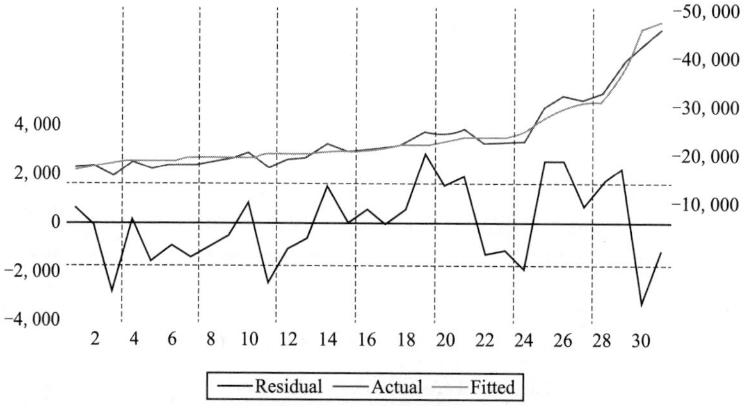

图 5.3　残差图

(1)生成残差平方序列。在得到表 5.2 估计结果后,立即用生成命令建立序列 e_i^2,记为 e2。生成过程如下:单击【Quick】|【Generate Series】选项,进入【Generate Series by Equation】对话框,然后,在【Generate Series by Equation】对话框中(见图 5.4)输入"e2=(resid)^2",则生成序列 e_i^2。

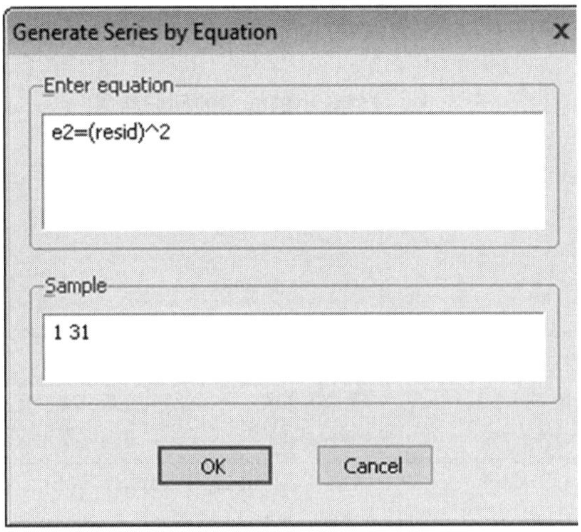

图 5.4 生成序列对话框

(2)绘制 e_i^2 对 X_i 的散点图。选择变量名 X 与 e2(注意选择变量的顺序,先选的变量将在图形中表示横轴,后选的变量表示纵轴),右击,选择【Open】|【as Group】命令进入数据列表,再单击【view】|【Graph】|【Scatter】可得散点图,如图 5.5 所示。

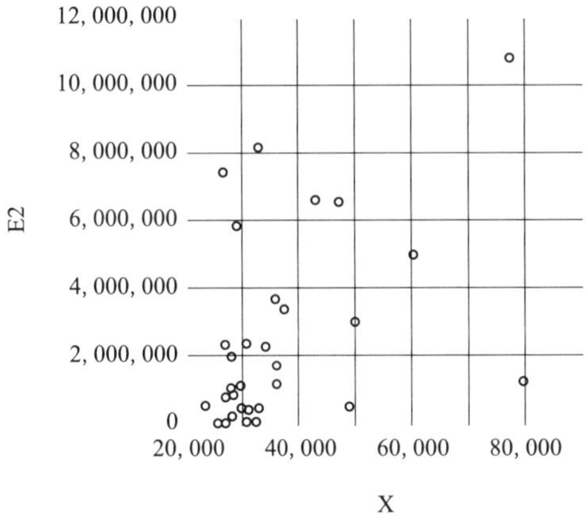

图 5.5 残差平方 e_i^2 对解释变量 X 的散点图

(3)判断。由图 5.5 可以看出,残差平方 e_i^2 对解释变量 X_i 的散点图分布较为分散,大致看出残差平方 e_i^2 随 X_i 的变动先增加后减小的趋势,因此,模型很可能存在异方差。是否确实存在异方差还应通过更进一步的检验。

2)Goldfeld-Quanadt 检验

(1)对变量取值排序(按递增或递减)。在【Proc】菜单里选择【Sort Current Page】命令,出现排序对话框,输入被排序的关键序列 X,如果以递增型排序,选择【Ascenging】,如果以递减型排序，则应选择【Descending】，单击【OK】按钮。本例选递增型排序，这时变量 Y 与 X 将按 X 的递增型排序。

(2)构造子样本区间，建立回归模型。在本例中，样本容量 $n=31$，删除中间 1/4 的观测值，即大约 7 个观测值，余下部分平分，得两个样本区间——1～12 和 20～31，它们的样本个数均是 12 个，即 $n_1=n_2=12$。

在【Sample】菜单里，将区间定义为 1～12，然后用 OLS 方法求得结果，见表 5.3。

表 5.3　数值较小的样本的回归结果

Dependent Variable：Y

Method：Least Squares

Date：10/25/24　Time：22：30

Sample：1 12

Included observations：12

Variable	Coefficient	Std. Error	t-Statistic	Prob.
C	10 646.37	5 320.207	2.001 119	0.073 3
X	0.274 721	0.194 441	1.412 872	0.188 1

R-squared	0.166403	Mean dependent var	18 149.83
Adjusted R-squared	0.083 043	S. D. dependent var	1 144.525
S. E. of regression	1 095.972	Akaike info criterion	16.987 68
Sum squared resid	12 011 557	Schwarz criterion	17.068 5
Log likelihood	−99.926 1	Hannan-Quinn criter.	16.957 76
F-statistic	1.996 207	Durbin-Watson stat	2.687 449
Prob(F-statistic)	0.166 403		

在【Sample】菜单里，将区间定义为 20～31，再用 OLS 方法求得结果，见表 5.4。

表 5.4　数值较大的样本的回归结果

Dependent Variable：Y

Method：Least Squares

Date：10/25/24　Time：22：32

Sample：20 31

Included observations：12

Variable	Coefficient	Std. Error	t-Statistic	Prob.
C	6 640.953	1 919.921	3.458 972	0.006 1
X	0.497 569	0.037 556	13.248 6	0.000 0

R-squared	0.946 099	Mean dependent var	30 923.17
Adjusted R-squared	0.940 709	S. D. dependent var	8 133.839
S. E. of regression	1 980.571	Akaike info criterion	18.171 17
Sum squared resid	39 226 606	Schwarz criterion	18.251 99
Log likelihood	−107.027	Hannan-Quinn criter.	18.141 25
F-statistic	175.525 3	Durbin-Watson stat	1.682 648
Prob(F-statistic)	0.000 000		

(3)求 F 统计量值。基于表5.3和表5.4中残差平方和的数据，即 Sum squared resid 的值。由表5.3计算得到的残差平方和为 $\sum e_{1i}^2 = 12\ 011\ 557$，由表5.4计算得到的残差平方和为 $\sum e_{2i}^2 = 39\ 226\ 606$，根据 Goldfeld-Quanadt 检验，$F$ 统计量为：

$$F = \frac{\sum e_{2i}^2}{\sum e_{1i}^2} = \frac{39\ 226\ 606}{12\ 011\ 557} = 3.265\ 7 \tag{5.30}$$

(4)判断。在 $\alpha=0.05$ 下，式(5.30)中分子、分母的自由度均为10，查 F 分布表得临界值为 $F_{0.05}(10,10)=2.98$，因为 $F=3.265\ 7$ 大于该临界值，所以拒绝原假设，表明模型存在异方差。

3)White 检验

打开表5.2估计结果的方程窗口，按路径【view】|【residual Diagnostics】|【Heteroskedasticity Tests】|【White】，进入 White 检验，出现 White 检验结果，见表5.5。根据 White 检验中辅助函数的构造，最后一项为变量的交叉乘积项，因为本例为一元函数，故无交叉乘积项，因此应选 no cross terms，则辅助函数为：

$$e_i^2 = \alpha_0 + \alpha_1 X_i + \alpha_2 X_i^2 + \nu_i$$

表5.5 White 检验结果

Heteroskedasticity Test：White

F-statistic	3.483 741	Prob. F(2,28)	0.044 6
Obs * R-squared	6.176 937	Prob. Chi-Square(2)	0.045 6
Scaled explained SS	3.2407 19	Prob. Chi-Square(2)	0.197 8

Test Equation：

Dependent Variable：RESID^2

Method：Least Squares

Date：10/25/24 Time：22：38

Sample：1 31

Included observations：31

Variable	Coefficient	Std. Error	t-Statistic	Prob.
C	−3 604 395	4 821 285	−0.747 6	0.460 9
X^2	−0.001 374	0.002 177	−0.631 053	0.533 1
X	225.886	220.048 2	1.026 53	0.313 4

R-squared	0.199 256	Mean dependent var	2 562 767
Adjusted R-squared	0.142 06	S. D. dependent var	2 852 609
S. E. of regression	2 642 230	Akaike info criterion	32.503 91
Sum squared resid	1.95E+14	Schwarz criterion	32.642 68
Log likelihood	−500.810 6	Hannan-Quinn criter.	32.549 15
F-statistic	3.483 741	Durbin-Watson stat	2.442 986
Prob(F-statistic)	0.044 557		

从表5.5可以看出，$nR^2=6.176\ 937$，由 White 检验知，在 $\alpha=0.05$ 下，查 χ^2 分布表，得临

界值 $\chi^2(2)=5.991$，$nR^2=6.176\ 937>5.991$，所以拒绝原假设，表明模型存在异方差。

4. 异方差性的修正

选择权数 $\omega_i=1/e_i^2$，用加权最小二乘法的结果如表 5.6 所示。

表 5.6　加权最小二乘法的估计结果

Dependent Variable: Y

Method: Least Squares

Date: 10/26/24　Time: 13:20

Sample: 1 31

Included observations: 31

Weighting series: 1/E2

Weight type: Inverse variance(average scaling)

Variable	Coefficient	Std. Error	t-Statistic	Prob.
C	4 290.031	55.221 29	77.687 99	0.000 0
X	0.537 277	0.001 703	315.420 3	0.000 0

Weighted Statistics

Mean dependent var	21 694.91	S. D. dependent var	119 709.1
S. E. of regression	0.900 408	Akaike info criterion	2.690 403
Sum squared resid	23.511 29	Schwarz criterion	2.782 918
Log likelihood	−39.701 24	Hannan-Quinn criter.	2.720 560
Durbin-Watson stat	2.107 678	Weighted mean dep.	−18 777 337

Unweighted Statistics

R-squared	0.955 155	Mean dependent var	23 951.42
Adjusted R-squared	0.953 608	S. D. dependent var	7 685.601
S. E. of regression	1 655.380	Sum squared resid	79 468 188
Durbin-Watson stat	1.411 542		

估计结果如下：

$$\begin{aligned}&\hat{Y}_t=4\ 290.031+0.537\ 277X_t\\&Se:\ (55.221\ 29)\ (0.001\ 703)\\&t:\ \ (77.687\ 99)\ (315.420\ 3)\\&\overline{R^2}=0.953\ 608\qquad DW=2.107\ 678\end{aligned}\tag{5.31}$$

可以看出运用加权小二乘法消除了异方差性后，参数的 t 检验均显著，可决系数大幅提高，并说明城镇居民人均可支配收入每增加 1 元，城镇居民人均生活消费支出平均增加 0.537 277元，而不是开始估计的 0.539 185 元。

本 章 小 结

本章讨论了在违背同方差假定、但仍满足其他假定条件下的一些情况。在实际的经济问题中经常会出现异方差这种现象，因此在建立模型时，必须注意异方差的检验，否则，在实际应用中会失去意义。本章介绍了异方差的修正方法、模型变换法和加权最小二乘法。

思考与练习

1. 简述什么是异方差，异方差对模型有什么影响？
2. 试归纳检验异方差的基本思想，并指出这些方法的异同。
3. 什么是加权最小二乘法？它的基本思想是什么？
4. 表 5.7 是我国 2004—2023 年我国的能源消费总量(Y)和工业增加值(X)的资料。

表 5.7　2004—2023 年我国储能源消费总量和工业增加值

年份	能源消费总量/万吨标准煤	工业增加/亿元	年份	能源消费总量/万吨标准煤	工业增加/亿元
2004	230 281	65 774.9	2014	428 334	233 197.4
2005	261 369	77 958.3	2015	434 113	234 968.9
2006	286 467	92 235.8	2016	441 492	245 406.4
2007	311 442	111 690.8	2017	455 827	275 119.3
2008	320 611	131 724	2018	471 925	301 089.3
2009	336 126	138 092.6	2019	487 488	311 858.7
2010	360 648	165 123.1	2020	498 314	312 902.9
2011	387 043	195 139.1	2021	525 896	374 545.6
2012	402 138	208 901.4	2022	540 956	395 043.7
2013	416 913	222 333.2	2023	572 000	399 103.1

(1)试估计其储蓄函数。
(2)检验是否存在异方差性。
(3)如果存在异方差性，采用适当的方法估计储蓄函数。

5. 表 5.8 是 2022 年各地区建筑业总产值和建筑业利润总额的数据资料。

表 5.8　2022 年各地区建筑业总产值和建筑业利润总额　　单位:亿元

地　区	建筑业总产值	建筑业企业利润总额	地　区	建筑业总产值	建筑业企业利润总额
北　京	13 866.11	950.73	吉　林	2 100.75	46.08
天　津	4 751.3	106.3	黑龙江	1 414.53	−1.56
河　北	6 951.34	88.21	上　海	9 273.9	249.07
山　西	6 145.48	144.7	江　苏	40 660.05	1351.43
内蒙古	1 332.84	43.96	浙　江	23 861.07	411.14
辽　宁	3 936.87	33.79	安　徽	11 702.63	277.69

续表

地 区	建筑业总产值	建筑业企业利润总额	地 区	建筑业总产值	建筑业企业利润总额
福 建	16 850.97	466.63	四 川	17 845.61	436.02
江 西	10 694.84	260.9	贵 州	4 260.24	67.19
山 东	17 559.63	485.6	云 南	8 168.65	192.19
河 南	13 414.43	302.04	西 藏	203.79	8.74
湖 北	21 154.96	697.48	陕 西	10 067.87	276.77
湖 南	14 481	349.82	甘 肃	2 477.68	68.83
广 东	22 956.5	509.29	青 海	566.46	17.32
广 西	7 194.35	145.11	宁 夏	725.85	12.97
海 南	467.21	15.11	新 疆	3 101.5	66.86
重 庆	9 746.96	301.03			

(1)试根据资料建立回归模型。

(2)检验是否存在异方差性。

(3)如果存在异方差性,采用适当的方法估计修正模型。

第 6 章　序列相关性

教学目标

通过本章的学习，使学生对序列相关内容以及它在计量经济学中的作用有所了解和认识，并能利用有关理论和方法对实际应用问题进行建模和分析说明。

教学要求

了解序列相关的含义和产生序列相关的原因；掌握序列相关的检验和序列相关的修正方法；能够进行模型的应用。

6.1　序列相关性概述

6.1.1　序列相关性的概念

线性回归模型 $Y_t = \beta_0 + \beta_1 X_{1t} + \cdots + \beta_k X_{kt} + \mu_t$ 假设在不同观测值的随机扰动项是独立的，也就是说，μ_i 与 μ_j（ $i \neq j$ ）的协方差等于零，即 $\mathrm{Cov}(\mu_i, \mu_j) = 0$ 。如果不满足这个假设，即随机扰动项 μ 的值与自身的前一期值或前几期的取值相关，则称随机扰动项 μ 存在序列相关性或自相关性（serial correlation）。

序列相关性是相关的一种特殊情况。序列相关不是两个（或更多）不同变量之间的关系，而是同一变量的逐次项之间的关系。序列相关性经常出现在时间序列数据中，通常用下标 t 代替下标 i 。若 $\mu_t = f(\mu_{t-1}, \mu_{t-2}, \cdots, \mu_{t-s})$，称随机扰动项 μ_t 存在 s 阶序列相关性。

模型 $Y_t = \beta_0 + \beta_1 X_{1t} + \cdots + \beta_k X_{kt} + \mu_t$ 的随机扰动项 μ_t 存在一阶序列相关性，表示为：

$$\mu_t = \rho \mu_{t-1} + \varepsilon_t \tag{6.1}$$

其中 ρ 称为序列相关系数，它的取值范围是［-1，1］。当 $\rho > 0$ 时，称 μ_t 存在正的序列相关；当 $\rho < 0$ 时，称 μ_t 存在负的序列相关；当 $\rho = 0$ 时，称 μ_t 不存在序列相关；其中 ε_t 满足：

$$E(\varepsilon_t) = 0, \quad \mathrm{Var}(\varepsilon_t) = \sigma^2, \quad \mathrm{Cov}(\varepsilon_t, \varepsilon_{t-s}) = 0 (s \neq 0) \tag{6.2}$$

6.1.2 序列相关性产生的原因

在实际经济问题中，出现序列相关性主要是由以下原因造成的：

1. 经济变量的惯性作用

序列相关性现象出现在时间序列数据中，经济时间序列有一个明显特征就是表示的经济行为有时间上的惯性。例如，GDP、价格指数、就业和失业等时间序列都呈现出随经济周期的波动。在经济高涨时期，较高的经济增长率会持续一段时间；而在经济衰退期，较高的失业率也会持续一段时间。这种情况下，经济数据很可能表现为序列相关。在有关时间序列的回归分析中，连续的观测值很可能是序列相关的。

2. 模型设定偏误

模型设定偏误，包括模型的函数形式不正确或者遗漏重要的解释变量，都会产生系统误差，这种误差存在于随机干扰项中，就会使得随机扰动项 μ_t 产生序列相关性。

(1)模型的函数形式不适当。若所用的数学模型与变量间的真实关系不一致，随机误差项常表现出序列相关。例如模型是 $Y=\beta_0+\beta_1X_{1t}+\beta_2X_{1t}^2+\mu_t$，随机扰动项是无序列相关的，如果实际采用模型形式为 $Y=\beta_0+\beta_1X_{1t}+v_t$，式中 $v_t=\beta_2X_{1t}^2+\mu_t$，$v_t$ 随 X_{1t}^2 系统变化，这种模型设定偏误导致随机扰动项 v_t 产生序列相关性。

(2)模型中遗漏重要的解释变量。在建立计量经济模型时，如果被略去的重要的解释变量本身存在序列相关性，它必然在随机扰动项中反映出来，从而使随机扰动项有序列相关性。例如模型是 $Y=\beta_0+\beta_1X_{1t}+\beta_2X_{2t}+\mu_t$，随机扰动项是无序列相关的，如果实际模型设定为 $Y=\beta_0+\beta_1X_{1t}+v_t$，式中 $v_t=\beta_2X_{2t}+\mu_t$，由于 X_{2t} 在不同的样本点是相关的，这种模型设定偏误导致随机扰动项 v_t 产生序列相关性。在许多经济问题中，被解释变量不仅同它的解释变量有关，而且还和被解释变量的滞后值有关，如果在模型的解释变量中忽略了被解释变量的滞后变量，很可能引起随机扰动项 μ_t 产生序列相关性。

3. 数据处理造成的相关

在实际研究中，有些数据需要对原始数据加以修正和内插处理，经过处理后的数据，由于运用了平滑修匀或线性内插等手段，使处理后的数据序列可能出现相关。例如，将月度数据调整为季度数据，修匀了月度数据的波动，使季度数据具有平滑性，这种平滑产生序列相关。对缺失的历史资料，采用特定统计方法进行内插处理，也可引起前后期相关，而产生序列相关性。

4. 经济冲击的延续

在时间序列中，某一时期发生的一个随机冲击因素(如干旱、暴风雨 、地震、战争、金融危机等)所产生的影响，往往要持续一段时期。例如，在农业生产中，由于反常天气所引起的歉收，可能会在几个时期内影响其他经济变量，这时，随机扰动项本身就可能存在着序列相关性。此外，面对一些现象人们的心理因素影响等，这些影响可能延续若干时期，反映在模型中很容易使随机扰动项产生序列相关性。

6.1.3 序列相关性的后果

在一个线性模型中，随机扰动项 μ_t 存在序列相关性，就违背了线性回归模型的古典假定，仍然用最小二乘法估计参数，将会产生严重的后果。下面以一元线性回归模型 $Y_t=\beta_0+$

$\beta_1 X_t + \mu_t$ 为例，加以说明。

1. 参数的普通最小二乘估计量具有无偏性，失去有效性

(1)参数的普通最小二乘估计量具有无偏性。因为在普通最小二乘法估计量的无偏性的证明中不需要 μ_t 满足无序列相关假定条件。所以参数的普通最小二乘估计量具有无偏性。

(2)参数的普通最小二乘估计量失去有效性。因为：在 μ_t 不存在序列相关性时，用普通最小二乘法估计有 $\hat{\beta}_1 = \beta_1 + \dfrac{\sum x_t \mu_t}{\sum x_t^2}$，其方差为：

$$\mathrm{Var}(\hat{\beta}_1) = \frac{\sigma^2}{\sum x_i^2} \tag{6.3}$$

在存在式(6.1)所示的一阶序列相关情况下，用普通最小二乘法得 $\hat{\beta}_1$ 的方差为：

$$\mathrm{Var}(\hat{\beta}_1) = \frac{\sigma^2}{\sum x_i^2} + \frac{2\sigma^2}{\sum x_i^2}\left(\rho \frac{\sum_{t=1}^{n-1} x_t x_{t+1}}{\sum x_i^2} + \rho^2 \frac{\sum_{t=1}^{n-2} x_t x_{t+2}}{\sum x_i^2} + \cdots + \rho^{n-1} \frac{x_1 x_n}{\sum x_i^2}\right) \tag{6.4}$$

所以在存在序列相关情况下，参数估计的方差与不存在序列相关的参数估计的方差不同，尤其当存在正的序列相关时，用普通最小二乘法将严重低估存在序列相关时参数估计值的真实方差。同时也会使 μ_t 的方差的无偏估计发生变化。

2. 模型的检验将失效

由上面的讨论可知，在存在序列相关情况下仍然用普通最小二乘法估计参数，将无法得到 $\hat{\beta}$ 的真实方差及标准误差，例如在 t 检验中，将使统计量 $t = \dfrac{\hat{\beta}}{S(\hat{\beta})}$ 的值变得不可靠，使得在给定显著性水平下，导致错误的结论，使得 t 检验失效。同样使得 F 检验和 R^2 检验不可靠。

3. 模型的预测将失效，降低预测精度

存在序列相关性情况下仍然用普通最小二乘法，将无法得到真实的方差的估计，由于模型用于预测时与方差有关，使得预测精度降低，所以当模型出现序列相关性时，它的预测功能失效。

6.2　序列相关性的检验

随机扰动项 μ 存在序列相关性时，应用普通最小二乘法会带来严重的后果，因此应对模型的随机扰动项 μ 是否存在序列相关性进行判断，这就是序列相关性的检验。序列相关性检验主要是检验模型的随机扰动项序列是否存在某种形态的相关关系，检验的方法主要有以下几种。

6.2.1　图示检验法

随机扰动项序列 μ_t 观测不到，由于残差 e_t 序列是对随机扰动项序列 μ_t 的估计，因此，在对模型参数估计后，相应地计算出样本回归模型的剩余项 e_t，可以通过 e_t 的变化推断 μ_t 是否存在序列相关。

(1)绘制 e_{t-1} 和 e_t 的散点图。以 e_t 为纵坐标，e_{t-1} 为横坐标，绘出 $(e_{t-1}, e_t)(t = 2, \cdots, n)$ 点，如果大部分点落在第Ⅰ、Ⅲ象限，表明随机扰动项序列 μ_t 存在正的序列相关性。如果大部

分点落在第Ⅱ、Ⅳ象限，表明随机扰动项序列 μ_t 存在负的序列相关性，如图 6.1 所示。

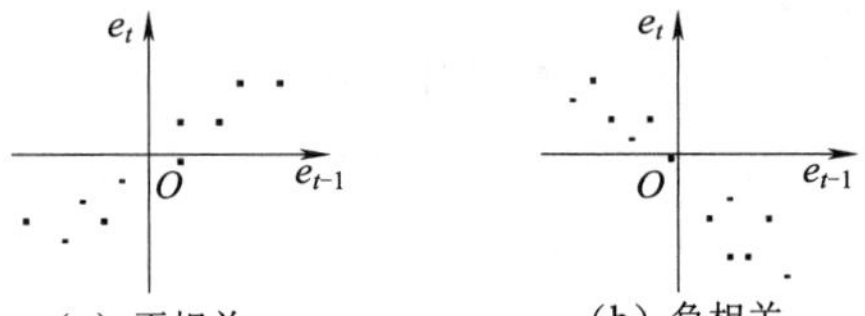

图 6.1　e_{t-1} 和 e_t 的散点图

(2)按时间顺序绘制的残差图。以时间 t 为横轴，以 e_t 为纵轴，绘制 (t, e_t) $(t=1,2,\cdots,n)$ 点在平面直角坐标系中，若 e_t 随时间 t 的变化表现为有规律的变化，则可判定 e_t 是序列相关的。推断出随机扰动项序列 μ_t 存在序列相关性，如图 6.2 所示

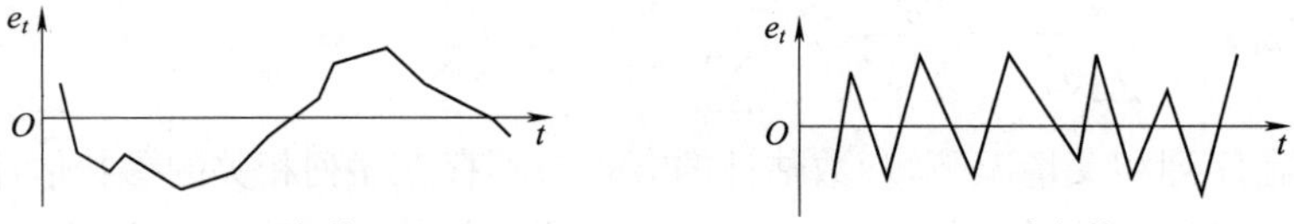

图 6.2　时间顺序的残差图

6.2.2　D－W 检验法

D－W 检验法是 Durbin 和 Waston 于 1951 年提出的一种检验序列相关性的方法。此方法适用的条件如下：

(1)解释变量 X 非随机，即在重复取样中是固定的。

(2)随机扰动项序列 μ_t 存在一阶序列相关性，即 $\mu_t = \rho\mu_{t-1} + \varepsilon_t$ $(-1 \leqslant \rho \leqslant 1)$，$\rho$ 为自相关系数。

(3)在回归模型中，解释变量中不包含滞后被解释变量，即形如模型(6.5)不适用：

$$Y_t = \beta_0 + \beta_1 X_t + \beta_2 Y_{t-1} + \mu_t \tag{6.5}$$

(4)模型含有截距项。

(5)样本容量不少于 15。

具体检验步骤如下：

原假设 $H_0:\rho = 0$；备择假设 $H_1:\rho \neq 0$。

构造统计量：

$$\mathrm{DW} = \frac{\sum_{t=2}^{n}(e_t - e_{t-1})^2}{\sum_{t=1}^{n} e_t^2} = \frac{\sum_{t=2}^{n} e_t^2 - 2\sum_{t=2}^{n} e_t e_{t-1} + \sum_{t=2}^{n} e_{t-1}^2}{\sum e_t^2} \tag{6.6}$$

当 n 较大时，$\sum_{t=2}^{n} e_t^2 \approx \sum_{t=2}^{n} e_{t-1}^2 \approx \sum_{t=1}^{n} e_t^2$，则式(6.6)可以简化为：

$$DW = 2\left(1 - \frac{\sum_{t=2}^{n} e_t e_{t-1}}{\sum_{t=1}^{n} e_t^2}\right) \approx 2(1 - \hat{\rho}) \tag{6.7}$$

式中，$\hat{\rho} = \frac{\sum_{t=1}^{n} e_t e_{t-1}}{\sum_{t=1}^{n} e_t^2}$ 为一阶序列自相关模型式(6.1)的参数估计。

我们知道，用作假设检验的统计量，必须知道其统计分布。但是，DW 统计量的精确分布无法知道，所以 Dulbin 和 Watson 根据样本容量 n 和被估计参数个数 k，在给定的显著性水平下，采用两个已知分布给出了检验用的下限 d_L 和上限 d_U 临界值，临界值与解释变量的取值无关。因此，在检验时只需计算统计量 DW 的值，再根据本容量 n、被估计参数个数 k 和显著性水平，查 DW 分布表，得到临界值 d_L 和 d_U，然后按照下列准则考查计算得到的 DW 值，来判断模型的序列相关性：

若 $0 < DW < d_L$，则存在正的序列相关性。

若 $d_L < DW < d_U$，则不能确定存在序列相关性。

若 $d_U < DW < 4 - d_U$，则不存在序列相关性。

若 $4 - d_U < DW < 4 - d_L$，则不能确定存在序列相关性。

若 $4 - d_U < DW < 4$，则存在负的序列相关性。

如果存在完全一阶正的序列相关性，则 $\rho = 1$，$DW = 0$。

如果存在完全一阶负的序列相关性，则 $\rho = -1$，$DW = 4$。

如果不存在序列相关性，则 $\rho = 0$，$DW = 2$。

6.2.3　拉格朗日乘数检验法

拉格朗日乘数检验法(lagrange multiplicator，LM)也称为布罗斯—戈弗雷检验法，简称为 BG 检验。它克服了 D－W 检验的缺点，适合于模型存在高阶序列相关和模型中存在滞后被解释变量作为解释变量的情形。

对于多元回归模型：

$$Y_t = \beta_0 + \beta_1 X_{1t} + \cdots + \beta_k X_{kt} + \mu_t$$

设序列相关形式为：

$$\mu_t = \rho_1 \mu_{t-1} + \rho_2 \mu_{t-2} + \cdots + \rho_p \mu_{t-p} + \varepsilon_t$$

式中，ε_t 满足基本假设。

具体检验过程如下：

(1)原假设 $H_0: \rho_1 = \rho_2 = \cdots = \rho_p = 0$，不存在序列相关性；备择假设 $H_1: \rho_i$ 不全为 0 $(i = 1,2,\cdots,p)$，即存在序列相关性。

(2)用 OLS 法估计模型，得到残差序列 e_t。

(3)将 e_t 对所有解释变量 X 和残差 e_t 的滞后值 $e_{t-1}, e_{t-2}, \cdots, e_{t-p}$ 进行回归：

$$e_t = \beta_0 + \beta_1 X_{1t} + \cdots + \beta_k X_{kt} + \rho_1 e_{t-1} + \rho_2 e_{t-2} + \cdots + \rho_p e_{t-p} + \varepsilon_t \tag{6.8}$$

计算出辅助回归模型(6.8)的可决定系数 R^2。

(4)布罗斯和戈弗雷证明，在原假设为真的下，统计量 LM 服从大样本下自由度为 p 的渐

进 χ^2 分布：

$$LM = nR^2 \sim \chi^2(p)$$

式中，p 为辅助回归模型(6.5)中的 e_t 滞后阶数。

(5)给定显著水平 α，查自由度为 p 的 χ^2 分布表，得临界值 $\chi^2_\alpha(p)$。

(6)判定：若 $LM > \chi^2_\alpha(p)$，则拒绝原假设 H_0，即认为至少有一个 ρ_i $(i=1,2,\cdots,p)$ 的值显著地不等于零，说明模型存在序列相关；否则，模型不存在序列相关。

6.3 序列相关性的解决方法

若检验模型存在序列相关，就应具体分析序列相关性产生的原因，如果序列相关性是由于略去了具有序列相关性的重要解释变量，那么解决办法就是找出略去的解释变量，把它作为重要解释变量列入模型。查找引起序列相关的被略去的重要解释变量的具体方法是用残差 e_t 对那些可能影响被解释变量但又未列入模型的解释变量回归，并作显著性检验，从而确定该解释变量的重要性。如果是重要解释变量，应该列入模型。如果序列相关是由于错误的设定模型的函数形式所致，那么就应该修改模型的函数形式。查明由于模型的函数形式是否合适的具体方法是用残差 e_t 对解释变量的较高次幂进行回归，然后对新的残差做 DW 检验，如果此时序列相关消失，则说明模型的函数形式不妥。在排除了上述造成序列相关的原因之后，经过序列相关检验仍然存在序列相关，则可以认为序列相关主要来源于随机扰动项本身，这就是真正序列相关，序列相关修正办法就是要解决这种真正序列相关下模型参数的估计问题，其基本思想是通过差分变换，对原始数据序列进行整理，变序列相关为无序列相关。

6.3.1 广义差分变换法

以一元线性回归模型为例进行说明。

设线性回归模型为：

$$Y_t = \beta_0 + \beta_1 X_t + \mu_t \quad (t=1,2,\cdots,n) \tag{6.9}$$

随机扰动项序列 μ_t 存在一阶序列相关性：

$$\mu_t = \rho\mu_{t-1} + \varepsilon_t \tag{6.10}$$

而且 ε_t 是满足古典线性回归模型基本假定的随机扰动项，即其具有零均值、同方差和非序列相关等假定。即：

$$E(\varepsilon_t)=0, \quad \mathrm{Var}(\varepsilon_t)=\sigma^2, \quad \mathrm{Cov}(\varepsilon_t,\varepsilon_{t-s})=0(s\neq 0)\ (t=1,2,\cdots,n)$$

将式(6.9)滞后一期：

$$Y_{t-1} = \beta_0 + \beta_1 X_{t-1} + \mu_{t-1} \tag{6.11}$$

式(6.11)两边乘上 ρ 得：

$$\rho Y_{t-1} = \rho\beta_0 + \rho\beta_1 X_{t-1} + \rho\mu_{t-1} \tag{6.12}$$

式(6.9)减去式(6.12)得：

$$Y_t - \rho Y_{t-1} = \beta_0(1-\rho) + \beta_1(X_t - \rho X_{t-1}) + (\mu_t - \rho\mu_{t-1}) \tag{6.13}$$

作广义差分变换

$$Y_t^* = Y_t - \rho Y_{t-1}$$

$$X_t^* = X_t - \rho X_{t-1}$$
$$\beta_0^* = (1-\rho)\beta_0$$
$$\varepsilon_t = \mu_t - \rho\mu_{t-1}$$

式(6.13)变为：

$$Y_t^* = \beta_0^* + \beta_1 X_t^* + \varepsilon_t \tag{6.14}$$

式(6.14)中 ε_t 满足基本假设。可对式(6.14)应用最小二乘法估计回归参数，得 β_0 、β_1 最佳线性无偏估计量 $\hat{\beta}_0 = \dfrac{\hat{\beta}_0^*}{1-\rho}$ 和 $\hat{\beta}_1$ 。

采取上述变换后，失去了一个观察值，为了避免这一损失，可以将 Y_t^* 与 X_t^* 的第一个观测值作如下变换：$Y_1^* = \sqrt{1-\rho^2}\,Y_1$ 、$X_1^* = \sqrt{1-\rho^2}\,X_1$ 。这一变换称为 Prais-Winster 变换，这种变换的目的就是使相应误差项 μ_1 的方差与其他误差项的方差保持相等。称式(6.14)为广义差分模型，通过差分变换进行估计的方法称为广义差分估计法。

6.3.2　*C*-*O* 迭代法(科克兰—奥科特迭代法)

广义差分法要求 ρ 已知，但实际上，在模型估计之前 ρ 是未知的，所以关键要求出 ρ 。简单的方法是依据 DW 统计量去估计 ρ 。由式(6.5)DW 与 ρ 的关系式可知：

$$\hat{\rho} \approx 1 - \frac{\mathrm{DW}}{2} \tag{6.15}$$

这样得到的 $\hat{\rho}$ 是对 ρ 精度不高的估计，原因在于对有序列相关性的回归模型使用了 OLS 法。为了得到 ρ 精度更高的估计值，采用 *C*-*O* 迭代法。*C*-*O* 迭代法的基本思想是利用残差 e_t 去估计 ρ ，通过逐次迭代去寻求精度更高的 ρ 的估计值，然后再采用广义差分法。

一元线性回归模型 $Y_t = \beta_0 + \beta_1 X_t + \mu_t\ (t=1,2,\cdots,n)$ ，随机扰动项序列 μ_t 存在一阶序列相关性：$\mu_t = \rho\mu_{t-1} + \varepsilon_t$ 。

C-*O* 迭代法估计 ρ 的步骤如下：

第一步，使用 OLS 法估计模型 $Y_t = \beta_0 + \beta_1 X_t + \mu_t$ ，并计算残差 $e_t^{(1)}$ ：

$e_t^{(1)} = Y_t - \hat{Y}_t = Y_t - (\hat{\beta}_0 + \hat{\beta}_1 X)$ ，$e_t^{(1)}$ 作为 μ_t 的一个估计。

第二步，利用残差 $e_t^{(1)}$ 作如下回归 $e_t^{(1)} = \rho e_{t-1}^{(1)} + \varepsilon_t^{(1)}$ ，求出第一次估计值 $\hat{\rho}^{(1)}$

第三步，利用 $\hat{\rho}^{(1)}$ 对原模型做广义差分变换，变换后：

$$Y_t^{(1)} = \beta_0^* + \beta_1 X_t^{(1)} + \varepsilon_t^{(1)} \tag{6.16}$$

此时：

$$Y_t^{(1)} = Y_t - \hat{\rho}^{(1)} Y_{t-1}$$
$$X_t^{(1)} = X_t - \hat{\rho}^{(1)} X_{t-1}$$
$$\beta_0^* = (1-\hat{\rho}^{(1)})\beta_0$$
$$\varepsilon_t^{(1)} = \mu_t - \hat{\rho}^{(1)}\mu_{t-1}$$

对式(6.16)应用 OLS 法估计，得 $\hat{\hat{\beta}}_0 = \dfrac{\hat{\beta}_0^*}{1-\rho}$ 和 $\hat{\hat{\beta}}_1$ 。

第四步，将第三步得到的 $\hat{\hat{\beta}}_0$ 和 $\hat{\hat{\beta}}_1$ 带入式(6.9)，得式(6.9)随机扰动项序列 μ_t 新的估计 $e_t^{(2)}$ ：

$$e_t^{(2)} = Y_t - \hat{Y}_t = Y_t - (\hat{\hat{\beta}}_0 + \hat{\hat{\beta}}_1 X)$$

第五步，利用残差 $e_t^{(2)}$ ，作如下回归 $e_t^{(2)}=\rho e_{t-1}^{(2)}+\varepsilon_t^{(2)}$ ，求出第二次估计值 $\hat{\rho}^{(2)}$ ，重复上述过程，可得 ρ 的多次迭代值，直到估计 $\hat{\rho}^{(k)}$ 与 $\hat{\rho}^{(k-1)}$ 的相差很小时，收敛并满足精度要求，或回归所得 DW 统计量说明已不存在序列相关性时迭代停止。此时用 $\hat{\rho}^{(k)}$ 作为 ρ 的估计值进行广义差分变换，得到回归系数的估计值。

6.3.3 杜宾两步法

该方法是先估计 ρ ，再做广义差分变换，对广义差分模型进行 OLS 估计。

以一元回归模型为例：$Y_t=\beta_0+\beta_1 X_t+\mu_t\ (t=1,2,\cdots,n)$ ，随机扰动项序列 μ_t 存在一阶序列相关性：$\mu_t=\rho\mu_{t-1}+\varepsilon_t$ 。

具体步骤如下：

第一步，将式(6.13)改写成：

$$Y_t=\beta_0(1-\rho)+\beta_1 X_t-\rho\beta_1 X_{t-1}+\rho Y_{t-1}+\varepsilon_t \tag{6.17}$$

对式(6.17)使用 OLS 估计得出 $\hat{\rho}$。

第二步，用 $\hat{\rho}$ 对原模型做差分变换，得：

$$Y_t^*=\beta_0^*+\beta_1 X_t^*+\varepsilon_t \tag{6.18}$$

式中，$Y_t^*=Y_t-\hat{\rho}Y_{t-1}$ ；$X_t^*=X_t-\hat{\rho}X_{t-1}$ ；$\beta_0^*=(1-\hat{\rho})\beta_0$ ；$\varepsilon_t=\mu_t-\hat{\rho}\mu_{t-1}$。

对式(6.18)应用最小二乘法估计回归参数，得 β_0 、β_1 最佳线性无偏估计量 $\hat{\beta}_0=\dfrac{\hat{\beta}_0^*}{1-\hat{\rho}}$ 和 $\hat{\beta}_1$。

6.4 案例分析与 EViews 操作

6.4.1 研究的目的

通过中国农村居民消费模型的分析可判断农村居民的边际消费倾向，这是宏观经济分析的重要参数。同时，农村居民消费模型也能用于农村居民消费水平的预测。

6.4.2 模型设定

影响居民消费的因素很多，但由于受各种条件的限制，通常只引入居民收入一个变量做解释变量，即消费模型设定为：

$$Y_t=\beta_1+\beta_2 X_t+u_t \tag{6.19}$$

其中，Y_t 为农村居民人均消费支出；X_t 为农村人均居民纯收入，u_t 为随机误差项。表 6.1 是从《中国统计年鉴》收集的中国农村居民 1988—2020 年的人均收入与消费数据。

表 6.1 1988—2020 年中国农村居民人均收入和消费

年份	全年人均纯收入（现价）/元	全年人均消费性支出（现价）/元	消费价格指数（1985=100）	人均实际纯收入（1985 年可比价）/元	人均实际消费性支出（1985 年可比价）/元
1988	544.9	476.7	132.4	411.555 9	360.045 3
1989	601.5	535.4	157.9	380.937 3	339.075 4
1990	686	585	165.1	415.505 754 1	354.330 708 7

续表

年份	全年人均纯收入（现价）/元	全年人均消费性支出（现价）/元	消费价格指数（1985＝100）	人均实际纯收入（1985 年可比价）/元	人均实际消费性支出（1985 年可比价）/元
1991	709	620	168.9	419.775 014 8	367.081 113 1
1992	784	659	176.8	443.4 389 14	372.737 556 6
1993	922	770	201	458.706 467 7	383.084 577 1
1994	1 221	1 017	248	492.338 709 7	410.080 645 2
1995	1 578	1 310	291.4	541.523 678 8	449.553 877 8
1996	1 926	1 572	314.4	612.595 419 8	500
1997	2 090	1 617	322.3	648.464 163 8	501.706 484 6
1998	2 171	1 604	319.1	680.350 987 2	502.663 741 8
1999	2 229	1 604	314.3	709.195 036 6	510.340 439 1
2000	2 282	1 714	314	726.751 592 4	545.859 872 6
2001	2 407	1 803	316.5	760.505 529 2	569.668 246 4
2002	2 529	1 917	315.2	802.347 715 7	608.185 279 2
2003	2 690	2 050	320.2	840.099 937 5	640.224 859 5
2004	3 027	2 326	335.6	901.966 626 9	693.087 008 3
2005	3 370	2 749	343	982.507 288 6	801.457 725 9
2006	3 731	3 072	348.1	1 071.818 443	882.505 027 3
2007	4 327	3 536	366.9	1 179.340 42	963.750 340 7
2008	4 999	4 054	390.7	1 279.498 336	1 037.624 776
2009	5 435	4 464	389.5	1 395.378 691	1 146.084 724
2010	6 272	4 945	403.5	1 554.399 009	1 225.526 642
2011	7 394	5 892	426.9	1 732.021 551	1 380.182 713
2012	8 389	6 667	437.6	1 917.047 532	1 523.537 477
2013	9 430	7 485	449.9	2 096.021 338	1 663.703 045
2014	10 489	8 383	458	2 290.174 672	1 830.349 345
2015	11 422	9 223	464	2 461.637 931	1 987.715 517
2016	12 363	10 130	472.8	2 614.847 716	2 142.554 992
2017	13 432	10 955	478.9	2 804.760 91	2 287.533 932
2018	14 617	12 124	489	2 989.161554	2 479.345 603
2019	16 021	13 328	504.6	3 174.990 091	2 641.300 04
2020	17 131	13 713	519.7	3 296.324 803	2 638.637 676

资料来源：中国统计年鉴（1990—2022）

为了消除价格变动因素对农村居民收入和消费支出的影响，不宜直接采用现价人均纯收入和现价人均消费支出的数据，而需要用经消费价格指数进行调整后的1985年可比价格计的人均纯收入和人均消费支出的数据作回归分析。

根据表6.1中调整后的1988年可比价格计的人均纯收入和人均消费支出的数据，使用普通最小二乘法估计消费模型结果如表6.2所示

表6.2　回归结果

Dependent Variable：Y

Method：Least Squares

Date：10/28/24　Time：20：55

Sample：1988 2020

Included observations：33

Variable	Coefficient	Std. Error	t-Statistic	Prob.
C	−13.471 65	9.839 722	−1.369 109	0.180 8
X	0.816 602	0.006 201	131.696 3	0.000 0

R-squared	0.998 216	Mean dependent var	1 052.713
Adjusted R-squared	0.998 158	S. D. dependent var	748.627
S. E. of regression	32.127 67	Akaike info criterion	9.836 004
Sum squared resid	31 997.8	Schwarz criterion	9.926 701
Log likelihood	−160.294 1	Hannan-Quinn criter.	9.866 521
F-statistic	17 343.91	Durbin-Watson stat	0.658 374
Prob(F-statistic)	0.000 000		

6.4.3　序列相关性检验

1. 图示法

(1)$e-t$关系图。单击EViews方程输出窗口的按钮Resids可得到残差图，或者单击【View】|【Actual，Fitted，Residual】|【Actual，Fitted，Residual Table】，也可以得到残差分布图，结果如图6.3所示，残差的变动有系统模式，连续为正和连续为负，表明残差项存在一阶正自相关。

(2)e_t-e_{t-1}的关系图。在工作文件下，单击【Quick】|【Generate Series…】，在窗口空白处输入“e1＝resid”，单击【OK】按钮，再单击【Quick】|【Generate Series…】，在窗口空白处输入“e2＝resid(－1)”，单击【OK】按钮。其中e1表示残差e_t，e2表示滞后一期的残差e_{t-1}。回到工作文件，选中e1和e2，右击，选择【Open】|【as Group】|【View】|【Gragh】|【Scatter】，便得到e_t-e_{t-1}的关系图，可通过命令方式“Scat resid(－1) resid”得到，如图6.4所示，明显看出残差项存在序列相关性。

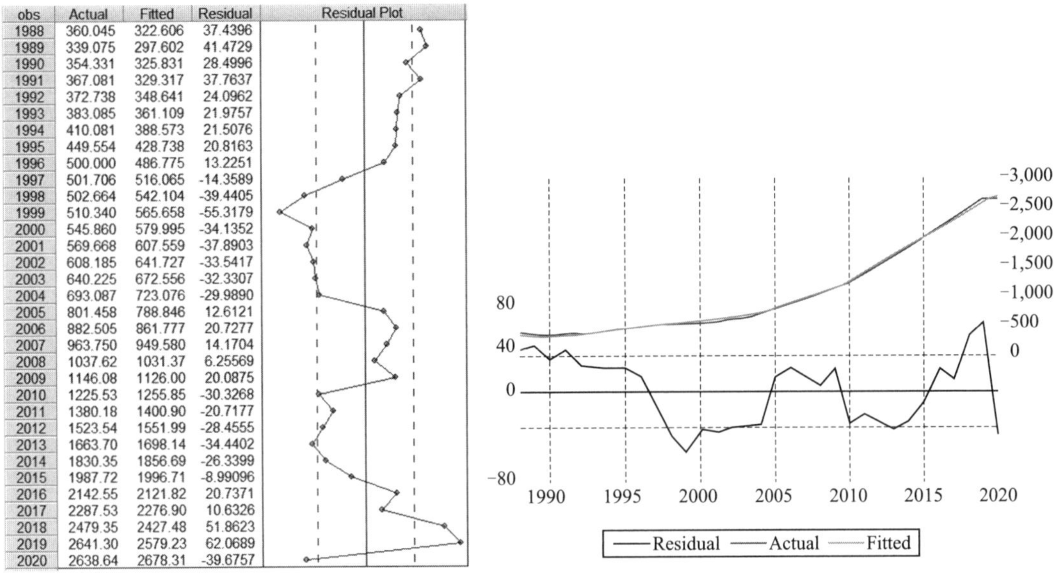

obs	Actual	Fitted	Residual	Residual Plot
1988	360.045	322.606	37.4396	
1989	339.075	297.602	41.4729	
1990	354.331	325.831	28.4996	
1991	367.081	329.317	37.7637	
1992	372.738	348.641	24.0962	
1993	383.085	361.109	21.9757	
1994	410.081	388.573	21.5076	
1995	449.554	428.738	20.8163	
1996	500.000	486.775	13.2251	
1997	501.706	516.065	-14.3589	
1998	502.664	542.104	-39.4405	
1999	510.340	565.658	-55.3179	
2000	545.860	579.995	-34.1352	
2001	569.668	607.559	-37.8903	
2002	608.185	641.727	-33.5417	
2003	640.225	672.556	-32.3307	
2004	693.087	723.076	-29.9890	
2005	801.458	788.846	12.6121	
2006	882.505	861.777	20.7277	
2007	963.750	949.580	14.1704	
2008	1037.62	1031.37	6.25569	
2009	1146.08	1126.00	20.0875	
2010	1225.53	1255.85	-30.3268	
2011	1380.18	1400.90	-20.7177	
2012	1523.54	1551.99	-28.4555	
2013	1663.70	1698.14	-34.4402	
2014	1830.35	1856.69	-26.3399	
2015	1987.72	1996.71	-8.99096	
2016	2142.55	2121.82	20.7371	
2017	2287.53	2276.90	10.6326	
2018	2479.35	2427.48	51.8623	
2019	2641.30	2579.23	62.0689	
2020	2638.64	2678.31	-39.6757	

图 6.3　残差图

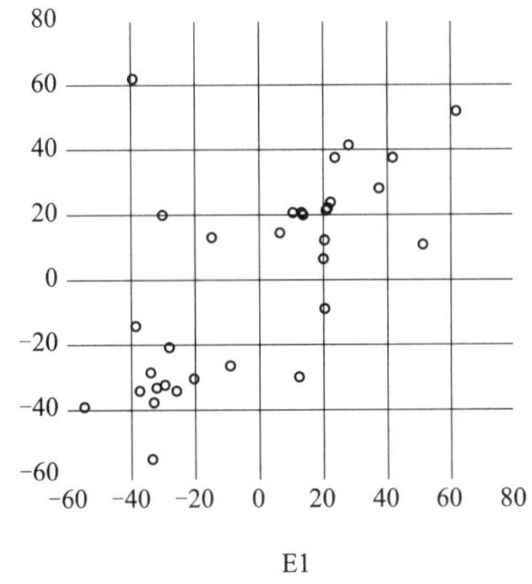

图 6.4　e_t—e_{t-1}的关系图

2. *D*-*W* 检验(杜宾—沃森检验)

该回归方程可决系数较高,回归系数均显著。对样本量为 33、一个解释变量的模型、5% 显著水平,查 *DW* 统计表可知,$d_L=1.383$,$d_U=1.508$,模型中 $DW<d_L$,显然消费模型存在一阶正自相关。

3. 拉格朗日乘数检验法

为了验证是否存在更高阶的序列相关性,采用拉格朗日乘数检验法来检验,回到方程窗口,单击【View】|【Residual Diagnostics】|【Serial Correlation LM test…】,将滞后期填写为 2,便得到表 6.3 所示的辅助回归模型的有关信息,包括及其临界概率值。但拉格朗日乘数检验中,需要确定滞后期的长度。实际应用中,一般是从低阶的 $p(p=1)$ 开始,直到 $p=10$ 左右,若未能得到显著的检验结果,可以认为不存在序列相关。

表 6.3 拉格朗日乘数检验结果

Breusch-Godfrey Serial Correlation LM Test:

F-statistic	10.900 98	Prob. F(2,29)	0.000 3
Obs * R-squared	14.162 15	Prob. Chi-Square(2)	0.000 8

Test Equation:

Dependent Variable: RESID

Method: Least Squares

Date: 10/28/24 Time: 21:08

Sample: 1988 2020

Included observations: 33

Presample missing value lagged residuals set to zero.

Variable	Coefficient	Std. Error	t-Statistic	Prob.
C	2.640 616	7.764 446	0.340 091	0.736 2
X	−0.002 91	0.004 985	−0.583 649	0.564
RESID(−1)	0.834 393	0.241 723	3.451 854	0.001 7
RESID(−2)	−0.228 838	0.258 118	−0.886 561	0.382 6

R-squared	0.429 156	Mean dependent var	−3.45E−15
Adjusted R-squared	0.370 103	S. D. dependent var	31.621 69
S. E. of regression	25.096 88	Akaike info criterion	9.396 577
Sum squared resid	18 265.75	Schwarz criterion	9.577 972
Log likelihood	−151.043 5	Hannan-Quinn criter.	9.457 611
F-statistic	7.267 323	Durbin-Watson stat	1.652 103
Prob(F-statistic)	0.000 886		

从表中检验统计量$TR^2=14.162\ 15>X_\alpha^2=5.991\ 5$，拒绝原假设，模型存在序列相关，同时因为残差滞后一阶显著为正，而滞后二阶不显著，可判断模型存在一阶正自相关，该结论与 DW 检验一致。

4. 自相关问题的处理

(1)C-O 迭代法。根据检验结果，模型存在一阶序列相关性，在 LS 命令中加上 AR(1)，使用迭代法估计模型。输入命令：

```
LS Y C X AR(1)
```

C-O 迭代法估计结果见表 6.4。

表 6.4　*C-O* 迭代法估计结果

Dependent Variable：Y

Method：Method：ARMA Maximum Likelihood(BFGS)

Date：10/28/24　Time：21：24

Sample (adjusted)：1988 2020

Included observations：33

Convergence achieved after 5 iterations

Coefficient covariance computed using outer product of gradients

Variable	Coefficient	Std. Error	t-Statistic	Prob.
C	−4.838 591	28.430 05	−0.170 193	0.866
X	0.810 192	0.015 273	53.047 33	0.000 0
AR(1)	0.670 919	0.209 518	3.202 198	0.003 3
SIGMASQ	547.964 7	148.097	3.700 04	0.000 9
R-squared	0.998 992	Mean dependent var		1 052.713
Adjusted R-squared	0.998 887	S. D. dependent var		748.627
S. E. of regression	24.970 9	Akaike info criterion		9.404 636
Sum squared resid	18 082.84	Schwarz criterion		9.586 031
Log likelihood	−151.176 5	Hannan-Quinn criter.		9.465 67
F-statistic	9 577.52	Durbin-Watson stat		1.507 570
Prob(F-statistic)	0.000 000			
Inverted AR Roots	0.67			

输出结果表明，估计过程经过 5 次迭代后收敛。得到中国农村居民消费模型为

$$\hat{Y}_t=-4.838\ 591+0.810\ 192X_t$$

(2)选用广义差分法。由模型式可得残差序列 e_t，在 EViews 中，每次回归的残差存放在 resid 序列中，为了对残差进行回归分析，须生成命名为 e 的残差序列。在主菜单选择 Quick/Generate Series 或单击工作文件窗口工具栏中的 Proc/Generate Series，在弹出的对话框中输入 e=resid，单击“OK”得到残差序列 e_t。使用 e_t 进行滞后一期的自回归，在 EViews 命令栏中输入 ls e e(−1)可得回归方程

$$\hat{e}_t=0.101\ 634e_{t-1} \tag{6.20}$$

由上式可知 $\hat{\rho}=0.101\ 634$，对原模型进行广义差分，得到广义差分方程：

$$Y_t-0.101\ 634\,Y_{t-1}=\beta 1(1-0.101\ 634)+\beta 2(X_t-0.101\ 634\,X_{t-1})+v_t \tag{6.21}$$

对广义差分方程进行回归，在 EViews 命令栏中输入：

```
ls Y - 0.1016* Y(- 1)  c  X - 0.1016* X(- 1)
```

回车后可得方程输出结果,见表 6.5。

表 6.5 广义差分回归结果

Dependent Variable: Y−0.101634 * Y(−1)

Method: Least Squares

Date: 10/28/24 Time: 21:47

Sample (adjusted): 1989 2020

Included observations: 32 after adjustments

Variable	Coefficient	Std. Error	t-Statistic	Prob.
C	−14.754 63	9.428 433	−1.564 908	0.128 1
X−0.1016344758 * X(−1)	0.817 725	0.006 47	126.381 5	0.000 0

R-squared	0.998 125	Mean dependent var	972.404 6
Adjusted R-squared	0.998 063	S. D. dependent var	678.681 9
S. E. of regression	29.871 44	Akaike info criterion	9.692 144
Sum squared resid	26 769.08	Schwarz criterion	9.783 753
Log likelihood	−153.074 3	Hannan-Quinn criter.	9.722 51
F-statistic	15 972.29	Durbin-Watson stat	0.798 331
Prob(F-statistic)	0.000 000		

由表 6.5,可得回归方程为:

$$\hat{Y}_t^* = -14.754\ 63 + 0.817\ 772\ 5X_t^* \tag{6.22}$$

其中,$\hat{Y}_t^* = Y_t - 0.101\ 634Y_{t-1}$,$\hat{X}_t^* = X_t - 0.101\ 634X_{t-1}$。

由差分方程式有:

$$\hat{\beta}_0 = \frac{-14.754\ 63}{1-0.101\ 634} = -16.423\ 8 \tag{6.23}$$

所以,得到最终的中国农村居民消费模型为:

$$\hat{Y}_t = -16.423\ 8 + 0.817\ 772\ 5\ X_t \tag{6.24}$$

由上面的中国农村居民消费模型可知,中国农村居民的边际消费倾向为 0.817 772 5,即中国农民人均收入每增加 1 元,平均说来人均消费支出将增加 0.817 772 5 元。

本章小结

本章讨论了在随机干扰项出现序列相关情形下的一些情况,那么在实际问题中,尤其是时间序列样本时,序列相关现象是很普遍的,所以对于序列相关性的检验特别重要,当模型被检验出序列相关现象时,必须进行序列相关处理,采用一些修正方法进行估计,这些模型在应用中才会取得好效果。

思考与练习

1. 什么是序列相关？举例说明经济现象中序列相关性的存在。

2. 检验序列相关性的方法思路是什么？

3. 查找我国近40年间居民消费价格指数X和城镇登记失业率Y的数据。要求：

(1)用普通最小二乘法估计模型；

$$Y_t=\beta_0+\beta_1 X_t+\mu_t$$

(2)检验收入—消费模型的自相关状况(5%显著水平)。

(3)用适当的方法消除模型中存在的问题。

4. 查找我国近30年国内生产总值(Y)与固定资产投资额(X)的数据。要求：

(1)使用对数线性模型$\ln Y_t=\beta_0+\beta_1\ln X_t+\mu_t$进行回归，并检验回归模型的自相关性。

(2)采用广义差分法处理模型中的自相关问题。

(3)令$X_t^*=X_t/X_{t-1}$(固定资产投资指数)，$Y_t^*=Y_t/Y_{t-1}$(国内生产总值增长指数)，使用模型$\mathrm{Ln}\,Y_t^*=\beta_0+\beta_1\mathrm{Ln}\,X_t^*+v_t$，该模型中是否有自相关？

第7章　单方程回归模型的几个专题

教学目标

通过本章的学习，使学生对虚拟变量、模型的设定误差和随机解释变量的使用背景以及它们在经济计量学中的作用有所了解和认识，并能利用有关理论和方法对实际应用问题进行建模和分析说明。

教学要求

了解虚拟变量、模型设定误差和随机解释变量的概念及意义；掌握虚拟解释变量模型的应用；掌握一个虚拟因变量模型的应用；了解随机解释变量模型的应用。

7.1　虚拟变量

7.1.1　虚拟变量的说明

1. 虚拟变量的概念

在前面的讨论中，回归模型中的被解释变量和解释变量都可以定量度量，其取值是可以用数值表示的。如消费量、GDP、投资额、受教育年限等。在经济研究中，很多时候还需要考虑定性因素的影响，如个人的性别、职业、文化程度等，或者如一个企业所属的行业、一个经济体所处的发展阶段等。反映这些定性因素的变量被称为品质变量（也称属性变量或类型变量），这些变量反映的不是数量而是某种性质或属性。这些变量由于各种原因不能定量度量，但是在建立计量经济模型时它们又是必不可少的影响因素，因此可以构造一种特殊的变量，只取1和0两个值。由于这种变量被认为是虚构出来的，所以称为虚拟变量（Dummy Variable）。虚拟变量就是把某种属性拟设为可以用数值表示的变量，在文献中习惯用 D_i 表示。例如，对于一个人的性别这个属性，就可以用一个虚拟变量 D_i 表示，同时规定若这个人是男性时，D_i 的取值是1；若是女性时，D_i 的取值是0，即：

$$D_i=\begin{cases}1 & 男\\ 0 & 女\end{cases}$$

再如对于一个人的文化程度这个属性，也可以用一个虚拟变量 D_i 表示，同时规定若其文化程度是大学以上学历，则 $D_i=1$，若其文化程度是大学以下学历，则 $D_i=0$，即：

$$D_i=\begin{cases}1 & 大学以上学历\\ 0 & 大学以下学历\end{cases}$$

这样就可以在计量经济模型中加入反映事物属性的虚拟变量，把包含虚拟变量的模型称为虚拟变量模型。如果仅有解释变量中包含虚拟变量，就称该模型为虚拟解释变量模型；如果被解释变量是虚拟变量，就称该模型为虚拟被解释变量模型，或称为离散选择模型。

2. 虚拟变量的设置原则

定性因素的变化通常表现为某种属性或特征是否存在，所以可以用只取 1 和 0 两个值的虚拟变量来量化定性因素的变化。一般地，用 1 表示这种属性或特征存在，用 0 表示这种属性或特征不存在。或者说，设置虚拟变量时，将肯定类型、比较类型取值为 1；而将否定类型、基础类型取值为 0。

在计量经济模型中设置虚拟变量时，要注意避免陷入所谓的“虚拟变量陷阱”。例如，居民可以分为城镇和农村两种类型，对于居民住房消费模型可以写成以下形式；

$$C_i=\beta_0+\beta_1 D_i+\beta_2 Y_i+\mu_i \tag{7.1}$$

式中，C_i 为住房消费；Y_i 为收入；$D_i=\begin{cases}1 & 城镇居民\\ 0 & 农村居民\end{cases}$

而不能设置成如下的模型：

$$C_i=\alpha_0+\beta_0 Y_i+\beta_1 \mathrm{D}_{1i}+\beta_2 D_{2i}+\mu_i \tag{7.2}$$

式中：

$$D_{1i}=\begin{cases}1 & 城镇居民\\ 0 & 其他\end{cases}；D_{2i}=\begin{cases}1 & 农村居民\\ 0 & 其他\end{cases}。$$

因为模型(7.2)中，对于任何被调查的居民，都有 $D_{1i}+D_{2i}=1$，说明模型中存在着完全多重共线性，这时参数将无法估计，这就是所谓的“虚拟变量陷阱”。

为了避免产生“虚拟变量陷阱”问题，在模型中设置虚拟变量的一般规律是：在一个包含截距项的模型中，如果一个因素有 m 个水平(或类型)，则模型中只能引入 $m-1$ 个虚拟变量。每个虚拟变量定义为：

$$D_i=\begin{cases}1 & 第\ i\ 个属性类型\\ 0 & 非第\ i\ 个属性类型\end{cases}\quad(i=1,2,\cdots,m-1)$$

这是因为引入虚拟变量的目的是为了区分定性因素不同属性类型的作用，当第 i 种属性类型出现时，第 i 个虚拟变量取 1，其他虚拟变量皆取 0，而当所有 D_i 都取 0 时，则表示出现第 m 种属性类型。所以，m 种属性类型只需引入 $m-1$ 个虚拟变量。因此，对一个有两个以上的不同类型或者水平的定性因素，由于虚拟变量只能取两个不同的值，这时就需要多个虚拟变量才能描述这一定性因素。例如，对于一个人的文化程度，如果分为大学以下、大学、大学以上三类的话，就不能用一个虚拟变量来表示，而要用(3－1)个即两个虚拟变量表示，可以定义为：

$$D_{1i}=\begin{cases}1 & 大学以下\\ 0 & 其他\end{cases}，D_{2i}=\begin{cases}1 & 大学\\ 0 & 其他\end{cases}$$

3. 虚拟变量的作用

在计量经济模型中加入虚拟变量,可以同时兼顾定量因素和定性因素的影响,能够比较准确地反映经济变量之间的相互关系,提高模型的精度。虚拟变量的作用可以归纳为以下几个方面。

1)可以检验和度量用文字所表示的定性因素的影响

例如,为了反映甲、乙两种不同工艺过程对产量的影响,可以在生产函数中引入描述甲、乙两种不同工艺过程的虚拟变量 D_i :

$$\ln Q_i = \ln A + \alpha \ln L_i + \beta \ln K_i + \gamma D_i + \mu_i \tag{7.3}$$

式中, Q 为产量; L 为劳动力投入; K 为资金投入; $D_i = \begin{cases} 1 & \text{由甲工艺过程生产} \\ 0 & \text{由乙工艺过程生产} \end{cases}$。

通过对模型中 γ 的显著性检验,来确定甲、乙两种不同的工艺过程是否对产量有影响。如果 γ 在统计上是显著的,就可以说明不同工艺过程对产量有影响。

2)可以测量变量在不同时期的影响

例如,研究我国国民生产总值 Y 随时间 X 而增长的过程,需要考虑反常年份这一特殊因素的调整。在回归模型 $Y_t = \beta_0 + \beta_1 X_t + u_t$ 中引入虚拟变量,定义:

$$D_t = \begin{cases} 1 & \text{反常年份} \\ 0 & \text{正常年份} \end{cases}$$

则引入虚拟变量的模型为:

$$Y_t = \beta_0 + \beta_1 X_t + \beta_2 D_t + u_t \tag{7.4}$$

在原假设 $H_0:\beta_2 = 0$ 的情况下,对参数 β_2 进行 t 检验,可以检验反常年份对国民生产总值有无影响。由于引入虚拟变量,就把受反常年份影响的时期从总过程中区分出来,如图 7.1 所示。

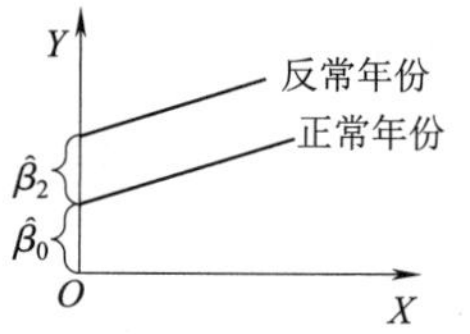

图 7.1　加入虚拟变量的模型图

3)可以用来处理异常数据的影响

现实经济中常常存在这样的情况,一些突发事件或变化对经济活动、经济关系造成短暂的但却是很显著的冲击影响,这些影响既不能被看作微小的随机扰动,但又不会改变长期的经济关系,或者说经济规律。这就会使数据变为一个脱离基本趋势的异常值,从而使模型的误差项在相应时点存在均值非 0 的问题。

例如,变量 Y 和 X 在长期中基本满足线性回归模型的各个假设,但在时刻 i_0 有一个突发情况,使得 Y 出现一个 k 单位的暂时性波动。如果用线性回归模型:

$$Y_i = \beta_0 + \beta_1 X_i + \mu_i \tag{7.5}$$

分析这两个变量的关系,其随机误差项的均值是 $E(u_i) = \begin{cases} 0 & \text{当 } i \neq i_0 \\ k & \text{当 } i = i_0 \end{cases}$。显然, $E(\mu_i) = 0$ 不是对任意 i 都成立,也就是回归模型的基本假设 1 是不成立的。解决办法是引进一个针对性的虚拟变量,其定义为 $D_i = \begin{cases} 0 & \text{当 } i \neq i_0 \\ 1 & \text{当 } i = i_0 \end{cases}$,把这个虚拟变量引进原来的模型,得到一个新的回归模型为:

$$Y_i = \beta_0 + \beta_1 X_i + kD_i + v_i \tag{7.6}$$

注意,由于两个模型的随机误差项之间的变量关系为: $v_i = \mu_i - kD_i$,因此:

$$E(v_i) = E(u_i) - E(kD_i) = \begin{cases} 0 - 0 = 0 & i \neq i_0 \\ k - k \cdot 1 = 0 & i = i_0 \end{cases}$$

所以，在引入虚拟变量 D_i 的模型中，异常值就不会造成模型误差项出现均值非 0 的问题了。

7.1.2　虚拟解释变量模型

1. 虚拟变量的引入方式

在计量经济模型中引入虚拟解释变量，一般有 3 种方式：加法方式、乘法方式和混合方式。

1)以加法方式引入虚拟变量

所谓加法方式，是指将虚拟变量直接作为一个解释变量引入模型，它同其他解释变量之间是相加的关系。当不同类型模型的斜率相同、截距不相同时，可考虑以加法形式引入虚拟变量。例如，香烟的消费量除了受收入因素的影响外，还与地区有关。如果把农村地区当作基础类型，把城镇地区当作比较类型，就可以用虚拟变量 D_i 描述地区这个属性对香烟消费量的影响。当在不同地区香烟关于收入的边际消费倾向(斜率)相同时，其消费模型可写为：

$$C_i = \beta_0 + \beta_1 D_i + \beta_2 Y_i + u_i \tag{7.7}$$

式中，C_i 为香烟消费量；Y_i 为居民的收入；$D_i = \begin{cases} 1 & \text{城镇} \\ 0 & \text{农村} \end{cases}$。

式(7.7)就是虚拟变量模型，当这一模型满足普通最小二乘法的假定条件时，就可应用估计，得到：

$$\hat{C}_i = \hat{\beta}_0 + \hat{\beta}_1 D_i + \hat{\beta}_2 Y_i \tag{7.8}$$

对于原假设 $\beta_1 = 0$ 的检验，就是对于农村地区和城镇地区香烟消费量有无差异的假设的检验。由式(7.8)可得以下结论。

农村居民的香烟消费量为：

$$\hat{C}_i = \hat{\beta}_i + \hat{\beta}_2 Y_i \tag{7.9}$$

城镇居民的香烟消费量为：

$$\hat{C}_i = (\hat{\beta}_0 + \hat{\beta}_1) + \hat{\beta}_2 Y_i \tag{7.10}$$

如果绘出这两个函数的图形，就可以明显地看出，这两个函数具有相同的斜率、不同的截距，如图 7.2 所示。

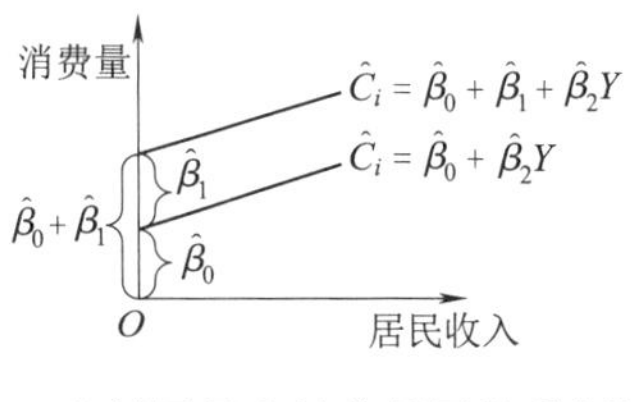

图 7.2　农村居民和城市居民的香烟消费量

如果香烟的消费量除收入、地区两个因素外，还受性别差异的影响。性别这个因素就需要用新的虚拟变量来描述。因此，用虚拟变量 D_1 描述地区的影响，用一个新的虚拟变量 D_2 描述性别的影响，规定新的虚拟变量 D_2 中，把女性的香烟消费量作为基本类型，把男性的香烟消费量作为比较类型。在香烟关于收入的边际消费倾向相同的条件下，其消费模型为：

$$C_i = \beta_0 + \beta_1 D_{1i} + \beta_2 D_{2i} + \beta_3 Y_i + \mu_i \tag{7.11}$$

式中：C_i 为香烟消费量；Y_i 为居民收入；$D_{1i} = \begin{cases} 1 & \text{城镇} \\ 0 & \text{农村} \end{cases}$；$D_{2i} = \begin{cases} 1 & \text{男性} \\ 0 & \text{女性} \end{cases}$。

如果式(7.11)满足 OLS 的基本假设条件，可估计出各类型居民香烟消费量分别如下：

农村女性居民： $$\hat{C}_i = \hat{\beta}_0 + \hat{\beta}_3 Y_i \tag{7.12}$$

城镇女性居民： $$\hat{C}_i = (\hat{\beta}_0 + \hat{\beta}_1) + \hat{\beta}_3 Y_i \tag{7.13}$$

农村男性居民： $$\hat{C}_i = (\hat{\beta}_0 + \hat{\beta}_2) + \hat{\beta}_3 Y_i \tag{7.14}$$

城镇男性居民： $$\hat{C}_i = (\hat{\beta}_0 + \hat{\beta}_1 + \hat{\beta}_2) + \hat{\beta}_3 Y_i \tag{7.15}$$

可以看出，上述 4 个类型的香烟消费量截距不同，斜率相同。

因此，引入虚拟变量的消费模型既可以分析各种类型消费者对香烟需求的差异程度，又可以用于检验各种因素影响的显著性。

如果一种定性因素分为 3 个属性，如根据截面资料，作职工工资收入水平 Y_i 除受工龄 X_i 影响外，还受教育程度影响的回归模型。若教育程度考虑 3 个学历层次：高中以下、高中和大专及以上，设置虚拟变量：$D_{1i} = \begin{cases} 1 & \text{高中} \\ 0 & \text{其他} \end{cases}$，$D_{2i} = \begin{cases} 1 & \text{大专及以上} \\ 0 & \text{其他} \end{cases}$。

模型设定及估计如下：

$$\hat{Y}_i = \hat{\beta}_0 + \hat{\beta}_1 X_i + \hat{\beta}_2 D_{1i} + \hat{\beta}_3 D_{2i} \tag{7.16}$$

实际包含 3 个工资收入方程。

高中以下程度：$D_{1i} = 0, D_{2i} = 0$ $\quad \hat{Y}_i = \hat{\beta}_0 + \hat{\beta}_1 X_i$

高中文化程度：$D_{1i} = 1, D_{2i} = 0$ $\quad \hat{Y}_i = (\hat{\beta}_0 + \hat{\beta}_2) + \hat{\beta}_1 X_i$

大专及以上程度：$D_{1i} = 0, D_{2i} = 1$ $\quad \hat{Y}_i = (\hat{\beta}_0 + \hat{\beta}_3) + \hat{\beta}_1 X_i$

同样可以看出，按照这个定性因素的 3 个属性得到的 3 个方程，事实上也是斜率相等，截距不同而已。

如果一种定性因素分为 4 个属性。例如，有些经济现象常受季节变动的影响，如盛夏之时人们对肉类食品的需求量减少，相反对冷饮的需求量就大；而当到了元旦春节时，人们对肉类食品的需求量就增加，而对冷饮需求量减少。所以，季节变动对某些商品的需求量影响很大。为了把季节变动的影响反映到模型中去，可以引进 3 个虚拟变量(设第一季度为基础类型)，其模型为：

$$Y_i = \beta_0 + \beta_1 X_{1i} + \beta_2 X_{2i} + \cdots + \beta_k X_{ki} + \alpha_1 D_{1i} + \alpha_2 D_{2i} + \alpha_3 D_{3i} + \mu_i \tag{7.17}$$

这里，$X_1 X_2 X_3, \cdots, X_k$ 为影响该商品需求量 Y_i 的因素。

$$D_{1i} = \begin{cases} 1 & \text{第二季度} \\ 0 & \text{其他季度} \end{cases} \quad D_{2i} = \begin{cases} 1 & \text{第三季度} \\ 0 & \text{其他季度} \end{cases} \quad D_{3i} = \begin{cases} 1 & \text{第四季度} \\ 0 & \text{其他季度} \end{cases}$$

必须注意，在这里不能引进第四个虚拟变量(即 D_{4i})，否则就会掉入“虚拟变量陷阱”。模型中系数 β_0 、α_1 、α_2 、α_3 分别反映了一～四季度对该商品的平均影响程度，根据这些系数的统计检验就可以判断季度因素对该商品的需求量是否存在着显著影响，所以虚拟变量在季节调整模型中有较好的应用。

2)以乘法方式引入虚拟变量

定性因素的影响不仅表现在截距上，有时也会影响到斜率。例如，随着收入水平的提高，边际消费倾向可能发生变化。当不同类型模型中截距相同而斜率不相同时，可通过乘法方式在模型中引入虚拟变量，也就是虚拟变量和其他解释变量之间是相乘的关系。

例如，文化用品消费量在城镇和农村的边际消费倾向是不相同的，其消费模型可写成：

$$C_i = \beta_0 + \beta_1 Y_i + \beta_2 D_i Y_i + u_i \tag{7.18}$$

式中，C_i 为文化用品消费量；Y_i 为居民收入；$D_i=\begin{cases}1 & \text{城镇}\\0 & \text{农村}\end{cases}$。

在该模型中，虚拟变量 D_i 和解释变量 Y_i 的乘积 D_iY_i 作为一个解释变量，这就是以乘法方式引入虚拟变量。

如果式(7.18)满足 OLS 的基本假定条件，可估计出不同类型文化用品消费函数。

农村居民：
$$\hat{C}_i=\hat{\beta}_0+\hat{\beta}_1Y_i \tag{7.19}$$

城镇居民：
$$\hat{C}_i=\hat{\beta}_0+(\hat{\beta}_1+\hat{\beta}_2)Y_i \tag{7.20}$$

可以看出，上述两个函数的截距相同，斜率不同。

3)以混合方式引入虚拟变量

当不同类型模型中截距和斜率都不相同时，可考虑同时以加法和乘法的方式引入虚拟变量。例如，城镇和农村文化用品的边际消费倾向不同，而且基本消费量也不同，其消费模型可写成：

$$C_i=\beta_0+\beta_1D_i+\beta_2Y_i+\beta_3D_iY_i+u_i \tag{7.21}$$

式中，C_i 为文化用品消费量；Y_i 为居民收入；$D_i=\begin{cases}1 & \text{城镇}\\0 & \text{农村}\end{cases}$。

当式(7.21)满足 OLS 的基本假定后，可估计出各类型文化用品消费函数如下：

农村：
$$\hat{C}_i=\hat{\beta}_0+\hat{\beta}_2Y_i \tag{7.22}$$

城镇：
$$\hat{C}_i=(\hat{\beta}_0+\hat{\beta}_1)+(\hat{\beta}_2+\hat{\beta}_3)Y_i \tag{7.23}$$

可以看出，上述两个函数的截距和斜率都不相同。

2. 虚拟变量的特殊应用

1)虚拟变量在分段回归中的作用

当现象在某一时期(或超过某一数量界限)有一明显转折点时，可利用虚拟变量建立分段回归模型。例如，进口消费品数量，主要取决于国民收入，但 1980 年前后我国进口消费品数量明显不同，设 $t^*=1980$ 年为转折期，1980 年国民总收入为 X_t^*，其他年份国民总收入为 X_t。则进口消费品模型为：

$$Y_t=\beta_0+\beta_1X_t+\beta_2(X_t-X_t^*)D_i+\mu_i \tag{7.24}$$

式中，Y_t 为进口消费品数量；X_t 为国民总收入；虚拟变量 $D_i=\begin{cases}1 & t\geqslant t^*\\0 & t<t^*\end{cases}$。

若式(7.24)满足 OLS 的基本假定条件，通过估计得到：

$$\hat{Y}_t=\hat{\beta}_0+\hat{\beta}_1X_t+\hat{\beta}_2(X_t-X_t^*)D_i$$

这时，只要检验 $\hat{\beta}_2$ 的统计显著性，就可以判断在临界值水平 X_t^* 处是否存在着“突变”。

如果 $\hat{\beta}_2$ 在统计上是显著的，则 1980 年以前，即 $t<t^*$，$D_i=0$，进口消费品模型的函数形式为：

$$\hat{Y}_t=\hat{\beta}_0+\hat{\beta}_1X_t \tag{7.25}$$

1980 年以后，$t\geqslant t^*$，$D_i=1$，进口消费品模型的函数形式为：

$$Y_t=(\hat{\beta}_0-\hat{\beta}_2X_t^*)+(\hat{\beta}_1+\hat{\beta}_2)X_t \tag{7.26}$$

可以看出，1980 年以后函数的斜率明显不同于 1980 年以前的斜率。

2)交互效应分析

当分析解释变量对被解释变量的影响时,大多数情形仅分析了解释变量自身变动对被解释变量的影响作用,而没有深入分析解释变量间相互作用的结果对被解释变量的影响。采取乘法形式引入虚拟解释变量,可达到分析解释变量交互影响的目的。

考虑下列模型:

$$Y_i = \beta_0 + \beta_1 X_i + \alpha_1 D_{1i} + \alpha_2 D_{2i} + \mu_i \tag{7.27}$$

式中,Y_i 为在服装上的年支出费用;X_i 为收入水平;D_1 和 D_2 分别为性别和教育水平虚拟变量,$D_{1i} = \begin{cases} 1 & 女性 \\ 0 & 男性 \end{cases}$,$D_{2i} = \begin{cases} 1 & 本科及本科以上 \\ 0 & 其他 \end{cases}$。

显然式(7.27)是在描述性别和教育水平的差异对服装支出的影响,虚拟解释变量 D_1 和 D_2 是以加法形式引入的。那么,式(7.27)就暗含了这样的假设:性别虚拟变量 D_1 的截距差异效应对于两种教育水平而言是常数;同理,教育水平虚拟变量的截距差异效应对于性别而言也是常数。换言之,当女性年均服装支出高于男性时,则表明性别差异在年均服装支出上产生了影响效应,但这个效应的大小与女性的教育水平无关,因为没有一个解释变量是表征女性的教育水平是否为本科。同理,当本科及本科以上人群在服装上的年均支出费用高于其他人群时,只能说明教育水平的差异对服装支出费用产生了影响,而且其中可能还包括本科及本科以上的男性人群。由于 D_2 中并没有区分性别,因而这个影响与性别差异无关。接受本科教育的女性在服装费用的支出上可能高于未接受本科教育的女性,即在两个定性因素间,性别与教育水平虚拟变量 D_1 和 D_2 间存在着交互作用,且这种交互作用会对被解释变量产生影响。

为了描述交互影响对被解释变量的作用,必须以加法形式引入两个虚拟变量的乘积。考虑下列模型:

$$Y_i = \beta_0 + \beta_1 X_i + \alpha_1 D_{1i} + \alpha_2 D_{2i} + \alpha_3 D_{1i} D_{2i} + \mu_i \tag{7.28}$$

其中,各变量的含义同式(7.27)。在式(7.28)中引入了虚拟解释变量(D_{1i}、D_{2i}),以描述定性因素的交互效应对它的影响。从式(7.28)可得描绘本科及本科以上女性服装费用支出的模型:

$$E(Y_i \mid D_{1i} = 1, D_{2i} = 1, X_i) = \beta_0 + \beta_1 X_i + \alpha_1 + \alpha_2 + \alpha_3 \tag{7.29}$$

上式中截距水平由 4 项组成,其中:α_1 为不同性别服装费用支出模型的截距差异系数;α_2 为教育水平服装费用支出模型的截距差异系数;α_3 为性别与教育水平交互效应的截距差异系数,也称为交互效应系数。

相对于比较基准组(未接受高等教育的男性),当 $\alpha_1 > 0$,$\alpha_2 > 0$,$\alpha_3 > 0$ 时,有其直接的经济解释。对于本科以下女性而言,显然其服装支出的年均水平高于比较基准组,高出水平为 α_1 ,但对女性中的本科及本科以上人群,其服装支出的年均水平远远高于服装基准组,且高出的水平为 $\alpha_1 + \alpha_2 + \alpha_3$;同理,对于本科及本科以上男性而言,显然其年均服装费用支出高于比较基准组,高出的幅度为 α_2。但本科及本科以上中的女性人群服装费用的年均支出水平,相对于比较基准组,高出的水平同样是 $\alpha_1 + \alpha_2 + \alpha_3$。

关于交互效应是否存在,可借助于交互效应虚拟变量系数的显著性检验来加以判断。当 t 检验表明交互效应虚拟变量在统计意义上显著时,交互效应将对被解释变量产生影响,这个影响可能减弱或加强定性因素各自单独对被解释变量的作用力度。也就是说,在计量经济模型设定时,不可忽视统计显著的交互效应变量,否则将会导致所建模型的设定偏倚。

3)虚拟变量在模型稳定性检验中的作用

模型结构的稳定性是指在两个不同时期(或不同空间)研究同一性质的问题时所建立的同一形式的回归模型的参数之间有无显著性差异。如果存在差异,则认为模型结构不稳定。

在现实经济生活中,往往由于某些重要因素的影响,解释变量和被解释变量之间可能会发生结构性变化,例如,经济衰退使石油输出国的真实国民收入减少;又如我国由于经济体制的变化,改革开放前后国民经济总量指标之间的关系都会发生变化;或者研究我国发达地区和不发达地区投资对经济增长的影响,也会因地区不同而产生结构差异;等等。

这里介绍两种检验模型结构稳定性的方法。

(1)虚拟变量检验法。为了检验模型结构的稳定性,可引入虚拟变量进行检验。设根据两个样本估计的回归模型如下。

样本 1:
$$Y_i = \alpha_1 + \beta_1 X_i + \varepsilon_{1i} \tag{7.30}$$
样本 2:
$$Y_i = \alpha_2 + \beta_2 X_i + \varepsilon_{2i} \tag{7.31}$$
设虚拟变量:
$$D_i = \begin{cases} 1 & \text{样本 1} \\ 0 & \text{样本 2} \end{cases}$$

将样本 1 和样本 2 的数据合并,估计以下模型:
$$Y_i = \alpha_1 + \beta_1 X_i + (\alpha_2 - \alpha_1) D_i + (\beta_2 - \beta_1) D_i X_i + \mu_i \tag{7.32}$$

然后利用 t 检验判断 D_i 、$D_i X_i$ 的系数的显著性,可以得到以下 4 种检验结果。

①两个系数均等于零,即 $\alpha_2 = \alpha_1$,$\beta_2 = \beta_1$,说明两个回归模型之间没有显著差异,称之为"重合回归"(Coincident Regression),模型结构是稳定的。

② D_i 的系数不等于零,$D_i X_i$ 的系数等于零,即 $\alpha_2 \neq \alpha_1$,$\beta_2 = \beta_1$,说明两个回归模型之间的斜率相同,结构差异仅仅表现在截距上,称之为平行回归(Parallel Regression)。

③ D_i 的系数等于零,$D_i X_i$ 的系数不等于零,即 $\alpha_2 = \alpha_1$,$\beta_2 \neq \beta_1$,说明两个回归模型之间的截距相同,结构差异仅仅表现在斜率上,称之为汇合回归(Concurrent Regression)。

④ D_i 、$D_i X_i$ 的系数均不等于零,即 $\alpha_2 \neq \alpha_1$,$\beta_2 \neq \beta_1$,说明两个回归模型完全不同,存在着结构差异,称之为相异回归(Dissimilar Regression)。

(2)Chow 检验法。为了检验两个模型的结构是否相同,可以提出原假设——两个回归方程的结构相同,然后看能否拒绝这个假设,这个检验称为 Chow 检验(Chow Test)。

设有两个样本的回归模型:

样本 1:
$$Y_i = \beta_1 + \beta_2 X_{2i} + \cdots + \beta_k X_{ki} + \mu_{1i} \tag{7.33}$$
样本 2:
$$Y_i = \alpha_1 + \alpha_2 X_{2j} + \cdots + \alpha_k X_{kj} + \mu_{2i} \tag{7.34}$$

设样本 1 的容量为 n ,样本 2 的容量为 m ,式(7.33)的系数可以与式(7.34)的系数不一样,假设用 OLS 对这两个方程分别进行估计,可得到各自的残差平方和 RSS_1 和 RSS_2。由于对模型的系数没有任何限制条件,可以将这两个残差平方和相加求和表示无约束条件残差平方和,即 $RSS_{UR} = RSS_1 + RSS_2$,其自由度为 $(n-k)+(m-k)=n+m-2k$ 。

假设原假设为真,即 $\alpha_1 = \beta_1$ 、$\alpha_2 = \beta_2$ 、…、$\alpha_k = \beta_k$,以及 $\mathrm{Var}(\mu_{1i}) = \mathrm{Var}(\mu_{2i})$,则回归模型(7.33)与(7.34)可以合并用一个方程表示:
$$Y_i = \gamma_1 + \gamma_2 X_{2i} + \cdots + \gamma_k X_{ki} + \mu_{3i} \tag{7.35}$$

式(7.35)的样本容量为 $n+m$,然后用 OLS 估计式(7.35),并计算有约束条件残差平方和 RSS_R。如果原假设成立,则它所带来的条件限制将不会影响模型的解释能力。RSS_R 也不

会超过 RSS_{UR} 太多，这样我们对这两个残差平方和的差是否显著进行 F 检验。

$$F=\frac{(RSS_R-RSS_{UR})/k}{RSS_{UR}/(n+m-2k)} \tag{7.36}$$

如果 F 统计量在一定置信水平下大于自由度为 k 和 $n+m-2k$ 的 F 分布的临界值，则拒绝原假设，认为这两个模型的结果存在差异。在软件 EViews 中，单击【View】|【stability】|【Chow breakpoint test】，并输入相应的欲诊断的分界点，就会得到检验结果。

7.1.3 虚拟被解释变量模型

在实际生活中经常会遇到对某一问题人们要做出“是”或“否”的回答，如是否购买家用汽车，是否购买人寿保险，某一商品在市场上是否畅销等，表现在人们的决策行为上，对这些问题，也可以利用虚拟被解释变量模型进行决策。当被解释变量只取有限个离散值，特别是只取两个值时，所建立的模型被称为离散选择模型，离散选择模型的目的是对被解释变量取值的概率建立模型，而不是直接预测其取值。常用的模型有线性概率模型和非线性概率模型（包括 Logit 模型和 Probit 模型）

1. 线性概率模型

1）线性概率模型的形式

例如，设人们是否购买家用小汽车模型为：

$$Y_i=\beta_0+\beta_1X_i+\mu_i \tag{7.37}$$

其中，$Y_i=\begin{cases}1 & \text{购买家用小汽车}\\0 & \text{不购买家用小汽车}\end{cases}$；$X_i$ 为家庭收入。

现在来看当 X_i 给定时，Y_i 的条件期望的含义：

$$E(Y\mid X_i)=\beta_0+\beta_1X_i \tag{7.38}$$

若以 p_i 代表 $Y_i=1$ 的概率，则 $(1-p_i)$ 便代表 $Y_i=0$ 的概率，于是 Y 的数学期望：

$$E(Y\mid X_i)=1\times p_i+0\times(1-p_i)=p_i \tag{7.39}$$

由此可见，式(7.37)中被解释变量的条件期望可解释为在 X_i 给定时，在 X_i 这个收入水平上每个家庭购买汽车的概率。因为概率 p_i 的数值必介于 0 和 1 之间，所以概率解释要求 $E(Y\mid X_i)$ 满足限制条件：$0\leqslant E(Y\mid X_i)\leqslant 1$，也就是说，$Y_i$ 的条件期望只能在 0 和 1 之间。由于 Y_i 的条件期望具有概率含义，所以线性模型(7.37)称为线性概率模型。

2）线性概率模型的估计

线性概率模型在形式上同普通线性回归模型很相似，但由于 Y_i 是虚拟变量，这就出现了不同于普通回归模型的问题。

（1）随机误差项 μ_i 不服从正态分布。

因为

$$\mu_i=Y_i-\beta_0-\beta_1X_i \tag{7.40}$$

显然

$$\mu_i=\begin{cases}1-\beta_0-\beta X_i & Y_i=1\\-\beta_0-\beta X_i & Y_i=0\end{cases} \tag{7.41}$$

这就是说，对于一定的 X_i 值，Y_i 只能取两个值，μ_i 也只能有两个值出现，所以 μ_i 服从的是二项分布。即：

$$Y_i\sim\begin{pmatrix}1 & 0\\p_i & (1-p_i)\end{pmatrix},\ \mu_i\sim\begin{pmatrix}1-\beta_0-\beta_1X_i & -\beta_0-\beta_1X_i\\p_i & (1-p_i)\end{pmatrix} \tag{7.42}$$

虽然 μ_i 不服从正态分布，但对参数的估计不会产生影响，因为 OLS 估计的无偏性，有效性与 μ_i 的概率分布无关。但进行 t 检验、F 检验等统计推断时，却要求随机误差项服从正态分布。根据中心极限定理可知，在大样本情况下二项分布趋近于正态分布，所以这时仍然可以在正态分布假设下进行统计推断。

(2)随机误差项 μ_i 具有异方差性。

$$\begin{aligned}\mathrm{Var}(\mu_i) &= E(\mu_i - E(\mu_i))^2 \\ &= (1-\beta_0-\beta_1 X_i)^2 p_i + (-\beta_0-\beta_1 X_i)^2(1-p_i) \\ &= (1-\beta_0-\beta_1 X_i)^2(\beta_0+\beta_1 X_i) + (-\beta_0-\beta_1 X_i)^2(1-\beta_0-\beta_1 X_i) \\ &= (1-\beta_0-\beta_1 X_i)(\beta_0+\beta_1 X_i) \end{aligned} \tag{7.43}$$

这里利用了 $p_i = \beta_0 + \beta_1 X_i$，式(7.43)表明随机误差项 μ_i 的方差随着 X_i 的变化而变化，因此具有异方差性，这时就不能直接用 OLS 法估计模型中的参数。

(3)线性概率模型的估计方法。

为了消除异方差性的影响，应采用 WLS 法来估计线性概率模型中的参数。其权数 W_i 取 $\mathrm{Var}(\mu_i)$，然后对原模型(7.37)两边同除以 $\mathrm{Var}(\mu_i)$ 的算术平方根，得到：

$$\frac{Y_i}{\sqrt{\mathrm{Var}(\mu_i)}} = \frac{\beta_0}{\sqrt{\mathrm{Var}(\mu_i)}} + \beta_1 \frac{X_i}{\sqrt{\mathrm{Var}(\mu_i)}} + \frac{\mu_i}{\sqrt{\mathrm{Var}(\mu_i)}} \tag{7.44}$$

变换后，式(7.44)的随机项不再有异方差性，而是具有同方差性，因此可用 OLS 法估计其中的参数。但是由于 $\mathrm{Var}(\mu_i) = p_i(1-p_i)$，$p_i$ 是未知的，而 $p_i = E(Y \mid X_i) = \beta_0 + \beta_1 X_i$，所以可以先利用 OLS 法估计式(7.37)，求出 $E(Y \mid X_i)$ 的估计值 $\hat{Y}_i$，然后用 $\hat{Y}_i$ 代替 p_i，这样就可以求得 μ_i 的方差：

$$\mathrm{Var}(\mu_i) = \hat{Y}_i(1-\hat{Y}_i) \tag{7.45}$$

(4)条件 $0 \leqslant E(Y \mid X_i) \leqslant 1$ 不一定成立。

因为线性概率模型中 $E(Y \mid X_i)$ 度量事件“$Y_i = 1$”发生的概率，所以从理论上讲，$E(Y \mid X_i)$ 的值应介于 0 和 1 之间。但是从实际估计结果来看，$E(Y \mid X_i)$ 的估计值 $\hat{Y}_i$ 并不一定在 0 和 1 之间，也就是说 $\hat{Y}_i$ 的值可以大于 1，或者为负数。在这种情况下，可以做以下处理；当 $\hat{Y}_i > 1$ 时，应认为它等于 1；当 $\hat{Y}_i < 0$ 时，就认为它等于 0。

2. 非线性概率模型

线性概率模型虽然计算简单，但不能自然符合概率值介于 0 和 1 之间的要求，当 $\hat{Y}_i > 1$ 或 $\hat{Y}_i < 0$ 时，人为地视为它们等同于 $\hat{Y}_i = 1$ 或 $\hat{Y}_i = 0$，这在理论上是不严密的，在实践中也会造成大概率事件就等同于必然事件，小概率事件就等同于不可能事件的认识偏颇。要消除这一缺陷，就应放弃线性模型，而选用对任意解释变量都能保证条件期望 $E(Y \mid X_i)$ 介于 0 和 1 之间的非线性概率模型。这里介绍两种常用的非线性概率模型——Logit 和 Probit 模型。

1)Logit 模型

Logit 模型也被称为对数单位模型，它的具体形式为：

$$p_i = E(Y \mid X_i) = \frac{1}{1+\mathrm{e}^{-(\beta_0+\beta_1 X_i)}} \tag{7.46}$$

这一函数的图像是一条 S 形曲线，如图 7.3 所示。

从图中曲线可以明显看出，由式(7.46)得出的条件概率其数值总在 0 和 1 之间，而且以渐

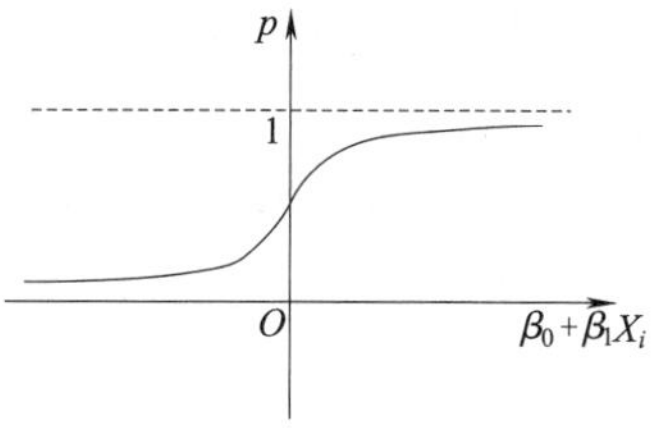

图 7.3　Logit 曲线

进方式趋于 0 和 1，这样模型不仅解决了条件概率有可能大于 1 或小于 0 的矛盾，而且避免了小概率事件的概率估计值等于 1 的缺点。

对于 Logit 模型的估计问题，由于：

$$\frac{p_i}{1-p_i}=\frac{1/(1+\mathrm{e}^{-(\beta_0+\beta_1X_i)})}{\mathrm{e}^{-(\beta_0+\beta_1X_i)}/[1+\mathrm{e}^{-(\beta_0+\beta_1X_i)}]}=\mathrm{e}^{\beta_0+\beta_1X_i}$$

所以：

$$\ln\frac{p_i}{1-p_i}=\beta_0+\beta_1X_i \tag{7.47}$$

式中，$\frac{p_i}{1-p_i}$ 称为机会差异比，即所研究事件"发生"与"不发生"的概率之比。

模型(7.47)将 Logit 模型转化为线性模型，但当 p_i 为 0 或 1 时，其对数比无意义，所以不能直接用 OLS 法估计模型，一般采用极大似然法或分组数据估计式(7.47)，也可以用 EViews 软件，在方程描述窗口直接选择 Logit 选项估计模型。

2)Probit 模型

如前所述，用 Logistic 分布函数去拟合 S 曲线时得到了 Logit 模型；而用正态分布函数去拟合 S 曲线时，所得到的模型就是著名的 Probit 模型。Probit 模型的具体形式为：

$$p_i=F(\beta_0+\beta_1X_i)=\frac{1}{\sqrt{2\pi}}\int_{-\infty}^{\beta_0+\beta_1X_i}\mathrm{e}^{-t^2/2}\mathrm{d}t \tag{7.48}$$

将其转化成线性模型：

$$F^{-1}=\beta_0+\beta_1X_i \tag{7.49}$$

对于模型(7.49)，一般也是采用极大似然估计法进行估计。EViews 软件中，可以在方程描述窗口直接选择 Probit 选项估计模型。

Probit 模型和 Logit 模型都是对线性概率模型的改进，两者的区别在于趋于 0 或 1 的速率不同。Logistic 分布函数趋于 0 或 1 的速率慢于正态分布函数的速率。

例如，以 Logit 模型描述消费者在既定收入水平下购买家用小汽车的决策行为。假如利用 EViews 估计出模型的参数 $\hat{\beta}_0$ 、$\hat{\beta}_1$ ，于是：

$$\ln\frac{p_i}{1-p_i}=\hat{\beta}_0+\hat{\beta}_1X_i$$

如果根据某消费者的收入水平 X_i ，计算出 $\hat{\beta}_0+\hat{\beta}_1X_i=1.76$ ，即：

$$\ln\frac{p_i}{1-p_i}=\hat{\beta}_0+\hat{\beta}_1X_i=1.76 \text{ 或 } \frac{1-p_i}{p_i}=\frac{1}{p_i}-1=\mathrm{e}^{-1.76}$$

所以，$p_i=\frac{1}{1+\mathrm{e}^{-1.76}}=\frac{1}{1.76}=0.85$ ，即该消费者在既定的收入水平下购买家用小汽车的概率为 85%。

3. **模型的检验**

与普通线性回归模型一样，在得到模型的参数估计值后，还要对模型的估计结果做出评价，包括参数的显著性检验、拟合优度检验等。

1)参数显著性检验

在 Logit 模型中，对参数 β_i 的显著性检验的原假设是 $H_0:\beta_i=0$ ，即解释变量 X_i 对被解释变量没有显著影响。由于参数 β_i 的极大似然估计值 $\hat{\beta}_i$ 具有渐进正态性，在大样本情况下，可以认为 $\hat{\beta}_i$ 服从正态分布，因此检验统计量为：

$$Z_i = \frac{\hat{\beta}_i}{S(\hat{\beta}_i)}$$

于是检验方法是：对给定的显著性水平 α，当 $|Z_i| \leqslant Z_{\alpha/2}$ 时，不能拒绝原假设，认为变量 X_i 的系数不能通过显著性检验；当 $|Z_i| > Z_{\alpha/2}$ 时，可以拒绝原假设，认为变量 X_i 的系数能够通过显著性检验。

2)拟合优度检验

与普通线性回归模型不同的是，在 Logit 模型中，给定解释变量 X_i 后，等式右边的 $\hat{\beta}_0 + \hat{\beta}_1 X_i$ 给出的不是 Y_i 的估计值，而是 $Y_i = 1$ 这一事件发生的概率。因此，如果对样本 (X_i, Y_i) $i = 1, 2, \cdots, n$ 中，Y_i 取值为 0 的观测数据，模型给出的 $Y_i = 1$ 的概率估计值较小；对 Y_i 取值为 1 的观测数据，模型给出的 $Y_i = 1$ 的概率估计值较大，就可以认为模型估计与观测数据的拟合优度较好。因此，可以构造如下的拟合优度检验方法。

模型参数估计后，选取适当的截断值 $p(0 < p < 1)$，将观测数据分为两组：$\frac{1}{1+e^{-z}} \leqslant p$ 归入第一组，$\frac{1}{1+e^{-z}} > p$ 归入第二组，其中 $z = \hat{\beta}_0 + \hat{\beta}_1 X_i$。如果样本中的一个观测数据的 Y_i 取值为 0 且该样本属于第一组，或者一个观测数据的 Y_i 取值为 1 且属于第二组，就称这个观测数据是分组恰当的；否则就称这个观测数据是分组不恰当的。显然，如果模型估计与实际观测数据比较一致，则大多数的观测数据应该是分组恰当的；相反，如果分组不恰当的观测数据所占比重很大，模型估计与实际观测数据的拟合程度就较差，模型就需要调整。因此，可以利用分组恰当观测数据占总样本的比例来衡量模型的拟合优度。这种检验方法称为期望—预测表检验。

7.2　设定误差

对模型的设定是计量经济研究的前提条件。在第 2 章提出的线性回归模型的基本假定中，除了对随机扰动项分布做出基本假定以外，还强调了假定的模型对变量和函数形式的设定可以正确地描述被解释变量与解释变量之间的真实关系，假定模型中的变量没有测量误差。但是在实际的建模实践中，对模型的设定不一定能够完全满足这样的要求，从而会使模型出现设定误差。

计量经济模型是对变量间经济关系因果性的模拟和设定，若所设定的回归模型是“正确”的，主要任务是对所选模型参数的估计和假设检验，包括进行前面各章的统计和计量经济检验，如果检验都是显著的或通过适当方法修正后的模型的检验都是显著的，则建模过程结束。但是如果对计量模型的各种诊断或检验总不能令人满意，这时应把注意力集中到模型的设定方面：考虑所建模型是否遗漏了重要的变量，是否包含了多余的变量，所选模型的函数形式是否正确，变量的数据收集是否有误差。所有这些误差在计量经济学中统称为设定误差。

7.2.1　遗漏某个重要解释变量而产生的误差

在计量经济学的实际研究中，往往由于资料缺乏或者由于研究者对实际经济内容不熟悉，在设定模型时遗漏了某个重要的解释变量，这样在估计模型参数时，将会产生一定的误差。

1. 遗漏某个重要解释变量所产生的后果

设模型的正确形式为：

$$Y_i = \beta_0 + \beta_1 X_{1i} + \beta_2 X_{2i} + \mu_i \tag{7.50}$$

但由于某种原因遗漏了解释变量 X_2 ，而将模型设为：

$$Y_i = \beta_0^* + \beta_1^* X_{1i} + v_i \tag{7.51}$$

对该模型进行估计得：

$$\beta_1^* = \frac{\sum (X_{1i} - \overline{X}_1)(Y_i - \overline{Y})}{\sum (X_{1i} - \overline{X}_1)^2} \tag{7.52}$$

将模型(7.50)代入式(7.52)得：

$$\begin{aligned} \beta_1^* &= \frac{\sum (X_{1i} - \overline{X}_1)(\beta_1(X_{1i} - \overline{X}_1) + \beta_2(X_{2i} - \overline{X}_2) + (\mu_i - \overline{\mu}))}{\sum (X_{1i} - \overline{X}_1)^2} \\ &= \beta_1 + \beta_2 \frac{\sum (X_{1i} - \overline{X}_1)(X_{2i} - \overline{X}_2) + \sum (X_{1i} - \overline{X}_1)(\mu_i - \overline{\mu})}{\sum (X_{1i} - \overline{X}_1)^2} \end{aligned}$$

两端取数学期望得：

$$E(\beta_1^*) = \beta_1 + \beta_2 \frac{\sum x_{1i} x_{2i}}{\sum x_{1i}^2} \tag{7.53}$$

由于 X_2 对 Y 有重要影响，所以 $\beta_2 \neq 0$ ，因此，在模型遗漏掉重要的解释变量 X_2 时，系数的最小二乘估计将是有偏估计，并且这种偏离程度随着 X_1 和 X_2 相关程度的增加（即 $\sum x_{1i} x_{2i}$ 值的增大）而变大。如果 $\beta_2 > 0$ ，并且 X_1 和 X_2 是正相关的，则系数估计值大于实际值。

2. 遗漏某个重要解释变量的检验

检验模型是否遗漏某个重要的解释变量，可以用拉格朗日乘数检验，其基本思想是认为模型遗漏的相关变量包含在随机干扰项中，因此随机干扰项或回归所得的残差序列应与遗漏的相关变量呈现出某种依存关系，可以进行残差序列与相关变量的回归，在一定显著水平下，若相关变量具有统计显著性，则认为存在遗漏变量形成的设定偏误，若相关变量不具有统计显著性，则认为没有遗漏变量形成的设定误差。

拉格朗日乘数检验的具体步骤如下：

(1)对存在遗漏变量设定偏误的模型（受约束回归模型）进行回归，得残差序列 e_i。

(2)用残差序列 e_i 对全部的解释变量（包括遗漏变量）进行回归，得到判定系数 R^2。

(3)设定 H_0 为受约束回归模型，H_1 为无约束回归模型。在大样本情况下，构造检验统计量 nR^2，并且证明了：

$$nR^2 \sim \chi^2(h)$$

式中，h 表示 H_0 中约束个数。

(4)进行显著性判断。若 $nR^2 > \chi_\alpha^2(h)$ 则拒绝 H_0，认为受约束模型不成立，存在遗漏变量。否则接受 H_0，认为受约束模型成立，不存在遗漏变量。

检验是否遗漏变量，在被解释变量与解释变量的回归方程方程窗口中单击【View】，选择

【coefficient Tests】|【Omitted Variables - Likelihood Ratio】(模型中是否遗漏了重要的解释变量),在随后弹出的对话框中填入拟加入的解释变量。注意,变量之间至少要有一个空格。输出结果将给出 F 统计量和 LR 统计量及相应的概率。LR 统计量渐进服从 χ^2 分布,自由度为加入变量的个数,即约束个数。

7.2.2　引入不重要解释变量而产生的误差

引入不重要解释变量而产生的误差是指在模型中包括了不重要的解释变量,也就是采用误选了无关解释变量的模型进行估计而带来的误差。

1. 引入不重要的解释变量所产生的后果

设正确的模型是:

$$Y_i = \beta_1 + \beta_2 X_{2i} + \mu_i \tag{7.54}$$

如果在模型中增加了一个不重要的解释变量 X_3,则模型变成:

$$Y_i = \beta_1^* + \beta_2^* X_{2i} + \beta_3^* X_{3i} + v_i \tag{7.55}$$

对式(7.55)进行估计得:

$$\hat{\beta}_2^* = \frac{\sum x_{2i}y_i \sum x_{3i}^2 - \sum x_{3i}y_i \sum x_{2i}y_{3i}}{\sum x_{2i}^2 \sum x_{3i}^2 - (\sum x_{2i}y_{3i})^2}$$

将模型(7.54)的离差形式分别代入 $\sum x_{2i}y_i$ 和 $\sum x_{3i}y_i$ 的计算公式得:

$$\begin{aligned}\sum x_{2i}y_i &= \sum (X_{2i} - \bar{X}_2)[\beta_2(X_{2i} - X_2) + (\mu_i - \bar{\mu})] \\ &= \beta_2 \sum x_2^2 + \sum x_2(\mu_i - \bar{\mu}) \\ \sum x_{3i}y_i &= \sum (X_{3i} - \bar{X}_3)[\sum \beta_2(X_{2i} - \bar{X}_2) + (\mu_i - \bar{\mu})] \\ &= \beta_2 \sum x_2 x_3 + \sum x_3(\mu_i - \bar{\mu})\end{aligned}$$

所以:

$$\begin{aligned}\hat{\beta}_2^* &= \frac{[\beta_2 \sum x_2^2 + \sum x_2(u_i - \bar{\mu})]\sum x_3^2}{\sum x_2^2 \sum x_3^2 - (\sum x_2 x_3)^2} - \frac{[\beta_2 \sum x_2 x_3 + \sum x_3(\mu_i - \bar{\mu})]\sum x_2 x_3}{\sum x_2^2 \sum x_3^2 - (\sum x_2 x_3)^2} \\ &= \frac{\beta_2[\sum x_2^2 \sum x_3^2 - (\sum x_2 x_3)^2]}{\sum x_2^2 \sum x_3^2 - (\sum x_2 x_3)^2} + \frac{\sum x_3^2 \sum x_2(\mu_i - \bar{\mu}) - \sum x_2 x_3 \sum x_3(\mu_i - \bar{\mu})}{\sum x_2^2 \sum x_3^2 - (\sum x_2 x_3)^2} \\ &= \beta_2 + \frac{\sum x_3^2 \sum x_2(\mu_i - \bar{\mu}) - \sum x_2 x_3 \sum x_3(\mu_i - \bar{\mu})}{\sum x_2^2 \sum x_3^2 - (\sum x_2 x_3)^2}\end{aligned} \tag{7.56}$$

对此式两端分别取数学期望和方差得:

$$E(\hat{\beta}_2^*) = \beta_2$$

$$\begin{aligned}\mathrm{Var}(\hat{\beta}_2^*) &= \frac{\sum x_{3i}^2 \sigma_\mu^2}{\sum x_{2i}^2 \sum x_{3i}^2 - (\sum x_{2i}x_{3i})^2} \\ &= \frac{\sigma_\mu^2}{\sum x_{2i}^2} \cdot \frac{1}{1 - r_{23}^2}\end{aligned} \tag{7.57}$$

式中,r_{23} 为 X_2 和 X_3 的相关系数。

但是真实模型(7.54)中 β_2 估计量的方差为：

$$\mathrm{Var}(\hat{\beta})=\frac{\sigma_\mu^2}{\sum x_2^2}$$

所以：
$$\mathrm{Var}(\hat{\beta}_2^*)=\mathrm{Var}(\beta_2)\cdot\frac{1}{1-r_{23}^2}>\mathrm{Var}(\hat{\beta}_2)$$

这表明，当模型含有不重要解释变量时，系数估计量仍然是无偏的，但却增大了系数估计量误差，并且误差程度随着解释变量之间相关程度的增加而增加。

2. 引入不重要解释变量的设定误差的检验

设回归模型为：

$$Y_i=\beta_1+\beta_2X_{2i}+\cdots+\beta_kX_{ki}+\beta_{k+1}X_{(k+1)i}+\cdots+\beta_{k+m}X_{(k+m)i}+u_i \tag{7.58}$$

若要检验上式中 $X_{k+1},X_{k+2},\cdots,X_{k+m}$ 是否是不重要的解释变量，可建立假设 $H_0:\beta_{k+1}=\cdots=\beta_{k+m}=0$ 进行 F 检验。若接受假设，则认定式(7.58)是不正确的模型，应将这些不重要的解释变量删去；若拒绝假设，则式(7.58)就是正确模型，所得的估计结果就没有偏误。

要检验多余变量，选择方程窗口【Equation】工具栏中的【View】|【Coefficient Tests】|【Redundant Variables_Likelihood Ratio】功能(模型中是否存在多余的不重要解释变量)，在随后弹出的对话框中输入需要检验的变量，输出结果给出 F 统计量和 LR 统计量以及相应的概率，自由度为删去变量的个数。

7.2.3 函数形式设定的误差

如果在研究中选择了不正确的函数形式，也会产生模型设定误差。

1. 模型函数形式设定有误的影响

模型函数形式设定误差最常见的就是当“真实”的回归函数形式为非线性时，却选取了线性的函数形式。比如，假设选择下列两个模型去描述货币工资变化率和失业率的理论关系：

$$Y_i=\beta_0+\beta_1X_i+\mu_i \tag{7.59}$$

$$Y_i=\alpha_0+\alpha_1\left(\frac{1}{X_i}\right)+v_i \tag{7.60}$$

式中，Y_i 为货币工资变化率，而 X_i 为失业率。

回归模型(7.59)中，Y_i 对参数和变量都是线性的；而模型(7.60)则对参数为线性的，但对变量 X_i 为非线性的，如果模型(7.60)是“真实”或“正确”模型，而用了模型(7.59)去拟合样本 Y_i 和 X_i 散点图，这样就会导致设定偏误：若以 A 和 B 两点表示模型(7.59)和模型(7.60)对应的样本回归线的交点，对于 A 和 B 两点之间的任意的 X_i，模型(7.59)都将过高估计真实的 Y 的均值，而对于 A 和 B 以外的 X_i，模型(7.59)都将过低估计真实的 Y 的均值。

2. 模型函数形式正确与否的检验

正确的函数形式需要进行综合检验。其检验的思路是：首先检验函数形式是否反映了理论上所阐述的变量之间的关系；其次，要检验理论和实践是否相适应，也就是要考虑理论的时空范围；再次就是通过统计指标进行检验。

例如，研究失业和通货膨胀之间的关系，常用菲利普斯曲线来描述，并预期通货膨胀与失业率成负相关，但研究哪种函数是正确的呢？

$$Y_i=\beta_0+\beta_1X_i+\mu_i\quad(\beta_1<0) \tag{7.61}$$

或
$$\ln Y_i = \beta_0 + \beta_1 X_i + \mu_i \quad (\beta_1 < 0) \tag{7.62}$$
或
$$Y_i = \beta_0 + \beta \frac{1}{X_i} + \mu_i \tag{7.63}$$
其中：X 为失业率；Y 为通货膨胀率。

首先从理论上分析可知，通货膨胀不但受失业率的影响，而且还受需求压力、汇率等影响，可以说模型的函数形式是不全面的。但是用上述模型描述 20 世纪五六十年代的菲利普斯曲线都是正确的。因为那个时期其他影响通货膨胀的因素几乎固定不变或变动幅度很小，所以那个时期通货膨胀率和失业率之间的关系很明显地呈现出负相关关系，菲利普斯曲线是一个很好的理论模型。但是 20 世纪 70 年代以后研究通货膨胀率，菲利普斯曲线就不是一个合适的理论模型了，因为这时影响通货膨胀率的其他因素的作用明显增强，当然还需要做更深入的理论经济研究。

在实际工作中，还可以通过模型估计的参数的符号、残差图、可决系数 R^2 和调整的可决系数 $\bar{R}^2$、t 统计量、DW 统计量、模型的模拟及预测误差等来检验模型的总体效果。当然，检验的各项指标并非都很理想，这就需要采取一些补救措施，以便使模型的函数形式能够正确地确立。

这里介绍一般性设定偏误检验的方法，即拉姆齐(Ramsey)于 1969 年提出的所谓 RESET (Regression Specification Error Test)检验法，即回归设定误差检验。RESET 检验不但可以检验是否遗漏相关解释变量，还可以检验模型函数形式是否正确，甚至可以检验由于解释变量的测量误差引起的解释变量与随机误差项相关的设定偏误。在这些设定误差下，最小二乘法估计量是有偏和不一致的，从而使传统的推断失效，而且任何一个或所有的这些设定误差将产生非零均值的 μ。

RESET 检验的基本思想是：如果知道遗漏了哪个变量，只需将此变量引入模型，估计并检验其参数是否显著不为零即可。如果不知道遗漏了哪个变量，需寻找一个替代变量 Z 来进行上述检验。RESET 检验中，采用所设定模型中被解释变量 Y 的估计值 $\hat{Y}$ 的若干次幂来充当该替代变量，即用 $\hat{Y}^2$、$\hat{Y}^3$、$\hat{Y}^4$ 等项作为解释变量，然后看该替代变量是否显著。如果显著，则可判断原模型存在遗漏有关变量的问题或其他设定问题。直观地看，这些添加的项是任何可能的遗漏变量或错误的函数形式的替身，如果这些替身能够通过 F 检验，表明它们改善了原模型的拟合状况，则有理由说明原模型存在设定问题。

拉姆齐的 RESET 检验的具体步骤如下。

用 OLS 法估计要检验的模型，得到：
$$\hat{Y}_i = \hat{\beta}_0 + \hat{\beta}_1 X_{1i} + \hat{\beta}_2 X_{2i} \tag{7.64}$$
由上一步计算 $\hat{Y}^2$、$\hat{Y}^3$、$\hat{Y}^4$，然后用 OLS 估计：
$$Y_i = \beta_0 + \beta_1 X_{1i} + \beta_2 X_{2i} + \alpha_1 \hat{Y}_i^2 + \alpha_2 \hat{Y}_i^3 + \alpha_3 \hat{Y}_i^4 + u_i \tag{7.65}$$
判断各“替代”变量的参数是否显著地不为零即可；或者用 F 检验比较两个模型的拟合情况，如果两个模型总体拟合情况显著不同，则得出原模型可能存在设定误差的结论。

在检验模型函数形式设定偏误时也是这个思路。例如对模型：
$$Y_i = \beta_0 + \beta_1 X_i + u_i \tag{7.66}$$
的设定误差检验是通过对新加入变量 Z_t 回归式：
$$Y_i = \beta_0 + \beta_1 X_i + \alpha_1 Z_i + u_i \tag{7.67}$$

完成的。如果式(7.66)不存在设定误差，那么 α_1 应该等于零。

对于模型函数形式的设定错误可以通过增添解释变量的高次幂来实现。对式(7.67)可以检验下式中 α_1 估计量的显著性：

$$Y_i = \beta_0 + \beta_1 X_i + \alpha_1 X_i^2 + u_i \tag{7.68}$$

Ramsey 建议用式(7.66)的拟合值的高次幂来替代式(7.68)中的 X_i^2。

例如：

$$Y_i = \beta_0 + \beta_1 X_i + \alpha_1 \hat{Y}_i^2 + \alpha_2 \hat{Y}_i^3 + u_i \tag{7.69}$$

原假设是 $H_0: \alpha_1 = \alpha_2 = 0$，EViews 输出结果给出的是关于检验约束条件是否成立的 F 检验和 LR 检验。

判断规则是：若 $F < F_a(m, n-k-1)$，$LR < \chi_a^2(m)$，则约束条件成立，不存在设定误差；若 $F > F_a(m, n-k-1)$，$LR > \chi_a^2(m)$，则约束条件不成立，存在设定误差。其中，m 表示约束条件个数。

Ramsey 的 RESET 检验只适用于最小二乘估计的方程。

用 EViews 进行该检验时，选择方程窗口【Equation】工具栏中的【View】|【Stability Tests】|【Remsey RESET Test】功能，在对话框中，需要输入方程中添加的变量的数目，从输出结果中的 F 统计量和 LR 统计量来判断模型是否存在设定误差。

7.3 随机解释变量模型

7.3.1 随机解释变量模型的概念

在前面的线性回归模型中，对解释变量给定的假设是解释变量是确定型变量，和随机干扰项不相关。但现实经济问题中，作为解释变量的经济变量往往具有一定的随机性。

对于模型：

$$Y_i = \beta_0 + \beta_1 X_{1i} + \beta_2 X_{2i} + \cdots + \beta_k X_{ki} + \mu_i \quad i = 1, 2, \cdots, n \tag{7.70}$$

如果模型解释变量 $X_1, X_2, \cdots, X_k$ 中存在一个或多个是随机变量，则称模型存在随机解释变量问题，这样的模型称为随机解释变量模型。

产生随机解释变量模型的原因除了经济变量本身的随机性外，还有另外的原因：一是模型中含有被解释变量的滞后变量；二是模型中被省略的变量与模型中解释变量相关；三是解释变量存在测量误差。

把随机解释变量模型分为三种情况：

(1)随机解释变量与随机干扰项不相关，即：

$$\mathrm{Cov}(X_i, \mu_i) = 0 \tag{7.71}$$

(2)随机解释变量与随机干扰项同期不相关但异期相关，即：

$$\mathrm{Cov}(X_i, \mu_i) = 0$$
$$\mathrm{Cov}(X_i, \mu_{i-s}) \neq 0 \quad s \neq 0 \tag{7.72}$$

(3)随机解释变量与随机干扰项同期相关，即：

$$\mathrm{Cov}(X_i, \mu_i) \neq 0 \tag{7.73}$$

例如，消费不仅受收入水平影响，还受前期消费水平的影响，前期消费水平是随机变量，在模型中作解释变量，那么模型就存在随机解释变量问题，是一个随机解释变量模型。

7.3.2 随机解释变量对参数估计的影响

当模型出现随机解释变量时，采用最小二乘法估计模型的参数，则不同性质的随机解释变量会产生不同的后果。

1. 随机解释变量与随机干扰项不相关

如果随机解释变量与随机干扰项不相关，则参数估计量是线性无偏一致估计量，此时随机解释变量模型与一般的回归模型在参数估计上没有差别。

2. 随机解释变量与随机干扰项同期不相关但异期相关

如果随机解释变量与随机干扰项同期不相关但异期相关，则参数估计量是有偏的估计量，但却是一致的。

3. 随机解释变量与随机干扰项同期相关

如果随机解释变量与随机干扰项同期相关，则参数估计量是有偏且非一致估计量。此时普通最小二乘法失效。

所以，当回归模型中随机解释变量与随机干扰项相关时，由于模型参数估计值产生偏误，造成拟合优度检验、F 检验、t 检验失去意义，各种统计检验得到的是虚假结果。

7.3.3 随机解释变量的修正方法

随机解释变量模型的解决方法是：工具变量法。其基本思路是：当随机解释变量与随机干扰项相关时，则需找另外一个变量，在估计过程中作为工具使用，替代模型中的随机解释变量。

1. 工具变量的选取

选取的工具变量须具备以下条件：

(1)工具变量具有明确经济含义的外生变量。

(2)工具变量与所替代的随机解释变量高度相关。

(3)工具变量与随机干扰项不相关。

(4)工具变量与模型中其他解释变量不相关，以避免出现多重共线性问题。

(5)模型中多个工具变量之间不相关。

2. 工具变量的应用

工具变量对随机解释变量的替代是在最小二乘法的正规方程组中用工具变量对随机解释变量进行部分替代。

对一元回归模型：

$$Y_i = \beta_0 + \beta_1 X_i + \mu_i \quad i = 1, 2, \cdots, n$$

如果随机解释变量 X_t 与随机干扰项 μ_i 相关，即：

$$\mathrm{Cov}(X_i, \mu_i) \neq 0$$

用最小二乘法得到正规方程组：

$$\sum Y_i = n\hat{\beta}_0 + \hat{\beta}_1 \sum X_i \tag{7.74}$$

$$\sum X_i Y_i = \hat{\beta}_0 \sum X_i + \hat{\beta}_1 \sum X_i^2 \tag{7.75}$$

设 X_i 的工具变量为 Z_i，根据工具变量应满足的条件，可得：

$$\sum_{i=1}^{n} Z_i e_i = 0 \tag{7.76}$$

将关系式 $e_i = Y_i - (\hat{\beta}_0 + \hat{\beta}_1 X_i)$ 代入式(7.76),得:

$$\sum Z_i Y_i = \hat{\beta}_0 \sum Z_i + \hat{\beta}_1 \sum X_i Z_i \tag{7.77}$$

用式(7.77)代替正规方程组中的方程式(7.75)得到如下正规方程组:

$$\begin{cases} \sum Y_i = n\hat{\beta}_0 + \hat{\beta}_1 \sum X_i \\ \sum Z_i Y_i = \hat{\beta}_0 \sum Z_i + \hat{\beta}_1 \sum X_i Z_i \end{cases} \tag{7.78}$$

解此方程组,得到原模型的估计量为:

$$\tilde{\beta}_1 = \frac{\sum z_i y_i}{\sum z_i x_i}$$

$$\tilde{\beta}_0 = \bar{Y} - \hat{\beta}_1 \bar{X} \tag{7.79}$$

这种求模型参数估计量的方法称为工具变量法,$\tilde{\beta}_0$、$\tilde{\beta}_1$ 称为工具变量法估计量。工具变量法估计量是一致估计量,在小样本下是有偏的,在大样本中是渐进无偏的。

7.4 案例分析与 EViews 操作

7.4.1 收入与储蓄关系模型

改革开放以来,随着经济的发展,中国城乡居民的收入快速增长,同时城乡居民储蓄存款也快速增长。经济学界的一种观点认为,20 世纪 90 年代以后由于经济体制、住房、医疗、养老等社会保障体制的变化,居民的储蓄行为发生了明显改变。为了考察改革开放以来中国居民的储蓄存款与收入的关系是否已发生变化,以城乡居民人民币储蓄存款年底余额代表居民储蓄(Y),以国民总收入(GNI)代表城乡居民收入,分析居民收入对储蓄存款影响的数量关系。表 7.1 为 1985—2022 年我国国民总收入和城乡居民人民币储蓄存款年底余额及增加额的数据。

表 7.1　1985—2022 年我国国民总收入和城乡居民人民币储蓄存款　　单位:亿元

年份	国民总收入(GNI)	城乡居民人民币储蓄存款年底余额(Y)	城乡居民人民币储蓄存款增加额(YY)	年份	国民总收入(GNI)	城乡居民人民币储蓄存款年底余额(Y)	城乡居民人民币储蓄存款增加额(YY)
1985	9 123.6	905.00	230.00	1992	27 208.2	7 067.00	1 698.00
1986	10 375.4	1 192.00	287.00	1993	35 599.2	10 262.00	3 195.00
1987	12 166.6	1 626.00	434.00	1994	48 548.2	15 443.00	5 181.00
1988	15 174.4	1 967.00	341.00	1995	60 356.6	22 725.00	7 282.00
1989	17 188.4	2 877.00	910.00	1996	70 779.6	30 944.00	8 219.00
1990	18 923.3	4 058.00	1 181.00	1997	78 802.9	36 004.00	5 060.00
1991	22 050.3	5 369.00	1 311.00	1998	83 817.6	42 023.00	6 019.00

续表

年份	国民总收入(GNI)	城乡居民人民币储蓄存款年底余额(Y)	城乡居民人民币储蓄存款增加额(YY)	年份	国民总收入(GNI)	城乡居民人民币储蓄存款年底余额(Y)	城乡居民人民币储蓄存款增加额(YY)
1999	89 366.5	49 453.00	7 430.00	2011	483 392.8	359 696.00	39 785.00
2000	99 066.1	54 417.00	4 964.00	2012	537 329	408 897.00	49 201.00
2001	109 276.2	66 153.00	11 736.00	2013	588 141.2	439 296.00	30 399.00
2002	120 480.4	81 402.00	15 249.00	2014	644 380.2	460 300.00	21 004.00
2003	136 576.3	98 495.00	17 093.00	2015	685 571.2	453 929.00	−6 371.00
2004	161 415.4	114 038.00	15 543.00	2016	742 694.1	532 061.00	78 132.00
2005	185 998.9	140 093.00	26 055.00	2017	830 945.7	554 530.00	22 469.00
2006	219 028.5	164 078.00	23 985.00	2018	915 243.5	644 966.00	90 436.00
2007	270 704	171 568.00	7 490.00	2019	983 751.2	712 919.00	67 953.00
2008	321 229.5	224 205.00	52 637.00	2020	1 005 451.3	816 451.00	103 532.00
2009	347 934.9	276 406.00	52 201.00	2021	1 141 230.8	910 484.00	94 033.00
2010	410 354.1	319 911.00	43 505.00	2022	1 194 401.4	1 081 260.00	170 776.00

资料来源：根据中国统计年鉴和wind数据库数据整理

为了研究1985—2022年城乡居民储蓄存款随收入的变化规律是否有变化，考证城乡居民存款、国民收入随时间的变化情况，如图7.4所示。

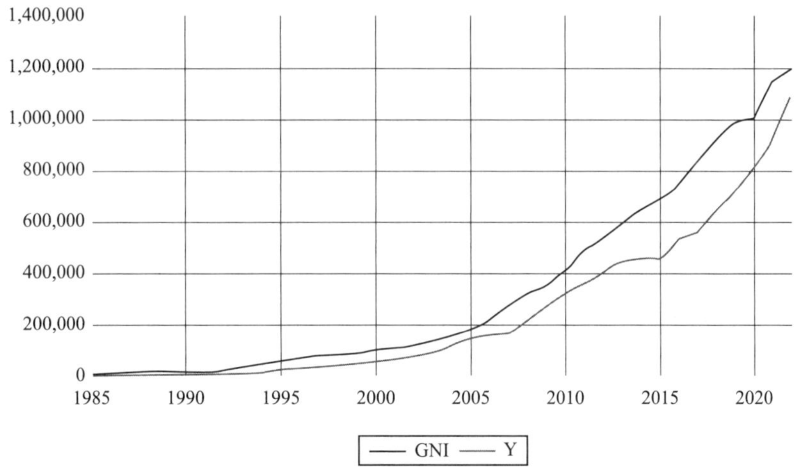

图7.4 城乡居民储蓄存款、国民收入随时间的变化情况(单位:亿元)

从图7.4中无法得到居民的储蓄行为发生明显改变的详尽信息。若取居民储蓄存款的增量(YY)，并作时序图，如图7.5所示，可以看出，城乡居民的储蓄行为表现出了明显的阶段性特征:在 2007 年、2015 年有两个明显的转折点。再来看城乡居民储蓄存款增量与国民收入之间关系的散点图,如图 7.6 所示,也呈现相同的阶段性特征。

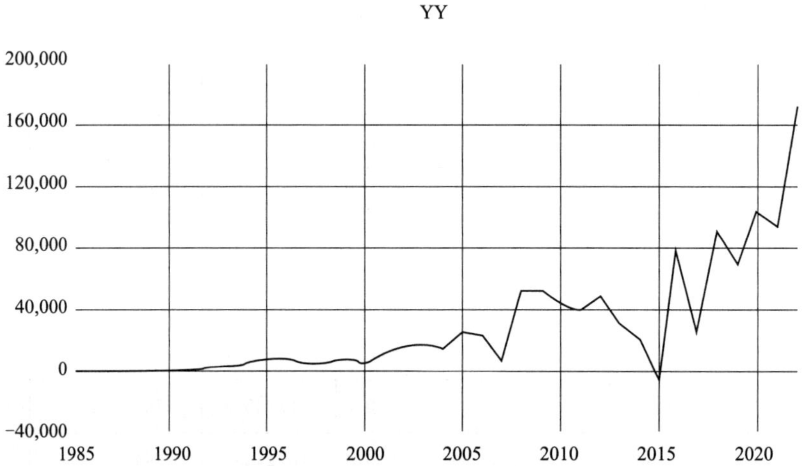

图 7.5 居民储蓄存款增量图(单位:亿元)

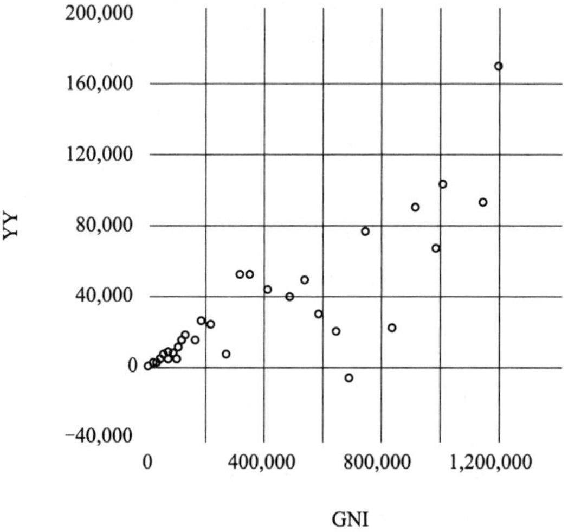

图 7.6 城乡居民储蓄存款增量与国民收入之间关系的散点图(单位:亿元)

为了分析居民储蓄行为在以 2007 年、2015 年为分界点的不同时期的数量关系,分别引入虚拟变量 D_1、D_2。D_1、D_2 的选择,分别是以 2007 年和 2015 年两个转折点作为依据,这两个年度对应的 GNI 分别为 270 704 亿元、685 571.2 亿元。以加法和乘法两种方式同时引入虚拟变量,模型设定为:

$$YY_t = \beta_0 + \beta_1 \mathrm{GNI}_t + \beta_2(\mathrm{GNI}_t - 270\ 704)D_{1t} + \beta_3(\mathrm{GNI}_t - 685\ 571.2)D_{2t} + \mu_t$$

其中,$D_1 = \begin{cases} 1 & t > 2007 \\ 0 & t \leqslant 2007 \end{cases}$, $D_2 = \begin{cases} 1 & t > 2015 \\ 0 & t \leqslant 2015 \end{cases}$

对上式进行回归后,输出结果见表 7.2。

表 7.2　估计结果

Dependent Variable: YY

Method: Least Squares

Date: 11/04/24　Time: 17:50

Sample (adjusted): 1985 2022

Included observations: 38

Variable	Coefficient	Std. Error	t-Statistic	Prob.
C	−3 432.583	4 954.289	−0.692 851	0.493 1
GNI	0.154 641	0.038 298	4.037 807	0.000 3
(GNI-270704) * D1	−0.186 658	0.061 963	−3.012 406	0.004 9
(GNI-685571.2) * D2	0.251 037	0.051 139	4.908 911	0.000 0
R-squared	0.829 735	Mean dependent var		28 436.45
Adjusted R-squared	0.814 712	S. D. dependent var		37 748.04
S. E. of regression	16 248.68	Akaike info criterion		22.328 71
Sum squared resid	8.98E+09	Schwarz criterion		22.501 09
Log likelihood	−420.245 5	Hannan-Quinn criter.		22.390 04
F-statistic	55.229 71	Durbin-Watson stat		2.848 74
Prob(F-statistic)	0.000 000			

即有：

$$\widehat{YY}_t=-3\ 432.583+0.154\ 641\mathrm{GNI}_t-0.186\ 658(\mathrm{GNI}_t-270\ 704)D_{1t}+0.251\ 037(\mathrm{GNI}_t-685\ 571.2)D_{2t}$$

t:(−0.692 851)　(4.037 807)　(−3.012 406)　(4.908 911)

$R^2=0.829\ 735$　　$\bar{R}^2=0.814\ 712$　　$F=55.229\ 71$　　$DW=2.848\ 74$

根据估计结果，各解释变量系数显著不为0，所以居民储蓄存款年增加额的回归模型为：

$$\widehat{YY}_t=\begin{cases}-3\ 432.583+0.154\ 641\mathrm{GNI}_t & t\leqslant 2007\\ 47\ 096.484\ 232-0.032\ 017\mathrm{GNI}_t & 2007<t\leqslant 2015\\ -125\ 007.253\ 102\ 4+0.219\ 02\mathrm{GNI}_t & t>2015\end{cases}$$

这表明三个时期居民储蓄增加额的回归方程在统计意义上确实不相同。2007年以前国民总收入每增加1亿元，平均来说居民储蓄存款增加额将增加0.154 641亿元；2007年到2015年国民收入每增加1亿元，平均来说居民储蓄存款增加额将减少−0.032 017亿元，已发生了很大变化。上述模型和城乡居民存款与国民收入之间的散点图是基本吻合的，与这一时段中国的实际经济运行状况也是相符的。

需要指出的是，在上述建模过程中，主要是从教学的目的出发运用虚拟变量法则，没有考虑通货膨胀因素，也没有考虑时间序列数据的特殊问题。而在实证分析中，储蓄函数还要考虑通货膨胀因素。

7.4.2　家庭购房决策模型

住宅是居民生活福利的基本保障，制约住房需求的主要因素包括城市人口及其构成、家庭规模和类型、居民生活水平、住房政策等。假设某房地产企业希望建立一个模型，能够利用诸如家庭收入等相关数据来解释家庭的购房行为，并依据模型对某些家庭是否购买住房做出预测和判断。

假设家庭购买商品房的决定因素主要是其收入水平，用 Y_i 表示第 i 个家庭拥有住房的情况（$Y_i=1$ 表示其购买了住房，$Y_i=0$ 表示其没有购买住房）；X_i 表示其年收入水平。表 7.3 是关于 40 个家庭是否购买了商品房及家庭收入的调查数据资料。

表 7.3　40 个家庭是否购买商品房及家庭收入的调查数据资料

Y	X	Y	X	Y	X	Y	X
0	8	1	17	1	22	1	17
1	16	1	18	1	16	0	13
1	18	0	14	0	12	1	21
1	11	1	20	0	11	1	20
0	12	0	6	1	16	0	11
1	19	1	19	0	11	0	8
1	20	1	16	1	20	1	17
0	13	0	10	1	18	1	16
0	9	0	8	0	11	0	7
0	10	1	8	0	10	1	17

利用 EViews 软件绘制 Y 关于 X 的散点图，如图 7.7 所示。

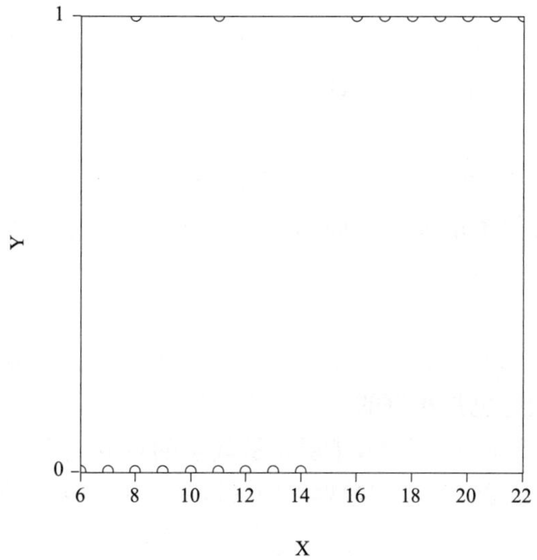

图 7.7　收入水平与购买商品房情况散点图

从图 7.7 中可以看到，当 X 较小时，Y 更多地取值为 0，而当 X 较大时，Y 更多地取值为 1，现在用 Logit 模型拟合它们之间的关系，建立的模型为：

$$Y_i = \beta_0 + \beta_1 X_i + \mu_i$$

在 EViews 软件的方程设定对话框中，方程设定栏输入 Y、C、X；在估计方法选择栏下拉菜单中选中二元选择模型【BINARY】，如图 7.8 所示；选择 Logit 模型，如图 7.9 所示。

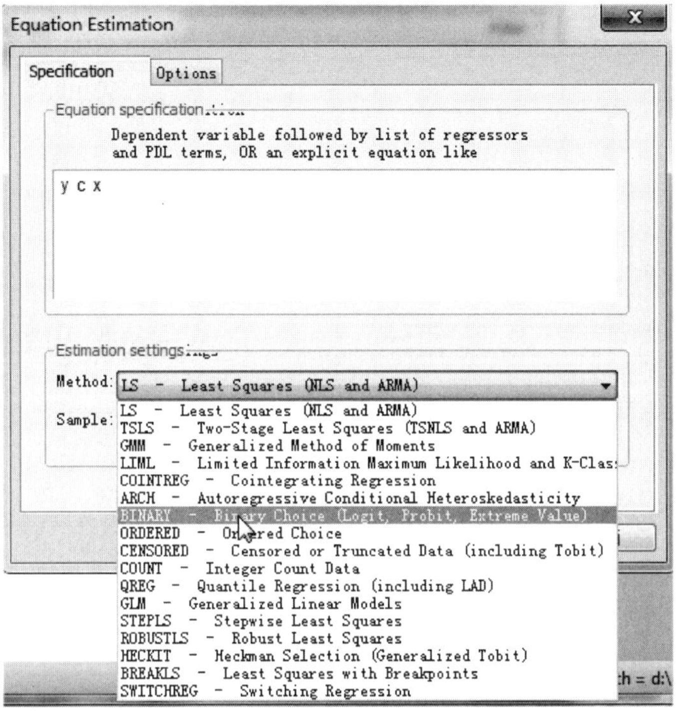

图 7.8　方程设定对话框

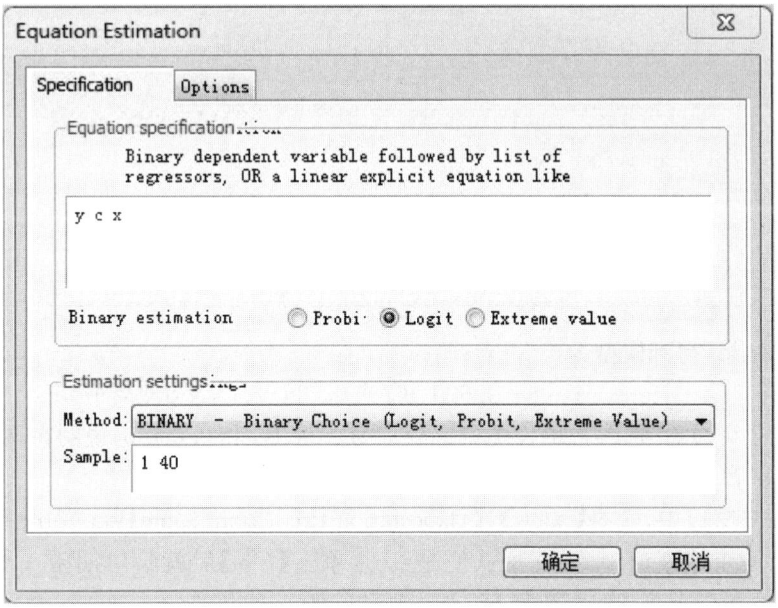

图 7.9　离散选择方法设定对话框

得到估计结果见表 7.4。

表 7.4 模型估计结果

Dependent Variable: Y

Method: ML — Binary Logit (Quadratic hill climbing)

Date: 05/11/24 Time: 21:12

Sample: 1 40

Included observations: 40

Convergence achieved after 5 iterations

Covariance matrix computed using second derivatives

Variable	Coefficient	Std. Error	z－Statistic	Prob.
C	－9.620 462	2.814 750	－3.417 875	0.000 6
X	0.717 924	0.206 794	3.471 684	0.000 5
McFadden R－squared	0.611 988	Mean dependent var		0.550 000
S. D. dependent var	0.503 831	S. E. of regression		0.270 779
Akaike info criterion	0.634 012	Sum squared resid		2.786 215
Schwarz criterion	0.718 456	Log likelihood		－10.680 25
Hannan－Quinn criter.	0.664 545	Deviance		21.360 49
Restr. deviance	55.051 11	Restr. log likelihood		－27.525 55
LR statistic	33.690 61	Avg. log likelihood		－0.267 006
Prob(LR statistic)	0.000 000			
Obs with Dep＝0	18	Total obs		40
Obs with Dep＝1	22			

根据输出结果，得到模型为：

$$\hat{Y}_i = -9.620\,462 + 0.717\,924 X_i$$

从输出结果可以看到，参数的伴随概率分别为 0.000 6 和 0.000 5，说明在显著性水平 $\alpha=0.05$ 下，参数显著。

在方程输出窗口中，选择【View】|【Expectation-Prediction Table】后，打开一个对话框，在对话框中输入一个截断值 p，系统默认值是 0.5，单击【OK】后就给出期望—预测表。本例中，由于没有购买商品房的比例为 18/40＝0.45，所以如果取 $p=0.45$，得到表 7.5 所示结果：

表 7.5 截断值为 0.45 时的期望—预测表

Expectation—Prediction Evaluation for Binary Specification

Equation:UNTITLED

Date:05/11/24 Time:21:22

Success cutoff:C = 0.45

	Estimated Equation			Probability	Constant
	Dep=0	Dep=1	Total	Dep=0	Dep=1
P(Dep=1)<=C	17	2	19	0	0
P(Dep=1)>C	1	20	21	18	22
Total	18	22	40	18	22
Correct	17	20	37	0	22
% Correct	94.44	90.91	92.50	0.00	100.00
% Incorrect	5.56	9.09	7.50	100.00	0.00
Total Gain *	94.44	-9.09	37.50		
Percent Gain * *	94.44	NA	83.33		

	Estimated Equation			Probability	Constant
	Dep=0	Dep=1	Total	Dep=0	Dep=1
E(# of Dep=0)	15.04	2.96	18.00	8.10	9.90
E(# of Dep=1)	2.96	19.04	22.00	9.90	12.10
Total	18.00	22.00	40.00	18.00	22.00
Correct	15.04	19.04	34.08	8.10	12.10
% Correct	83.55	86.54	85.19	45.00	55.00
% Incorrect	16.45	13.46	14.81	55.00	45.00
Total Gain *	38.55	31.54	34.69		
Percent Gain * *	70.09	70.09	70.09		

* Change in "% Correct" from default (constant probability) specification

* * Percent of incorrect (default) prediction corrected by equation

表 7.5 的左边给出对观测数据的分组结果。检验结果显示,归入第一组的观测数据共有 19 个,其中分组恰当的有 17 个,不恰当的有 2 个;归入第二组的观测数据共有 21 个,其中分组恰当的有 20 个,不恰当的有 1 个;这样,对于被解释变量取值为 0 的观测数据,模型的分组恰当率为 94.44%,对于被解释变量取值为 1 的观测数据,模型的分组恰当率为 90.91%,模型对所有观测数据的总的分组恰当率为 92.50%。因此模型拟合优度较好。

7.4.3 中国进口量的影响因素分析

在实际建立模型中,对模型的设定不一定正确描述被解释变量和解释变量的真实关系,模型可能出现设定误差。

1. 模型建立

分析我国进口量的主要影响因素，模型设定为：

$$IM_t = \beta_0 + \beta_1 GDP_t + \mu_t \tag{7.80}$$

其中，IM 代表进口总额，GDP 代表国内生产总值。货物与服务的进口量还会受到一国货物与服务的进口价格、汇率等其他因素的影响，因此回归模型应该为：

$$IM_t = \beta_0 + \beta_1 GDP_t + \beta_2 EX_t + \mu_t \tag{7.81}$$

其中，EX 为美元兑换人民币的汇率，模型解释变量都是线性的。

根据我国 1984—2023 年数据，数据见表 7.6，对模型(7.81)进行设定误差检验。

表 7.6　国内生产总值、进口总额和汇率

年份	GDP(人民币)/亿元	进口总额/亿元	100 美元兑换人民币/元	年份	GDP(人民币)/亿元	进口总额/亿元	100 美元兑换人民币/元
1984	7 278.5	620.47	232.7	2004	161 840.2	46 435.8	827.68
1985	9 098.9	1 257.9	293.67	2005	187 318.9	54 273.7	819.17
1986	10 376.2	1 498.26	345.28	2006	219 438.5	63 376.9	797.18
1987	12 174.6	1 614.21	372.21	2007	270 092.3	73 296.9	760.4
1988	15 180.4	2 055.07	372.21	2008	319 244.6	79 526.5	694.51
1989	17 179.7	2 199.86	376.51	2009	348 517.7	68 618.4	683.1
1990	18 872.9	2 574.3	478.32	2010	412 119.3	94 699.5	676.95
1991	22 005.6	3 398.7	532.33	2011	487 940.2	113 161.4	645.88
1992	27 194.5	4 443.3	551.46	2012	538 580	114 801	631.25
1993	35 673.2	5 986.2	576.2	2013	592 963.2	121 037.5	619.32
1994	48 637.5	9 960.1	861.87	2014	643 563.1	120 358	614.28
1995	61 339.9	11 048.1	835.1	2015	688 858.2	104 336.1	622.84
1996	71 813.6	11 557.4	831.42	2016	746 395.1	104 967.2	664.23
1997	79 715	11 806.6	828.98	2017	832 035.9	124 789.8	675.18
1998	85 195.5	11 626.1	827.91	2018	919 281.1	140 881.3	661.74
1999	90 564.4	13 736.5	827.83	2019	986 515.2	143 253.7	689.85
2000	100280.1	18 638.8	827.84	2020	1 013 567	142 936.4	689.76
2001	110 863.1	20 159.2	827.7	2021	1 149 237	173 159.4	645.15
2002	121 717.4	24 430.3	827.7	2022	1 204 724	180 600.1	672.61
2003	137 422	34 195.6	827.7	2023	1 260 582.1	179 842.4	704.67

用表 7.6 数据对模型进行回归，回归结果见表 7.7。

表 7.7　模型(7.81)的回归结果

Dependent Variable: IM

Method: Least Squares

Date: 11/01/24　Time: 22:17

Sample: 1984 2023

Included observations: 40

Variable	Coefficient	Std. Error	t-Statistic	Prob.
C	8 924. 583	3 043. 407	2. 932 431	0. 005 7
GDP	0. 1478 93	0. 005 832	25. 359 15	0. 000 0

R-squared	0. 944 207	Mean dependent var	60928. 97
Adjusted R-squared	0. 942 739	S. D. dependent var	59 434. 82
S. E. of regression	14 222. 37	Akaike info criterion	22. 011 73
Sum squared resid	7. 69E+09	Schwarz criterion	22. 096 17
Log likelihood	−438. 234 5	Hannan-Quinn criter.	22. 042 26
F-statistic	643. 086 7	Durbin-Watson stat	0. 230 157
Prob(F-statistic)	0. 000 000		

回归结果显示 DW=0. 230 2，判断存在正的序列相关性，初步说明模型存在设定误差。

2. 拉姆齐(J. B. Ramsey)检验

在回归方程窗口中，单击【View】|【Stability Texsts】|【Ramsey RESET test】在弹出的对话框中填入拟合项（填入 1，表示将 $\hat{Y}^2$ 加入，填入 2，表示将 $\hat{Y}^2$、$\hat{Y}^3$ 加入），命令对话框见图 7.10。单击【OK】按钮后，可以得到检验结果，见表 7.8。

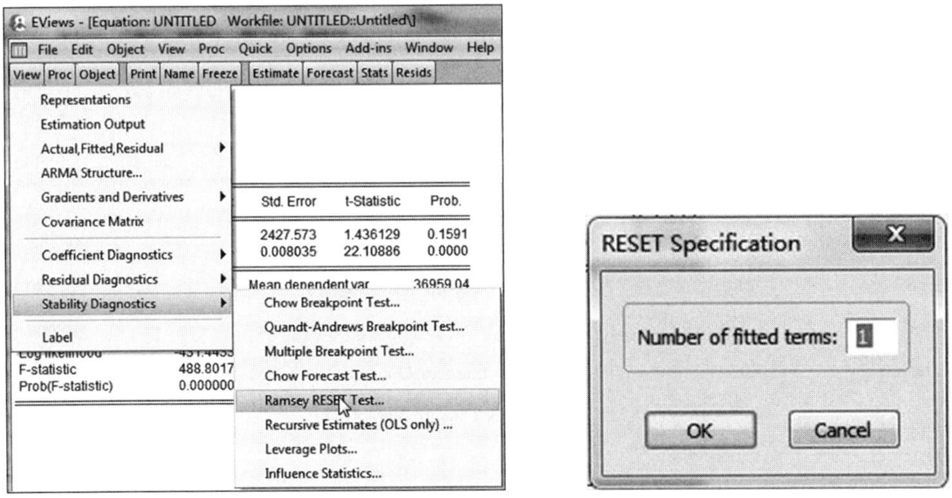

图 7.10　拉姆齐检验命令对话窗口

表 7.8 模型(7.81)拉姆齐检验结果

Ramsey RESET Test

Equation:UNTITLED

Specification:IM C GDP

Omitted Variables:Squares of fitted values

	Value	df	Probability
t-statistic	6.003 068	37	0.000 0
F-statistic	36.036 82	(1,37)	0.000 0
Likelihood ratio	27.201 83	1	0.000 0

F-test summary:

	Sum of Sq.	df	Mean Squares
Test SSR	3.79E+09	1	3.79E+09
Restricted SSR	7.69E+09	38	2.02E+08
Unrestricted SSR	3.89E+09	37	1.05E+08

LR test summary:

	Value
RestrictedLogL	−438.234 5
UnrestrictedLogL	−424.633 6

Unrestricted Test Equation:

Dependent Variable:IM

Method:Least Squares

Date:11/01/24 Time:22:20

Sample:1984 2023

Included observations:40

Variable	Coefficient	Std. Error	t-Statistic	Prob.
C	291.515 5	2 624.35	0.111 081	0.912 2
GDP	0.245 44	0.016 785	14.622 4	0.000 0
FITTED^2	−3.69E−06	6.14E−07	−6.003 068	0.000 0

R-squared	0.979 361	Mean dependent var	36 959.04
Adjusted R-squared	0.978 245	S. D. dependent var	44 109.11
S. E. of regression	6 505.902	Akaike info criterion	20.470 85
Sum squared resid	1.57E+09	Schwarz criterion	20.597 51
Log likelihood	−406.416 9	Hannan-Quinn criter.	20.516 64
F-statistic	877.846 9	Durbin-Watson stat	0.937 264
Prob(F-statistic)	0.000 000		

根据表 7.8 拉姆齐检验结果中 t 统计量、F 统计量和对数似然值的伴随概率来看，拒绝无设定误差的假设。新加入的 FITTED^2 项改善了方程的拟合状况，并且对 IM 有显著影响，进

一步说明了原方程存在设定误差。这之后，可以通过观察和试算的方法最终确定回归的函数形式。

本章小结

本章介绍了：虚拟变量的基本概念、虚拟变量在经济计量模型中的作用，以及使用虚拟变量时需要注意的问题等；虚拟变量作为解释变量和虚拟变量作为被解释变量的常见模型及估计方法；随机解释变量模型的基本概念；估计随机解释变量模型的一种重要方法——工具变量法；最后结合案例给出了 EViews 软件相应的使用方法和步骤。

思考与练习

1. 什么是虚拟变量？它在模型中有什么作用？

2. 引入虚拟变量的两种基本方式是什么？它们各适用什么情况？设置规则是什么？文化用品消费受收入和文化程度影响，如果文化程度分为研究生、本科和本科以下 3 种类型，请设计文化用品消费模型。

3. 设服装消费函数为：

$$Y_i=\alpha_0+\alpha_1 D_{1i}+\alpha_2 D_{2i}+\beta X_i+\mu_i$$

其中，X_i 为收入水平，Y_i 为年服装消费支出，$D_1=\begin{cases}1 & \text{大专及以上}\\0 & \text{其他}\end{cases}$，$D_2=\begin{cases}1 & \text{女性}\\0 & \text{男性}\end{cases}$。

试写出不同人群组的服装消费函数。

4. 什么是设定误差？如何检验设定误差？

5. 查找近十年某上市工业企业的利润和销售额季度数据，并验证：假设利润不仅与销售额有关，而且和季度因素有关。要求：①如果认为季度因素影响使利润平均值发生变异，应如何引入虚拟变量？②如果认为季度因素影响使利润关于销售额的变化率发生变异，应如何引入虚拟变量？③如果认为上述两种情况都存在，又应当如何引入虚拟变量？

6. 现有 Logit 模型：

$$\ln\left(\frac{\hat{p}_i}{1-p_i}\right)=-9.456+0.363\,8X_i-1.107D_i$$

式中，X_i 为年收入（千元），$D=\begin{cases}1 & \text{雇佣保姆}\\0 & \text{不雇佣保姆}\end{cases}$，且是否外出用餐的取值及其概率见表 7.9。

表 7.9　是否外出用餐的取值与概率

项　　目	外出用餐	在家用餐
取值	1	0
概率	p	$1-p$

现假定家庭的年收入为 44 000 元且雇佣了保姆，请问此家庭外出用餐的概率为多少。

7. 1993—2023 年的全国居民消费水平与国民收入的数据(见表 7. 10)。

表 7. 10　1993—2023 年全国居民消费水平与国民收入数据　　单位:亿元

年　份	国民总收入(GNI)	国内生产总值(GDP)	全国居民消费水平(CT)	农村居民消费水平(CN)	城镇居民消费水平(CC)
1993	35 599. 2	35 673. 2	1 332	822	2 661
1994	48 548. 2	48 637. 5	1 799	1 073	3 644
1995	60 356. 6	61 339. 9	2 329	1 344	4 767
1996	70 779. 6	71 813. 6	2 763	1 655	5 378
1997	78 802. 9	79 715	2 974	1 768	5 635
1998	83 817. 6	85 195. 5	3 122	1 778	5 896
1999	89 366. 5	90 564. 4	3 340	1 793	6 335
2000	99 066. 1	100 280. 1	3 712	1 917	6 972
2001	109 276. 2	110 863. 1	3 968	2 032	7 272
2002	120 480. 4	121 717. 4	4 270	2 157	7 662
2003	136 576. 3	137 422	4 555	2 292	7 977
2004	161 415. 4	161 840. 2	5 071	2 521	8 718
2005	185 998. 9	187 318. 9	5 688	2 784	9 637
2006	219 028. 5	219 438. 5	6 319	3 066	10 516
2007	270 704	270 092. 3	7 454	3 538	12 217
2008	321 229. 5	319 244. 6	8 504	3 981	13 722
2009	347 934. 9	348 517. 7	9 249	4 295	14 687
2010	410 354. 1	412 119. 3	10 575	4 782	16 570
2011	483 392. 8	487 940. 2	12 668	5 880	19 218
2012	537 329	538 580	14 074	6 573	20 869
2013	588 141. 2	592 963. 2	15 586	7 397	22 620
2014	644 380. 2	643 563. 1	17 220	8 365	24 430
2015	685 571. 2	688 858. 2	18 857	9 409	26 119
2016	742 694. 1	746 395. 1	20 801	10 609	28 154
2017	830 945. 7	832 035. 9	22 968	12 145	30 323
2018	915 243. 5	919 281. 1	25 245	13 985	32 483
2019	983 751. 2	986 515. 2	27 504	15 382	34 900
2020	1 005 451. 3	1 013 567	27 439	16 046	34 043
2021	1 141 230. 8	1 149 237	31 013	18 434	37 995
2022	1 194 401. 4	1 204 724	31 899	19 520	38 574
2023	1 249 990. 6	1 260 582. 1	34 964	21 398	42 050

数据来源:中经网统计数据库,http://192. 168. 30. 168:81/

若依据弗里德曼的持久收入假设,消费函数的真正模型应为:

$$CC_t = \alpha + \beta GNI_t + u_t$$

试用 EViews 软件,采用两种以上检验方法对实证分析模型:

$$CC_t = \gamma_1 + \gamma_2 GDP_t + \mu_t$$

进行变量设定检验。

第 8 章　滞后变量模型

教学目标

通过本章的学习，使学生了解和认识滞后变量模型的类型以及估计检验方法，并能在解决实际问题时辨别何时必须使用滞后变量模型，何时不适合使用滞后变量模型。

教学要求

了解滞后变量模型的概念并认识产生滞后变量的原因；熟悉两类常见的滞后变量模型——分布滞后模型和自回归模型；掌握分布滞后模型的几种估计方法和检验方法；掌握自回归模型的几种估计方法和检验方法；掌握滞后变量模型的应用。

在现实经济活动中，由于存在时间滞后效应。某些经济变量不仅受到同期各种因素的影响，而且还受到过去某些时期的各种因素甚至自身的过去值的影响。通常把这种过去时期的具有滞后作用的变量叫作滞后变量，含有滞后变量的模型称为滞后变量模型。

8.1　滞后变量模型概述

8.1.1　滞后变量的含义及产生的原因

1. 滞后变量的含义

一般来说，被解释变量与解释变量的因果关系不一定就在瞬间发生，可能存在时间的滞后，解释变量的变化可能需要经过一段时期才能完全对被解释变量产生影响。同样，被解释变量当前的变化也可能受其自身过去水平的影响，这种被解释变量受到自身或另一解释变量的前几期值影响的现象称为滞后效应，表示前几期值的变量称为滞后变量。

例如，消费者的消费水平不仅受到当期收入的影响，还受到前期收入和前期消费的影响：

$$C_t = \beta_0 + \beta_1 Y_t + \beta_2 Y_{t-1} + \beta_3 C_{t-1} + \mu_t$$

式中：C_t 和 Y_t 代表当期消费和收入；C_{t-1} 和 Y_{t-1} 代表前期收入和前期消费；C_{t-1} 和 Y_{t-1} 就是滞后变量。

2. 滞后变量产生的原因

滞后变量产生的原因主要来自人们的心理因素、技术因素和制度因素。

(1)心理因素。在经济活动中，心理预期对经济活动的影响是很重要的。通过收集与自身经济活动相关的信息，消费者、投资者和其他经济活动参与者都可能对未来经济活动做出恰如其分的反应。然而以当前的信息来预期未来的经济活动，势必产生滞后效应。比如，在产品市场上，若经济环境不稳定，当商品价格上升时，人们预期其价格还未达到谷底，则可能会持币待购。另外，年老、生病、子女教育及收入不稳定等因素的存在，使人们往往对未来生活作出预期规划，收入的增加或商品价格的上升，并不会马上改变他们的消费习性和生活方式，即收入或商品价格的变化与消费水平的变化并非完全是同期的。

(2)技术因素。生产过程需要一定的时间，因此并不能马上对经济的变化做出及时的应对。微观经济学的蛛网模型中有一个典型的例子，农产品产量对价格信息的反应总是滞后的，这是由于农产品的生产有一个时间过程，也正是种植与收获之间的时间间隔问题，使得当期的供给量只能依据上一期的农产品价格做出调整。又如，在工业生产中，当年的产出在某种程度上依赖于过去若干期内投资形成的固定资产。因此，无论从事何种生产，投入与产出之间总是存在时间滞后。

(3)制度因素。制度方面的原因有很多种，如契约因素，企业受到过去已签订的合同制约而不能任意改变产品生产方向(如 J 曲线效应)；又如银行制度中，定期存款到期才能提取，其对社会购买力的影响也是滞后的；再如管理方面，管理层次过多，管理层的上级与下级之间的信息不对称等，这些情况导致的时间滞后就难以避免。

8.1.2 滞后变量模型的概念

含有滞后变量的模型称为滞后变量模型。滞后变量模型考虑到时间因素的作用，使静态分析的问题有可能成为动态分析，含有滞后变量的模型又称为动态模型。它的一般形式为：

$$Y_t=\alpha+\beta_0X_t+\beta_1X_{t-1}+\cdots+\beta_sX_{t-s}+\gamma_1Y_{t-1}+\gamma_2Y_{t-2}+\cdots+\gamma_pY_{t-p}+\mu_t \tag{8.1}$$

式中：s、p 分别为滞后解释变量和滞后被解释变量的滞后时期长度；X_{t-s} 为解释变量的第 s 期滞后；Y_{t-p} 为解释变量的第 p 期滞后。若滞后时期长度为有限，称模型为有限滞后变量模型；若滞后时期长度为无限，称模型为无限滞后变量模型。

8.1.3 滞后变量模型的分类

1. 分布滞后模型

如果滞后变量模型中没有滞后被解释变量，仅有解释变量 X 的当期值及其之前若干期的滞后值，即被解释变量受解释变量的影响是分布在解释变量不同时期的滞后值上，此时式(8.1)化为：

$$Y_t=\alpha+\beta_0X_t+\beta_1X_{t-1}+\cdots+\beta_sX_{t-s}+\mu_t \tag{8.2}$$

式中：若最大滞后长度 s 是一个确定的有限值，则称模型(8.2)为有限分布滞后模型，或称为 s 阶分布滞后模型；若 s 是一个无限值，则称模型为无限分布滞后模型。

分布滞后模型中的各变量的系数反映了解释变量当期及滞后期的值对被解释变量的不同影响程度，称为乘数。

β_0 称为短期乘数或即期乘数，表示当期 X 变化一个单位对 Y 的平均值的影响程度。

$\beta_i(i=1,2,\cdots,s)$ 称为动态乘数或延迟系数，表示各滞后期 X 变化一个单位对 Y 的平均值的影响程度。

$\sum_{i=0}^{s}\beta_i$ 称为长期乘数或总分布滞后乘数，它表示 X 变化一个单位，由当期效应和滞后效应共同形成的对 Y 的平均值的总的影响程度。

2. 自回归模型

自回归模型是指模型中的解释变量仅包含 X 的当期值与被解释变量 Y 的一个或多个滞后值，即：

$$Y_t = \alpha + \beta_0 X_t + \gamma_1 Y_{t-1} + \gamma_2 Y_{t-2} + \cdots + \gamma_p Y_{t-p} + \mu_t \tag{8.3}$$

其中，滞后期长度 p 称为自回归模型的阶数。模型

$$Y_t = \alpha + \beta_0 X_t + \gamma_1 Y_{t-1} + \mu_t \tag{8.4}$$

称为一阶自回归模型。

8.2　分布滞后模型的参数估计

对于无限期的分布滞后模型，由于样本观测值的有限性，使得无法直接对其进行估计。对于有限分布滞后模型，如果满足古典线性模型的基本假定，原则上可以估计其参数，但实际上存在以下困难：

(1)滞后期长度难以确定。因为没有先验准则或信息可以确定解释变量的滞后期长度。

(2)自由度问题。由于含有变量的滞后值，使得可以利用的观察值减少，由于自由度的过分损失，致使估计误差增大，统计显著性检验失效。

(3)多重共线性问题。由于同一变量的逐期滞后值之间通常是高度相关的，所以模型中很可能出现多重共线性问题。

针对以上困难，对于无限分布滞后模型，主要是通过适当的模型变换，使其转化为只需估计有限个参数的自回归模型。对于有限分布滞后模型的参数估计，其基本思想是对滞后模型中的系数施加某种约束，有目的地减少需要直接估计的模型参数的个数，以缓解多重共线性，保证自由度。

8.2.1　经验权数法

经验权数法就是从经验出发对滞后变量的系数赋予一定的权数，利用这些权数构成滞后变量的线性组合，形成新的变量，再应用最小二乘法进行估计，权数的确定取决于模型滞后结构的不同类型。常见的滞后结构类型如下。

1. 递减形

在这种形式中，假定权数是递减的，即 X 近期的值对 Y 的影响大于较远期的值对 Y 的影响。

例如，假设滞后期数 $s=4$ 的分布滞后模型为：

$$Y_t = \alpha + \beta_0 X_t + \beta_1 X_{t-1} + \beta_2 X_{t-2} + \beta_3 X_{t-3} + \beta_4 X_{t-4} + \mu_t \tag{8.5}$$

假定递减权数为$\frac{1}{2}$、$\frac{1}{4}$、$\frac{1}{6}$、$\frac{1}{8}$、$\frac{1}{10}$，则有：

$$Y_t = \alpha + \beta_0\left(\frac{1}{2}X_t\right) + \beta_0\left(\frac{1}{4}X_{t-1}\right) + \beta_0\left(\frac{1}{6}X_{t-2}\right) + \beta_0\left(\frac{1}{8}X_{t-3}\right) + \beta_0\left(\frac{1}{10}X_{t-4}\right) + \mu_t$$

$$= \alpha + \beta_0\left(\frac{1}{2}X_t + \frac{1}{4}X_{t-1} + \frac{1}{6}X_{t-2} + \frac{1}{8}X_{t-3} + \frac{1}{10}X_{t-4}\right) + \mu_t$$

令新的变量组合为：

$$W_t = \frac{1}{2}X_t + \frac{1}{4}X_{t-1} + \frac{1}{6}X_{t-2} + \frac{1}{8}X_{t-3} + \frac{1}{10}X_{t-4} \tag{8.6}$$

原模型变换为模型：

$$Y_t = \alpha + \beta_0 W_t + \mu_t \tag{8.7}$$

2. 矩形

在这种形式中，假定权数都是相等的，即 X 每个时期的值对 Y 的影响均相同。如滞后期数 $s=4$ 的分布滞后模型为：

$$Y_t = \alpha + \beta_0 X_t + \beta_1 X_{t-1} + \beta_2 X_{t-2} + \beta_3 X_{t-3} + \beta_4 X_{t-4} + \mu_t$$

指定权数都为$\frac{1}{3}$，则新的变量组合为：

$$W_t = \frac{1}{3}X_t + \frac{1}{3}X_{t-1} + \frac{1}{3}X_{t-2} + \frac{1}{3}X_{t-3} + \frac{1}{3}X_{t-4} \tag{8.8}$$

3. 倒 V 形

在这种形式中，假定权数开始递增，然后递减，即倒 V 形。如指定权数为$\frac{1}{10}$、$\frac{1}{6}$、$\frac{1}{4}$、$\frac{1}{2}$、$\frac{1}{8}$、$\frac{1}{10}$，则新的变量组合为：

$$W_t = \frac{1}{10}X_t + \frac{1}{6}X_{t-1} + \frac{1}{4}X_{t-2} + \frac{1}{2}X_{t-3} + \frac{1}{8}X_{t-4} + \frac{1}{10}X_{t-5} \tag{8.9}$$

如果原模型满足普通最小二乘法的假设条件，就可以进行普通最小二乘法估计，例如模型(8.5)满足普通最小二乘法的假设条件，就可以对式(8.7)进行普通最小二乘法估计，此时估计参数的个数减少了，估计出参数 $\hat{\alpha}$、$\hat{\beta}_0$。假设已估计出 $\hat{\alpha}=0.6$、$\hat{\beta}_0=0.8$，则可写出原模型式(8.5)的估计结果：

$$\hat{Y}_t = 0.6 + \frac{0.8}{2}X_t + \frac{0.8}{4}X_{t-1} + \frac{0.8}{6}X_{t-2} + \frac{0.8}{8}X_{t-3} + \frac{0.8}{10}X_{t-4}$$

或

$$\hat{Y}_t = 0.6 + 0.4X_t + 0.2X_{t-1} + 0.133X_{t-2} + 0.1X_{t-3} + 0.08X_{t-4}$$

经验权数法具有简单易行、减少自由度损失、避免多重共线性干扰以及参数估计具有一致性等优点，缺点是设置权数的随意性较大。通常做法是多选择几组权数，分别进行估计，再根据显著性检验、可决系数 R^2 及 DW 检验等，从中选择最优的形式。

8.2.2 阿尔蒙多项式法

对于有限分布滞后模型，阿尔蒙(Almon)提出用滞后期数 i 的多项式来近似代替滞后变量系数的变化结构，减少待估计参数的数目，再用普通最小二乘法估计参数。步骤如下：

第一步，阿尔蒙变换。对于分布滞后模型：

$$Y_t = \alpha + \sum_{i=0}^{s}\beta_i X_{t-i} + \mu_t \tag{8.10}$$

假定其回归系数 β_i 可用一个关于滞后期 i 的适当阶数的多项式表示，即：

$$\beta_i = \sum_{k=0}^{m} \alpha_k i^k (i = 0,1,2,\cdots,s) \tag{8.11}$$

式中：$m < s$。阿尔蒙变换要求根据系数的变化先验地确定适当的阶数 m，通常 m 取 2 或 3，不超过 4，否则达不到减少参数的数目的目的。即：

$$\begin{aligned}
\beta_0 &= \alpha_0 + 0\alpha_1 + 0^2\alpha_2 + \cdots + 0^m\alpha_m (i = 0) \\
\beta_1 &= \alpha_0 + 1\alpha_1 + 1^2\alpha_2 + \cdots + 1^m\alpha_m (i = 1) \\
\beta_2 &= \alpha_0 + 2\alpha_1 + 2^2\alpha_2 + \cdots + 2^m\alpha_m (i = 2) \\
&\vdots \\
\beta_s &= \alpha_0 + s\alpha_1 + s^2\alpha_2 + \cdots + s^m\alpha_m (i = s)
\end{aligned}$$

将以上各式代入式(8.10)，整理得如下形式：

$$\begin{aligned}
Y_t = \alpha + &\alpha_0 (X_t + X_{t-1} + X_{t-2} + X_{t-3} + \cdots + X_{t-s}) + \\
&\alpha_1 (X_{t-1} + 2X_{t-2} + 3X_{t-3} + \cdots + sX_{t-s}) + \\
&\alpha_2 (X_{t-1} + 2^2 X_{t-2} + 3^2 X_{t-3} + \cdots + s^2 X_{t-s}) + \\
&\vdots \\
&\alpha_m (X_{t-1} + 2^m X_{t-2} + 3^m X_{t-3} + \cdots + s^m X_{t-s}) + \mu_t
\end{aligned}$$

原模型变换为：

$$Y_t = \alpha + \alpha_0 Z_{0t} + \alpha_1 Z_{1t} + \alpha_2 Z_{2t} + \cdots + \alpha_m Z_{mt} + \mu_t \tag{8.12}$$

式中：

$$\begin{aligned}
Z_{0t} &= X_t + X_{t-1} + X_{t-2} + \cdots + X_{t-s} \\
Z_{1t} &= X_{t-1} + 2X_{t-2} + \cdots + sX_{t-s} \\
Z_{2t} &= X_{t-1} + 2^2 X_{t-2} + \cdots + s^2 X_{t-s} \\
&\vdots \\
Z_{mt} &= X_{t-1} + 2^m X_{t-2} + \cdots + s^m X_{t-s}
\end{aligned}$$

为滞后变量的线性组合变量。

第二步，模型的普通最小二乘估计。对变换后的模型(8.12)进行普通最小二乘估计，将得到参数的估计值 $\hat{\alpha}_0$、$\hat{\alpha}_1$、$\hat{\alpha}_2$、…、$\hat{\alpha}_m$ 代入式(8.11)，即可得到原分布滞后模型的参数的估计值 $\hat{\beta}_0$、$\hat{\beta}_1$、$\hat{\beta}_2$、…、$\hat{\beta}_s$。

8.3　自回归模型

自回归模型是指解释变量中仅含有解释变量当期值和被解释变量的若干滞后值的模型，常见的有以下几种模型。

8.3.1　库伊克模型

库伊克模型是对于无限分布滞后模型经过库伊克变换形成的一种自回归模型。

设无限分布滞后模型为：

$$Y_t = \alpha + \beta_0 X_t + \beta_1 X_{t-1} + \beta_2 X_{t-2} + \cdots + \mu_t \tag{8.13}$$

由于无限分布滞后模型中滞后项无限多，而样本数据是有限的，无法直接估计模型的参数。库伊克在给出约束假设条件下对模型进行变换，把无限分布滞后模型变换成自回归模型。

假设条件是解释变量 X_{t-i} 对被解释变量 Y 的影响随滞后期 $i(i=0,1,2,\cdots)$ 的增加按几何级数衰减，即：

$$\beta_i = \beta_0\lambda^i \quad i = 0,1,2,\cdots \tag{8.14}$$

式中：$0<\lambda<1$，λ 称为分布滞后的衰减率，而 $(1-\lambda)$ 称为调整速率。λ 越小，衰减越快，X 滞后的远期值对当期 Y 值的影响越小。这种滞后形式反映在许多经济关系上，如消费与收入、固定资产与销售额、供给与价格等，它们的共同特点是距离现期越远，其影响越小。

若将式(8.14)代入式(8.13)有：

$$Y_t = \alpha + \beta_0 X_t + \beta_0\lambda X_{t-1} + \beta_0\lambda^2 X_{t-2} + \cdots + \mu_t \tag{8.15}$$

对式(8.15)滞后一期，有：

$$Y_{t-1} = \alpha + \beta_0 X_{t-1} + \beta_0\lambda X_{t-2} + \beta_0\lambda^2 X_{t-3} + \cdots + \mu_{t-1} \tag{8.16}$$

式(8.16)两边同乘 λ 得：

$$\lambda Y_{t-1} = \alpha\lambda + \beta_0\lambda X_{t-1} + \beta_0\lambda^2 X_{t-2} + \beta_0\lambda^3 X_{t-3} + \cdots + \lambda\mu_{t-1} \tag{8.17}$$

式(8.15)减去式(8.17)，有：

$$Y_t - \lambda Y_{t-1} = \alpha(1-\lambda) + \beta_0 X_t + \mu_t - \lambda\mu_{t-1}$$

移项，得：

$$Y_t = \alpha(1-\lambda) + \beta_0 X_t + \lambda Y_{t-1} + \mu_t - \lambda\mu_{t-1} \tag{8.18}$$

这就是库伊克模型，上述变换过程叫库伊克变换。

令：$\alpha^* = \alpha(1-\lambda) \quad \beta_0^* = \beta_0 \quad \beta_1^* = \lambda \quad \mu_t^* = \mu_t - \lambda\mu_{t-1}$

式(8.18)可以写成：

$$Y_t = \alpha^* + \beta_0^* X_t + \beta_1^* Y_{t-1} + \mu_t^* \tag{8.19}$$

这是一个一阶自回归模型。

库伊克模型的优点是将无限分布滞后模型变成了只有一个本期解释变量 X_t 和滞后一期的被解释变量 Y_{t-1} 的一阶自回归模型，无限分布滞后模型大大简化，解决了原来模型中可能存在多重共线性及自由度不足的问题。但库伊克模型也有不足之处：首先，库伊克给出的假设条件对某些经济变量可能不适用；其次，由于 Y_{t-1} 是一个随机变量，会出现随机解释变量问题；再次，由于 $\mu_t^* = \mu_t - \lambda\mu_{t-1}$，模型(8.19)可能出现序列相关性问题。这些不足将对模型的参数估计带来困难。

8.3.2 自适应预期模型

在建立模型时，通常假设当期的被解释变量 Y_t 取决于当期的解释变量 X_t，这种假设在很多情况下不完全符合社会经济行为，例如，居民本期的消费水平取决于预期的收入或者长远的收入水平，即某些经济变量的变化取决于另一些变量的预期值的影响。为此将解释变量的预期值引入到模型中。假设预期模型为：

$$Y_t = \beta_0 + \beta_1 X_t^e + \mu_t \tag{8.20}$$

式中：X_t^e 为解释变量的预期值，是不能观测的，为此需要建立一种形成预期的准则，以代替模型中的预期变量 X_t^e。由于经济活动主体对某经济变量的预期，是通过一种简单的学习过程而形成的。其机理是经济活动主体会根据自己过去在做预期时所犯的错误的程度，来修正他们以后每一时期的预期，即按照过去预测偏差的某一比例对当前期望进行修正，使其适应经济环境。为此，假设：

$$X_t^e - X_{t-1}^e = \lambda(X_t - X_{t-1}^e) \quad (0 \leqslant \lambda \leqslant 1) \tag{8.21}$$

式中:λ 为调整系数。式(8.21)还可写成:

$$X_t^e = \lambda X_t + (1-\lambda)X_{t-1}^e \quad (0 \leqslant \lambda \leqslant 1) \tag{8.22}$$

式(8.21) 称为适应性预期假设。它表示本期预期值的变化 $X_t^e - X_{t-1}^e$ 只是本期实际值 X_t 与前期预期值 X_{t-1}^e 之差的一部分,即 $\lambda(X_t - X_{t-1}^e)$,或者说本期预期值 X_t^e 是在前期预期值基础上 $\gamma(X_t - X_{t-1}^e)$。

将式(8.22)代入式(8.20)有:

$$Y_t = \beta_0 + \beta_1(\lambda X_t + (1-\lambda)X_{t-1}^e) + \mu_t$$

整理得:

$$Y_t = \beta_0 + \beta_1\lambda X_t + \beta_1(1-\lambda)X_{t-1}^e + \mu_t \tag{8.23}$$

再将式(8.20)滞后一期,两边同乘以$(1-\lambda)$得:

$$(1-\lambda)Y_{t-1} = \beta_0(1-\lambda) + \beta_1(1-\lambda)X_{t-1}^e + (1-\lambda)\mu_{t-1} \tag{8.24}$$

式(8.23)与式(8.24)相减,整理得:

$$Y_t = \beta_0\lambda + \beta_1\lambda X_t + (1-\lambda)Y_{t-1} + \mu_t - (1-\lambda)\mu_{t-1} \tag{8.25}$$

令: $$\beta_0^* = \beta_0\lambda \quad \beta_1^* = \beta_1\lambda \quad \beta_2^* = 1-\lambda \quad \mu_t^* = \mu_t - (1-\lambda)\mu_{t-1} \tag{8.26}$$

式(8.25)变为:

$$Y_t = \beta_0^* + \beta_1^* X_t + \beta_2^* Y_{t-1} + \mu_t^* \tag{8.27}$$

这时,自适应预期模型变化为一阶自回归模型。如果能够得到模型(8.27)参数的估计值 $\hat{\beta}_0^*$、$\hat{\beta}_1^*$、$\hat{\beta}_2^*$,将其代入式(8.26)即可求得自适应预期模型(8.20)的参数估计值。

8.3.3 局部调整模型

在经济活动中,经常会遇到一类现象,为适应解释变量的变化,被解释变量有一个预期的最佳值与之对应。例如,企业为了保证生产或供应必须保持一定的库存储备,为满足一定的产量或销售量,存在着预期的最佳库存量,即本期的最佳库存取决于本期的实际产量或销售量,最佳的库存量是实际产量或销售量的函数。即解释变量的现值 X_t 影响被解释变量的最佳预期值 Y_t^e,即存在如下关系:

$$Y_t^e = \beta_0 + \beta_1 X_t + \mu_t \tag{8.28}$$

由于技术水平、制度因素、市场因素、心理因素等方面的限制,被解释变量的最佳预期水平在短期内难以实现,也是不可观测的。局部调整假设认为,被解释变量的变化是预期变化的一部分,预期值与实际值之间的关系为:

$$Y_t - Y_{t-1} = \delta(Y_t^e - Y_{t-1}) \quad (0 \leqslant \delta \leqslant 1) \tag{8.29}$$

式中:δ 为调整系数,表示调整的速度。δ 越接近 1,表明调整到最佳预期值的速度越来越快。如果 $\delta=1$,则 $Y_t = Y_t^e$,表明实际变动与期望变动一致;若 $\delta=0$,则 $Y_t = Y_{t-1}$,表明本期值与前期值一致,没有任何调整。一般情况下,$(0<\delta<1)$表示在进行部分(或局部)调整。式(8.29)还可以写成:

$$Y_t = \delta Y_t^e + (1-\delta)Y_{t-1} \tag{8.30}$$

表明 t 时期的实际值是 t 时预期值和 $t-1$ 期实际值的加权平均数,权数分别为 δ 和 $1-\delta$,满足

以上局部调整假设的式(8.28)称为局部调整模型。将式(8.28)代入式(8.30)得

$$\begin{aligned} Y_t &= \delta(\beta_0 + \beta_1 X_t + \mu_t) + (1-\delta)Y_{t-1} \\ &= \delta\beta_0 + \delta\beta_1 X_t + (1-\delta)Y_{t-1} + \delta\mu_t \end{aligned}$$

令 $\beta_0^* = \delta\beta_0$、$\beta_1^* = \delta\beta_1$、$\beta_2^* = 1-\delta$、$\mu_t^* = \delta\mu_t$，有：

$$Y_t = \beta_0^* + \beta_1^* X_t + \beta_2^* Y_{t-1} + \mu_t^* \tag{8.31}$$

此时局部调整模型转化成一个一阶自回归模型。

库伊克模型、自适应预期模型和局部调整模型的最终形式都是一阶自回归模型，这样，对这三类模型的估计就转化为对一阶自回归模型的估计。它们的区别有两个方面：一是导出模型的经济背景与思想不同，库伊克模型是在无限分布滞后模型的基础上根据库伊克假设导出的，自适应预期模型是根据解释变量的自适应过程得到的，局部调整模型是由对被解释变量的局部调整而得；二是由于形成机理不同而导致随机误差项的结构有所不同，将对模型的估计产生影响。

8.4 自回归模型的估计和检验

8.4.1 自回归模型估计存在的问题

对于前面讨论的库伊克模型、自适应预期模型和局部调整模型，它们最终形式都是一阶自回归模型 $Y_t = \beta_0^* + \beta_1^* X_t + \beta_2^* Y_{t-1} + \mu_t^*$ 的形式，对它使用普通最小二乘法进行估计存在着两个问题：一是模型含有滞后的被解释变量，它是随机变量，可能与随机干扰项相关；二是随机干扰项可能存在序列相关。为了说明这一点，考查三个模型对应的一阶自回归模型中的随机干扰项的特征。

库伊克模型：

$$\mu_t^* = \mu_t - \lambda\mu_{t-1}$$

自适应性预期模型：

$$\mu_t^* = \mu_t - (1-\lambda)\mu_{t-1}$$

局部调整模型：

$$\mu_t^* = \delta\mu_t$$

假设原模型中随机干扰项满足古典假设条件，即：

$$E(\mu_i) = 0, \mathrm{Var}(\mu_i) = \sigma^2, \mathrm{Cov}(\mu_i, \mu_j) = 0 \quad (i \neq j)$$

对于库伊克模型，有：

$$\begin{aligned} \mathrm{Cov}(\mu_t^*, \mu_{t-1}^*) &= E(\mu_t - \lambda\mu_{t-1} - E(\mu_t - \lambda\mu_{t-1}))(\mu_{t-1} - \lambda\mu_{t-2} - E(\mu_{t-1} - \lambda\mu_{t-2})) \\ &= E(\mu_t\mu_{t-1}) - \lambda E(\mu_{t-1}^2) - \lambda E(\mu_t\mu_{t-2}) + \lambda^2 E(\mu_{t-1}\mu_{t-2}) \\ &= -\lambda E(\mu_{t-1}^2) = -\lambda\sigma^2 \neq 0 \end{aligned}$$

$$\begin{aligned} \mathrm{Cov}(Y_{t-1}, \mu_t^*) &= \mathrm{Cov}(Y_{t-1}, \mu_t - \lambda\mu_{t-1}) \\ &= \mathrm{Cov}(Y_{t-1}, \mu_t) - \lambda\mathrm{Cov}(Y_{t-1}, \mu_{t-1}) \\ &= -\lambda\mathrm{Cov}(Y_{t-1}, \mu_{t-1}) \neq 0 \end{aligned}$$

对于自适应性预期模型，有：

$$\mathrm{Cov}(\mu_t^*, \mu_{t-1}^*) \neq 0 \quad \mathrm{Cov}(Y_{t-1}, \mu_t^*) \neq 0$$

对于局部调整模型，有：

$$\mathrm{Cov}(\mu_t^*,\mu_{t-1}^*)=E(\delta\mu_t-E(\delta\mu_t))(\delta\mu_{t-1}-E(\delta\mu_{t-1}))=\delta^2E(\mu_t\mu_{t-1})=0$$

$$\mathrm{Cov}(Y_{t-1},\mu_t^*)=\mathrm{Cov}(Y_{t-1},\delta\mu_t)=\delta\mathrm{Cov}(Y_{t-1},\mu_t)=0$$

由此可见，如果直接使用普通最小二乘法估计模型，则估计可能是有偏的，而且不是一致估计。

8.4.2 自回归模型的估计

为了缓解随机干扰项与解释变量 Y_{t-1} 相关带来的估计偏差，可以采用工具变量法来进行估计。利用工具变量法所得到的参数估计是一致估计。工具变量的选取有多种方式，在实际估计中，一般用 $\hat{Y}_{t-1}$ 作为 Y_{t-1} 的工具变量，其中，$\hat{Y}_{t-1}$ 是 X 的若干滞后的线性组合，那么：

$$\hat{Y}_{t-1}=\hat{\alpha}_0+\hat{\alpha}_1X_{t-1}+\hat{\alpha}_2X_{t-2}+\cdots+\hat{\alpha}_sX_{t-s}$$

其中，s 是预先指定的或者选取若干个 s 值，如取 $s=2,3,4$ 等逐个回归，通过对系数估计值的显著性检验，从中选取一个满意的 s 值，一般取 $s=2$ 或 $s=3$。由于 X 与 μ_t^* 不相关，$\hat{Y}_{t-1}$ 作为对 X 滞后值的回归值，进而 $\hat{Y}_{t-1}$ 与 μ_t^* 不相关，因此用 $\hat{Y}_{t-1}$ 作为 Y_{t-1} 的工具变量去对模型 $Y_t=\beta_0^*+\beta_1^*X_t+\beta_2^*Y_{t-1}+\mu_t^*$ 使用最小二乘法进行估计，可以得到参数的一致估计。

8.4.3 自回归模型检验：杜宾 *h* 检验

在自回归模型中，滞后被解释变量是随机变量，D-W 检验失效，为此杜宾提出了检验一阶序列相关的 h 统计量检验法，解决了含有滞后被解释变量的自回归模型的序列相关检验问题。

对于一阶自回归模型：

$$Y_t=\alpha+\beta_0X_t+\gamma_1Y_{t-1}+\mu_t$$

h 统计量定义为：

$$h=\left(1-\frac{\mathrm{DW}}{2}\right)\sqrt{\frac{n}{1-n\mathrm{Var}(\hat{\gamma}_1)}} \tag{8.32}$$

其中，n 为样本容量，$\mathrm{Var}(\hat{\gamma}_1)$ 为滞后被解释变量的回归系数的估计方差。

杜宾证明了在随机干扰项不存在一阶自相关，即在 $H_0:\rho=0$ 的假定下，h 统计量的极限分布为标准正态分布，$h\sim N(0,1)$。因此在大样本情况下，可以用 h 统计值判断随机干扰项是否存在一阶序列相关，具体做法如下：

(1)对一阶自回归模型 $Y_t=\alpha+\beta_0X_t+\gamma_1Y_{t-1}+\mu_t$ 直接使用最小二乘法进行估计，得到 DW 统计量值和 $\mathrm{Var}(\hat{\gamma}_1)$。

(2)将 DW 统计量值、样本容量 n 和 $\mathrm{Var}(\hat{\gamma}_1)$ 代入式(8.32)，计算 h 统计量。

(3)给定显著水平 α，查正态分布表得到临界值 $h_{\alpha/2}$，若 $|h|>h_{\alpha/2}$，则拒绝原假设，说明自回归模型存在一阶序列相关；若 $|h|<h_{\alpha/2}$，则接受原假设，说明自回归模型不存在一阶序列相关。

该检验方法适用于任意阶的自回归模型的检验，对应的式(8.32)仍然成立，与模型中包含多少个变量 X 或多少个 Y 的滞后值无关，只用到 Y_{t-1} 回归系数的估计方差；如果 $n\mathrm{Var}(\hat{\gamma}_1)>1$，则不能用 h 检验，但这种情况很少发生；h 统计量检验法不适用于小样本。

8.5 案例分析与 EViews 操作

8.5.1 产成品问题相关数据

已知某制造公司 2003—2022 年产成品 Y(吨)和主营业务收入 X(万元)的数据资料见表 8.1。

表 8.1 2003—2022 年某制造公司产成品(吨)与主营业务收入(万元)

年份	产成品 Y	主营业务收入 X	年份	产成品 Y	主营业务收入 X
2003	7 606.25	143 171.53	2013	34 535.8	1 038 659.45
2004	9 458.5	198 908.87	2014	38 359.51	1 107 032.52
2005	11 087.58	248 544	2015	39 501.15	1 109 852.97
2006	13 141.36	313 592.45	2016	40 492.79	1 158 998.52
2007	16 024.37	399 717.06	2017	42 393.68	1 133 160.76
2008	19 518.95	500 020.07	2018	43 987.65	1 057 327.3
2009	20 495.01	542 522.43	2019	44 060.17	1 067 397.2
2010	23 841.15	697 744	2020	46 626.5	1 083 658.4
2011	28 478.64	841 830.24	2021	55 352.28	1 314 557.3
2012	31 919.19	929 291.51	2022	61 149.67	1 333 214.4

8.5.2 阿尔蒙法估计有限分布滞后模型

阿尔蒙法估计如下有限分布滞后模型:

$$Y_t=\alpha+\beta_0X_t+\beta_1X_{t-1}+\beta_2X_{t-2}+\beta_3X_{t-3}+\mu_t$$

将系数 $\beta_i(i=0,1,2,3)$用二次多项式近似,即:

$$\beta_0=\alpha_0$$
$$\beta_1=\alpha_0+\alpha_1+\alpha_2$$
$$\beta_2=\alpha_0+2\alpha_1+4\alpha_2$$
$$\beta_3=\alpha_0+3\alpha_1+9\alpha_2$$

则原模型可变为: $Y_t=\alpha+\alpha_0Z_{0t}+\alpha_1Z_{1t}+\alpha_2Z_{2t}+\mu_t$

其中:

$$Z_{0t}=X_t+X_{t-1}+X_{t-2}+X_{t-3}$$
$$Z_{1t}=X_{t-1}+2X_{t-2}+3X_{t-3}$$
$$Z_{2t}=X_{t-1}+4X_{t-2}+9X_{t-3}$$

在 EViews 工作文件中输入 X 和 Y 的数据,在工作文件窗口单击【Genr】工具栏,出现对话框,输入生成变量 Z_{0t} 的公式,单击【OK】按钮可生成变量 Z_{0t} 的数据;类似地,可生成变量 Z_{1t}、Z_{2t} 的数据。进入 Equation Specification 对话栏,输入回归方程形式:

```
Y    C    Z0    Z1    Z2
```

单击【OK】按钮，显示回归结果，见表 8.2。

表 8.2　回归结果

Dependent Variable: Y

Method: Least Squares

Date: 11/01/24　Time: 20:03

Sample (adjusted): 2006 2022

Included observations: 17 after adjustments

Variable	Coefficient	Std. Error	t-Statistic	Prob.
C	289.442 6	3 345.295	0.086 522	0.932 4
Z0	0.046 327	0.012 817	3.614 397	0.003 1
Z1	−0.090 301	0.034 338	−2.629 759	0.020 8
Z2	0.028 332	0.011 464	2.471 462	0.028 1

R-squared	0.937 722	Mean dependent var	35 286.93
Adjusted R-squared	0.923 35	S. D. dependent var	13 637.57
S. E. of regression	3 775.672	Akaike info criterion	19.512 87
Sum squared resid	1.85E+08	Schwarz criterion	19.708 92
Log likelihood	−161.859 4	Hannan-Quinn criter.	19.532 36
F-statistic	65.246 62	Durbin-Watson stat	0.944 357
Prob(F-statistic)	0.000 000		

代入分布滞后系数的阿尔蒙多项式中，可计算出 $\hat{\beta}_0$、$\hat{\beta}_1$、$\hat{\beta}_2$、$\hat{\beta}_3$ 的估计值为：

$$\hat{\beta}_0=\hat{\alpha}_0=0.046\ 327$$

$$\hat{\beta}_1=\hat{\alpha}_0+\hat{\alpha}_1+\hat{\alpha}_2=0.046\ 327-0.090\ 301+0.028\ 332=-0.015\ 642$$

$$\hat{\beta}_2=\hat{\alpha}_0+2\hat{\alpha}_1+4\hat{\alpha}_2=0.046\ 327-2\times0.090\ 301+4\times0.028\ 332=-0.020\ 947$$

$$\hat{\beta}_3=\hat{\alpha}_0+3\hat{\alpha}_1+9\hat{\alpha}_2=0.046\ 327-3\times0.090\ 301+9\times0.028\ 332=0.030\ 412$$

从而，分布滞后模型的最终估计式为：

$$\hat{Y}_t=289.442\ 6+0.046\ 327X_t-0.015\ 642X_{t-1}-0.020\ 947X_{t-2}+0.030\ 412X_{t-3}$$

在实际应用中，EViews 提供了多项式分布滞后指令“PDL”用于估计分布滞后模型。下面，结合本例给出操作过程：

在 EViews 中输入 X 和 Y 的数据，进入 Equation Specification 对话栏，输入方程形式：

```
Y  C  PDL(X,3,2)
```

其中，PDL 指令表示进行多项式分布滞后(polynomial distributed lags)模型的估计，括号中的 3 表示 X 的分布滞后长度，2 表示阿尔蒙多项式的阶数。在【Estimation Settings】栏中选择【Least Squares】(最小二乘法)，单击【OK】按钮，屏幕将显示回归分析结果，见表 8.3。

表 8.3 回归分析结果

Dependent Variable: Y

Method: Least Squares

Date: 11/01/24 Time: 20:11

Sample (adjusted): 2006 2022

Included observations: 17 after adjustments

Variable	Coefficient	Std. Error	t-Statistic	Prob.
C	289.442 6	3 345.295	0.086 522	0.932 4
PDL01	−0.015 643	0.011 846	−1.320 448	0.209 5
PDL02	−0.033 638	0.011 900	−2.826 758	0.014 3
PDL03	0.028 332	0.011 464	2.471 462	0.028 1
R-squared	0.937 722	Mean dependent var		35 286.93
Adjusted R-squared	0.923 35	S. D. dependent var		13 637.57
S. E. of regression	3 775.672	Akaike info criterion		19.512 87
Sum squared resid	1.85E+08	Schwarz criterion		19.708 92
Log likelihood	−161.859 4	Hannan-Quinn criter.		19.532 36
F-statistic	65.246 62	Durbin-Watson stat		0.944 357
Prob(F-statistic)	0.000 000			

需要指出的是，用“PDL”估计分布滞后模型时，EViews 所采用的滞后系数多项式变换不是形如式(8.11)的阿尔蒙多项式，而是阿尔蒙多项式的派生形式。因此，输出结果中 PDL01、PDL02、PDL03 对应的估计系数不是阿尔蒙多项式系数 α_0、α_1、α_2 的估计。但同前面分步计算的结果相比，最终的分布滞后估计系数 $\hat{\beta}_0$、$\hat{\beta}_1$、$\hat{\beta}_2$、$\hat{\beta}_3$ 是相同的。

8.5.3 利用自回归模型估计产成品函数

1. 利用 EViews 软件估计自回归模型的步骤

(1)利用 CROSS 命令确定分布滞后模型的滞后期长度 s：

```
CROSS  Y  X
```

(2)利用 OLS 法估计分布滞后模型(设滞后期长度为 4)：

```
LS  Y  C  X(0  TO  - 4)
```

(3)计算 $Z_t=\hat{Y}_t=Y_t-e_t$：

```
GENR  Z= Y- RESID
```

(4)用 $Z_{t-1}=\hat{Y}_{t-1}$ 代替自回归模型中的 Y_{t-1}，并用广义差分法(设存在一阶序列相关性)估计模型：

```
LS  Y  C  Z(- 1) AR(1)
```

2. 利用工具变量法估计自回归模型

假定产成品可以由一个自回归模型来表示，即：

$$Y_t=\beta_0+\beta_1 X_t+\beta_2 Y_{t-1}+\mu_t$$

(1)利用 OLS 法估计分布滞后模型(设滞后期长度为 4)。在命令窗口输入：

```
LS Y C X(0 TO - 4)
```

得到表 8.4 的输出结果。

表 8.4　OLS 法回归结果

Dependent Variable：Y

Method：Least Squares

Date：11/01/24　Time：20：23

Sample (adjusted)：2007 2022

Included observations：16 after adjustments

Variable	Coefficient	Std. Error	t-Statistic	Prob.
C	3 364.769	2 486.435	1.353 25	0.205 8
X	0.027 646	0.008 768	3.152 995	0.010 3
X(−1)	0.026 723	0.012 503	2.137 324	0.058 3
X(−2)	−0.041 873	0.017 301	−2.420 324	0.036
X(−3)	−0.020 384	0.022 413	−0.909 48	0.384 5
X(−4)	0.046 677	0.012 312	3.791 292	0.003 5
R-squared	0.979 639	Mean dependent var	36 671.03	
Adjusted R-squared	0.969 458	S. D. dependent var	12 792.33	
S. E. of regression	2 235.628	Akaike info criterion	18.542 43	
Sum squared resid	49 980 346	Schwarz criterion	18.832 15	
Log likelihood	−142.339 4	Hannan-Quinn criter.	18.557 26	
F-statistic	96.224 77	Durbin-Watson stat	1.826 388	
Prob(F-statistic)	0.000 000			

(2)计算 $Z_t=\hat{Y}_t=Y_t-e_t$，在命令行输入 GENR Z=Y−RESID，得到新序列 Z。

(3)在方程估计对话框中(见图 8.1)，选定 TSLS，弹出工具变量对话框。

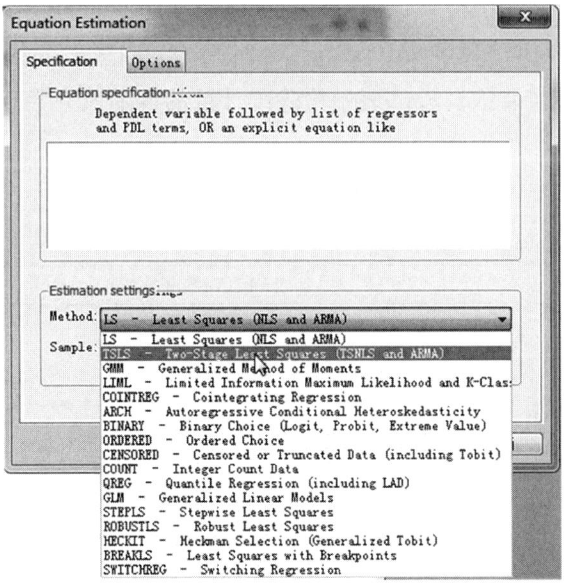

图 8.1　方程对话框

在工具变量法对话框的上半部分输入:Y　C　X　Y(-1),在工具变量栏输入C　X　Z,就会得到表 8.5 所示结果。

表 8.5　工具变量法估计的输出结果

Dependent Variable:Y

Method:Two-Stage Least Squares

Date:11/01/24　Time:20:54

Sample (adjusted):2007 2022

Included observations:16 after adjustments

Instrument specification:C X Z

Variable	Coefficient	Std. Error	t-Statistic	Prob.
C	2 284.364	2 564.71	0.890 691	0.389 3
X	−0.005 761	0.008 822	−0.653 032	0.525 1
Y(−1)	1.185 04	0.208 182	5.692 339	0.000 1
R-squared	0.966 051	Mean dependent var	36 671.03	
Adjusted R-squared	0.960 828	S. D. dependent var	12 792.33	
S. E. of regression	2 531.851	Sum squared resid	83 333 515	
F-statistic	187.564 1	Durbin-Watson stat	1.399 014	
Prob(F-statistic)	0.000 000	Second-Stage SSR	49 980 346	
J-statistic	0.000 000	Instrument rank	3	

根据输出结果(本节主要介绍 EViews 软件操作方法,暂未分析参数显著性问题),可得自回归模型为:

$$\hat{Y}_t = 2\,248.364 - 0.005\,761 X_t + 1.185\,04 Y_{t-1}$$

$$t = (0.890\,691) \qquad (-0.653\,032) \qquad (5.692\,339)$$

$$R^2 = 0.966\,1 \qquad \bar{R}^2 = 0.960\,8 \qquad F = 187.564\,1 \qquad DW = 1.399\,014$$

拉格朗日乘数检验结果见表 8.6,表中检验统计量的伴随概率大于显著性水平 $\alpha = 0.05$,表明不存在序列相关性。

表 8.6　拉格朗日乘数检验结果

Breusch-Godfrey Serial Correlation LM Test:

Obs * R-squared	5.043 253	Prob. Chi-Square(2)	0.080 3

Test Equation:

Dependent Variable:RESID

Method:Two-Stage Least Squares

Date:11/01/24　Time:21:511

Sample:2007 2022

Included observations:16

Presample missing value lagged residuals set to zero.

续表

Variable	Coefficient	Std. Error	t-Statistic	Prob.
C	−961.358 9	2 376.362	−0.404 551	0.693 6
X	0.020 364	0.013 786	1.477 138	0.167 7
Y(−1)	−0.564 855	0.363 483	−1.554 007	0.148 5
RESID(−1)	0.496 581	0.272 769	1.820 519	0.096
RESID(−2)	−1.305 776	0.684 55	−1.907 495	0.082 9
R-squared	0.315 203	Mean dependent var		−2.20E−13
Adjusted R-squared	0.066 186	S. D. dependent var		2 357.025
S. E. of regression	2 277.688	Akaike info criterion		18.550 02
Sum squared resid	57 066 514	Schwarz criterion		18.791 45
Log likelihood	−143.400 1	Hannan-Quinn criter.		18.562 38
F-statistic	1.265 791	Durbin-Watson stat		1.850 61
Prob(F-statistic)	0.340 665			

本章小结

本章介绍了滞后变量的含义与产生的原因，指出由于存在心理、技术以及制度的原因而致使模型中出现滞后变量；介绍了滞后变量的两种类型——分布滞后模型和自回归模型，并指出这两类模型在进行回归估计时可能会面临的问题；对于分布滞后模型分别介绍了分布滞后模型的三种估计方法——经验权数法、阿尔蒙多项式法以及库伊克(Koyck)法。其中，经验权数法的基本思想是：可先验性地对滞后变量赋予一定的权数，利用这些权数构成滞后变量的线性组合，以形成一个新的变量，将该变量代入模型，得到新模型并进行估计，然后反推计算出原模型的参数估计值。阿尔蒙多项式法则是对滞后变量的系数赋予一个多项式变换，并计算出相应的辅助变量得到包含辅助变量的模型，然后用 OLS 估计该模型，最后同样反推计算出原模型的参数估计值。库伊克模型是将无限分布滞后模型通过数学变换转换成一个自回归模型，但是这种变换有时经济理论支持。自适应预期模型和局部调整模型是对库伊克变换模型的一种理论补充，建立在对未来预期的不确定以及对此进行调整的理论的基础上。这两类模型最终的形式依然和库伊克模型一样成为一个自回归模型，自适应预期模型的估计所面临的问题和库伊克模型一样，不能直接用 OLS 进行估计，而局部调整模型则可直接用 OLS 进行估计。介绍了一种自回归模型的估计方法——工具变量法，并给出了一种检验自回归模型中一阶自相关存在与否的检验方法——杜宾 h 检验。

思考与练习

1. 什么是滞后现象？产生滞后现象的原因主要有哪些？

2. 库伊克模型、自适应预期模型与局部调整模型有哪些共性和不同之处？模型估计会有存在哪些困难？如何解决？

3. 查找美国近三十年个人消费支出(PCE)和个人可支配收入(PDI)数据，并估计下列模型：

$$\mathrm{PCE}_t = A_1 + A_2 \mathrm{PDI}_t + \mu_t$$

$$\mathrm{PCE}_t = B_1 + B_2 \mathrm{PDI}_t + B_3 \mathrm{PCE}_{t-1} + U_t$$

(1)解释这两个回归模型的结果。

(2)短期和长期边际消费倾向(MPC)是多少？

4. 查找近二十年某钢铁上市公司的固定资产投资 Y 与销售额 X 的资料。运用局部调整假定或自适应预期假定估计以下模型参数，并解释模型的经济意义，探测模型扰动项的一阶自相关性：

(1)设定模型：

$$Y_t^* = \alpha + \beta X_t + u_t$$

其中，Y_t^* 为预期最佳值。

(2)设定模型：

$$Y_t^* = \alpha X_t^{\beta} e^{u_t}$$

其中，Y_t^* 为预期最佳值。

(3)设定模型：

$$Y_t = \alpha + \beta X_t^* + u$$

其中，X_t^* 为预期最佳值。

5. 查找近三十年我国基本建设新增固定资产 Y 和全国工业总产值 X 按当年价格计算的历史资料。要求：

(1)设定模型 $Y_t^* = \alpha + \beta X_t + \mu_t$ 作局部调整假定，估计参数，并作解释。

(2)设定模型 $Y_t = \alpha + \beta X_t^* + \mu_t$ 作自适应预期假定，估计参数，并作解释。

(3)比较上述两个模型的设定及拟合情况，你觉得哪一个模型较好，为什么？

第 9 章　时间序列模型

教学目标

通过本章的学习，了解时间序列数据平稳性、单整与协整；掌握数据平稳性的单位根检验方法；掌握协整与误差修正模型和格兰杰因果关系检验。并能针对实际问题应用协整模型进行分析和说明。

时间序列数据的分析是计量经济分析重要的内容之一。在前面的几章分析中都隐含着一个重要的假设：模型涉及的有关的时间序列都是平稳的(Stationary)。但是，在用一个时间序列对另一个时间序列做回归时，虽然两者之间并无任何有意义的经济关系，但常常会得到一个很高的判定系数 R^2 值，这种情况说明存在虚假回归(Spurious Regression)或伪回归。伪回归是指如果有两列时间序列数据表现出一致的变化趋势(非平稳的)，即使它们之间没有任何经济联系，但进行回归也可表现出很高的可决系数，或者说，变量间本来不存在有意义的关系，但回归却得出存在有意义的关系的错误结论。在现实经济生活中，实际的时间序列数据往往是非平稳的，而且主要的经济变量如消费、收入、价格往往表现为一致的上升或下降。这样，所得到的模型的 R^2 值是由于趋势的出现，而不是由于两者之间的真实关系。时间序列分析模型方法就是在这样的情况下，通过揭示时间序列自身的变化规律而发展起来的全新计量经济学方法论。时间序列分析已成为现代计量经济学的重要的内容，并广泛应用于经济分析与预测当中。

本章将对时间序列的基本概念、平稳性检验和协整理论以及误差修正模型进行论述，最后阐述格兰杰因果关系检验方法。

9.1　时间序列的基本概念

9.1.1　随机过程与时间序列

经济变量在任意时点 t 的取值都会受到为数众多因素的影响，所以它是一个随机变量，经济运行发展的过程可由按时间排序的一系列随机变量来描述，这样的随机变量序列称为随机过程。在概率论中，一般用一族(无限多个)随机变量的集合 $\{Y_t, t \in T\}$ 来表示随机过程。例如,当 $T=(-\infty,+\infty)$时,随机过程可以表示成$\{Y_t,-\infty<t<+\infty\}$,其中的$Y_t$是时间$t$的随机函数,因为在每个时刻,$Y_t$为一个随机变量。其中当指标集 T 为$\{1,2,\cdots\}$或$\{\cdots,-2,-1,0,1,2,\cdots\}$时,即时间$t$只取整数时,随机过程$\{Y_t,t\in T\}$可写成$\{Y_t,t=0,\pm1,\pm2,\cdots\}$。此类随机过程是离散时间$t$的随机函数,称它为随机时间序列,简称时间序列。

在时间序列分析中,常用随机过程的一个实现去引出其背后的随机过程的推断——随机过程的变化规律,而要描述取值的统计规律,有必要专门对变量的时间序列数字特征进行讨论。

9.1.2 时间序列的数字特征

同描述随机变量一样,随机时间序列的各种数字特征——均值函数、自协方差函数、自相关函数等可以用来描述时间序列的基本统计特性。

1. 均值函数

设$\{Y_t,t=1,2,\cdots\}$是一个时间序列,称:

$$\mu(t)=E(Y_t)\quad t=1,2,\cdots \tag{9.1}$$

为时间序列$\{Y_t,t=1,2,\cdots\}$的均值函数。均值函数是用于描述时间序列数即集中趋势的最主要指标。

当t变化时,$\mu(t)$是t的一个函数,它是时间序列$\{Y_t,t=1,2,\cdots\}$的所有样本函数在时刻t的函数值的平均。

2. 自协方差函数

设$\{Y_t,t=1,2,\cdots\}$是一个时间序列,称

$$\gamma(t,s)=\mathrm{Cov}(Y_t,Y_s)=E((Y_t-E(Y_t))(Y_s-E(Y_s)))\quad (t,s=1,2,\cdots) \tag{9.2}$$

为时间序列$\{Y_t,t=1,2,\cdots\}$的子协方差函数。

若$t=s$,则称:

$$\gamma(t,s)=E((Y_t-E(Y_t))^2=\mathrm{Var}(Y_t) \tag{9.3}$$

为时间序列$\{Y_t,t=1,2,\cdots\}$的方差函数,记为σ^2。它表示时间序列$\{Y_t,t=1,2,\cdots\}$在时刻t对于均值$\mu(t)$的偏离程度。

3. 自相关函数

自协方差是有量纲的,它的测量单位与变量的测量单位有关。为消除量纲的影响,用自相关系数反映变量与滞后变量的自相关程度。设$\{Y_t,t=1,2,\cdots\}$是一个时间序列,随机变量Y_t的自相关函数为:

$$\rho(t,s)=\frac{\gamma(t,s)}{\sqrt{\gamma(t,t)}\sqrt{\gamma(s,s)}} \tag{9.4}$$

它反映了时间序列$\{Y_t,t=1,2,\cdots\}$在两个不同的时刻取值的线性相关程度。

9.1.3 平稳时间序列

所谓平稳时间序列,是指时间序列的统计特征不会随着时间的推移而发生变化。即生成变量时间序列数据的随机过程的统计特征不随时间变化而变化。当时间序列$\{Y_t,t=1,2,\cdots\}$的统计特征不随时间而变化,则称时间序列$\{Y_t,t=1,2,\cdots\}$是平稳的。一个平稳的时间序列,从直观上可以看作一条围绕其平均值上下波动的曲线。

如果时间序列$\{Y_t,t=1,2,\cdots\}$满足下列条件,则称时间序列$\{Y_t,t=1,2,\cdots\}$是弱的。

1. 均值

$$E(Y_t) = E(Y_{t-s}) = \mu \tag{9.5}$$

对于平稳的随机过程，其期望为常数，一般用 μ 表示。随机过程的取值将以 μ 为中心上下变动。

2. 方差

$$\mathrm{Var}(Y_t) = \mathrm{Var}(Y_{t-s}) = \sigma^2 \tag{9.6}$$

即平稳随机过程的方差也是一个常量，一般用 σ^2 来度量随机过程取值对其均值 μ 的离散程度。

3. 自协方差

$$\mathrm{Cov}(Y_t, Y_{t-s}) = E((Y_t - \mu)(Y_{t-s} - \mu)) = \gamma_s \tag{9.7}$$

即平稳随机过程两个相隔 s 期的随机变量 Y_t 与 Y_{t-s} 的协方差即滞后 s 期的自协方差仅依赖于两时期之间的距离（间隔）s，而与计算这些协方差的实际时期 t 无关，并且易知自相关函数也仅与时间间隔 s 有关。记随机过程 $\{Y_t, t=1,2,\cdots\}$ 的自协方差函数为 γ_s，即：

$$\mathrm{Cov}(Y_t, Y_{t-s}) = \gamma_s \quad (s = 0,1,2,\cdots) \tag{9.8}$$

当 $s=0$ 时，自协方差 $\mathrm{Cov}(Y_t, Y_{t-s}) = \gamma_0$ 退化为时间序列 Y_t 的方差。

4. 自相关函数

由于随机变量 Y_t 与滞后期为 s 的随机变量 Y_{t-s} 的自相关函数可写为：

$$\rho_s = \frac{\mathrm{Cov}(Y_t, Y_{t-s})}{\sqrt{\mathrm{Var}(Y_t)}\ \sqrt{\mathrm{Var}(Y_{t-s})}} \tag{9.9}$$

由式(9.7)和式(9.8)，式(9.9)可以改写为：

$$\rho_s = \frac{\mathrm{Cov}(Y_t, Y_{t-s})}{\sigma^2} = \frac{\gamma_s}{\sigma^2} = \frac{\gamma_s}{\gamma_0} \quad (s = 0,1,2,\cdots) \tag{9.10}$$

式中：s 为有限值。自相关函数是随机变量 Y_t 与其不同滞后期随机变量的相关系数的序列。

因为平稳的时间序列有稳定的趋势（均值）、波动性（方差）和横向联系（协方差），用时间序列的样本均值和方差可以推断各时点随机变量的分布特征。因此，运用平稳时间序列数据的经典回归分析是有效的，以往时间序列的回归分析实际上都隐含假设数据是平稳的。对于平稳序列而言，任何震荡的影响都是暂时的，随着时间的推移，这些影响将逐渐消失，即时间序列将回复到长期平均水平。

特别地，具有零均值和相同方差的不相关的随机过程称为白噪声过程或白噪声序列，用 μ_t 表示白噪声过程，则 $E(\mu_t)=0$，$\mathrm{Var}(\mu_t)=\sigma^2$，$\mathrm{Cov}(\mu_t, \mu_{t-s})=0$ 对所有的 $s>0$ 成立。

9.1.4　非平稳时间序列

所谓时间序列的非平稳性，是指时间序列的统计规律随着时间的推移而发生变化，即生成变量时间序列数据的随机过程的统计特征随时间而变化，也就是说，只要平稳的条件不全满足，则该时间序列是非平稳的。

一个简单的随机过程 Y_t 由下式确定：

$$Y_t = Y_{t-1} + \mu_t \tag{9.11}$$

式中：μ_t 为白噪声过程即独立同分布，且 $E(\mu_t)=0$，$\mathrm{Var}(\mu_t)=\sigma^2$，$\mathrm{Cov}(\mu_t, \mu_{t-s})=0$，这个随机过程称为随机游走过程。

通过直接迭代，可得：

$$Y_t = \sum_{i=1}^{t} \mu_i \tag{9.12}$$

所以，有：

$$E(Y_t) = E(\sum_{i=1}^{t} \mu_i) = 0$$

$$\text{Var}(Y_t) = \text{Var}(\sum_{i=1}^{t} \mu_i) = t\sigma^2$$

随机游走过程的方差是时间 t 的函数，而且随时间发散到无穷大，并不是以大致相等的振幅围绕其趋势值波动，所以随机游走过程是非平稳的。

9.2 时间序列的平稳性检验

如果时间序列是非平稳的，由于它已不具备平稳时间序列的统计特征，前面所介绍的计量经济技术将遇到极大的困难，而在实际工作中遇到的时间序列可能只有极少数属于平稳序列，如果把非平稳的时间序列当作平稳序列，实际上会破坏经典线性回归模型的基本假定，用这样的模型进行回归分析，得到的 t、F、R^2 统计量都是失效的，分析、检验和预测的结果是无效的，出现“伪回归”问题，这对计量回归分析的有效性有很大的影响。时间序列的平稳性是时间序列计量分析有效性的基础，因此在进行模型回归之前要先检验时间序列的平稳性。时间序列的平稳性检验方法以单位根检验为代表。

9.2.1 单位根过程

如果一个序列是随机游走过程，则称这个序列是一个单位根过程。较随机游走更一般的，是一般的单位根过程。若随机过程$\{Y_t\}$遵从 $Y_t=\gamma Y_{t-1}+\mu_t$，其中 $\gamma=1$，$\{\mu_t\}$为一自噪声过程，则称序列$\{Y_t\}$为单位根过程。

带漂移和时间趋势的单位根过程服从以下模型：

$$Y_t = \alpha + \beta t + Y_{t-1} + \mu_t \tag{9.13}$$

显然，单位根过程也是非平稳的。

从单位根过程的定义可以看出，含一个单位根的过程$\{Y_t\}$，其一阶差分：

$$\Delta Y_t = Y_t - Y_{t-1} = \mu_t$$

是一平稳过程，像这种经过一次差分后变为平稳的序列称为一阶单整序列，记作$\{Y_t\}\sim I(1)$。有时，一个序列经过一次差分后可能还是非平稳的，如果序列经过二阶差分后才变成平稳过程，则称序列为二阶单整序列，记为$\{Y_t\}\sim I(2)$。一般地，如果序列$\{Y_t\}$经过 d 次差分后平稳，而 $d-1$ 次却不平稳，那么称$\{Y_t\}$为 d 阶单整序列，记为$\{Y_t\}\sim I(d)$，d 称为整形阶数。特别地，若序列$\{Y_t\}$本身是平稳的，则称序列为零阶单整序列，记为$\{Y_t\}\sim I(0)$。

9.2.2 Dickey－Fuller 单位根检验——DF 检验

我们知道大多数的经济变量，如 GDP、总消费、价格水平以及货币供给等都会呈现出强烈的趋势特征。这些具有趋势特征的经济变量，当发生经济震荡或冲击后，一般会出现两种情形：一是受到震荡或冲击后，经济变量逐渐又回到它们的长期趋势轨迹；二是这些经济变量没有回到原来轨迹，而呈现出随机游走的状态。若我们研究的经济变量遵从一个非平稳过程，当运用最小二乘法时，前面所介绍的高斯—马尔科夫定理不再成立，一个变量对其他变量的回归可能会导致伪回归结果。同时，如果我们所研究的经济变量是非平稳的，则经济出现突发性震荡所造成的影响不会在短期内消失，其影响将是持久的。这也是研究单位根检验的重要意义所在。

假设数据序列是下列自回归模型生成的：

$$Y_t=\gamma Y_{t-1}+\mu_t$$

式中：μ_t 独立同分布，期望为零，方差为 σ^2，我们要检验该序列是否含有单位根。

检验的原假设为 $H_0:\gamma=1$，回归系数 γ 的 OLS 估计为：

$$\hat{\gamma}=\frac{\sum y_{t-1}y_t}{\sum y_{t-1}^2}$$

检验所用的统计量为：

$$t=\frac{\hat{\gamma}-\gamma}{\sigma_{\hat{\gamma}}}$$

在 $H_0:\gamma=1$ 成立的条件下，t 统计量为：

$$t=\frac{\hat{\gamma}-1}{\sigma_{\hat{\gamma}}}$$

但麻烦的是 Dickey—Fuller 通过研究发现，在原假设成立的情况下，该统计量不服从 t 分布。由于 t 检验统计量不再服从传统的 t 分布，所以传统的 t 检验方法失效。可以证明，上述统计量的极限分布存在，一般称其为 Dickey—Fuller 分布。根据这一分布所作的检验称为 DF 检验，为了区别，t 统计量的值有时也称为 τ 值。

Dickey 和 Fuller 得到 DF 检验的临界值，并编制了 DF 检验临界值表供查。在进行 DF 检验时，比较 t 统计量值与 DF 检验临界值，就可在某个显著性水平上拒绝或接受原假设。在实际应用中，可按如下检验步骤进行：

（1）根据所观察的数据序列，用 OLS 法估计一阶自回归模型：

$$Y_t=\gamma Y_{t-1}+\mu_t$$

得到回归系数 γ 的 OLS 估计 $\hat{\gamma}=\dfrac{\sum y_{t-1}y_t}{\sum y_{t-1}^2}$。

（2）提出假设 $H_0:\gamma=1$，检验用统计量为常规 t 统计量，$t=\dfrac{\hat{\gamma}-\gamma}{\sigma_{\hat{\gamma}}}$。

（3）计算在原假设成立的条件下 t 统计量值，查 DF 检验临界值表得临界值，然后将 t 统计量与 DF 检验临界值进行比较：若 t 统计量值小于 DF 检验临界值，则拒绝原假设 $H_0:\gamma=1$，说明序列不存在单位根；若 t 统计量值大于或等于 DF 检验临界值，则接受原假设 $H_0:\gamma=1$，说明序列存在单位根。

此外，Dickey 和 Fuller 研究发现，DF 检验的临界值同序列的数据生成过程以及回归模型的类型有关，因此他们针对以下三种模型编制了临界值表：

模型 1：　$Y_t=\gamma Y_{t-1}+\mu_t$

模型 2：　$Y_t=\alpha+\gamma Y_{t-1}+\mu_t$

模型 3： $$Y_t=\alpha+\beta t+\gamma Y_{t-1}+\mu_t$$

后来 Mackinnon 把临界值表加以扩充，形成了目前使用广泛的临界值表，在 EViews 软件中使用的就是 Mackinnon 临界值表。

9.2.3 Augmented Dickey－Fuller 检验（ADF 检验）

上述 DF 检验存在的问题是，在检验所设定的模型中，假设随机扰动项 μ_t 不存在自相关。但大多数的经济数据序列不满足此项假设。当随机扰动项存在自相关时，直接使用 DF 检验法会出现偏误。为了保证单位根检验的有效性，人们对 DF 检验进行拓展，从而形成了扩展的 DF 检验，简称为 ADF 检验。

假设基本模型为以下三种类型。

模型 1： $$Y_t=\gamma Y_{t-1}+\mu_t$$

模型 2： $$Y_t=\alpha+\gamma Y_{t-1}+\mu_t$$

模型 3： $$Y_t=\alpha+\beta t+\gamma Y_{t-1}+\mu_t$$

式中：μ_t 为随机扰动项，它可以是一个一般的平稳过程。为了借用 DF 检验的方法，将模型变为以下形式。

模型 1： $$Y_t=\gamma Y_{t-1}+\sum_{i=1}^{p}\sigma_i\Delta Y_{t-i}+\mu_t$$

模型 2： $$Y_t=\alpha+\gamma Y_{t-1}+\sum_{i=1}^{p}\sigma_i\Delta Y_{t-i}+\mu_t$$

模型 3： $$Y_t=\alpha+\beta t+\gamma Y_{t-1}+\sum_{i=1}^{p}\sigma_i\Delta Y_{t-i}+\mu_t$$

可以证明，在上述模型中检验原假设 $H_0:\gamma=1$ 的 t 统计量的极限分布同 DF 检验的极限分布相同，从而可以使用相同的临界值表，这种检验为 ADF 检验。

9.3 协整理论和误差修正模型

现实经济的时间序列资料通常都是非平稳的。传统的处理问题的方法总是先对这些变量进行差分，然后对差分序列进行回归。这样做可能会导致所研究变量间长期关系信息的损失，而这些信息对分析问题又是必要的。为了解决上述问题，协整理论和误差修正模型提供了一种科学的分析方法。

9.3.1 协整的概念

协整（Cointegration）是指两个或两个以上同阶单整的非平稳时间序列的线性组合是平稳时间序列。多个同阶单整非平稳经济变量的某种线性组合是平稳的，这些变量之间的关系就是协整的。

对于两个序列$\{Y_t\}$与$\{X_t\}$，如果 $Y_t\sim I(1)$，$X_t\sim I(1)$，且存在一组非零常数 α_1，α_2，使得 $\alpha_1X_1+\alpha_2Y_2\sim I(0)$，则称$\{Y_t\}$和$\{X_t\}$之间是协整的。

一般地，设有 $k(\geqslant2)$个序列$\{Y_{1t}\}$、$\{Y_{2t}\}$、…、$\{Y_{kt}\}$用 $\boldsymbol{Y}_t=(Y_{1t},Y_{2t},\cdots,Y_{kt})^{\mathrm{T}}$ 表示由此 k 个

序列构成的k维向量序列。如果：

每一个序列$\{Y_{1t}\}$、$\{Y_{2t}\}$、…、$\{Y_{kt}\}$都是d阶单整序列，即$Y_{jt}\sim I(d)$，$j=1,2,\cdots,k$，存在非零向量$\boldsymbol{\alpha}=(\alpha_1,\alpha_2,\cdots,\alpha_k)^{\mathrm{T}}$，使得$\boldsymbol{\alpha}^{\mathrm{T}}\boldsymbol{Y}_t=\alpha_1 Y_{1t}+\alpha_2 Y_{2t}+\cdots+\alpha_k Y_{kt}$为$(d-b)$阶单整序列，即$\boldsymbol{\alpha}^{\mathrm{T}}\boldsymbol{Y}_t\sim I(d-b)$，$0<b\leqslant d$。则称向量序列$\boldsymbol{Y}_t=(Y_{1t},Y_{2t},\cdots,Y_{kt})^{\mathrm{T}}$的分量间是$d$、$b$阶协整的，记为$\boldsymbol{Y}_t\sim CI(d,b)$，向量$\boldsymbol{\alpha}=(\alpha_1,\alpha_2,\cdots,\alpha_k)^{\mathrm{T}}$称为协整向量。

特别地，若$d=b=1$，则$\boldsymbol{Y}_t\sim CI(1,1)$，说明尽管各个分量序列是非平稳的一阶单整序列，但它们的某种线性组合却是平稳的。这种(1,1)阶协整关系在经济计量分析中较为常见。例如假设变量Y_{1t}与变量$Y_{it}(i=1,2,\cdots,m)$之间存在(1,1)阶协整关系，协整向量为$\boldsymbol{\alpha}=(1,-\beta_2,\cdots,-\beta_m)^{\mathrm{T}}$，则这种协整关系可表示为：

$$Y_{1t}-\beta_2 Y_{2t}-\cdots-\beta_m Y_{mt}=\mu_t \tag{9.14}$$

组合变量μ_t是均值为零的$I(0)$过程。

协整概念的提出对于用非平稳变量建立经济计量模型以及检验这些变量之间的长期均衡关系非常重要。

如果多个非平稳变量具有协整性，则这些变量可以合成一个平稳序列，这个平稳序列就可以用来描述原变量之间的均衡关系。

当且仅当多个非平稳变量之间具有协整性时，由这些变量建立的回归模型才有意义。所以协整性检验也是区别真实回归与伪回归的有效方法。

具有协整关系的非平稳变量可以用来建立误差修正模型。由于误差修正模型把长期关系和短期动态特征结合在一个模型中，因此既可以克服传统计量经济模型忽视伪回归的问题，又可以克服建立差分模型忽视水平变量信息的弱点。

9.3.2 协整检验

协整性的检验有两种方法：一种是基于回归残差的协整检验，这种检验也称为单一方程的协整检验；另一种是基于回归系数的完全信息协整检验。这里我们仅考虑单一方程的情形，而且主要介绍两变量协整关系的EG两步法检验。

第一步，用OLS法做协整回归。首先检验时间序列$\{Y_{1t}\}$，$\{Y_{2t}\}$，…，$\{Y_{mt}\}$的单整阶数。其次用OLS法对回归方程

$$Y_{1t}=\alpha+\beta_2 Y_{2t}+\cdots+\beta_m Y_{mt}+\mu_t \tag{9.15}$$

进行估计，得到残差序列

$$e_t=Y_{1t}-(\hat{\alpha}+\hat{\beta}_2 y_{2t}+\cdots+\hat{\beta}_m Y_{mt}) \tag{9.16}$$

第二步，检验e_t的平稳性。若e_t为平稳的，则$\{Y_{1t}\}$，$\{Y_{2t}\}$，…，$\{Y_{mt}\}$是协整的，反之，则不是协整的。因为若$\{Y_{1t}\}$，$\{Y_{2t}\}$，…，$\{Y_{mt}\}$不是协整的，则它们的任一线性组合都是非平稳的，因此残差e_t将是非平稳的。换言之，对残差序列e_t是否具有平稳性的检验，也就是对$\{Y_{1t}\}$，$\{Y_{2t}\}$，…，$\{Y_{mt}\}$是否存在协整关系的检验。

检验e_t是否平稳可用两种方法。一种方法是对残差序列进行DF检验，即对e_t进行单位根检验，其检验方法在前面已介绍；另一种检验方法为ADF检验。但要注意的是，DF检验和ADF检验使用的临界值应该用Mackinnon编制的专用临界值表，见表9.1。协整检验的临界值不仅与协整回归模型中是否含有漂移项、趋势项有关，还与所含非平稳变量个数以及样本容量有关。

表 9.1　协整检验临界值

N	模型形式	α	Φ_∞	se	Φ_1	Φ_2
1	无常数项,无趋势项	0.01	−2.5658	(0.0023)	−1.960	−10.04
		0.05	−1.9393	(0.0008)	−0.398	0.0
		0.10	−1.6156	(0.0007)	−0.181	0.0
1	常数项,无趋势项	0.01	−3.4336	(0.0024)	−5.999	−29.25
		0.05	−2.8621	(0.0011)	−2.738	−8.36
		0.10	−2.5671	(0.0009)	−1.438	−4.48
1	常数项,趋势项	0.01	−3.9638	(0.0019)	−8.353	−47.44
		0.05	−3.4126	(0.0012)	−4.039	−17.83
		0.10	−3.1279	(0.0009)	−2.418	−7.58
2	常数项,无趋势项	0.01	−3.9001	(0.0022)	−10.534	−30.03
		0.05	−3.3377	(0.0012)	−5.967	−8.98
		0.10	−3.0462	(0.0009)	−4.069	−5.73
2	常数项,趋势项	0.01	−4.3266	(0.0022)	−15.531	−34.03
		0.05	−3.7809	(0.0013)	−9.421	−15.06
		0.10	−3.4959	(0.0009)	−7.203	−4.01
3	常数项,无趋势项	0.01	−4.2981	(0.0023)	−13.790	−46.37
		0.05	−3.7429	(0.0012)	−8.352	−13.41
		0.10	−3.4518	(0.0010)	−6.241	−2.79
3	常数项,趋势项	0.01	−4.6676	(0.0022)	−18.492	−49.35
		0.05	−4.1193	(0.0011)	−12.024	−13.13
		0.10	−3.8344	(0.0009)	−9.188	−4.85
4	常数项,无趋势项	0.01	−4.6493	(0.0023)	−17.188	−59.20
		0.05	−4.1000	(0.0012)	−10.745	−21.57
		0.10	−3.8110	(0.0009)	−8.317	−5.19
4	常数项,趋势项	0.01	−4.9695	(0.0021)	−22.504	−50.22
		0.05	−4.4294	(0.0012)	−14.501	−19.54
		0.10	−4.1474	(0.0010)	−11.165	−9.88
5	常数项,无趋势项	0.01	−4.9587	(0.0026)	−22.140	−37.29
		0.05	−4.4185	(0.0013)	−13.641	−21.16
		0.10	−4.1327	(0.0009)	−10.638	−5.48
5	常数项,趋势项	0.01	−5.2497	(0.0024)	−26.606	−49.56
		0.05	−4.7154	(0.0013)	−17.432	−16.50
		0.10	−4.4345	(0.0010)	−13.654	−5.77
6	常数项,无趋势项	0.01	−5.2400	(0.0029)	−26.278	−41.65
		0.05	−4.7048	(0.0018)	−17.120	−11.17
		0.10	−4.4242	(0.0010)	−13.347	0.0

续表

N	模型形式	α	Φ_∞	se	Φ_1	Φ_2
6	常数项，趋势项	0.01	−5.5127	(0.0033)	−30.735	−52.50
		0.05	−4.9767	(0.0017)	−20.883	−9.05
		0.10	−4.6999	(0.0011)	−16.445	0.0

注：①临界值计算公式是 $C(\alpha)=\Phi_\infty+\Phi_1 T^{-1}+\Phi_2 T^{-2}$，其中 T 表示样本容量。

②N 表示协整回归公式中所含变量个数，α 表示显著性性水平。

9.3.3　误差修正模型

误差修正模型（error correction modle，ECM）是由 Engle 和 Granger 于 1987 年提出的，是一种具有特定形式的计量经济模型。其基本思想是，若变量之间存在协整关系，则表明这些变量间存在着长期均衡的关系，而这种长期均衡的关系是在短期波动过程的不断调整下得以实现的。这是由于大多数经济时间序列的一阶差分是平稳序列，由于受长期均衡关系的支配，这些变量的某些线性组合也可以是平稳的。即所研究变量中的各长期分量相互抵消，产生了一个平稳的时间序列。这是因为有一种调节机制——误差修正机制在起作用，防止了长期均衡关系出现较大的偏差。因此，任何一组相互协整的时间序列变量都存在误差修正机制，通过短期调节行为，达到变量间的长期均衡。

建立误差修正模型一般分为两步。第一步，建立反映数据长期特征的长期均衡关系模型。即通过水平变量和 OLS 法估计出时间序列变量间的关系。经检验，若其残差序列是平稳的，则这些变量间就存在协整关系，长期关系模型的变量选择是合理的，回归系数具有经济意义。第二步，建立短期动态关系，即误差修正模型。即将长期均衡关系模型中各变量以一阶差分形式重新加以构造，并将长期均衡关系模型的残差序列作为解释变量引入，在一个从一般到特殊的检验过程中，对短期波动关系进行逐项检验，不显著的逐渐被剔除，直到最适当的形式被找到为止。作为解释变量引入的长期关系模型的残差，代表着在取得均衡的过程中各试点上出现“偏误”的程度，使得第二步可以对这种偏误的短期调整或误差修正机制加以估计。

例如，考虑两个时间序列变量 X_t 和 Y_t，首先判断变量 X_t 和 Y_t 是否同阶单整，协整关系是否存在，如果变量 X_t 和 Y_t 是协整的，即两个变量具有长期均衡关系，$Y_t=\beta_0+\beta_1 X_t+\mu_t$ 有意义，长期均衡值为 $\beta_0+\beta_1 X_t$，长期均衡的偏差为 $\mathrm{ecm}_t=Y_t-(\beta_0+\beta_1 X_t)$，则它们的短期动态关系总能由一个误差修正模型来表述，即：

$$\Delta Y_t=\sum_{i=1}^{p}\alpha_i\Delta Y_{t-i}+\sum_{i=0}^{p}\beta_i\Delta X_{t-i}-\lambda\mathrm{ecm}_{t-1}+\mu_t(0<\lambda<1) \tag{9.17}$$

式中：ecm_t 是非均衡误差项即长期均衡的偏差，滞后期 p 的选择主要依据 AIC 和 SC 统计量及相应滞后期变量系数显著性来决定。λ 是短期调整参数。

通过 λ 可分析误差修正项的修正作用：如果 $t-1$ 时期的实际值大于长期均衡值 $\beta_0+\beta_1 X_{t-1}$，则 ecm_{t-1} 为正，$-\lambda\mathrm{ecm}_{t-1}$ 为负，使得 ΔY_t 减小，向长期均衡值 $\beta_0+\beta_1 X_t$ 趋近；反之，如果 $t-1$ 时期的实际值小于长期均衡值 $\beta_0+\beta_1 X_t$，则 ecm_{t-1} 为负，$-\lambda\mathrm{ecm}_{t-1}$ 为正，使得 ΔY_t 增加，向长期均衡值 $\beta_0+\beta_1 X_{t-1}$ 趋近。趋近的快慢程度取决于调整参数 λ 的大小。无论哪种情况，都体现了非均衡误差对 Y_t 的调控，具有反向修正作用。

9.3.4 格兰杰(Granger)因果关系检验

1. 经济变量间的因果关系

传统的计量经济思想是首先根据经济理论或实践经验确定变量，然后建立模型，进行回归分析，通过假设检验判断所选解释变量是否对被解释变量有显著影响。虽然也测定了两个变量之间的相关系数，但高度相关的两个变量，并不意味着它们之间就一定存在着因果关系。例如，GDP 和货币供应量 M2 通常是高度相关的，但究竟是 GDP 的增长导致了 M2 的增加，还是 M2 的增加促进了 GDP 的增长，或者两者互为因果关系，从理论和实践两方面来回答这个问题，就不是很简单的问题。

2. 格兰杰(Granger)因果关系检验

(1)格兰杰检验的基本思想是"过去是否可以预测现在"。如果 X 是 Y 变化的原因，则 X 变化应该发生在 Y 变化之前。如果 X 是引起 Y 变化的原因，则 X 有助于预测 Y，即在 Y 关于 Y 滞后变量的回归中，添加 X 的滞后变量作为独立的解释变量，应该显著增加回归模型的解释能力。此时，称 X 为 Y 的格兰杰原因(Granger Cause)，如果添加 X 的滞后变量作为独立的解释变量，没有显著增加回归模型的解释能力。此时，称 X 不是 Y 的格兰杰原因。

(2)格兰杰检验步骤。

①利用 OLS 法估计两个回归模型：

(Ⅰ)
$$Y_t = \sum_{i=1}^{s} \alpha_i Y_{t-1} + \mu_{1t} \tag{9.18}$$

(Ⅱ)
$$Y_t = \sum_{i=1}^{s} \alpha_i Y_{t-1} + \sum_{i=1}^{k} \beta_i X_{t-i} + \mu_{2t} \tag{9.19}$$

并计算各自的残差平方和 RSS_1 和 RSS_2。

②假设 $H_0: \beta_1 = \beta_2 = \cdots = \beta_k = 0$，即假设在模型(Ⅰ)中添加 X 的滞后变量并不能显著地增加模型的解释能力。因此构造统计量：

$$F = \frac{(RSS_2 - RSS_1)/k}{RSS_1/(n-s-k)} \sim F(k, n-s-k)$$

其中，n 为样本容量，s、k 均为参数个数。

③利用 F 统计量检验原假设 H_0，对于给定的显著性水平 α，若 $F > F_\alpha(k, n-s-k)$，则拒绝原假设，认为 β_i 中至少有一个显著地不为零，即 X 是引起 Y 变化的格兰杰原因；反之，X 不是引起 Y 变化的格兰杰原因。

同理，可以检验"Y 是否为 X 的变化的格兰杰原因"，只是在模型(Ⅰ)、模型(Ⅱ)中将 X 换成 Y，Y 换成 X 即可。

9.4 案例分析与 EViews 操作

9.4.1 税收收入的影响因素

为了研究税收收入的影响因素，我们用包含中央和地方税收的各项收入作为被解释变量，以反映税收水平；用反映经济增长水平的国内生产总值和反映公共财政需求的财政支出作为解释变量，表 9.2 给出了相关数据。以下我们通过协整与误差修正模型来研究税收收入的影响因素。

表 9.2　1978—2023 年税收及相关数据　　单位：亿元

年份	各项税收	国内生产总值	财政支出	年份	各项税收	国内生产总值	财政支出
1978	519.28	3 678.7	1 122.09	2001	15 301.38	110 863.1	18 902.58
1979	537.82	4 100.5	1 281.79	2002	17 636.45	121 717.4	22 053.15
1980	571.7	4 587.6	1 228.83	2003	20 017.31	137 422	24 649.95
1981	629.89	4 935.8	1 138.41	2004	24 165.68	161 840.2	28 486.89
1982	700.02	5 373.4	1 229.98	2005	28 778.54	187 318.9	33 930.28
1983	775.59	6 020.9	1 409.52	2006	34 804.35	219 438.5	40 422.73
1984	947.35	7 278.5	1 701.02	2007	45 621.97	270 092.3	49 781.35
1985	2 040.79	9 098.9	2 004.25	2008	54 223.79	319 244.6	62 592.66
1986	2 090.73	10 376.2	2 204.91	2009	59 521.59	348 517.7	76 299.93
1987	2 140.36	12 174.6	2 262.18	2010	73 210.79	412 119.3	89 874.16
1988	2 390.47	15 180.4	2 491.21	2011	89 738.39	487 940.2	109 247.79
1989	2 727.4	17 179.7	2 823.78	2012	100 614.28	538 580	125 952.97
1990	2 821.86	18 872.9	3 083.59	2013	110 530.7	592 963.2	140 212.1
1991	2 990.17	22 005.6	3 386.62	2014	119 175.31	643 563.1	151 785.56
1992	3 296.91	27 194.5	3 742.2	2015	124 922.2	688 858.2	175 877.77
1993	4 255.3	35 673.2	4 642.3	2016	130 360.73	746 395.1	187 755.21
1994	5 126.88	48 637.5	5 792.62	2017	144 369.87	832 035.9	203 085.49
1995	6 038.04	61 339.9	6 823.72	2018	156 402.86	919 281.1	220 904.13
1996	6 909.82	71 813.6	7 937.55	2019	158 000.46	986 515.2	238 858.37
1997	8 234.04	79 715	9 233.56	2020	154 312.29	1 013 567	245 679.03
1998	9 262.8	85 195.5	10 798.18	2021	172 735.67	1 149 237	245 673.00
1999	10 682.58	90 564.4	13 187.67	2022	166 620.1	1 204 724	260 552.12
2000	12 581.51	100 280.1	15 886.5	2023	181 129.36	1 260 582.1	274 573.81

资料来源：国泰安信息技术有限公司开发的《中国宏观经济数据库》

为避免异方差性，通常取变量的对数形式，分别用 lnTAX、lnGDP、lnEP 表示税收收入、国内生产总值、财政支出的对数。

9.4.2　时间序列的平稳性检验

1. EViews 软件操作

从 EViews 工作文件中打开时间序列数据窗口。单击【View】，选择【Unit Root Test】功能。这时会打开一个对话框，如图 9.1 所示。①默认检验方法是 ADF 检验。②检验对象可以是水平序列(Level)、其一阶差分序列(1st difference)、其二阶差分序列(2nd difference)，默认状态是水平序列。③检验式中包括的附加项有三种选择："漂移项"(Intercept)、"趋势项和漂移项"(Trend and intercept)、"无附加项"(None)。默认状态是漂移项。④检验式中滞后差分项的阶数，阶数可以自动设定也可以人为设定。

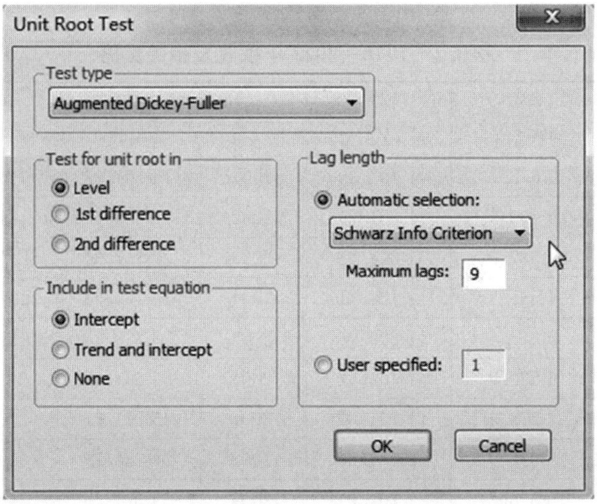

图 9.1　单位根检验对话窗口

2. 通过单位根检验来判断序列的平稳性

我们分别对序列 lnTAX、lnGDP、lnEP 进行 ADF 检验。得到检验结果见表 9.3～表 9.5。

表 9.3　序列 lnTAX 的平稳性检验

Null Hypothesis: LNTAX has a unit root

Exogenous: Constant

Lag Length: 1 (Automatic-based on SIC, maxlag=9)

		t-Statistic	Prob. *
Augmented Dickey-Fuller test statistic		−1.609 855	0.469 2
Test critical values:	1% level	−3.588 509	
	5% level	−2.929 734	
	10% level	−2.603 064	

* MacKinnon (1996) one-sided p-values.

表 9.4　序列 lnGDP 的平稳性检验

Null Hypothesis: LNGDP has a unit root

Exogenous: Constant

Lag Length: 4 (Automatic - based on SIC, maxlag=9)

		t-Statistic	Prob. *
Augmented Dickey-Fuller test statistic		−1.749 553	0.4
Test critical values:	1% level	−3.588 509	
	5% level	−2.929 734	
	10% level	−2.603 064	

* MacKinnon (1996) one-sided p-values.

表 9.5 序列 lnEP 的平稳性检验

Null Hypothesis: LNEP has a unit root

Exogenous: Constant

Lag Length: 1 (Automatic - based on SIC, maxlag=9)

		t-Statistic	Prob. *
Augmented Dickey-Fuller test statistic		−0.442 126	0.892 6
Test critical values:	1% level	−3.588 509	
	5% level	−2.929 734	
	10% level	−2.603 064	

* MacKinnon (1996) one-sided p-values.

由以上各序列的 ADF 检验结果可知，各序列 ADF 统计量的值大于 5%显著水平的临界值，可知各序列都存在单位根，各序列是非平稳过程。

根据差分序列的平稳性来判断序列是几阶单整的。经过选项试验得如下检验结果，见表 9.6～表 9.8。

表 9.6 序列 lnTAX 的一阶差分序列的平稳性检验

Null Hypothesis: D(LNTAX) has a unit root

Exogenous: Constant

Lag Length: 0 (Automatic - based on SIC, maxlag=9)

		t-Statistic	Prob. *
Augmented Dickey-Fuller test statistic		−5.627 298	0.000 0
Test critical values:	1% level	−3.588 509	
	5% level	−2.929 734	
	10% level	−2.603 064	

* MacKinnon (1996) one-sided p-values.

表 9.7 序列 lnGDP 的一阶差分序列的平稳性检验

Null Hypothesis: D(LNGDP) has a unit root

Exogenous: Constant

Lag Length: 3 (Automatic - based on SIC, maxlag=9)

		t-Statistic	Prob. *
Augmented Dickey-Fuller test statistic		−2.687 353	0.084 3
Test critical values:	1% level	−3.588 509	
	5% level	−2.929 734	
	10% level	−2.603 064	

* MacKinnon (1996) one-sided p-values.

表 9.8　序列 lnEP 的一阶差分序列的平稳性检验

Null Hypothesis: D(LNEP) has a unit root

Exogenous: Constant

Lag Length: 0 (Automatic - based on SIC, maxlag=9)

		t-Statistic	Prob. *
Augmented Dickey-Fuller test statistic		−2.714 231	0.079 7
Test critical values:	1% level	−3.588 509	
	5% level	−2.929 734	
	10% level	−2.603 064	

* MacKinnon (1996) one-sided p-values.

由以上各一阶差分序列的 ADF 检验结果可知，各一阶差分序列 ADF 统计量的值小于 10%显著水平的临界值，可知各一阶差分序列不存在单位根，都是一阶单整的，即 lnTAX～$I(1)$、lnGDP～$I(1)$、lnEP～$I(1)$。

经平稳性检验发现，lnTAX、lnGDP、lnEP 都是一阶单整序列，且三个变量都含有常数项而没有时间趋势项，可以采用 E-G 两步法来进行协整检验。

9.4.3　用 *EG* 两步法进行协整检验

1. 回归分析

估计方程：$\ln TAX_t = \beta_0 + \beta_1 \ln GDP_t + \beta_2 \ln EP_t + \mu_t$

在工作文件下单击【Quick】|【Estimate Equation】，输入“lnTAX C lnGDP　lnEP”，单击【OK】按钮后，得到回归结果，见表 9.9。

表 9.9　回归结果

Dependent Variable: LNTAX

Method: Least Squares

Date: 05/10/24　Time: 23:12

Sample: 1978 2023

Included observations: 46

Variable	Coefficient	Std. Error	t-Statistic	Prob.
C	−1.526 318	0.201 801	−7.563 489	0.000 0
LNGDP	0.590 097	0.085 801	6.877 521	0.000 0
LNEP	0.438 703	0.084 019	5.221 459	0.000 0
R-squared	0.994 51	Mean dependent var		9.500 507
Adjusted R-squared	0.994 254	S. D. dependent var		1.951 908
S. E. of regression	0.147 954	Akaike info criterion		−0.920 843
Sum squared resid	0.941 281	Schwarz criterion		−0.801 583

续表

F-statistic	3 894.566	Durbin-Watson stat	0.444 368
Log likelihood	24.179 38	Hannan-Quinncriter.	−0.876 167
Prob(F-statistic)	0.000 000		

回归方程为：

$$\ln TAX_t = -1.526\ 318 + 0.590\ 097 \ln GDP_t + 0.438\ 703 \ln EP_t + e_t$$

2. 残差项的单位根检验

单击【Quick】|【Generate series】，输入“e=resid”，将得到的残差序列 e_t。返回到工作文件窗口下，对 e_t 作 ADF 检验，单击打开序列 e_t，出现序列对话窗口后，单击【View】|【Unit Root Test】，在检验形式上选择“none”，反复试验后发现最佳滞后期为 0 期，完成相关设置之后单击【OK】按钮就得到残差的平稳性检验结果，见表 9.10。

表 9.10　残差序列 e_t 的平稳性检验结果

Null Hypothesis: E has a unit root

Exogenous: Constant

Lag Length: 4 (Automatic - based on SIC, maxlag=9)

		t-Statistic	Prob. *
Augmented Dickey-Fuller test statistic		−3.294 866	0.001 6
Test critical values:	1% level	−2.622 585	
	5% level	−1.949 097	
	10% level	−1.611 824	

* MacKinnon (1996) one-sided p-values.

由表 9.10 可知残差序列的统计量值为−3.294 866，小于已有各个显著水平下的临界值，从而拒绝原假设，表明残差序列不存在单位根，是平稳序列。所以序列 ln TAX、ln GDP、ln EP 之间存在协整关系。

9.4.4　建立误差修正模型

由以上分析可知，序列 lnTAX、lnGDP、lnEP 之间存在协整关系，表明它们之间存在长期均衡关系。但从短期来看，可能会存在非均衡的情况，为了使模型能够反映短期内的动态调整，可以把回归分析中的残差作为均衡误差，通过建立误差修正模型把短期行为与长期均衡联系起来。误差修正模型(ECM)为：

$$\Delta \ln TAX_t = \sum_{i=1}^{p} \alpha_i \Delta \ln TAX_{t-p} + \sum_{i=0}^{p} \beta_i \Delta \ln GDP_{t-p} + \sum_{i=0}^{p} \beta_i \Delta \ln EP_{t-p} - \lambda ecm_{t-1} + \mu_t$$

在工作文件下单击【Quick】|【Estimate Equation】，经反复试验并通过 AIC 和 SC 选择滞后期，发现最佳滞后期为 0 期，d(lnTAX)、d(lnGDP)、d(lnEP)分别是序列 lnTAX、lnGDP、lnEP 的差分函数，因此，输入“d(lnTAX)　d(lnGDP)　d(lnEP)　e(−1)”，单击【OK】按钮便得到误差修正模型的估计结果，见表 9.11。

表 9.11　误差修正模型的估计结果

Dependent Variable:D(LNTAX)

Method:Least Squares

Date:10/31/24　Time:09:54

Sample (adjusted):1979 2023

Included observations:45 after adjustments

Variable	Coefficient	Std. Error	t-Statistic	Prob.
D(LNGDP)	0.684 505	0.209 81	3.262 495	0.002 2
D(LNEP)	0.403 32	0.214 524	1.880 072	0.067 0
E(−1)	−0.234 513	0.098 112	−2.390 259	0.021 4

R-squared	0.415 194	Mean dependent var	0.130 101
Adjusted R-squared	0.387 346	S. D. dependent var	0.119 41
S. E. of regression	0.093 465	Akaike info criterion	−1.838 128
Sum squared resid	0.366 896	Schwarz criterion	−1.717 684
Log likelihood	44.357 88	Hannan-Quinn criter.	−1.793 228
Durbin-Watson stat	1.827 139		

$$\Delta \ln TAX_t = 0.684\ 505 \times \Delta \ln GDP_t + 0.403\ 22 \times \Delta \ln EP_t - 0.234\ 513\ ecm_{t-1} + e_t$$

从估计结果中可以看出,误差修正项的系数为−0.234 513,表示当短期波动偏离长期均衡时,误差修正项将以 0.234 513 的力度做反向调整,将非均衡状态恢复到均衡状态。

9.4.5　格兰杰因果关系检验

在式(9.18)和(9.19)的基础上,利用上述平稳的一阶差分序列(即 DLNGDP、DLNTAX、DLNEP)进行格兰杰因果关系检验(以滞后二阶为例),EViews 操作如图 9.2 所示。得到的检验结果见表 9.12。

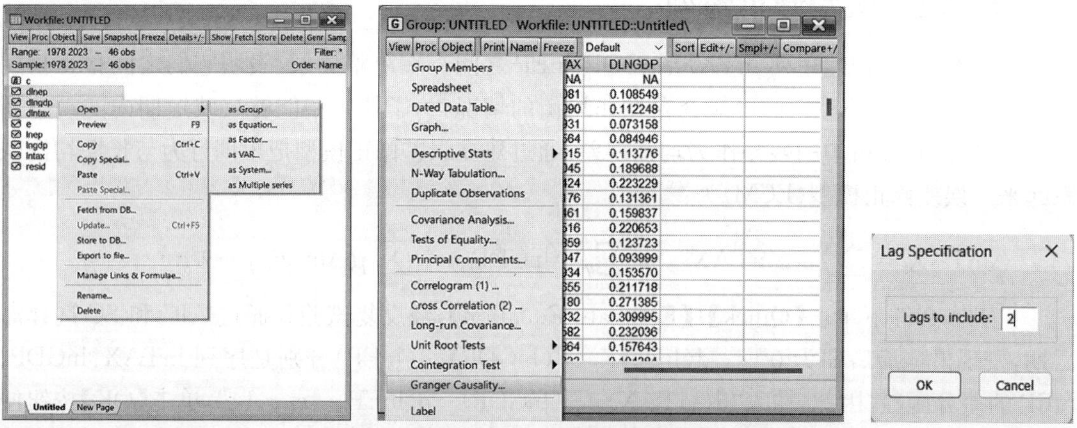

图 9.2　格兰杰因果关系检验窗口

表 9.12　格兰杰因果关系检验结果

Pairwise Granger Causality Tests

Date:11/06/24　Time:20:41

Sample:1978 2023

Lags:2

Null Hypothesis:	Obs	F-Statistic	Prob.
DLNTAX does not Granger Cause DLNEP	43	1.146 92	0.328 4
DLNEP does not Granger Cause DLNTAX		3.708 16	0.033 8
DLNGDP does not Granger Cause DLNEP	43	2.277 77	0.116 3
DLNEP does not Granger Cause DLNGDP		0.158 06	0.854 4
DLNGDP does not Granger Cause DLNTAX	43	2.491 65	0.096 2
DLNTAX does not Granger Cause DLNGDP		1.944 36	0.157 1

从表 9.16 中可以看出,在 10%显著水平下,DLNTAX 不是 DLNEP 的格兰杰原因,反之,DLNEP 是 DLNTAX 的格兰杰原因;DLNGDP 与 DLNEP 互相不为格兰杰原因;DLNGDP 是 DLNTAX 的格兰杰原因,反之不成立。

本章小结

本章对时间序列分析的内容作了简要介绍,包括时间序列的平稳性的检验方法、协整理论、误差修正模型和格兰杰因果关系检验。

思考与练习

1. 对时间序列进行分析,为什么提出平稳性检验?

2. 试述单位根检验的步骤。

3. 怎样判断变量之间是否存在协整关系?

4. 什么是误差修正机制? 误差修正模型的特点是什么?

5. 如何进行格兰杰因果关系检验?

6. 自行从中国统计年鉴中查找 1990—2023 年中国国内生产总值的数据,检验其是否平稳,并确定其单整阶数。

7. 表 9.13 是 1992—2023 年中国财政收入 Y 和税收 X 的数据,判断 $\ln Y$ 和 $\ln X$ 的平稳性,如果是同阶单整的,检验它们之间是否存在协整关系,如果协整,则建立相应的协整模型。

表 9.13　1992—2023 年中国财政收入 Y 和税收 X 的数据　　单位:亿元

年份	国家财政决算收入	国家财政决算收入中各项税收	年份	国家财政决算收入	国家财政决算收入中各项税收
1992	3 483.37	3 296.91	1993	4 348.95	4 255.30

续表

年份	国家财政决算收入	国家财政决算收入中各项税收	年份	国家财政决算收入	国家财政决算收入中各项税收
1994	5 218.1	5 126.88	2009	68 518.3	59 521.59
1995	6 242.2	6 038.04	2010	83 101.51	73 210.79
1996	7 407.99	6 909.82	2011	103 874.43	89 738.39
1997	8 651.14	8 234.04	2012	117 253.52	100 614.28
1998	9 875.95	9 262.8	2013	129 209.64	110 530.70
1999	11 444.08	10 682.58	2014	140 370.03	119 175.31
2000	13 395.23	12 581.51	2015	152 269.23	124 922.20
2001	16 386.04	15 301.38	2016	159 604.97	130 360.73
2002	18 903.64	17 636.45	2017	172 592.77	144 369.87
2003	21 715.25	20 017.31	2018	183 359.84	156 402.86
2004	26 396.47	24 165.68	2019	190 390.08	158 000.46
2005	31 649.29	28 778.54	2020	182 913.88	154 312.29
2006	38 760.2	34 804.35	2021	202 554.64	172 735.67
2007	51 321.78	45 621.97	2022	203 649.29	166 620.10
2008	61 330.35	54 223.79	2023	216 795.43	181 129.36

数据来源:中国统计年鉴 2023

8. 表 9.14 是某地区消费模型建立所需的数据,即城镇居民实际人均年消费支出 Y 和人均年收人 X(单位:元),分别取对数,得到 lnY 和 lnX。

表 9.14 某地区实际人均年消费支出和人均年收入 单位:元

年份	人均消费支出	人均年收人	年份	人均消费支出	人均年收人
1982	535	561	1996	5 730	7 332
1983	574	591	1997	6 532	7 813
1984	667	694	1998	7 069	8 536
1985	923	908	1999	7 712	9 322
1986	1 067	1 068	2000	8 866	10 590
1987	1 148	1 182	2001	9 443	11 939
1988	1 456	1 437	2002	11 050	12 949
1989	1 520	1 597	2003	12 122	14 535
1990	1 646	1 902	2004	13 487	16 502
1991	1 748	2 170	2005	14 851	18 775
1992	2 135	2 556	2006	16 869	21 415
1993	2 940	3 547	2007	17 682	23 752
1994	4 134	5 085	2008	19 253	26 918
1995	5 020	6 235	2009	21 230	29 329

续表

年份	人均消费支出	人均年收人	年份	人均消费支出	人均年收人
2010	23 999	32 132	2017	40 346	62 406
2011	26 467	36 365	2018	42 926	67 990
2012	28 949	40 306	2019	46 358	73 849
2013	31 632	44 564	2020	41 726	75 602
2014	33 717	48 532	2021	46 776	81 518
2015	36 642	52 859	2022	45 617	84 023
2016	38 256	57 275	2023	50 897	88 650

(1)对 $\ln Y$ 和 $\ln X$ 进行平稳性检验。

(2)用 E-G 两步检验法对 $\ln Y$ 和 $\ln X$ 进行协整性检验并建立误差修正模型。分析该模型的经济意义。

第 10 章　联立方程模型

教学目标

通过本章的学习，了解联立方程模型中结构式模型、简化式模型、不可识别、恰好识别和过渡识别的概念，明确模型识别的方法，掌握模型识别的阶条件和秩条件，在此基础上，能针对简单的应用模型进行分析和说明。

教学要求

了解联立方程模型的类型；了解不可识别、恰好识别和过渡识别模型方法；掌握模型识别的条件和秩条件。掌握二阶段最小二乘法。

前面研究的都是单一方程模型，即仅用一个方程来描述某一经济变量各因素作被解释变量与引起这个变量变化的各因素作为解释变量之间的关系。其中，解释变量是被解释变量变化的原因，它们之间的因果关系是单向的，但经济现象是错综复杂的，使得经济变量之间并不是简单的单向因果关系，而是相互依存、互为因果关系，也就是说，因果关系可能是双向的，或者一果多因，或者一因一果，这样，单一方程就不能完整、准确地表达变量之间的这种相互制约、相互依存的复杂关系。因此，必须将两个或两个以上的相互关联的单一方程有机地组合起来，作为一个整体才能合理地进行描述。

10.1　联立方程模型概述

联立方程模型就是由多个相互联系的单一方程组成的方程组。其中，每个方程都描述了变量的一个因果关系。所描述的经济系统中有多少个因果关系，联立方程模型中就对应有多少个方程。由于其包含的变量和描述的经济关系较多，所以能够较为全面地反映经济系统的运行规律。

10.1.1　联立方程模型的特点

联立方程计量经济学模型是相对于单方程计量经济学模型而言的。它以经济系统为研究对象，以揭示经济系统中各部分、各因素之间的数量关系和系统的数量特征为目标，用于经济系统的预测、分析和评价，因此联立方程模型有自身的特点。以一个由国内生产总值、居民消费总额、投资总额和政府消费额等变量构成的简单的宏观经济系统为例。如果将政府消费额由系统外部给定，并对系统内部其他变量产生影响，就国内生产总值、居民消费总额、投资总额来讲，是互相影响并互为因果的。居民消费额和投资额当然取决于国内生产总值，但反过来又影响国内生产总值。所以，就无法用一个方程描述它们之间的关系，这就需要建立一个有多个方程组成的方程系统。例如，可以建立如下的模型：

$$\begin{cases} C_t = \beta_0 + \beta_1 Y_t + \mu_{1t} & (10.1) \\ I_t = \alpha_0 + \alpha_1 Y_t + \alpha_2 Y_{t-1} + \mu_{2t} & (10.2) \\ Y_t = C_t + I_t + G_t & (10.3) \end{cases}$$

式中：C_t 为居民消费总额；Y_t 为国内生产总值；I_t 为投资总额；G_t 为政府消费额。这是一个简单的宏观经济模型，反映了国内生产总值中各项指标之间的关系。第一个方程为消费函数，表示居民消费总额由国内生产总值决定；第二个方程为投资函数，表示投资总额由国内生产总值和前一年的国内生产总值共同决定；第三个方程为恒等方程，表示在进出口平衡的情况下，国内生产总值由居民消费总额、投资总额和政府消费额共同决定。模型中共有 4 个经济变量，其中居民消费、投资、国内生产总值之间都是互为因果关系，只有构造多个方程才能将它们作为完整的系统进行描述和分析。这就是一个简单的描述宏观经济运行的联立方程计量经济学模型，实际经济研究中的联立方程计量经济学问题就是这样被提出来的。上述例子表明，联立方程模型具有如下特点。

(1)联立方程模型由若干个单一方程模型有机组合而成，便于研究经济变量之间的复杂关系。例如前面提到的宏观经济模型，就是由消费函数、投资函数和一个统计定义方程，依据凯恩斯的经济理论，将各个经济关系有机地“联立”成科学的模型体系，这样投资对居民消费的影响、政府消费对投资的影响复杂的经济关系，就通过多个方程的联立合理地反映出来。因此如果每个单一方程模型都能正确描述相应的经济关系，则整个联立方程模型就能如实地反映系统内各个变量之间的关系。

(2)联立方程模型中可能同时包含随机方程和确定性方程。计量经济学型主要研究经济变量之间的随机因果关系，所以单一方程模型中讨论的都是随机模型。但在联立方程模型中，除了包含随机方程外，还包含一些确定性方程，这是因为一方面有些经济关系本身就是确定性的恒等关系式，如式(10.3)就是统计定义公式；另一方面需要人为地设定一些定义方程，使联立方程模型成为所谓的“完备模型”。

(3)联立方程模型的各个方程之间可能含有随机解释变量。在单一方程模型中，除了滞后被解释变量之外，解释变量都被认为是可控制的随机变量；但是在联立方程模型中，这样的假设很难成立。如式(10.1)的消费函数中，只有一个解释变量 Y_t，由模型中的第三个方程(10.3)可以得到：

$$Y_t = (\beta_0 + \beta_1 Y_t + \mu_{1t}) + I_t + G_t$$

有：

$$Y_t = \frac{1}{1-\beta_1}(\beta_0 + I_t + G_t) + \frac{1}{1-\beta_1}\mu_{1t}$$

所以，Y_t 是一个随机变量，在消费函数中并且与方程中的随机误差项相关。

10.1.2 联立方程模型变量类型

在单方程模型中，由于变量之间的因果关系十分明确，所以直接将方程等号左端的变量称为被解释变量，右端的变量称为解释变量。对于联立方程中的每一个方程，仍然可以采用这种定义变量；但是就整个联立方程模型系统而言，这种定义方式已经无法正确区分模型中的变量。因为同一个变量，在某个方程中可能是被解释变量，但在另一个方程中又称为解释变量，如模型中的收入 Y_t。因此，为了避免混淆，同时为了说明每个变量的含义和作用，将联立方程模型中的变量划分成内生变量和外生变量两大类。

1. 内生变量

所谓内生变量，即其取值是由模型系统内部决定的变量。如模型中的消费、投资、收入等都是内生变量。内生变量一般有以下特点。

(1)内生变量既受模型中其他变量的影响，同时又影响模型中其他内生变量。如模型中的投资 I_t 受 Y_{t-1} 的影响，同时又影响 Y_t，I_t 的值就是在这种相互影响中确定。

(2)内生变量一般都直接或间接地受模型系统中随机误差项的影响，所以都是具有某种概率分布的随机变量，如式(10.1)中 C_t 就直接受随机扰动项 μ_{1t} 影响，而 Y_t 则间接地受随机扰动项 μ_{1t} 影响。

(3)内生变量的变化一般都用模型中的某个方程来描述，所以模型中每个方程等号左端的变量都是内生变量，但有些内生变量未必就一定是在方程的左端。

2. 外生变量

所谓外生变量，指其取值是由模型系统之外的其他因素所决定的变量。如模型中的政府消费，由于在所构造的宏观经济模型中，没有任何方程说明它是如何变化的，所以，政府消费的变化是由模型系统外部的因素来控制和影响的，即为外生变量。外生变量具有如下特点。

(1)外生变量的变化将对模型系统中的内生变量直接产生影响，但自身变化却由模型系统之外的其他因素来决定。

(2)相对于所构造的联立方程模型，外生变量可以视为可控的非随机变量，从而与模型中的随机干扰项不相关。

(3)外生变量一般都不能用模型中的某一个方程来描述，所以外生变量都在模型中每个方程等号左端。

在单方程模型中，人们有时也习惯地将被解释变量称为内生变量、解释变量称为外生变量。

将联立方程模型中的变量划分成内生变量和外生变量后，可以正确区分模型中的每个变量的含义和作用。但应该强调的是，内、外生变量的划分是相对的，某一变量究竟是内生变量还是外生变量，完全取决于计量经济研究的目的，即由所设定的计量经济学模型来决定的。如宏观经济模型，如果在投资函数中再增加一个解释变量——利率 R，此时因模型中没有某个方程说明利率 R 的变化，即认为利率的调整完全由模型之外的因素决定，所以 R 是外生变量。

但是，如果在宏观经济模型中再相应增加一个利率方程：

$$R_t = \gamma_0 + \gamma_1 M_t + \mu_{3t}$$

式中：M_t 为货币供给量；则利率 R 成为内生变量；同时又增添了一个外生变量 M_t。因此，在构造联立方程模型时，应该根据研究目的，事先确定模型中应该包含哪些内生变量，这些内生变量又由哪些经济关系来描述；在所涉及的经济关系中，哪些因素可以视为外生变量；一般情况下，外生变量是一些可控制的政策变量、条件变量、经济参数变量、虚拟变量等。

3. 前定变量

相对于本期内生变量，滞后内生变量和外生变量的值都是已知的（即以事先决定的），所以将它们统称为前定变量（又称为先决变量）。如宏观经济模型中，前期国内生产总值 Y_{t-1} 为滞后内生变量，与政府消费 G_t 一起构成前定变量。

由于外生变量是随机变量，与模型中的随机干扰项不相关；如果随机干扰项不存在自相关性，则滞后内生变量与随机误差项也不相关。因此，前定变量与方程中的随机干扰项通常是不相关的。

10.1.3 联立方程模型中方程式类型

构成联立方程计量经济学模型的方程式有行为方程、技术方程、制度方程和恒等式。

1. 行为方程

行为方程是描述和反映政府、企业和居民经济行为的方程式。例如消费函数反映消费者行为的方程，如式(10.1)。

2. 技术方程

技术方程是反映要素投入与产出之间生产技术上关系的方程式。例如，生产函数就是资本、劳动力等生产要素的投入与产出之间的技术关系。

3. 制度方程

制度方程式是指由法律、政策法令、规章制度等决定的经济数量关系。如根据税收制度建立的税收方程就是制度方程。

4. 恒等式

在联立方程计量经济学模型中，恒等式有两种：一种叫定义方程式（或会计恒等式），是由经济学或经济统计学的定义决定的恒等式，例如，联立方程模型中式(10.3)就是定义方程式；另一种叫平衡方程式，表示经济变量之间的平衡关系，例如供给等于需求。

在联立方程计量经济学模型中，行为方程式、技术方程式、制度方程式一般都含有随机项，是一种随机方程，并含有未知参数；而恒等式是非随机方程式，且系数都是已知的。

10.1.4 联立方程模型的形式

按照变量之间联系的表现形式不同，联立方程模型的形式可分为结构型模型、简化型模型、递归模型。

1. 结构型模型

根据经济理论，直接描述经济变量现实经济结构关系的模型，称为结构型模型。结构型模型每一方程可以用来描述经济总体现象的某一构成部分，也可以用来描述经济主体（企业、个人、政府）的某一经济行为。如简单宏观经济模型：

$$\begin{cases} C_t = \beta_0 + \beta_1 Y_t + \mu_{1t} \\ I_t = \alpha_0 + \alpha_1 Y_t + \alpha_2 Y_{t-1} + \mu_{2t} \\ Y_t = C_t + I_t + G_t \end{cases}$$

就是一个结构模型。根据前述联立方程模型中变量的定义，该模型包含了 3 个内生变量，即 G_t、I_t、Y_t；包含两个前定变量，即政府支出 G_t 和滞后收入 Y_{t-1}。进一步的分析会发现结构模型具有如下特点。

(1)模型直观地描述了变量之间的关系结构，模型的经济意义明确。如模型中，第一个方程是依据绝对收入假说建立的消费函数；第二个方程是投资函数，表示投资额的变化主要取决于本期和上期的国内生产总值；第三个方程是定义方程，反映了进出口平衡情况下收入(GDP)、消费和投资之间的统计定义关系。模型清晰地描述了各宏观经济变量之间的相互关系和现实结构。

(2)结构型模型中的参数称为结构参数，它反映了每个解释变量对被解释变量的直接影响，却无法直观地反映变量之间的间接影响和总影响。例如，政府消费 G_t 的增加将会引起 Y_t 的变化，进而引起居民消费 C_t 的变化，但这种间接影响却无法通过结构方程(或结构参数)直接反映出来。同样地，上期收入 Y_{t-1} 通过投资 I_t、收入 Y_t 等变量对居民消费 C_t 的间接影响也没有直观地表现出来。

(3)无法直接运用结构式模型进行预测。联立方程模型预测就是利用(已知的)前定变量的值，预测模型中(未知的)内生变量。但是结构式方程中的解释变量中间往往还包含着需要预测的内生变量，所以无法进行预测。

(4)在结构型模型中，一般把内生变量表述为其他内生变量、前定变量和扰动项函数。

为了便于讨论，常用矩阵来表示联立方程模型，对模型中的参数和变量习惯上采用以下符号来表示。

①一般内生变量用 Y 表示，前定变量用 X 表示。

②若结构参数属于内生变量时，用 β 表示；若属于前定变量时，则用 γ 表示。

③每个参数均有两个下标，第一个下标表示在第几个方程，第二个下标表示属于第几个变量，例如 β_{23} 即指模型中第二个方程中第三个内生变量 Y_3 的(结构)参数。

④有时为了使问题的讨论简单，在结构模型中截距项略去；若需要保留截距项时，再引进一个恒取值为 1 的 X 作为一个内生变量。

结构模型的标准形式如下：

$$\begin{cases}\beta_{11}Y_{1t}+\beta_{12}Y_{2t}+\cdots+\beta_{1m}Y_{mt}+\gamma_{11}X_{1t}+\gamma_{12}X_{2t}+\cdots+\gamma_{1k}X_{kt}=\mu_{1t}\\ \beta_{21}Y_{1t}+\beta_{22}Y_{2t}+\cdots+\beta_{2m}Y_{mt}+\gamma_{21}X_{1t}+\gamma_{22}X_{2t}+\cdots+\gamma_{2k}X_{kt}=\mu_{2t}\\ \vdots\\ \beta_{m1}Y_{1t}+\beta_{m2}Y_{2t}+\cdots+\beta_{mm}Y_{mt}+\gamma_{m1}X_{1t}+\gamma_{m2}X_{2t}+\cdots+\gamma_{mk}X_{kt}=\mu_{mt}\end{cases} \tag{10.4}$$

式中：$Y_1,Y_2,\cdots,Y_m$ 为 m 个内生变量；$X_1,X_2,\cdots,X_k$ 为 k 个前定变量(其中 X_1 为 1 时表明存在截距项)；$\mu_1,\mu_2,\cdots,\mu_m$ 为 m 个扰动项；β_{ij} 为内生变量的参数 $i,j=1,2,\cdots,m$；γ_{ij} 为前定变量参数(i=1,2,$\cdots$,m;j=1,2,$\cdots$,k)；β_{ij} 和 γ_{ij} 统称为结构参数。式(10.4)的矩阵形式可记为：

$$\boldsymbol{BY}+\boldsymbol{\Gamma X}=\boldsymbol{\mu} \tag{10.5}$$

其中，内生变量结构参数阵为：

$$\boldsymbol{B}=\begin{pmatrix}\beta_{11} & \beta_{12} & \cdots & \beta_{1m}\\ \beta_{21} & \beta_{22} & \cdots & \beta_{2m}\\ \vdots & \vdots & & \vdots\\ \beta_{m1} & \beta_{m2} & \cdots & \beta_{mm}\end{pmatrix} \tag{10.6}$$

前定变量结构参数矩阵为：

$$\boldsymbol{\Gamma}=\begin{pmatrix}\gamma_{11} & \gamma_{12} & \cdots & \gamma_{1k}\\ \gamma_{21} & \gamma_{22} & \cdots & \gamma_{2k}\\ \vdots & \vdots & & \vdots\\ \gamma_{m1} & \gamma_{m2} & \cdots & \gamma_{mk}\end{pmatrix} \tag{10.7}$$

内生变量向量、前定变量向量、随机扰动项向量分别如下：

$$\boldsymbol{Y}=\begin{pmatrix}Y_{1t}\\ Y_{2t}\\ \vdots\\ Y_{mt}\end{pmatrix}\qquad \boldsymbol{X}=\begin{pmatrix}X_{1t}\\ X_{2t}\\ \vdots\\ X_{kt}\end{pmatrix}\qquad \boldsymbol{\mu}=\begin{pmatrix}\mu_{1t}\\ \mu_{2t}\\ \vdots\\ \mu_{Mt}\end{pmatrix} \tag{10.8}$$

在式(10.6)中：

$$\beta_{ij}=1\quad (i=j) \tag{10.9}$$

矩阵($\boldsymbol{B\Gamma}$)称为结构参数矩阵。如果结构模型中方程个数与内生变量个数相同，则称结构型模型为完备模型。结构型模型描述了经济变量间的直接经济联系，可用于分析各解释变量间的直接影响。但是结构型模型中各方程的解释变量包含了内生变量，使结构型模型系数的直接估计发生困难。因此，可以说结构型模型有经济分析意义，缺少计量经济学意义。

2. 简化型模型

结构型模型的每一个方程虽然可以描述现实的经济结构，其参数可以反映每个解释变量对被解释变量的影响，但是结构型模型无法直观反映各个经济变量之间的间接影响。例如，在宏观模型中，收入模型中消费 C 对收入 Y 有影响，而收入 Y 是投资 I 的一个决定因素，因此消费 C 对投资 I 有着间接影响，但结构型模型中的结构参数都不直接度量 C 对 I 的间接影响。而且在结构型模型中，某些内生变量并未表示成前定变量的函数形式，这样，在知道前定变量的值之后，无法根据结构型模型直接估计内生变量的值。因此，有必要将结构型模型变为另一种形式——简化型模式。

简化型模式是将结构型模型加以变换，将模型中每个内生变量只表示成前定变量和随机干扰项函数的模型，即用所有前定变量作为每个内生变量的解释变量，这样形成的模型比较直观、简明，因此称为简化型模型。简化型模型中的每个方程都称为简化式方程，方程中的系数称为简化式参数(或简化式系数)，一般用符号 π 表示。

例如，前述的式(10.1)、式(10.2)、式(10.3)模型经过适当变换后，其简化型如下：

$$C_t=\frac{\beta_0-\beta_0\alpha_1+\beta_1\alpha_0}{1-\alpha_1-\beta_1}+\frac{\alpha_2\beta_1}{1-\alpha_1-\beta_1}Y_{t-1}+\frac{\beta_1}{1-\alpha_1-\beta_1}G_t+\frac{\mu_1+\beta_1\mu_2-\alpha_1\mu_1}{1-\alpha_1-\beta_1} \tag{10.10}$$

$$I_t=\frac{\alpha_0+\beta_0\alpha_1-\beta_1\alpha_0}{1-\alpha_1-\beta_1}+\frac{\alpha_2(1-\beta_1)}{1-\alpha_1-\beta_1}G_t+\frac{\mu_2+\alpha_1\mu_1-\beta_1\mu_2}{1-\alpha_1-\beta_1} \tag{10.11}$$

$$Y_t=\frac{\alpha_0+\beta_0}{1-\alpha_0-\beta_0}+\frac{\alpha_2}{1-\alpha_1-\beta_1}Y_{t-i}+\frac{1}{1-\alpha_1-\beta_1}G_t+\frac{\mu_1+\mu_2}{1-\alpha_1-\beta_1} \tag{10.12}$$

如果用 π 表示简化型模型的参数，式(10.10)、式(10.11)及式(10.12)简化型模型可直接把内生变量表示为各前定变量的函数：

$$
\begin{aligned}
C_t &= \pi_{10} + \pi_{11} Y_{t-1} + \pi_{12} G_t + v_1 \\
I_t &= \pi_{20} + \pi_{21} Y_{t-1} + \pi_{22} G_t + v_2 \\
Y_t &= \pi_{30} + \pi_{31} Y_{t-1} + \pi_{32} G_t + v_3
\end{aligned}
\tag{10.13}
$$

显然，由于两个简化型是一致的，π 与结构参数之间一定具有以下关系：

$$
\begin{cases}
\pi_{10} = \dfrac{\beta_0 - \beta_0\alpha_1 + \beta_1\alpha_0}{1-\alpha_1-\beta_1} & \pi_{11} = \dfrac{\alpha_2\beta_1}{1-\alpha_1-\beta_1} & \pi_{12} = \dfrac{\beta_1}{1-\alpha_1-\beta_1} \\
\pi_{20} = \dfrac{\alpha_0 - \beta_1\alpha_0 - \beta_1\alpha_0}{1-\alpha_1-\beta_1} & \pi_{21} = \dfrac{\alpha_2(1-\beta_1)}{1-\alpha_1-\beta_1} & \pi_{22} = \dfrac{\alpha_1}{1-\alpha_1-\beta_1} \\
\pi_{30} = \dfrac{\alpha_0 - \beta_0}{1-\alpha_1-\beta_1} & \pi_{31} = \dfrac{\alpha_2}{1-\alpha_1-\beta_1} & \pi_{32} = \dfrac{1}{1-\alpha_1-\beta_1}
\end{cases}
\tag{10.14}
$$

简化型模型具有如下特点：

(1)简化式方程的解释变量都是与随机误差项不相关的前定变量，所以可以直接使用普通最小二乘法估计简化式参数。

(2)简化式参数反映了前定变量对内生变量的总影响，也就是说，简化型模型不但表示了前定变量对内生变量的直接影响，而且包含了前定变量的通过其他内生变量对该内生变量的间接影响。

(3)利用简化型模型可以直接进行预测。在得到估计的简化型模型之后，根据前定变量的已知信息就可以直接预测模型中的所有内生变量。

(4)简化型模型没有客观地描述经济系统内各个变量之间的内在联系，模型的经济含义不明确。

如果用矩阵表示，对于结构型模型表示式(10.4)或式(10.5)，假设$|\boldsymbol{B}|\neq 0$，则有：

$$
\boldsymbol{Y}+\boldsymbol{B}^{-1}\boldsymbol{\Gamma}\boldsymbol{X}=\boldsymbol{B}^{-1}\boldsymbol{\mu} \quad \boldsymbol{Y}=-\boldsymbol{B}^{-1}\boldsymbol{\Gamma}\boldsymbol{X}+\boldsymbol{B}^{-1}\boldsymbol{\mu} \tag{10.15}
$$

令：

$$
\boldsymbol{\Pi}=-\boldsymbol{B}^{-1}\boldsymbol{\Gamma} \quad \boldsymbol{N}=\boldsymbol{B}^{-1}\boldsymbol{\mu} \tag{10.16}
$$

则得简化型模型的一般形式：

$$
\boldsymbol{Y}_t=\boldsymbol{\Pi}\boldsymbol{X}_t+\boldsymbol{N} \tag{10.17}
$$

式中：$\boldsymbol{\Pi}$ 为简化型模型参数矩阵；$\boldsymbol{N}$ 为简化型模型中的随机扰动项(向量)。

显然，在完备的结构性模型中，当 $\boldsymbol{B}$ 可逆时，结构性模型可转换成简化型模型。

3. 递归模型

递归模型是结构型模型的一种特殊形式：第一方程的右边包含前定变量，第二个方程的右边包含前定变量和第一个内生变量，以此类推，可得如下形式的模型：

$$
\begin{aligned}
Y_1 &= \gamma_{11} X_1 + \gamma_{12} X_2 + \cdots + \gamma_{1k} X_k + \mu_{1t} \\
Y_2 &= \beta_{21} Y_1 + \gamma_{21} X_1 + \gamma_{22} X_2 + \cdots + \gamma_{2k} X_k + \mu_{2t} \\
Y_3 &= \beta_{31} Y_1 + \beta_{32} Y_2 + \gamma_{31} X_1 + \gamma_{32} X_2 + \cdots + \beta_{3k} X_k + \mu_{3t}
\end{aligned}
\tag{10.18}
$$

这就是递推模型。引入矩阵记号，则式(10.18)可表示为：

$$
\boldsymbol{B}_1\boldsymbol{Y}+\boldsymbol{\Gamma}\boldsymbol{X}=\boldsymbol{\mu} \tag{10.19}
$$

式中：矩阵 $\boldsymbol{\Gamma}$，以及向量 $\boldsymbol{Y}$、$\boldsymbol{X}$ 和 $\boldsymbol{\mu}$ 同前含义。而矩阵 $\boldsymbol{B}_1$：

$$
\boldsymbol{B}_1=\begin{bmatrix}
1 & 0 & 0 & \cdots & 0 \\
-\beta_{21} & 1 & 0 & \cdots & 0 \\
-\beta_{31} & -\beta_{32} & 1 & \cdots & 0 \\
\vdots & \vdots & \vdots & & \vdots \\
-\beta_{m1} & -\beta_{m2} & -\beta_{m3} & \cdots & 1
\end{bmatrix}
$$

为下三角矩阵。

递归模型的显著特点是，可以直接运用普通最小二乘法依次估计一个方程，逐步得到全部参数估计值。

10.2　联立方程模型的识别

10.2.1　识别的概念

所谓识别，简言之，就是指是否能根据简化型模型参数估计值，得出结构型模型参数的估计值。这是因为：在简化模型中，每一个方程的左端是内生变量，右端是前定变量和随机扰动项，前定变量的值可以根据模型的信息事先确定，所以这些变量为随机变量，它和随机扰动项是独立的。这样，一般来说可以用普通最小二乘法直接估计简化型方程组的参数 π，然后再根据简化型参数和结构型参数之间的关系，间接估计结构型参数。

但是，能否由简化型参数求解结构参数，还有个模型的识别问题。如果结构型参数能够用简化型参数得出，则称这个特定的方程是可识别的；如果不能用简化型系数得出，则称方程是不可识别的。

可识别的方程又分为“恰好识别”和“过度识别”两种情况。如果方程中的结构型参数可以通过（估计的）简化型参数得出唯一的值，就称为恰好识别；如果结构型方程参数能够得出一个以上的数值，就称为过度识别。

识别问题之所以产生，是由于在研究经济问题时，对应于同一组数据（即样本信息），可得到几组结构型参数，进而可以建立几个结构模型，这就难以辨别正在研究的究竟是哪个特定的模型，这显然与根据经济理论分析所建立的经济模型的唯一性矛盾。下面以供给－需求模型为例加以说明。

1. 不可识别

假设某种商品的市场供给－需求模型为：

$$Q_t^d=\alpha_0+\alpha_1 P_t+\mu_{1t} \tag{10.20}$$

$$Q_t^s=\beta_0+\beta_1 P_t+\mu_{2t} \tag{10.21}$$

$$Q_t^d=Q_t^s \tag{10.22}$$

式中：Q_t^d为商品的需求量；Q_t^s为商品的供给量；P_t 为价格。经过代数变换可得其简化型模型：

$$P_t=\pi_1+v_{1t} \tag{10.23}$$

$$Q_t=\pi_2+v_{2t} \tag{10.24}$$

式中：$\pi_1=\dfrac{\beta_0-\alpha_0}{\alpha_1-\beta_1}$；$\pi_2=\dfrac{\alpha_1\beta_0-\alpha_0\beta_1}{\alpha_1-\beta_1}$；$v_{1t}=\dfrac{\mu_{2t}-\mu_{1t}}{\alpha_1-\beta_1}$；$v_{2t}=\dfrac{\alpha_1\mu_{2t}-\beta_1\mu_{1t}}{\alpha_1-\beta_1}$。

对于简化型模型式(10.23)和式(10.24),可以从以下两个方面说明式(10.20)和式(10.21)是不可识别的。

(1)根据线性代数可知,这两个方程得不到确定的解。即使利用经济计量方法估计出简化型参数 $\hat{\pi}_0$、$\hat{\pi}_1$,此时只有两个方程,而需要估计的结构参数却有 4 个,所以无法确定其解。因此方程式(10.20)和式(10.21)为不可识别,从而联立方程组模型不可识别。

(2)分别以 λ 和 $(1-\lambda)$ 乘以式(10.20)和式(10.21)(λ 为 0 和 1 之间的任意常数),再根据均衡条件将这两个变换后的方程相加,得到一个"混合"方程。

$$Q_t = \gamma_0 + \gamma_1 P_t + v_t \tag{10.25}$$

式中:$Q_t=\lambda Q_t^d+(1-\lambda)Q_t^s$;$\gamma_0=\lambda\alpha_0+(1-\lambda)\beta_0$;$\gamma_1=\lambda\alpha_1+(1-\lambda)\beta_1$;$v_t=\lambda\mu_{1t}+(1-\lambda)\mu_{2t}$。

这个"混合"方程和式(10.20)或式(10.21)一样,都是 Q 关于 P 的回归方程。因此,即使通过一组实际观测的样本数据去估计,也很难区分出所估计的模型究竟该对应于哪个方程,从而也无法肯定由此所估计出的模型就是所需要的。可见,此模型是不可识别的。

2. 恰好识别

不能识别上述需求模型或供给模型的原因,就在于相同的变量 Q 和 P 以相同的函数形式出现在两个方程中,它们有相同的统计形式,而且没有额外的信息。但是,消费者的收入对商品的销售有一定的影响,因此可将消费者行为的"附加信息"——"收入"这个变量引入模型,使原模型变为如下形式:

$$Q_t^d = \alpha_0 + \alpha_1 P_t + \alpha_2 Y_t + \mu_{1t} \qquad \text{(需求模型)} \tag{10.26}$$

$$Q_t^s = \beta_0 + \beta_1 P_t + \mu_{2t} \qquad \text{(供给模型)} \tag{10.27}$$

式中:Y_t 代表收入;其余符号含义同前。将此模型转化为简化型如下。

$$P_t = \pi_{10} + \pi_{11} Y_t + v_{1t} \tag{10.28}$$

$$Q_t = \pi_{20} + \pi_{21} Y_t + v_{2t} \tag{10.29}$$

式中:$\pi_{10}=\dfrac{\beta_0-\alpha_0}{\alpha_1-\beta_1}$;$\pi_{11}=\dfrac{-\alpha_2}{\alpha_1-\beta_1}$;$\pi_{20}=\dfrac{\alpha_1\beta_0-\alpha_0\beta_1}{\alpha_1-\beta_1}$;$\pi_{21}=\dfrac{-\alpha_2\beta_1}{\alpha_1-\beta_1}$;$v_{1t}=\dfrac{\mu_{2t}-\mu_{1t}}{\alpha_1-\beta_1}$;$v_{2t}=\dfrac{\alpha_1\mu_{2t}-\beta_1\mu_{1t}}{\alpha_1-\beta_1}$。

从简化型模型可以看出,模型中有 5 个待定的结构参数 α_0、α_1、α_2、β_0、β_1 而方程只有 4 个,仍是可识别的。容易证明,此时供给模型的参数是能够识别的。因为:

$$\beta_0 = \pi_{20} - \beta_1\pi_{10} \qquad \beta_1 = \frac{\pi_{21}}{\pi_{11}}$$

在估计出模型的简化型参数后,则可求得供给模型的结构参数。这说明在需求模型中增加"收入"这个附加信息后,使得原模型中不可识别的供给模型成为可识别的。

此时,供给模型虽然可以被识别,但需求模型仍不可识别。为了使需求模型也可以识别,采用同样的方法,给供给模型也引进一个附加信息——该商品前一期的价格 P_{t-1},显然 P_{t-1} 也是一个前定变量,则此时的供给需求模型为:

$$Q_t^d = \alpha_0 + \alpha_1 P_t + \alpha_2 P_t + \mu_{1t} \qquad \text{(需求模型)} \tag{10.30}$$

$$Q_t^s = \beta_0 + \beta_1 P_t + \beta_2 P_{t-1} + \mu_{2t} \qquad \text{(供给模型)} \tag{10.31}$$

将其转化成简化式模型:

$$P_t = \pi_{10} + \pi_{11} Y_t + \pi_{12} P_{t-1} + v_{1t} \tag{10.32}$$

$$Q_t = \pi_{20} + \pi_{21} Y_t + \pi_{22} P_{t-1} + v_{2t} \tag{10.33}$$

式中:$\pi_{10}=\dfrac{\beta_0-\alpha_0}{\alpha_1-\beta_1}$;$\pi_{11}=\dfrac{-\alpha_2}{\alpha_1-\beta_1}$;$\pi_{12}=\dfrac{\beta_2}{\alpha_1-\beta_1}$;$\pi_{20}=\dfrac{\alpha_1\beta_0-\alpha_0\beta_1}{\alpha_1-\beta_1}$;$\pi_{21}=\dfrac{\alpha_2\beta_1}{\alpha_1-\beta_1}$;$\pi_{22}=\dfrac{\alpha_1\beta_2}{\alpha_1-\beta_1}$;

$$v_{1t}=\frac{\mu_{2t}-\mu_{1t}}{\alpha_1-\beta_1};v_{2t}=\frac{\alpha_1\mu_{2t}-\beta_1\mu_{1t}}{\alpha_1-\beta_1}。\tag{10.34}$$

根据式(10.34)可知，此时有 6 个互不相容的方程，而待估计的结构型模型参数也恰好有 6 个，所以，在根据样本信息估计出简化型模型参数后，便可由式(10.34)唯一地推导出结构型模型参数，结构模型式(10.30)和模型式(10.31)便是恰好识别的了。

3. 过度识别

从上面的讨论可知，在模型中引入附加信息后，可以使模型由不可识别变为恰好识别，但是，若引入模型中的附加信息“过多”，却会带来新的问题——“过度识别”，即结构参数的值虽然可由简化型参数求得，但取值却不是唯一的。

例如，在需求模型式(10.30)中，再引入一个附加变量——消费者所拥有的财产 R，则式(10.30)、式(10.31)可变成如下模型：

$$Q_t^d=\alpha_0+\alpha_1P_t+\alpha_2Y_t+\alpha_3R_t+\mu_{1t}\qquad(需求模型)\tag{10.35}$$

$$Q_t^s=\beta_0+\beta_1P_t+\beta_2P_{t-1}+\mu_{2t}\qquad(供给模型)\tag{10.36}$$

其简化型模型如下：

$$P_t=\pi_{10}+\pi_{11}Y_t+\pi_{12}P_{t-1}+\pi_{13}R_t+v_{1t}\tag{10.37}$$

$$Q_t=\pi_{20}+\pi_{21}Y_t+\pi_{22}P_{t-1}+\pi_{23}R_t+v_{2t}\tag{10.38}$$

式中：

$$\pi_{10}=\frac{\alpha_0-\beta_0}{\alpha_1-\beta_1},\pi_{11}=\frac{-\alpha_2}{\alpha_1-\beta_1},\pi_{12}=\frac{-\alpha_3}{\alpha_1-\beta_1},\pi_{13}=\frac{\beta_2}{\alpha_1-\beta_1},\pi_{20}=\frac{\alpha_1\beta_0-\alpha_0\beta_1}{\alpha_1-\beta_1},$$
$$\pi_{21}=\frac{-\alpha_2\beta_1}{\alpha_1-\beta_1},\pi_{22}=\frac{-\alpha_3\beta_1}{\alpha_1-\beta_1},\pi_{23}=\frac{\alpha_1\beta_1}{\alpha_1-\beta_1},v_{1t}=\frac{\mu_{2t}-\mu_{1t}}{\alpha_1-\beta_1},v_{2t}=\frac{\alpha_1\mu_{2t}-\beta_1\mu_{1t}}{\alpha_1-\beta_1}。\tag{10.39}$$

上述供需模型包括 7 个结构参数，但有 8 个方程来确定这些参数。显然，所得到的结构参数的值将不是唯一的。产生上述问题主要是因为识别供给曲线的信息太多，或者说对供给模型施加的约束过多，使得模型参数不能唯一确定。

10.2.2　识别的方法

前面已经详细地论述了有关识别的各种情况，在论述中判别一个联立方程的某个方程是不可识别的、恰好识别或过度识别，主要借助于简化型方程，如果模型中每个方程都是可识别的，则整个模型就是可识别的。为了比较简便地确定联立方程模型能否识别，给出确定联立模型识别的一般规则。为此，先介绍一些符号：M 为联立方程模型中内生变量的个数；K 为联立方程模型中前定变量的个数；m_i 为模型中第 i 个方程中内生变量的个数；k_i 为模型中第 i 个方程中前定变量的个数。

1. 识别的阶条件

阶条件表述如下：

在一个有 M 个方程的联立方程模型中，当第 i 个方程是可识别的，则满足：

$$K-k_i\geqslant m_i-1$$

如果 $K-k_i=m_i-1$，为恰好识别。

如果 $K-k_i>m_i-1$，为过度识别。

在结构型模型中，内生变量的个数和包含的方程个数相等，因此，需要对各方程进行识别，当其全部满足识别的阶条件时，模型才满足识别的阶条件。

例如，考查方程式(10.1)至方程式(10.3)构成的联立方程模型：

$$\begin{cases} C_t = \beta_0 + \beta_1 Y_t + \mu_{1t} \\ I_t = \alpha_0 + \alpha_1 Y_t + \alpha_2 Y_{t-1} + \mu_{2t} \\ Y_t = C_t + I_t + G_t \end{cases} \tag{10.40}$$

模型中内生变量有国内生产总值 Y_t、居民消费总额 C_t、投资总额 I_t，共计 3 个；前定变量有政府消费 G_t、前定内生变量 Y_{t-1}，共计 2 个。表 10.1 给出阶条件的模型识别结果，消费方程过度识别，投资方程恰好识别。

表 10.1　阶条件的模型识别结果

随机方程	模型中变量个数		方程中变量个数		阶条件 $K-k_i \geqslant m_i-1$	结论
	M	K	m_i	k_i		
消费方程	3	2	2	0	2>1	过度识别
投资方程	3	2	2	1	1=1	恰好识别

模型识别的阶条件只是模型识别的必要条件，并不能保证模型可以识别；要保证模型可以识别，就要用到模型识别的充分条件——模型识别的秩条件。

2. **识别的秩条件**

设结构型线性联立方程模型：

$$\boldsymbol{BY}+\boldsymbol{\Gamma X}=\boldsymbol{\mu} \tag{10.41}$$

式(10.41)中第 i 个方程是由 m_i 个内生变量和 k_i 个前定变量组成的回归方程。$\boldsymbol{B}$ 为 $m\times m$ 阶的方阵。记矩阵($\boldsymbol{B}_0\boldsymbol{\Gamma}_0$)为第 i 个方程中没有包含的其他内生变量和前定变量系数所构成的矩阵，称为识别矩阵。那么，当识别矩阵($\boldsymbol{B}_0\boldsymbol{\Gamma}_0$)的秩等于 $M-1$ 时，则第 i 个方程可以识别。

综合模型识别的阶条件和秩条件，对模型进行识别的基本步骤是：

第一步：判断识别矩阵($\boldsymbol{B}_0\boldsymbol{\Gamma}_0$)是否满足秩条件。如果不满足，则模型不可识别；如果满足，则模型可识别，可以继续判断是否过度识别，进入第二步。

第二步：在各方程中，判断识别的阶条件是否取等号，如果取等号，则方程为恰好识别；如果不取等号，则方程为过度识别。

现举例说明上述识别过程。

设有联立方程组模型：

$$\begin{cases} C_t = \beta_0 + \beta_1 Y_t + \mu_{1t} \\ I_t = \alpha_0 + \alpha_1 Y_t + \alpha_2 Y_{t-1} + \mu_{2t} \\ Y_t = C_t + I_t + G_t \end{cases}$$

式中：C_t 为居民消费总额；Y_t 为国内生产总值；I_t 为投资总额；G_t 为政府消费。并且 C_t、Y_t、I_t 为内生变量，G_t 为外生变量，Y_{t-1} 为滞后内生变量，有 $M=3, K=2, m_1=2, m_2=2, k_1=0, k_2=1$。

现对模型中结构型方程逐个进行识别。结构型参数矩阵($\boldsymbol{B\Gamma}$)为：

$$(\boldsymbol{B\Gamma})=\begin{pmatrix} 1 & 0 & -\beta_1 & -\beta_0 & 0 & 0 \\ 0 & 1 & -\alpha_1 & -\alpha_0 & -\alpha_2 & 0 \\ -1 & -1 & 1 & 0 & 0 & -1 \end{pmatrix}$$

（列依次对应 C_t、I_t、Y_t、F、Y_{t-1}、G_t）

联立方程模型中第一个消费方程的识别矩阵为：

$$(\boldsymbol{B}_0\boldsymbol{\Gamma}_0)=\begin{pmatrix} 1 & -\alpha_2 & 0 \\ -1 & 0 & -1 \end{pmatrix}$$

式中，识别矩阵$(\boldsymbol{B}_0\boldsymbol{\Gamma}_0)$中的元素为：在结构参数矩阵中划去第一行和划去第一行中非零元素所在列的元素所剩下的对应元素。

这个矩阵的秩为 2，等于模型的内生变量个数减 1，即 $\text{rank}(\boldsymbol{B}_0\boldsymbol{\Gamma}_0)=m-1$，秩条件成立。所以模型中第一个消费方程可识别。

由阶条件，$K-k_1=2$，$m_1-1=1$，$K-k_1>m_1-1$，所以模型中第一个消费方程是过度识别的。

联立方程模型中第二个投资方程的识别矩阵为：

$$(\boldsymbol{B}_0\boldsymbol{\Gamma}_0)=\begin{pmatrix} 1 & 0 \\ -1 & -1 \end{pmatrix}$$

其中，识别矩阵$(\boldsymbol{B}_0\boldsymbol{\Gamma}_0)$中的元素为：在结构参数矩阵中划去第二行和划去第二行中非零元素所在列的元素所剩下的对应元素。

这个矩阵的秩为 2，等于模型的内生变量个数减 1，即 $\text{rank}(\boldsymbol{B}_0\boldsymbol{\Gamma}_0)=M-1$，秩条件成立。所以模型中第二个投资方程可识别。

由阶条件，$K-k_2=1$，$m_2-1=1$，$K-k_2=m_2-1$，所以模型中第二个投资方程是恰好识别的。

第三个方程是恒等方程，系数是已知的，不存在识别问题。

所以，根据 3 个方程的可识别性判断，该联立方程组模型可识别。

10.3　联立方程模型的估计

对于具体的联立方程模型，在验证了其可识别性后，就可以对模型中的参数进行估计。对于结构型方程参数的估计，有两类方法：一类是单一方程估计法（也称有限信息法）；另一类是系统法（也称完全信息法）。这里仅讨论常用的单一方程法 OLS、ILS、2SLS 和方程组法中的 3SLS。

10.3.1　递归模型与普通最小二乘法

在 10.1 节中曾指出，由于联立方程模型中经济变量之间的联立依存性，使模型中一些方程的解释变量和该方程中的随机扰动项呈现一定的相关性。这样，若直接利用 OLS 法来估计这些方程中的结构参数，会使方程的参数结构式产生有偏性和非一致性，因而对于联立方程模型来说，一般不适宜采用 OLS 法来估计参数。但是，对于特殊的联立方程组模型——递归模型，却可以直接采用 OLS 法来估计模型中的参数。

下面以递归模型(10.42)为例：

$$\begin{cases}Y_1 = \gamma_{11}X_1 + \gamma_{12}X_2 + \mu_1 \\ Y_2 = \beta_{21}Y_1 + \gamma_{21}X_1 + \gamma_{22}X_2 + \gamma_{23}X_3 + \mu_2 \\ Y_3 = \beta_{31}Y_1 + \beta_{32}Y_2 + \gamma_{31}X_1 + \gamma_{34}X_4 + \mu_3 \\ Y_4 = \beta_{41}Y_1 + \beta_{42}Y_2 + \beta_{43}Y_3 + \gamma_{44}X_4 + \gamma_{45}X_5 + \mu_4\end{cases} \tag{10.42}$$

式中：Y_i 为内生变量；X_i 为前定变量；μ_i 是独立的。

在模型的第一个方程中，由于方程的右端仅含有前定变量和随机扰动项，而假定前定变量与随机扰动项 μ_2 是不相关的，所以满足古典线性回归模型的假定，因而可以用 OLS 法来估计该方程中的参数。

在模型的第二个方程中，方程的右端含有前定变量外，还含有一个内生变量 Y_1，但 Y_1 与随机扰动项 μ_2 也是不相关的，这是因为在第一个方程中，随机变量 Y_1 的统计性质是由随机扰动项 μ_1 决定的，而 μ_1 和 μ_2 是不相关的，所以 Y_1 与 μ_2 也是不相关的，这样该方程也满足古典线性回归模型的假定，所以第二个方程也可以用 OLS 法来估计参数。

同理，OLS 法也适用于第三个方程，因为 Y_1、Y_2 也是与 μ_3 不相关的。

这样，递归方程中的每一个方程，都可以分别用 OLS 法。

由于递归方程在形式上呈现为联立方程组模型，内生变量间仅存在单向的因果关系，故也被称为因果模型。另外，若将递归方程的内生变量系数以矩阵形式表述，则将是下三角系数矩阵，所以递归模型又称为三角模型。

10.3.2 间接最小二乘法

对于一个恰好识别的结构型方程，根据简化型参数的最小二乘估计量求得结构参数估计量的方法，叫作间接最小二乘法(indirect least square，ILS)，该方法包括以下三个步骤。

1. 将结构性模型化成简化型模型

简化型方程是从结构型方程得出来的，其表现形式就是在每个方程中的被解释变量都是内生变量，它们都是前定变量和随机扰动项的唯一函数。

2. 对各个简化型方程分别应用 OLS 法

因为每个简化型方程中的解释变量都是与随机扰动项不相关的前定变量，所以可以应用 OLS 法估计简化型的参数。

3. 根据简化型参数的估计量求出原结构型参数的估计量

如果一个方程是恰好识别的，则结构型参数和简化型参数之间存在着一一对应的关系，所以可以从简化型参数的估计量推导出结构型参数的唯一估计量。

下面以供需模型为例说明 ILS 的应用。假定某一商品的市场机制是由下述联立方程组描述的：

$$\begin{cases}Q_t = \alpha_0 + \alpha_1 P_t + \alpha_2 Y_t + \mu_{1t} \\ Q_t = \beta_0 + \beta_1 P_t + \beta_2 W_t + \mu_{2t}\end{cases} \tag{10.43}$$

式中：Q_t 为某农产品的需求量(或供应量)；Y_t 为收入；P_t 为价格；W_t 为天气条件指数(如降雨量等)。Q_t、P_t 为内生变量，Y_t、W_t 为前定变量。

根据识别条件，可以证明该模型恰好识别，因而可以用 ILS 法来估计参数。

(1)用前定变量表示内生变量，即将结构型模型转化为简化型模型：

$$\begin{cases} Q_t = \pi_{10} + \pi_{11} Y_t + \pi_{12} Y_t + v_{1t} \\ P_t = \pi_{20} + \pi_{21} Y_t + \pi_{22} W_t + v_{2t} \end{cases} \tag{10.44}$$

其中：

$$\pi_{10} = \frac{\alpha_0 \beta_1 + \alpha_1 \beta_0}{\beta_1 - \alpha_1} \quad \pi_{11} = \frac{\alpha_2 \beta_1}{\beta_1 - \alpha_1} \quad \pi_{12} = \frac{-\alpha_1 \beta_2}{\beta_1 - \alpha_1} \quad \pi_{20} = \frac{\alpha_0 - \beta_0}{\beta_1 - \alpha_1}$$

$$\pi_{21} = \frac{\alpha_2}{\beta_1 - \alpha_1} \quad \pi_{22} = \frac{-\beta_2}{\beta_1 - \alpha_1} \quad v_{1t} = \frac{\beta_1 \mu_{1t} - \alpha_1 \mu_{2t}}{\beta_1 - \alpha_1} \quad v_{2t} = \frac{\mu_{1t} - \mu_{2t}}{\beta_1 - \alpha_1}$$

由此可以解出以下关系：

$$\begin{aligned} &\alpha_1 = \frac{\pi_{12}}{\pi_{22}} \quad \alpha_2 = \pi_{21}(\beta_1 - \alpha_1) \quad \alpha_0 = \pi_{10} - \alpha_1 \pi_{20} \\ &\beta_1 = \frac{\pi_{11}}{\pi_{21}} \quad \beta_2 = \pi_{22}(\alpha_1 - \beta_1) \quad \beta_0 = \pi_{10} - \beta_1 \pi_{20} \end{aligned} \tag{10.45}$$

(2)假如样本数据如表 10.2 所示，运用样本资料，对简化型方程应用 OLS 法估计出 π_{ij} 的估计值，得到：

$$\hat{Q}_t = -109\,704.4 + 77.56 Y_t + 330.71 W_t \quad R^2 = 0.875$$

$$\hat{P}_t = 5\,491.09 - 1.54 Y_t - 16.38 W_t \quad R^2 = 0.676$$

表 10.2　某地区农业生产有关资料

序号	Q	P	Y	W	序号	Q	P	Y	W
1	12 917	2 260	1 089	100	9	52 739	1 180	1 558	105
2	17 920	2 150	1 169	110	10	55 009	1 390	1 587	105
3	18 475	1 970	1 281	110	11	50 100	1 340	1 625	98
4	28 180	1 620	1 335	112	12	67 559	1 350	1 693	105
5	26 330	1 380	1 388	105	13	61 986	1 360	1 774	95
6	31 029	1 200	1 452	107	14	55 986	1 250	1 826	88
7	41 430	1 310	1 516	110	15	60 311	1 210	1 899	95
8	48 124	1 080	1 536	100					

将估计的简化型参数 π_{ij} 代入式(10.45)，求得结构参数的估计值：

$$\hat{\alpha}_0 = 1\,181.829 \quad \hat{\alpha}_1 = -20.193\,8 \quad \hat{\alpha}_2 = 46.446\,8$$

$$\hat{\beta}_0 = 166\,733.7 \quad \hat{\beta}_1 = -50.343 \quad \hat{\beta}_2 = -493.752\,6$$

4. 间接最小二乘估计量的性质

1)间接二乘估计发的假设

间接最小二乘法是从简化型参数估计入手，通过参数关系体系导出结构型参数估计量，因此间接最小二乘法有以下假定。①被估计的结构方程是恰好识别的。由前述的内容可知，当被估计的结构型方程是过度识别时，那么其相应的简化型参数受到某些约束条件的限制，不能唯一地表示与结构型参数间的对应关系，因而不宜用 ILS 求过度识别结构型参数。同理，当被估计的结构型方程是不可识别的，也不能用 ILS 求结构型参数的估计量。因此，只有结构型方程组为恰好识别时，才可用 ILS 求得结构型参数的估计量。②每个简化型方程的随机扰动项都应满足线性回归模型的古典假设。③前定变量间不存在高度多重共线性。

2)ILS 估计量的性质

假定满足上述假定②和③，就能保证简化型参数的 OLS 估计量是无偏的和一致的。但是通过参数关系体系所得的结构型参数的 ILS 估计量却是有偏的一致估计量。证明略。

10.3.3 二阶段最小二乘法

实际应用中，联立方程模型中恰好识别的情形并不常见，一般的结构型模型大都为过度识别的。对于过度识别模型的简化型参数无法唯一地确定结构参数的值，所以不宜使用 ILS 估计，常用的方法是二阶段最小二乘法(Two Stage Least Squarse，TSLS)，二阶段最小二乘法是一种单一方程估计方法，每次只适用于对联立方程组模型中的一个方程进行估计，并能获得较为理想的结构参数估计值。

1. 二阶段最小二乘法的基本假设条件

假定：联立方程组模型为：

$$\begin{cases} Y_{1t}=\beta_{12}Y_{2t}+\beta_{13}Y_{3t}+\cdots+\beta_{1m}Y_{mt}+\gamma_{11}X_{1t}+\gamma_{12}X_{2t}+\cdots+\gamma_{1k}X_{kt}+\mu_{1t} \\ Y_{2t}=\beta_{21}Y_{1t}+\beta_{23}Y_{3t}+\cdots+\beta_{2m}Y_{mt}+\gamma_{21}X_{1t}+\gamma_{22}X_{2t}+\cdots+\gamma_{2k}X_{kt}+\mu_{2t} \\ \qquad\vdots \\ Y_{mt}=\beta_{m1}Y_{1t}+\beta_{m2}Y_{2t}+\cdots+\beta_{m(m-1)}Y_{(m-1)t}+\gamma_{m1}Y_{1t}+\gamma_{m2}X_{2t}+\cdots+\gamma_{mk}X_{kt}+\mu_{mt} \end{cases} \tag{10.46}$$

其中，Y 是内生变量，X 是前定变量。

二阶段最小二乘法的基本假设条件包括：

(1)结构方程中的随机干扰项满足均值为零、方差为常数和序列不相关的条件。

(2)结构方程中的所有前定变量和随机干扰项不相关。

(3)前定变量不存在多重共线性。

(4)样本容量必须大于方程中出现的前定变量的个数。

(5)结构方程是可识别的。

2. 二阶段最小二乘法

其具体步骤如下：

以模型(10.46)的第一个方程为例说明。结构方程组模型中的第一个方程为：

$$Y_{1t}=\beta_{12}Y_{2t}+\beta_{13}Y_{3t}+\cdots+\beta_{1m}Y_{mt}+\gamma_{11}X_{1t}+\gamma_{12}X_{2t}+\cdots+\gamma_{1k}X_{kt}+\mu_{1t} \tag{10.47}$$

式(10.47)的解释变量中含有内生变量 Y_{2t}、…、Y_{mt}，含有模型的前定变量 X_{1t}、…、X_{kt}。根据随机干扰 μ_{1t} 项满足均值为零、方差为常数和序列不相关的条件。Y_{2t}、…、Y_{mt} 相应的简化型方程为：

$$\begin{cases} Y_{2t}=\pi_{10}+\pi_{11}X_{1t}+\pi_{12}X_{2t}+\cdots+\pi_{1k}X_{kt}+v_{1t} \\ \qquad\vdots \\ Y_{mt}=\pi_{m0}+\pi_{m1}X_{1t}+\pi_{m2}X_{2t}+\cdots+\pi_{mk}X_{kt}+v_{mt} \end{cases} \tag{10.48}$$

首先对简化型方程式(10.48)中的每个方程使用普通最小二乘法，求得(10.48)的估计方程为：

$$\begin{cases} \hat{Y}_{2t}=\hat{\pi}_{10}+\hat{\pi}_{11}X_{1t}+\hat{\pi}_{12}X_{2t}+\cdots+\hat{\pi}_{1k}X_{kt} \\ \qquad\vdots \\ \hat{Y}_{mt}=\hat{\pi}_{m0}+\hat{\pi}_{m1}X_{1t}+\hat{\pi}_{m2}X_{2t}+\cdots+\hat{\pi}_{mk}X_{kt} \end{cases} \tag{10.49}$$

其中，$\hat{\pi}$ 是 π 的最小二乘估计。由此，利用 $\hat{\pi}$ 和前定变量 X 的值，可求得 $\hat{Y}_i$，然后用估计的 $\hat{Y}_i$ 去代替结构方程中作为解释变量的内生变量 Y_i，得：

$$Y_{1t} = \beta_{12}\hat{Y}_{2t} + \beta_{13}\hat{Y}_{3t} + \cdots + \beta_{1m}\hat{Y}_{mt} + \gamma_{11}X_{1t} + \gamma_{12}X_{2t} + \cdots + \gamma_{1k}X_{kt} + \mu_{1t}^{*} \quad (10.50)$$

再用 OLS 法估计该结构方程式(10.50)的参数，得到参数的 TSLS 估计值。

对结构方程组模型的每一个方程使用以上步骤进行估计，完成对整个模型的参数估计。

在实际使用过程中，在判断出模型是可识别的以后，通常直接使用二阶段最小二乘法，因为如果模型是恰好识别的，二阶段最小二乘法和间接最小二乘法是一致的。

3. TSLS 的特性

(1)使用方便。TSLS 在实际应用时可只考虑模型系统中的一个单反方程而并不直接考虑模型中任何其他方程。由于 TSLS 的估计过程中，仅要求提供模型前定变量的信息，而并没有要求提供模型中其他变量的其他信息。因此对于结构型方程数目较多的联立方程组模型而言，TSLS 是一种比较经济的方法，并在实证分析中得以广泛应用。

(2)虽然 TSLS 是针对过度识别而提出的估计方法，但对于恰好识别而言，TSLS 同样可以用作恰好识别方程的估计方法，并且估计结果与间接最小二乘法的估计结果相同。

(3)在应用 TSLS 过程中，若在第一阶段对简化型方程估计时的 R^2 非常大(如 $R^2=0.8$)，那么古典 OLS 估计量与 TSLS 将非常接近。其原因是，若第一阶段的 R^2 非常大，即意味着内生变量的估计值非常逼近其实际值，因而内生变量的实际值与原始结构方程中的随机扰动项就几乎不相关(在极端情形，$R^2=1$，表明内生解释变量在原始过度识别方程中实际上是非随机的)，反之，若第一阶段中的 R^2 非常小，如 $R^2=0.25$，这表明 TSLS 估计量将无实际意义，因为将用第一阶段的 $\hat{Y}_i$ 在第二阶段中替代原始的 Y_i，由于 R^2 很小，只能说明 Y_i 大部分是由随机扰动因素组成，$\hat{Y}_i$ 无法作为 Y_i 的近似；或者说 $\hat{Y}_i$ 是 Y_i 非常糟糕的代表。

(4)可以证明 TSLS 估计量在小样本下是有偏估计量，但却是一致估计量。

10.4 案例分析与 EViews 操作

10.4.1 研究目的和模型设定

依据凯恩斯宏观经济调控原理，建立简化的中国宏观经济调控模型。经理论分析，采用基于三部门的凯恩斯总需求决定模型，在不考虑进出口的条件下，通过消费者、企业、政府的经济活动，分析总收入的变动对消费和投资的影响。设理论模型如下：

$$\begin{cases} C_t = \alpha_0 + \alpha_1 Y_t + \mu_{1t} \\ I_t = \beta_0 + \beta_1 Y_t + \mu_{2t} \\ Y_t = C_t + I_t + G_t \end{cases}$$

式中：Y_t 为支出法 GDP；C_t 为消费；I_t 为投资；G_t 为政府支出。内生变量为 C_t、I_t、Y_t，前定变量为 G_t，即 $M=3$，$K=1$。

10.4.2 模型的识别性

根据上述理论方程，其结构型的标准形式为：

$$\begin{cases} C_t - \alpha_1 Y_t - \alpha_0 = \mu_{1t} \\ I_t - \beta_1 Y - \beta_{0t} = \mu_{2t} \\ Y_t - C_t - I_t - G_t = 0 \end{cases}$$

标准形式的系数矩阵($\boldsymbol{B\Gamma}$)为：

$$\begin{array}{ccccc} C_t & I_t & Y_t & F & G_t \end{array}$$

$$(\boldsymbol{B\Gamma}) = \begin{pmatrix} 1 & 0 & -\alpha_1 & -\alpha_0 & 0 \\ 0 & 1 & -\beta_1 & -\beta_0 & 0 \\ -1 & -1 & 1 & 0 & -1 \end{pmatrix}$$

由于第三个方程为恒定式，所以不需要对其识别性进行判断。下面判断消费函数和投资函数的识别性。

1. 消费函数的识别性

首先，用阶条件判断。这时 $m_1=2$，$k_1=0$，因为 $K-k_1=1-0=1$，并且 $m_1-1=2-1=1$，所以 $K-k_1=m_1-1$，表明消费函数有可能为恰好识别。

其次，用秩条件判断。在矩阵($\boldsymbol{B\Gamma}$)中划去消费函数所在的行和非零系数所在的列，得：

$$(\boldsymbol{B}_0\boldsymbol{\Gamma}_0) = \begin{pmatrix} 1 & 0 \\ -1 & -1 \end{pmatrix}$$

显然，$\text{rank}(\boldsymbol{B}_0\boldsymbol{\Gamma}_0)=2=M-1$，表明消费函数可识别，且是恰好识别。

2. 投资函数的识别性

由于投资函数与消费函数的结构相近，判断过程与消费函数完全一样，故投资函数的阶条件和秩条件的判断予以省略。结论是投资函数也为恰好识别。

综合上述各方程的判断结果，得出该模型为恰好识别。

10.4.3 宏观经济模型的估计

由于消费函数和投资函数均为恰好识别，因此，可用间接最小二乘估计法(ILS)估计参数。选取国内生产总值、消费、投资数据，并用“国内生产总值－消费－投资”计算政府支出。这些变量取自 1952—2023 年中国宏观经济的历史数据，见表 10.3。

表 10.3 1952—2023 年中国宏观经济的历史数据 单位:亿元

年份	国内生产总值	消费	投资	政府支出
1952	690.2	453	151.8	85.4
1953	831.5	529.2	195.6	106.7
1954	875	550	223.9	101.1
1955	931.8	602.6	218.9	110.3
1956	1 030.1	646.8	254.8	128.5
1957	1 099	686.6	278.1	134.3
1958	1 286.1	724	429.6	132.5
1959	1 446.4	691.2	621.2	134
1960	1 506.9	741.7	581.9	183.3
1961	1 279.3	816.7	281	181.6

续表

年份	国内生产总值	消费	投资	政府支出
1962	1 181.7	838.7	182.9	160.1
1963	1 298.3	844.2	271.7	182.4
1964	1 446.8	889.6	357.9	199.3
1965	1 634.3	951.5	469.9	212.9
1966	1 830.7	1 021.1	575.2	234.4
1967	1 711.6	1 081.5	428.1	202
1968	1 713	1 076.6	434.9	201.5
1969	1 861.2	1 127.7	490.7	242.8
1970	2 208.3	1 206.8	749.3	252.2
1971	2 395.1	1 262	826.4	306.7
1972	2 456.7	1 334.2	797.6	324.9
1973	2 672	1 432.5	908.3	331.2
1974	2 739.8	1 467	939	333.8
1975	2 949.9	1 528.5	1 064.9	356.5
1976	2 968.8	1 588.5	992.8	387.5
1977	3 166.5	1 647.8	1 101.1	417.6
1978	3 605.6	1 759.1	1 383.3	463.2
1979	4 047.3	2 014	1 488.3	545
1980	4 540.5	2 336.9	1 587.5	616.1
1981	4 921.6	2 627.5	1 626.3	667.8
1982	5 386.3	2 867.1	1 718.4	800.8
1983	6 034.2	3 220.9	1 922.2	891.1
1984	7 290.1	3 689.5	2 502.2	1 098.4
1985	9 108.1	4 627.4	3 554.4	926.3
1986	10 390.3	5 293.5	3 914.6	1 182.2
1987	12 198	6 047.6	4 543.7	1 606.7
1988	15 210.5	7 532.1	5 932.2	1 746.2
1989	17 250.5	8 778	6 392.4	2 080.1
1990	18 969.3	9 435	6 446.6	3 087.7
1991	21 997.2	10 544.5	7 754	3 698.7
1992	27 140.3	12 312.2	10 625.4	4 202.7
1993	35 576	15 694.9	15 440.5	4 440.6
1994	48 410.3	21 443.2	19 479.4	7 487.7
1995	61 050.4	28 065.6	23 823	9 161.8
1996	71 541.5	33 644.1	26 960.1	10 937.3
1997	79 415.8	36 585.8	28 317.1	14 512.9

续表

年份	国内生产总值	消费	投资	政府支出
1998	84 790.8	38 768.5	29 659.7	16 362.6
1999	90 095.1	41 845.8	30 891.2	17 358.1
2000	99 799	46 863.3	33 667.1	19 268.6
2001	110 388.4	50 464.7	39 402.5	20 521.2
2002	121 326.7	54 667	44 005	22 654.7
2003	137 146.7	58 689.9	54 446.8	24 010
2004	161 355.6	65 724.8	67 725.6	27 905.2
2005	187 657.5	74 153.7	75 576	37 927.8
2006	219 597.5	82 842.4	87 578.6	49 176.5
2007	270 499.4	98 231.3	109 339.3	62 928.8
2008	318 067.6	112 654.7	134 941.6	70 471.3
2009	347 650.3	123 121.9	158 074.5	66 453.9
2010	408 505.4	141 465.5	191 866.9	75 173
2011	484 109.3	170 390.8	227 673.5	86 045
2012	539 039.9	190 584.8	248 960	99 495.1
2013	596 344.5	212 477.3	275 128.7	108 738.5
2014	646 548	236 238.5	294 906.1	115 403.4
2015	692 093.7	260 202.4	297 826.5	134 064.8
2016	745 980.5	288 668.2	318 198.5	139 113.8
2017	828 982.8	320 689.5	357 886.1	150 407.2
2018	915 774.3	354 124.4	402 585.2	159 064.7
2019	990 708.4	387 188.1	426 678.7	176 841.6
2020	1 025 628.4	387 185.8	439 550.3	198 892.3
2021	1 145 282.9	438 015.2	495 784.3	211 483.4
2022	1 202 471	450 468.1	519 793.2	232 209.7
2023	1 258 647.3	493 247.2	530 439.7	234 960.4

（资料来源：国家统计局官方网站）

1. 恰好识别模型的 ILS 估计

根据 ILS 法，首先将结构型模型转变为简化型模型，则宏观经济模型的简化型为：

$$Y=\pi_{10}+\pi_{11}G+\nu_{1t}$$

$$C=\pi_{20}+\pi_{21}G+\nu_{2t}$$

$$I=\pi_{30}+\pi_{31}G+\nu_{3t}$$

其中结构型模型的系数与简化型模型系数的关系为：

$$\pi_{10}=\frac{\alpha_0+\beta_0}{1-\alpha_1-\beta_1} \qquad \pi_{11}=\frac{1}{1-\alpha_1-\beta_1}$$

$$\pi_{20}=\alpha_0+\alpha_1\frac{\alpha_0+\beta_0}{1-\alpha_1-\beta_1} \qquad \pi_{21}=\frac{\alpha_1}{1-\alpha_1-\beta_1}$$

$$\pi_{30}=\beta_0+\beta_1\frac{\alpha_0+\beta_0}{1-\alpha_1-\beta_1} \qquad \pi_{31}=\frac{\beta_1}{1-\alpha_1-\beta_1}$$

其次，用 OLS 法估计简化型模型的参数。进入 EViews 软件，确定时间范围；编辑输入数据；选择估计方程菜单。估计简化型样本回归函数的过程是：选择【Qucik】|【Estimate Equation】|【Equation Spesfication】命令，进入【Equation Spesfication】对话框。在【Equation Spesfication】对话框里，分别输入“GDP C GOV”“COM C GOV”“INV C GOV”，其中，GDP 表示 Y，COM 表示 C，INV 表示 I，GOV 表示 G。得到三个简化型方程的估计结果，写出简化型模型的估计式：

$$\hat{Y}=646.8694+5.352322G$$

$$\hat{C}=1208.133+2.026889G$$

$$\hat{I}=-516.2638+2.325434G$$

即简化型系数的估计值分别为：$\hat{\pi}_{10}=646.8694$，$\hat{\pi}_{11}=5.352322$，$\hat{\pi}_{20}=1208.133$，$\hat{\pi}_{21}=2.026889$，$\hat{\pi}_{30}=-516.2638$，$\hat{\pi}_{31}=2.325434$。

最后，因为模型是恰好识别，则由结构型模型系数与简化型模型系数之间的关系，可唯一地解出结构型模型系数的估计。解得的结构型模型的参数估计值为：$\hat{\alpha}_0=963.1636$，$\hat{\alpha}_1=0.3787$，$\beta_0=-797.3286$，$\beta_1=0.4345$。

从而结构型模型的估计式为：

$$\begin{cases}\hat{C}_t=963.1636+0.3787Y_t\\ \hat{I}_t=-797.3286+0.4345Y_t\\ Y_t=C_t+I_t+G_t\end{cases}$$

2. 过度识别模型的 TSLS 估计

考虑在宏观经济活动中，当期消费行为还要受到上一期消费的影响，当期投资行为也要受到上一期投资的影响，因此，在上述宏观经济模型里再引入 C_t 和 I_t 的滞后一期变量 C_{t-1} 和 I_{t-1}。此时宏观经济模型可写为：

$$C_t=\alpha_0+\alpha_1Y_t+\alpha_2C_{t-1}+\mu_{1t}$$

$$I_t=\beta_0+\beta_1Y_t+\beta_2I_{t-1}+\mu_{2t}$$

$$Y_t=C_t+I_t+G_t$$

用阶条件和秩条件对上述模型进行识别判断体的判断过程从略，结论是消费函数和投资函数均是过度识别。需要运用二阶段最小二乘法对方程组的参数进行估计。

首先，估计消费函数。进入 EViews 软件，确定时间范围；编辑输入数据。然后按路径【Qucik】|【Estimate equation】|【Equation specification】|【Method】|【TSLS】进入估计方程对话框，将 method 按钮点开，这时会出现估计方法选择的下拉菜单，从中选择【TSLS】，即二阶段最小二乘法，如图 10.1 所示。

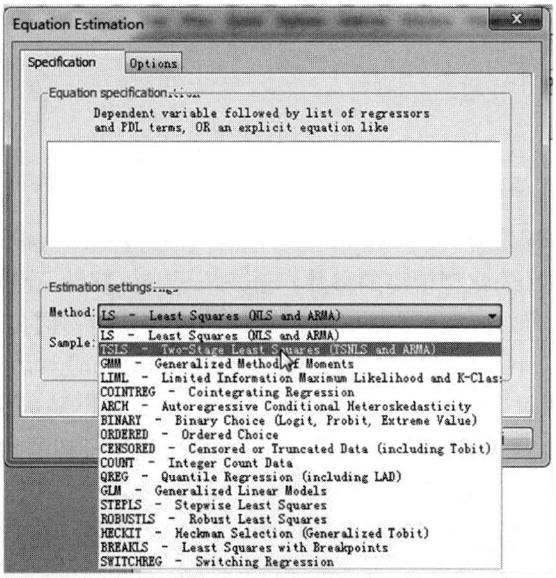

图 10.1　选择二阶段最小二乘法的窗口

【Equation Specification】对话框有两个窗口，第一个窗口是用于输入要估计的方程；第二个窗口是用于输入该方程组中所有的前定变量，EViews 要求将截距项也看成前定变量。具体输入格式如下：第一个窗口输入“COM C GDP COM(−1)”；第二个窗口写“C GOV COM(−1) INV(−1)”。其中，COM(−1)、INV(−1)分别表示消费变量 COM 和投资变量 INV 的滞后一期。然后单击【OK】按钮，便显示出估计结果，见表 10.4。

表 10.4　消费函数的估计结果

Dependent Variable：COM

Method：Two-Stage Least Squares

Date：10/31/24　　Time：17：41

Sample (adjusted)：1953 2023

Included observations：71 after adjustments

Instrument specification：C GOV COM(−1) INV(−1)

Variable	Coefficient	Std. Error	t-Statistic	Prob.
C	915.305 3	957.291 7	0.956 14	0.342 4
GDP	0.167 801	0.058 109	2.887 683	0.005 2
COM(−1)	0.656 498	0.142 849	4.595 747	0.000 0

R-squared	0.998 217	Mean dependent var	85 657.36
Adjusted R-squared	0.998 165	S. D. dependent var	147 875.5
S. E. of regression	6 334.753	Sum squared resid	2.73E+09
F-statistic	19 019.24	Durbin-Watson stat	1.031 974
Prob(F-statistic)	0.000 000	Second-Stage SSR	4.25E+09
J-statistic	15.572 81	Instrument rank	4
Prob(J-statistic)	0.000 079		

根据表 10.4 写出消费函数的 TSLS 估计式为：

$$C_t = 915.305\,3 + 0.167\,801 Y_t + 0.656\,498 C_{t-1} + e_{1t}$$

其次，估计投资函数。与估计消费函数过程一样，得到如下估计结果，见表 10.5。

表 10.5 投资方程的估计结果

Dependent Variable: INV

Method: Two-Stage Least Squares

Date: 10/31/24 Time: 14:18

Sample (adjusted): 1985 2023

Included observations: 39 after adjustments

Instrument specification: C GOV COM(−1) INV(−1)

Variable	Coefficient	Std. Error	t-Statistic	Prob.
C	3 956.899	2 338.168	1.692 307	0.099 2
GDP	0.120 532	0.086 819	1.388 317	0.173 6
INV(−1)	0.779 991	0.200 728	3.885 799	0.000 4

R-squared	0.997 252	Mean dependent var	165 014.8
Adjusted R-squared	0.997 099	S. D. dependent var	179 583.3
S. E. of regression	9 672.796	Sum squared resid	3.37E+09
F-statistic	6 526.628	Durbin-Watson stat	0.970 937
Prob(F-statistic)	0.000 000	Second-Stage SSR	4.20E+09
J-statistic	6.828 753	Instrument rank	4
Prob(J-statistic)	0.008 970		

由表 10.5 写出投资函数的估计式：

$$I_t = 3\,956.899 + 0.120\,532 Y_t + 0.779\,991 I_{t-1} + e_{2t}$$

最后，写出该方程组模型的估计式为：

$$\begin{cases} C_t = 915.305\,3 + 0.167\,801 Y_t + 0.656\,498 C_{t-1} + e_{1t} \\ I_t = 3\,956.899 + 0.120\,532 Y_t + 0.779\,991 I_{t-1} + e_{2t} \\ Y_t = C_t + I_t + G_t \end{cases}$$

本 章 小 结

首先，介绍了联立方程模型涉及的变量类型，主要以一个模型为例，就内生变量、外生变量和前定变量的含义进行了讲解。其次，介绍了构成联立方程模型的方程式种类，即行为方程式、技术方程式、制度方程式和恒等方程式。再次，介绍了联立方程模型种类，即从形式上分为结构式、简化式和递归式三种，其中重点介绍了结构式模型和简化式模型。然后介绍了结构模型识别包括不识别、恰好识别和过度识别三种情况，并指出了结构模型的识别规则有阶条件和秩条件。最后，介绍了联立方程模型参数估计的常用方法：间接最小二乘法适合于估计恰好识别的结构型方程，求得的估计量对于小样本是有偏的，对于大样本是一致的。TSLS 法实质上也是一种工具变量法，适合于估计恰好识别及过度识别的结构方程，是用 Y_i 的估计量作为工

具变量代换 Y_i，具有与工具变量法估计量相同的性质。

思考与练习

1. 联立方程模型有哪些种类？特点是什么？

2. 为什么不能用普通最小二乘法对联立方程模型的参数进行估计？

3. 间接最小二乘法的条件、步骤、参数估计的特性是什么？

4. 二阶段最小二乘法的条件、步骤、参数估计的特性是什么？

5. 下列为一个完备的联立方程计量经济学模型：

$$Y_t=\beta_0+\beta_1 M_t+\gamma_1 C_t+\gamma_2 I_t+\mu_{1t}$$
$$M_t=\alpha_0+\alpha_1 Y_t+\gamma_3 P_t+\mu_{2t}$$

其中，M 为货币供应量，Y 为国内生产总值，P 为价格总指数，C、I 分别为居民消费与投资。

(1)指出模型的内生变量、外生变量、前定变量。

(2)写出简化式模型，并导出结构式参数与简化式参数之间的关系。

(3)用结构式识别条件确定模型的识别状态；指出间接最小二乘法、工具变量法、二阶段最小二乘法中哪些方法可适用于原模型第 1、2 个方程的参数估计。

(4)用表 10.6 中的数据估计上述联立模型。要求恰好识别的方程按工具变量法与二阶段最小二乘法估计。

表 10.6　2006—2023 年相关数据

年份	货币与准货币 M2 /亿元	国内生产总值 GDP /亿元	居民消费价格指数 P (1978 为 100)	居民消费 CONS /亿元	固定资产投资 /亿元
2006	345 577.9	219 597.5	101.5	82 842.4	82 830.49
2007	403 401.3	270 499.4	104.8	98 231.3	101 211.6
2008	475 166.6	318 067.6	105.9	112 654.7	124 433.61
2009	610 224.5	347 650.3	99.3	123 121.9	156 933.34
2010	725 851.8	408 505.4	103.3	141 465.5	189 964.17
2011	851 590.9	484 109.3	105.4	170 390.8	195 947.27
2012	974 148.8	539 039.9	102.6	190 584.8	231 904.89
2013	1 106 524.98	596 344.5	102.6	212 477.3	271 938.77
2014	1 228 374.81	646 548	102	236 238.5	309 575.1
2015	1 392 278.11	692 093.7	101.4	260 202.4	337 417.58
2016	1 550 066.67	745 980.5	102	288 668.2	362 055.85
2017	1 690 235.31	828 982.8	101.6	320 689.5	385 371.75
2018	1 826 744.2	915 774.3	102.1	354 124.4	408 176.18
2019	1 986 488.82	990 708.4	102.9	387 188.1	430 145.18
2020	2 186 795.89	1 025 628.4	102.5	387 185.8	442 791.45
2021	2 382 899.56	1 145 282.9	100.9	438 015.2	464 665.35
2022	2 664 320.84	1 202 471	102	450 468.1	488 549.15
2023	2 922 713.33	1 258 647.3	100.2	493 247.2	503 036.03

第 11 章 实　　验

实验一　简单线性回归

一、实验目的

掌握一元线性回归模型的估计与应用，熟悉 EViews 的基本操作。

二、实验要求

应用教材案例做一元回归并做预测。

三、实验原理

普通最小二乘法。

四、预备知识

最小二乘法估计的原理、t 检验、拟合优度检验、点预测和区间预测。

五、实验步骤

1. 建立工作文件并录入数据。

2. 数据的描述统计和图形统计。

(1)描述统计。

(2)图形统计。

(3)用散点图来查看变量的关系。

3. 设定模型，用普通最小二乘法估计参数。

4. 模型检验。

(1)经济意义检验。

(2)t 检验和拟合优度检验。

5. Equation 窗口功能介绍。

Equation 窗口菜单的按钮功能。

(1)Views。该按钮作用很重要,它可对回归估计进行检验、观察实际值、拟合值、残差等。单击 Views 出现一个下拉菜单(图 11.1),菜单中包含很多次级操作,自上而下功能如下:

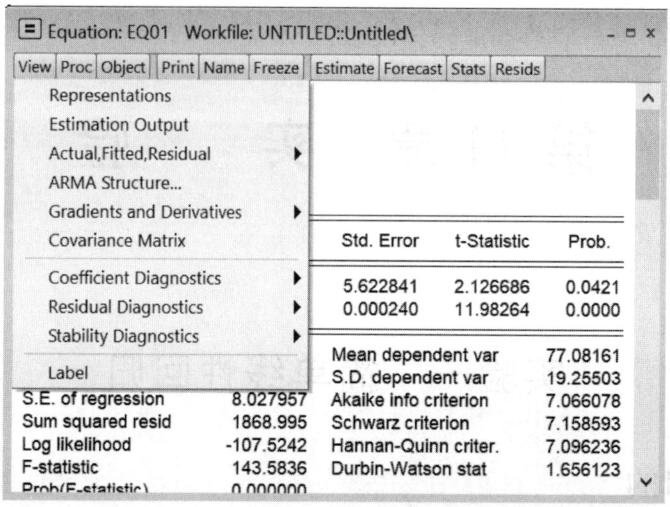

图 11.1 下拉菜单

①Representations:给出回归估计的方程表达式。

②Estimation Output:给出回归估计输出结果。

③Actual Fitted Residual:给出回归估计的实际值、拟合值、残差的图形、表格等形式。

④ARMA Structure. :自回归滑动平均模型结构。

⑤Gradients and Derivatives:给出目标函数的梯度和回归函数的导数计算信息。

⑥Covariance Matrix:计算变量协方差矩阵。

⑦Coefficient Diagnostics:对回归系数进行检验。包括检验回归系数约束的沃尔德(Wald)检验,检验遗漏变量或冗余变量的似然比检验。

⑧Residual Diagnostics:对残差检验,包括相关图 Q 统计量检验、正态性检验、序列相关的 LM 检验、ARCH 检验、不带交叉项的 White 检验、带交叉项的 White 检验等。在异方差性一章有用到。

⑨Stability Diagnostics:稳定性检验,包括很多次级检验。

注意:如果想将某个视图单独保存起来,单击 Equation 窗口顶部 Freeze 按钮,形成一个独立的 object,然后对其编辑操作。

(2)Procs。该按钮中包含很多次级功能,有些已经显示在 Equation 口顶部。

(3)Forecast 预测。可以直接在 EViews 上做内插点预测和外推点预测。

6. 应用:回归预测。

(1)被解释变量 Y 的个别值和平均值的点预测。

内插预测。

外推预测。

(2)区间预测。

实验二 多元线性回归模型和多重共线性

一、实验目的

掌握多元线性回归模型的估计方法、掌握多重共线性模型的识别和修正。

二、实验要求

应用教材案例做多元线性回归模型，并识别和修正多重共线性。

三、实验原理

普通最小二乘法、简单相关系数检验法、综合判断法、逐步回归法。

四、预备知识

最小二乘法估计的原理、t 检验、F 检验、R^2 值。

五、实验步骤

1. 设定并估计多元线性回归模型。
2. 多重共线性模型的识别。
(1)综合判断法。
(2)简单相关系数检验法。
3. 多重共线性模型的修正。

实验三 异方差性和自相关

一、实验目的

掌握异方差和自相关模型的检验方法与处理方法。

二、实验要求

(1)应用教材案例做异方差模型的图形法检验、Goldfeld－Quanadt 检验与 White 检验，使用 WLS 法对异方差进行修正。

(2)应用教材案例做自相关模型的图形法检验和 DW 检验，使用科克伦—奥克特迭代法对自相关进行修正。

三、实验原理

异方差性检验：图形法检验、Goldfeld－Quanadt 检验、White 检验与加权最小二乘法。自相关性检验：图形法检验、DW 检验和科克伦—奥克特迭代法。

四、预备知识

Goldfeld—Quanadt 检验、White 检验、加权最小二乘法、DW 检验和科克伦—奥克特迭代法。

五、实验步骤

1. 异方差性。

在现实经济活动中，最小二乘法的基本假定并非都能满足，本案例将讨论随机误差违背基本假定的一个方面——异方差性。本案例将介绍：异方差模型的图形法检验、Goldfeld—Quanadt 检验与 White 检验；异方差模型的 WLS 法修正。

(1)建立 Workfile 和对象，录入变量。

(2)参数估计。

(3)检验模型的异方差。

①图形法。

②Goldfeld—Quanadt 检验。

③White 检验。

(4)异方差性的修正。

2. 自相关。

在经济系统中，经济变量前后期之间很可能有关联，使得随机误差项不能满足无自相关的假定。本案例将探讨随机误差项不满足无自相关的古典假定时的参数估计问题。着重讨论自相关模型的图形法检验、DW 检验，与科克伦—奥克特迭代法对自相关修正。

(1)建立 Workfile 和对象，录入变量。

(2)参数估计、检验模型的自相关。

(3)自相关问题的修正。

实验四　分布滞后模型

一、实验目的

掌握分布滞后模型与自回归模型的估计与应用，熟悉 EViews 的基本操作。

二、实验要求

应用教材案例利用阿尔蒙法做有限分布滞后模型的估计；应用教材案例做分布滞后模型的估计。

三、实验原理

普通最小二乘法、阿尔蒙法、德宾—h 检验。

四、预备知识

最小二乘法估计的原理、t 检验、拟合优度检验、阿尔蒙法、多项式近似、德宾—h 检验。

五、实验步骤

1. 建立工作文件并录入数据。
2. 模型设定，估计与检验。
3. 结果分析。

实验五　虚拟解释变量回归

一、实验目的

掌握虚拟解释变量回归模型的估计与应用，熟悉 EViews 的基本操作。

二、实验要求

应用教材案例做解释变量回归与分析。

三、实验原理

普通最小二乘法、虚拟变量设置原则、分段线性回归。

四、预备知识

最小二乘法估计的原理、t 检验、拟合优度检验、虚拟变量设置陷阱。

五、实验步骤

1. 建立工作文件并录入数据。
2. 模型设定。
3. 估计与检验。
4. 结果分析。

实验六　时间序列平稳性检验和协整检验

一、实验目的

掌握时间序列的平稳性检验和两变量协整检验。

二、实验要求

应用教材案例做平稳性检验和协整检验并建立误差调整模型。

三、实验原理

ADF 单位根检验、EG 两步法协整检验。

四、预备知识

平稳性检验和协整检验。

五、实验步骤

1. 建立 Workfile 和对象，录入数据。
2. 平稳性检验。
3. 格兰杰因果关系检验。
4. 协整检验。
5. 误差修正模型。

实验七　联立方程组的估计

一、实验目的

掌握用 TSLS 估计联立方程组。

二、实验要求

用教材案例做联立方程组的估计。

三、实验原理

普通最小二乘、两阶段最小二乘。

四、预备知识

间接最小二乘和两阶段最小二乘。

五、实验步骤

1. 建立 Workfile 和对象，录入数据。
2. 恰好识别模型的 ILS 估计。
3. 过度识别模型的 TSLS 估计。

附录 A　统计用表

表 A.1　标准化正态分布表

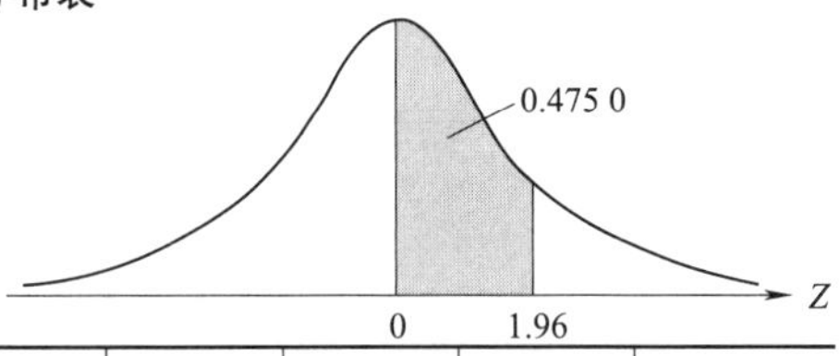

例：$p(0 \leqslant Z \leqslant 1.96) = 0.4750$

$p(Z \geqslant 1.96) = 0.5 - 0.4750 = 0.025$

Z	0.00	0.01	0.02	0.03	0.04	0.05	0.06	0.07	0.08	0.09
0.0	0.0000	0.0040	0.0080	0.0120	0.0160	0.0199	0.0239	0.0279	0.0319	0.0359
0.1	0.0398	0.0438	0.0478	0.0517	0.0557	0.0596	0.0636	0.0675	0.0714	0.0753
0.2	0.793	0.0832	0.0871	0.0910	0.0948	0.0987	0.1026	0.1064	0.1103	0.1141
0.3	0.1179	0.1217	0.1255	0.1293	0.1331	0.1368	0.1406	0.1443	0.1480	0.1517
0.4	0.1554	0.1591	0.1628	0.1664	0.1700	0.1736	0.1772	0.1808	0.1844	0.1879
0.5	0.1915	0.1950	0.1985	0.2019	0.2054	0.2088	0.2123	0.2157	0.2190	0.2224
0.6	0.2257	0.2291	0.2324	0.2357	0.2389	0.2422	0.2454	0.2486	0.2517	0.2549
0.7	0.2580	0.2611	0.2642	0.2673	0.2704	0.2734	0.2764	0.2794	0.2823	0.2852
0.8	0.2881	0.2910	0.2939	0.2967	0.2995	0.3023	0.3051	0.3078	0.3106	0.3133
0.9	0.3159	0.3186	0.3212	0.3238	0.3264	0.3289	0.3315	0.3340	0.3365	0.3389
1.0	0.3413	0.3438	0.3461	0.3485	0.3508	0.3531	0.3554	0.3577	0.3599	0.3621
1.1	0.3643	0.3665	0.3686	0.3708	0.3729	0.3749	0.3770	0.3790	0.3810	0.3830
1.2	0.3849	0.3869	0.3888	0.3907	0.3925	0.3944	0.3962	0.3980	0.3997	0.4015
1.3	0.4032	0.4049	0.4066	0.4082	0.4099	0.4115	0.4131	0.4147	0.4162	0.4177
1.4	0.4192	0.4207	0.4222	0.4236	0.4251	0.4265	0.4279	0.4292	0.4306	0.4319
1.5	0.4332	0.4345	0.4357	0.4370	0.4382	0.4394	0.4406	0.4418	0.4129	0.4441
1.6	0.4452	0.4463	0.4474	0.4484	0.4495	0.4505	0.4515	0.4525	0.4535	0.4545
1.7	0.4454	0.4564	0.4573	0.4582	0.4591	0.4599	0.4608	0.4616	0.4625	0.4633
1.8	0.4641	0.4649	0.4656	0.4664	0.4671	0.4678	0.4686	0.4693	0.4699	0.4706
1.9	0.4713	0.4719	0.4726	0.4732	0.4738	0.4744	0.4750	0.4756	0.4761	0.4767
2.0	0.4772	0.4778	0.4783	0.4788	0.4793	0.4798	0.4803	0.4808	0.4812	0.4817
2.1	0.4821	0.4826	0.4830	0.4834	0.4838	0.4842	0.4846	0.4850	0.4854	0.4857
2.2	0.4861	0.4864	0.4868	0.4871	0.4875	0.4878	0.4881	0.4884	0.4887	0.4890
2.3	0.4893	0.4896	0.4898	0.4901	0.4904	0.4906	0.4909	0.4911	0.4913	0.4916
2.4	0.4918	0.4920	0.4922	0.4925	0.4927	0.4929	0.4931	0.4932	0.4934	0.4936
2.5	0.4938	0.4940	0.4941	0.4943	0.4945	0.4946	0.4948	0.4949	0.4951	0.4952
2.6	0.4953	0.4955	0.4956	0.4957	0.4959	0.4960	0.4961	0.4962	0.4963	0.4964
2.7	0.4965	0.4966	0.4967	0.4968	0.4969	0.4970	0.4971	0.4972	0.4973	0.4974
2.8	0.4974	0.4975	0.4976	0.4977	0.4977	0.4978	0.4979	0.4979	0.4980	0.4981
2.9	0.4981	0.4982	0.4982	0.4983	0.4984	0.4984	0.4985	0.4985	0.4986	0.4986
3.0	0.4987	0.4987	0.4987	0.4988	0.4988	0.4989	0.4989	0.4989	0.4990	0.4990

注：本表给出分布的右侧（即 $Z \geqslant 0$）面积。由于正态分布是围绕 $Z=0$ 而对称分布的，故左侧面积与相应的右侧面积相同。例如，$p_r(-1.96 \leqslant Z \leqslant 0) = 0.4750$，因此 $p_r(-1.96 \leqslant Z \leqslant 1.96) = 0.95$

表 A. 2　t 分布的临界值表

例:自由度 df=20

$p(t>2.086)=0.025$

$p(t>1.725)=0.05$

$p(|t|>1.725)=0.10$

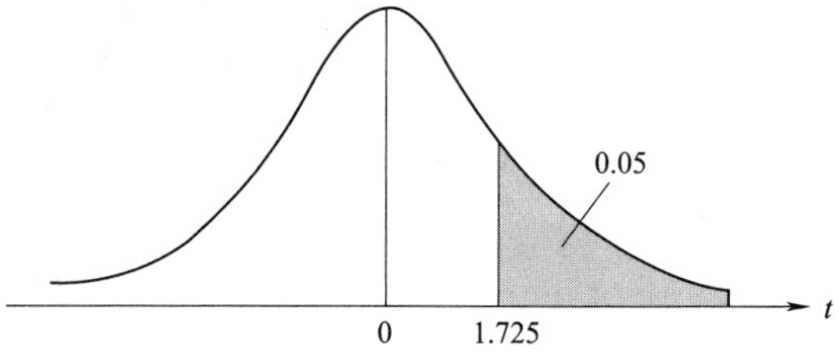

df	p_r						
	0.25 0.50	0.10 0.20	0.05 0.10	0.025 0.05	0.01 0.02	0.005 0.010	0.001 0.002
1	1.000	3.078	6.314	12.706	31.821	63.657	318.31
2	0.816	1.886	2.920	4.303	6.965	9.925	22.327
3	0.765	1.638	2.353	3.182	4.541	5.841	10.214
4	0.741	1.533	2.132	2.776	3.747	4.604	7.173
5	0.727	1.476	2.015	2.571	3.365	4.032	5.893
6	0.718	1.440	1.943	2.447	3.143	3.707	5.208
7	0.711	1.415	1.895	2.365	2.998	3.499	4.785
8	0.706	1.397	1.860	2.306	2.896	3.355	4.501
9	0.703	1.383	1.833	2.262	2.821	3.250	4.297
10	0.700	1.372	1.812	2.228	2.764	3.169	4.144
11	0.697	1.363	1.796	2.201	2.718	3.106	4.025
12	0.695	1.356	1.782	2.179	2.681	3.055	3.930
13	0.694	1.350	1.771	2.160	2.650	3.012	3.852
14	0.692	1.345	1.761	2.145	2.624	2.977	3.787
15	0.691	1.341	1.753	2.131	2.602	2.947	3.733
16	0.690	1.337	1.746	2.120	2.583	2.921	3.686
17	0.689	1.333	1.740	2.110	2.567	2.898	3.646
18	0.688	1.330	1.734	2.101	2.552	2.878	3.610
19	0.688	1.328	1.729	2.093	2.539	2.861	3.579
20	0.687	1.325	1.725	2.086	2.528	2.845	3.552
21	0.686	1.323	1.721	2.080	2.518	2.831	3.527
22	0.686	1.321	1.717	2.074	2.508	2.819	3.505
23	0.685	1.319	1.714	2.069	2.500	2.807	3.485
24	0.685	1.318	1.711	2.064	2.492	2.797	3.467
25	0.684	1.316	1.708	2.060	2.485	2.787	3.450
26	0.684	1.315	1.706	2.056	2.479	2.779	3.435
27	0.684	1.314	1.703	2.052	2.473	2.771	3.421
28	0.683	1.313	1.701	2.048	2.467	2.763	3.408
29	0.683	1.311	1.699	2.045	2.462	2.756	3.396
30	0.683	1.310	1.697	2.042	2.457	2.750	3.385
40	0.681	1.303	1.684	2.021	2.423	2.704	3.307
60	0.679	1.296	1.671	2.000	2.390	2.660	3.232
120	0.677	1.289	1.658	1.980	2.358	2.617	3.160
∞	0.674	1.282	1.645	1.960	2.326	2.576	3.090

注:横表头第一行较小概率指单侧面积,横表头第二行较大概率指双侧面积

表 A.3 F 分布的临界值表

例：对于自由度 $N_1=0$ 和 $N_2=9$

$p(F>1.59)=0.25$

$p(F>2.42)=10$

$p(F>3.14)=0.05$

$p(F>5.26)=0.01$

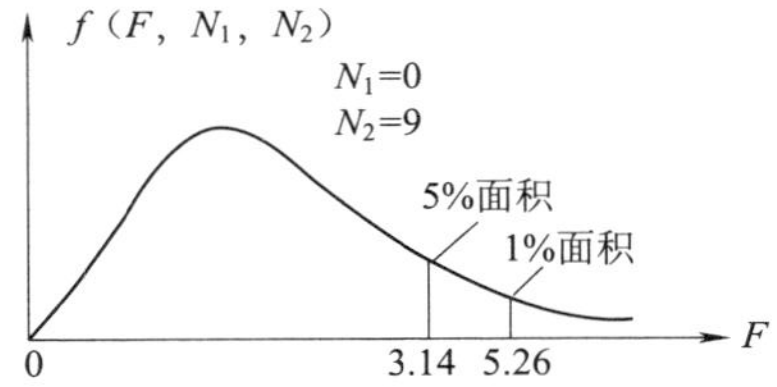

N_2		P_r	分子自由度 N_1																				
			1	2	3	4	5	6	7	8	9	10	11	12	15	20	24	30	40	50	60	100	120	200	500	∞
分母自由度 N_2	1	0.25	5.83	7.50	8.20	8.58	8.82	8.98	9.10	9.19	9.26	9.32	9.36	9.41	9.49	9.58	9.63	9.67	9.71	9.74	9.76	9.78	9.80	9.82	9.84	9.85
		0.10	39.9	49.5	53.6	55.8	57.2	58.2	58.9	59.4	59.9	60.2	60.5	60.7	61.2	61.7	62.0	62.3	62.5	62.7	62.8	63.0	63.1	63.2	63.3	63.3
		0.05	161	200	216	225	230	234	237	239	241	242	243	244	246	248	249	250	251	252	252	253	253	254	254	254
	2	0.25	2.57	3.00	3.15	3.23	3.28	3.31	3.34	3.35	3.37	3.38	3.39	3.39	3.41	3.43	3.43	3.44	3.45	3.45	3.46	3.47	3.47	3.48	3.48	3.48
		0.10	8.53	9.00	9.16	9.24	9.29	9.33	9.35	9.37	9.38	9.39	9.40	9.41	9.42	9.44	9.45	9.46	9.47	9.47	9.47	9.48	9.48	9.49	9.49	9.49
		0.05	18.5	9.0	19.2	19.2	19.3	19.3	19.4	19.4	19.4	19.4	19.4	19.4	19.4	19.4	19.5	19.5	19.5	19.5	19.5	19.5	19.5	19.5	19.5	19.5
		0.01	98.5	99.0	99.2	99.2	99.3	99.3	99.4	99.4	99.1	99.4	99.4	99.4	99.4	99.4	99.5	99.5	99.5	99.5	99.5	99.5	99.5	99.5	99.5	99.5
	3	0.25	2.02	2.28	2.36	2.39	2.41	2.42	2.43	2.44	2.44	2.44	2.45	2.45	2.46	2.46	2.46	2.47	2.47	2.47	2.47	2.47	2.47	2.47	2.47	2.47
		0.10	5.54	5.46	5.39	5.34	5.31	5.28	5.27	5.25	5.24	5.23	5.22	5.22	5.20	5.18	5.18	5.17	5.16	5.15	5.15	5.14	5.14	5.14	5.14	5.13
		0.05	10.1	9.55	9.28	9.12	9.00	8.94	8.89	8.85	8.81	8.79	8.76	8.74	8.70	8.66	8.64	8.62	8.59	8.58	8.57	8.55	8.55	8.54	8.53	8.53
		0.01	34.1	30.8	29.5	28.7	28.2	27.9	27.7	27.5	27.3	27.2	27.1	27.1	26.9	26.7	26.6	26.5	26.4	26.4	26.3	26.2	26.2	26.2	26.1	26.1
	4	0.25	1.81	2.00	2.05	2.06	2.07	2.08	2.08	2.08	2.08	2.08	2.08	2.08	2.08	2.08	2.08	2.08	2.08	2.08	2.08	2.08	2.08	2.08	2.08	2.08
		0.10	4.54	4.32	4.19	4.11	4.05	4.01	3.98	3.95	3.94	3.92	3.91	3.90	3.87	3.84	3.83	3.82	3.80	3.80	3.79	3.78	3.78	3.77	3.76	3.76
		0.05	7.71	6.94	6.59	6.39	6.26	6.16	6.09	6.04	6.00	5.96	5.94	5.91	5.86	5.80	5.77	5.75	5.72	5.70	5.69	5.66	5.66	5.65	5.64	5.63
		0.01	21.2	18.0	16.7	16.0	15.5	15.2	15.0	14.8	14.7	14.5	14.4	14.4	14.2	14.0	13.9	13.8	13.7	13.7	13.7	13.6	13.6	13.5	13.5	13.5
	5	0.25	1.69	1.85	1.88	1.89	1.89	1.89	1.89	1.89	1.89	1.89	1.89	1.89	1.89	1.88	1.88	1.88	1.88	1.88	1.87	1.87	1.87	1.87	1.87	1.87
		0.10	4.06	3.78	3.62	3.52	3.45	3.40	3.37	3.34	3.32	3.30	3.28	3.27	3.24	3.21	3.19	3.17	3.16	3.15	3.14	3.13	3.12	3.12	3.11	3.10
		0.05	6.61	5.79	5.41	5.19	5.05	4.95	d.88	d.82	4.77	4.74	4.71	4.68	4.62	4.56	4.53	4.50	4.46	4.44	4.43	4.41	4.40	4.39	4.37	4.36
		0.01	16.3	13.3	12.1	11.4	11.0	10.7	10.5	10.3	10.2	10.1	9.96	9.89	9.72	9.55	9.47	9.38	9.29	9.24	9.20	9.13	9.11	9.08	9.04	9.02

续表

N_2	P_r	分子自由度 N_1: 1	2	3	4	5	6	7	8	9	10	11	12	15	20	24	30	40	50	60	100	120	200	500	∞
6	0.25	1.62	1.76	1.78	1.79	1.79	1.78	1.78	1.78	1.77	1.77	1.77	1.77	1.76	1.76	1.75	1.75	1.75	1.75	1.74	1.74	1.74	1.74	1.74	1.74
	0.10	3.78	3.46	3.29	3.18	3.11	3.05	3.01	2.98	2.96	2.94	2.92	2.90	2.87	2.84	2.82	2.80	2.78	2.77	2.76	2.75	2.74	2.73	2.73	2.72
	0.05	5.99	5.14	4.76	4.53	4.39	4.28	4.21	4.15	4.10	4.06	4.03	4.00	3.94	3.87	3.84	3.81	3.77	3.75	3.74	3.71	3.70	3.69	3.68	3.67
	0.01	13.7	10.9	9.78	9.15	8.75	8.47	8.26	8.10	7.98	7.87	7.79	7.72	7.56	7.40	7.31	7.23	7.14	7.09	7.06	6.99	6.97	6.93	6.90	6.88
7	0.25	1.57	1.70	1.72	1.72	1.71	1.71	1.70	1.70	1.69	1.69	1.69	1.68	1.68	1.67	1.67	1.66	1.66	1.66	1.65	1.65	1.65	1.65	1.65	1.65
	0.10	3.59	3.26	3.07	2.96	2.88	2.83	2.78	2.75	2.72	2.70	2.68	2.67	2.63	2.59	2.58	2.56	2.54	2.52	2.51	2.50	2.49	2.48	2.48	2.47
	0.05	5.59	4.74	4.35	4.12	3.97	3.87	3.79	3.73	3.68	3.64	3.60	3.57	3.51	3.44	3.41	3.38	3.34	3.32	3.30	3.27	3.27	3.25	3.24	3.23
	0.01	12.2	9.55	8.45	7.85	7.46	7.19	6.99	6.84	6.72	6.62	6.54	6.47	6.31	6.16	6.07	5.99	5.91	5.86	5.82	5.75	5.74	5.70	5.67	5.65
8	0.25	1.54	1.66	1.67	1.66	1.66	1.65	1.64	1.63	1.63	1.63	1.63	1.62	1.62	1.61	1.60	1.60	1.59	1.59	1.59	1.58	1.58	1.58	1.58	1.58
	0.10	3.46	3.11	2.92	2.81	2.73	2.67	2.62	2.59	2.56	2.54	2.52	2.50	2.46	2.42	2.40	2.38	2.36	2.35	2.34	2.32	2.32	2.31	2.30	2.29
	0.05	5.32	4.46	4.07	3.84	3.69	3.58	3.50	3.44	3.39	3.35	3.31	3.28	3.22	3.15	3.12	3.08	3.04	2.02	3.01	2.97	2.97	2.95	2.94	2.93
	0.01	11.3	8.65	7.59	7.01	6.63	6.37	6.18	6.03	5.91	5.81	5.73	5.67	5.52	5.36	5.28	5.20	5.12	5.07	5.03	4.96	4.95	4.91	4.88	4.86
分母自由度 N_2 9	0.25	1.51	1.62	1.63	1.63	1.62	1.61	1.60	1.60	1.59	1.59	1.58	1.58	1.57	1.56	1.56	1.55	1.55	1.54	1.54	1.53	1.53	1.53	1.53	1.53
	0.10	3.36	3.01	2.81	2.69	2.61	2.55	2.51	2.47	2.44	2.42	2.40	2.38	2.34	2.30	2.28	2.25	2.23	2.22	2.21	2.19	2.18	2.17	2.17	2.16
	0.05	5.12	4.26	3.86	3.63	3.48	3.37	3.29	3.23	3.18	3.14	3.10	3.07	3.01	2.94	2.90	2.86	2.83	2.80	2.79	2.76	2.75	2.73	2.72	2.71
	0.01	10.6	8.02	6.99	6.42	6.06	5.80	5.61	5.47	5.35	5.26	5.18	5.11	4.96	4.81	4.73	4.65	4.57	4.52	4.48	4.42	4.40	4.36	4.33	4.31
10	0.25	1.49	1.60	1.60	1.59	1.59	1.58	1.57	1.56	1.56	1.55	1.55	1.54	1.53	1.52	1.52	1.51	1.51	1.50	1.50	1.49	1.49	1.49	1.48	1.48
	0.10	3.29	2.92	2.73	2.61	2.52	2.46	2.41	2.38	2.35	2.32	2.30	2.28	2.24	2.20	2.18	2.16	2.13	2.12	2.11	2.09	2.08	2.07	2.06	2.06
	0.05	4.96	4.10	3.71	3.48	3.33	3.22	3.14	3.07	3.02	2.98	2.94	2.91	2.85	2.77	2.74	2.70	2.66	2.64	2.62	2.59	2.58	2.56	2.55	2.54
	0.01	10.0	7.56	6.55	5.99	5.64	5.39	5.20	5.06	4.94	4.85	4.77	4.71	4.56	4.41	4.33	4.25	4.17	4.12	4.08	4.01	4.00	3.96	3.93	3.91
11	0.25	1.47	1.58	1.58	1.57	1.56	1.55	1.54	1.53	1.53	1.52	1.52	1.51	1.50	1.49	1.49	1.48	1.47	1.47	1.47	1.46	1.46	1.46	1.45	1.45
	0.10	3.23	2.86	2.66	2.54	2.45	2.39	2.34	2.30	2.27	2.25	2.23	2.21	2.17	2.12	2.10	2.08	2.05	2.04	2.03	2.00	2.00	1.99	1.98	1.97
	0.05	4.84	3.98	3.59	3.36	3.20	3.09	3.01	2.95	2.90	2.85	2.82	2.79	2.72	2.65	2.61	2.57	2.53	2.51	2.49	2.46	2.45	2.43	2.42	2.40
	0.01	9.65	7.21	6.22	5.67	5.32	5.07	4.89	4.74	4.63	4.54	4.46	4.40	4.25	4.10	4.02	3.91	3.86	3.81	3.78	3.71	3.69	3.66	3.62	3.60

续表

分母自由度 N_2	P_r	1	2	3	4	5	6	7	8	9	10	11	12	15	20	24	30	40	50	60	100	120	200	500	∞
		分子自由度 N_1																							
12	0.25	1.46	1.56	1.56	1.55	1.54	1.53	1.52	1.51	1.51	1.50	1.50	1.49	1.48	1.47	1.46	1.45	1.45	1.44	1.44	1.43	1.43	1.43	1.42	1.42
	0.10	3.18	2.81	2.61	2.48	2.39	2.33	2.28	2.24	2.21	2.19	2.17	2.15	2.10	2.06	2.04	2.01	1.99	1.97	1.96	1.94	1.93	1.92	1.91	1.90
	0.05	4.75	3.89	3.49	3.26	3.11	3.00	2.91	2.85	2.80	2.75	2.72	2.69	2.62	2.54	2.51	2.47	2.43	2.40	2.38	2.35	2.34	2.32	2.31	2.30
	0.01	9.33	6.93	5.95	5.41	5.06	4.82	4.64	4.50	4.39	4.30	4.22	4.16	4.01	3.86	3.78	3.70	3.62	3.57	3.54	3.47	3.45	3.41	3.38	3.36
13	0.25	1.45	1.55	1.55	1.53	1.52	1.51	1.50	1.49	1.49	1.48	1.47	1.47	1.46	1.45	1.44	1.43	1.42	1.42	1.42	1.41	1.41	1.40	1.40	1.40
	0.10	3.14	2.76	2.56	2.43	2.35	2.28	2.23	2.20	2.16	2.14	2.12	2.10	2.05	2.01	1.98	1.96	1.93	1.92	1.90	1.88	1.88	1.86	1.85	1.85
	0.05	4.67	3.81	3.41	3.18	3.03	2.92	2.83	2.77	2.71	2.67	2.63	2.60	2.53	2.46	2.42	2.38	2.34	2.31	2.30	2.26	2.25	2.23	2.22	2.21
	0.01	9.07	6.70	5.74	5.21	4.86	4.62	4.44	4.30	4.19	4.10	4.02	3.96	3.82	3.66	3.59	3.51	3.43	3.38	3.34	3.27	3.25	3.22	3.19	3.17
14	0.25	1.44	1.53	1.53	1.52	1.51	1.50	1.49	1.48	1.47	1.46	1.46	1.45	1.44	1.43	1.42	1.41	1.41	1.40	1.40	1.39	1.39	1.39	1.38	1.38
	0.10	3.10	2.73	2.52	2.39	2.31	2.24	2.19	2.15	2.12	2.10	2.08	2.05	2.01	1.96	1.94	1.91	1.89	1.87	1.86	1.83	1.83	1.82	1.80	1.80
	0.05	4.60	3.74	3.34	3.11	2.96	2.85	2.76	2.70	2.65	2.60	2.57	2.53	2.46	2.39	2.35	2.31	2.27	2.24	2.22	2.19	2.18	2.16	2.14	2.13
	0.01	8.86	6.51	5.56	5.04	4.69	4.46	4.28	4.14	4.03	3.94	3.86	3.80	3.66	3.51	3.43	3.35	3.27	3.22	3.18	3.11	3.09	3.06	3.03	3.00
15	0.25	1.43	1.52	1.52	1.51	1.49	1.48	1.47	1.46	1.46	1.45	1.44	1.44	1.43	1.41	1.41	1.40	1.39	1.39	1.38	1.38	1.37	1.37	1.36	1.36
	0.10	3.07	2.70	2.49	2.36	2.27	2.21	2.16	2.12	2.09	2.06	2.01	2.02	1.97	1.92	1.90	1.87	1.85	1.83	1.82	1.79	1.79	1.77	1.76	1.76
	0.05	4.54	3.68	3.29	3.06	2.90	2.79	2.71	2.64	2.59	2.54	2.51	2.48	2.40	2.33	2.29	2.25	2.20	2.18	2.16	2.12	2.11	2.10	2.08	2.07
	0.01	8.68	6.36	5.42	4.89	4.56	4.32	4.14	4.00	3.89	3.80	3.73	3.67	3.52	3.37	3.29	3.21	3.13	3.08	3.05	2.98	2.96	2.92	2.89	2.87
16	0.25	1.42	1.51	1.51	1.50	1.48	1.47	1.46	1.45	1.44	1.44	1.44	1.43	1.41	1.40	1.39	1.38	1.37	1.37	1.36	1.36	1.35	1.35	1.34	1.34
	0.10	3.05	2.67	2.46	2.33	2.24	2.18	2.13	2.09	2.06	2.03	2.01	1.99	1.94	1.89	1.87	1.84	1.81	1.79	1.78	1.76	1.75	1.74	1.73	1.72
	0.05	4.49	3.63	3.24	3.01	2.85	2.74	2.66	2.59	2.54	2.49	2.46	2.42	2.35	2.28	2.24	2.19	2.15	2.12	2.11	2.07	2.06	2.04	2.02	2.01
	0.01	8.53	6.23	5.29	4.77	4.44	4.20	4.03	3.89	3.78	3.69	3.62	3.55	3.41	3.26	3.18	3.10	3.02	2.97	2.93	2.86	2.84	2.81	2.78	2.75
17	0.25	1.42	1.51	1.50	1.49	1.47	1.46	1.45	1.44	1.43	1.43	1.42	1.41	1.40	1.39	1.38	1.37	1.36	1.35	1.35	1.34	1.34	1.34	1.33	1.33
	0.10	3.03	2.64	2.44	2.31	2.22	2.15	2.10	2.06	2.03	2.00	1.98	1.96	1.91	1.86	1.84	1.81	1.78	1.76	1.75	1.73	1.72	1.71	1.69	1.69
	0.05	4.45	3.59	3.20	2.96	2.81	2.70	2.61	2.55	2.49	2.45	2.41	2.38	2.31	2.23	2.19	2.15	2.10	2.08	2.06	2.02	2.01	1.99	1.97	1.96
	0.01	8.40	6.11	5.18	4.67	4.34	4.10	3.93	3.79	3.68	3.59	3.52	3.46	3.31	3.16	3.08	3.00	2.92	2.87	2.83	2.76	2.75	2.71	2.68	2.65

续表

N_2		P_r	分子自由度 N_1																					
			1	2	3	4	5	6	7	8	9	10	11	12	15	20	24	30	40	50	60	100	120	200	500	∞
分母自由度 N_2	18	0.25	1.41	1.50	1.49	1.48	1.46	1.45	1.44	1.43	1.42	1.42	1.41	1.40	1.39	1.38	1.37	1.36	1.35	1.34	1.34	1.33	1.33	1.32	1.32	1.32
		0.10	3.01	2.62	2.42	2.29	2.20	2.13	2.08	2.04	2.00	1.98	1.96	1.93	1.89	1.84	1.81	1.78	1.75	1.74	1.72	1.70	1.69	1.68	1.67	1.66
		0.05	4.41	3.55	3.16	2.93	2.77	2.66	2.58	2.51	2.46	2.41	2.37	2.34	2.27	2.19	2.15	2.11	2.06	2.04	2.02	1.98	1.97	1.95	1.93	1.92
		0.01	8.29	6.01	5.09	4.58	4.25	4.01	3.84	3.71	3.60	3.51	3.43	3.37	3.23	3.08	3.00	2.92	2.84	2.78	2.75	2.68	2.66	2.62	2.59	2.57
	19	0.25	1.41	1.49	1.49	1.47	1.46	1.44	1.43	1.42	1.41	1.41	1.40	1.40	1.38	1.37	1.36	1.35	1.34	1.33	1.33	1.32	1.32	1.31	1.31	1.30
		0.10	2.99	2.61	2.40	2.27	2.18	2.11	2.06	2.02	1.98	1.96	1.94	1.91	1.86	1.81	1.79	1.76	1.73	1.71	1.70	1.67	1.67	1.65	1.64	1.63
		0.05	4.38	3.52	3.13	2.90	2.74	2.63	2.54	2.48	2.42	2.38	2.34	2.31	2.23	2.16	2.11	2.07	2.03	2.00	1.98	1.94	1.93	1.91	1.89	1.88
		0.01	8.18	5.93	5.01	4.50	4.17	3.94	3.77	3.63	3.52	3.43	3.36	3.30	3.15	3.00	2.92	2.84	2.76	2.71	2.67	2.60	2.58	2.55	2.51	2.49
	20	0.25	1.40	1.49	1.48	1.46	1.45	1.44	1.43	1.42	1.41	1.40	1.39	1.39	1.37	1.36	1.35	1.34	1.33	1.33	1.32	1.31	1.31	1.30	1.30	1.29
		0.10	2.97	2.59	2.38	2.25	2.16	2.09	2.04	2.00	1.96	1.94	1.92	1.89	1.84	1.79	1.77	1.74	1.71	1.69	1.68	1.65	1.64	1.63	1.62	1.61
		0.05	4.35	3.49	3.10	2.87	2.71	2.60	2.51	2.45	2.39	2.35	2.31	2.28	2.20	2.12	2.08	2.04	1.99	1.97	1.95	1.91	1.90	1.88	1.86	1.84
		0.01	8.10	5.85	4.94	4.43	4.10	3.87	3.70	3.56	3.46	3.37	3.29	3.23	3.09	2.94	2.86	2.78	2.69	2.64	2.61	2.54	2.52	2.48	2.44	2.42
	22	0.25	1.40	1.48	1.47	1.45	1.44	1.42	1.41	1.40	1.39	1.39	1.38	1.37	1.36	1.34	1.33	1.32	1.31	1.31	1.30	1.30	1.30	1.29	1.29	1.28
		0.10	2.95	2.56	2.35	2.22	2.13	2.06	2.01	1.97	1.93	1.90	1.88	1.86	1.81	1.76	1.73	1.70	1.67	1.65	1.64	1.61	1.60	1.59	1.58	1.57
		0.05	4.30	3.41	3.05	2.82	2.66	2.55	2.46	2.40	2.34	2.30	2.26	2.23	2.15	2.07	2.03	1.98	1.94	1.91	1.89	1.85	1.84	1.82	1.80	1.78
		0.01	7.95	5.72	4.82	4.31	3.99	3.76	3.59	3.45	3.35	3.26	3.18	3.12	2.98	2.83	2.75	2.67	2.58	2.83	2.50	2.42	2.40	2.36	2.33	2.31
	24	0.25	1.39	1.47	1.46	1.46	1.43	1.41	1.40	1.39	1.38	1.38	1.37	1.36	1.35	1.33	1.32	1.31	1.30	1.29	1.29	1.28	1.28	1.27	1.27	1.26
		0.10	2.93	2.54	2.33	2.19	2.10	2.04	1.98	1.94	1.91	1.88	1.85	1.83	1.78	1.73	1.70	1.67	1.64	1.62	1.61	1.58	1.57	1.56	1.54	1.53
		0.05	4.26	3.40	3.01	2.78	2.62	2.51	2.42	2.36	2.30	2.25	2.21	2.18	2.11	2.03	1.98	1.94	1.89	1.86	1.84	1.80	1.79	1.77	1.75	1.73
		0.01	7.82	5.61	4.72	4.22	3.90	3.67	3.50	3.36	3.26	3.17	3.09	3.03	2.89	2.74	2.66	2.58	2.49	2.44	2.40	2.33	2.31	2.27	2.24	2.21
	26	0.25	1.38	1.46	1.48	1.44	1.42	1.41	1.39	1.38	1.37	1.37	1.36	1.35	1.34	1.32	1.31	1.30	1.29	1.28	1.28	1.26	1.26	1.26	1.25	1.25
		0.10	2.91	2.52	2.31	2.17	2.08	2.01	1.96	1.92	1.88	1.86	1.84	1.81	1.76	1.71	1.68	1.65	1.61	1.59	1.58	1.55	1.54	1.53	1.51	1.50
		0.05	4.23	3.37	2.98	2.74	2.59	2.47	2.39	2.32	2.27	2.22	2.18	2.15	2.07	1.99	1.95	1.90	1.85	1.82	1.80	1.76	1.75	1.73	1.71	1.69
		0.01	7.72	5.53	4.64	4.14	3.82	3.59	3.42	3.29	3.18	3.09	3.02	2.96	2.81	2.66	2.58	2.50	2.42	2.36	2.33	2.25	2.23	2.19	2.16	2.13

续表

N_2	P_r	1	2	3	4	5	6	7	8	9	10	11	12	15	20	24	30	40	50	60	100	120	200	500	∞
28	0.25	1.38	1.46	1.45	1.43	1.41	1.40	1.39	1.38	1.37	1.36	1.35	1.34	1.33	1.31	1.30	1.29	1.28	1.27	1.27	1.26	1.25	1.25	1.24	1.24
	0.10	2.89	2.50	2.29	2.16	2.06	2.00	1.94	1.90	1.87	1.84	1.81	1.79	1.74	1.69	1.66	1.63	1.59	1.57	1.56	1.53	1.52	1.50	1.49	1.48
	0.05	1.20	3.31	2.95	2.71	2.56	2.45	2.36	2.29	2.24	2.19	2.15	2.12	2.04	1.96	1.91	1.87	1.82	1.79	1.77	1.73	1.71	1.69	1.67	1.65
	0.01	7.64	5.45	4.57	4.07	3.75	3.53	3.36	3.23	3.12	3.03	2.96	2.90	2.75	2.60	2.52	2.44	2.35	2.30	2.26	2.19	2.17	2.13	2.09	2.06
30	0.25	1.38	1.45	1.44	1.42	1.41	1.30	1.38	1.37	1.36	1.35	1.35	1.34	1.32	1.30	1.29	1.28	1.27	1.26	1.26	1.25	1.24	1.24	1.23	1.23
	0.10	2.88	2.49	2.28	2.14	2.05	1.98	1.93	1.88	1.85	1.82	1.79	1.77	1.72	1.67	1.64	1.61	1.57	1.55	1.54	1.51	1.50	1.48	1.47	1.46
	0.05	4.17	3.32	2.92	2.69	2.53	2.42	2.33	2.27	2.21	2.16	2.13	2.09	2.01	1.93	1.89	1.84	1.79	1.76	1.74	1.70	1.68	1.66	1.64	1.62
	0.01	7.56	5.39	4.51	4.02	3.70	3.47	3.30	3.17	3.07	2.98	2.91	2.84	2.70	2.55	2.47	2.39	2.30	2.25	2.21	2.13	2.11	2.07	2.03	2.01
40	0.25	1.36	1.44	1.42	1.40	1.39	1.37	1.36	1.35	1.34	1.33	1.32	1.31	1.30	1.28	1.26	1.25	1.24	1.23	1.22	1.21	1.21	1.20	1.19	1.19
	0.10	2.84	2.44	2.23	2.09	2.00	1.93	1.87	1.83	1.79	1.76	1.73	1.71	1.66	1.61	1.57	1.54	1.51	1.48	1.47	1.43	1.42	1.41	1.39	1.38
	0.05	4.08	3.23	2.84	2.61	2.45	2.34	2.25	2.18	2.12	2.08	2.04	2.00	1.92	1.84	1.79	1.74	1.69	1.66	1.64	1.59	1.58	1.55	1.53	1.51
	0.01	7.31	5.18	4.31	3.83	3.51	3.29	3.12	2.99	2.89	2.80	2.73	2.66	2.52	2.37	2.29	2.20	2.11	2.06	2.02	1.94	1.92	1.87	1.83	1.80
60	0.25	1.35	1.42	1.41	1.38	1.37	1.35	1.33	1.32	1.31	1.30	1.29	1.29	1.27	1.25	1.24	1.22	1.21	1.20	1.19	1.17	1.17	1.16	1.15	1.15
	0.01	2.79	2.39	2.18	2.04	1.95	1.87	1.82	1.77	1.74	1.71	1.68	1.66	1.60	1.54	1.51	1.48	1.44	1.41	1.40	1.36	1.35	1.33	1.31	1.29
	0.05	4.00	3.15	2.76	2.53	2.37	2.25	2.17	2.10	2.04	1.99	1.95	1.92	1.84	1.75	1.70	1.65	1.59	1.56	1.53	1.48	1.47	1.44	1.41	1.39
	0.01	7.08	4.98	4.13	3.65	3.34	3.12	2.95	2.82	2.72	2.63	2.56	2.50	2.35	2.20	2.12	2.03	1.94	1.88	1.84	1.75	1.73	1.68	1.63	1.60
120	0.25	1.34	1.40	1.39	1.37	1.35	1.33	1.31	1.30	1.29	1.28	1.27	1.26	1.24	1.22	1.21	1.19	1.18	1.17	1.16	1.14	1.13	1.12	1.11	1.10
	0.10	2.75	2.35	2.13	1.99	1.90	1.82	1.77	1.72	1.68	1.65	1.62	1.60	1.55	1.48	1.45	1.41	1.37	1.34	1.32	1.27	1.26	1.24	1.21	1.19
	0.05	3.92	3.07	2.68	2.45	2.29	2.17	2.09	2.02	1.96	1.91	1.87	1.83	1.75	1.66	1.61	1.55	1.50	1.46	1.43	1.37	1.35	1.32	1.28	1.25
	0.01	6.85	4.79	3.95	3.48	3.17	2.96	2.79	2.66	2.56	2.47	2.40	2.34	2.19	2.03	1.95	1.86	1.76	1.70	1.66	1.56	1.53	1.48	1.42	1.38
200	0.25	1.33	1.39	1.38	1.36	1.34	1.32	1.31	1.29	1.28	1.27	1.26	1.25	1.23	1.21	1.20	1.18	1.16	1.14	1.12	1.11	1.10	1.09	1.08	1.06
	0.10	2.73	2.33	2.11	1.97	1.88	1.80	1.75	1.70	1.66	1.63	1.60	1.57	1.42	1.46	1.42	1.38	1.34	1.31	1.28	1.24	1.22	1.20	1.17	1.11
	0.05	3.89	3.04	2.65	2.42	2.26	2.44	2.06	1.98	1.93	1.88	1.84	1.80	1.72	1.62	1.57	1.52	1.46	1.41	1.39	1.32	1.29	1.26	1.22	1.19
	0.01	6.76	4.71	3.88	3.41	3.11	2.89	2.73	2.60	2.50	2.41	2.34	2.27	2.13	1.97	1.89	1.79	1.69	1.63	1.58	1.48	1.44	1.39	1.33	1.28
∞	0.25	1.32	1.39	1.37	1.35	1.33	1.31	1.29	1.28	1.27	1.25	1.24	1.24	1.22	1.19	1.18	1.16	1.14	1.13	1.12	1.09	1.08	1.07	1.04	1.00
	0.10	2.71	2.30	2.08	1.94	1.85	1.77	1.72	1.67	1.63	1.60	1.57	1.55	1.49	1.42	1.38	1.34	1.30	1.26	1.24	1.18	1.17	1.13	1.08	1.00
	0.05	3.84	3.00	2.60	2.37	2.21	2.10	2.01	1.94	1.88	1.83	1.79	1.75	1.67	1.57	1.52	1.46	1.39	1.35	1.32	1.24	1.22	1.17	1.11	1.00
	0.01	6.63	4.61	3.78	3.32	3.02	2.80	2.64	2.51	2.41	2.32	2.25	2.18	2.04	1.88	1.79	1.70	1.59	1.52	1.47	1.36	1.32	1.25	1.15	1.00

Column heading: 分子自由度 N_1; row heading: 分母自由度 N_2.

表 A.4　χ^2 分布的临界值表

例：自由度 df=20

$p(x^2>23.83)=0.25$

$p(x^2>10.85)=0.95$

$p(x^2>31.41)=0.05$

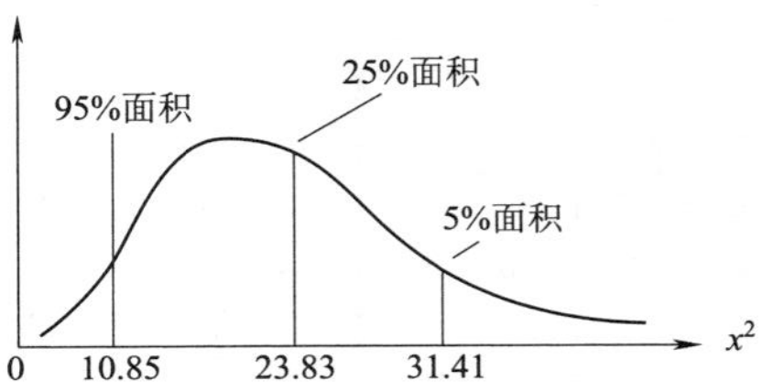

df	Pr												
	0.995	0.990	0.975	0.950	0.900	0.750	0.500	0.250	0.100	0.050	0.025	0.010	0.005
1	$392\ 704\times10^{-10}$	$157\ 088\times10^{-9}$	$982\ 069\times10^{-9}$	$393\ 214\times10^{-8}$	0.015 790 8	0.101 530 8	0.454 937	1.323 30	2.705 54	3.841 46	5.023 89	6.634 90	7.879 44
2	0.010 025 1	0.020 100 7	0.050 635 6	0.102 587	0.210 720	0.575 364	1.386 29	2.772 59	4.605 17	5.991 47	7.377 76	9.210 34	10.596 6
3	0.071 721 2	0.114 832	0.215 795	0.351 846	0.584 375	1.212 534	2.365 97	4.108 35	6.251 39	7.814 73	9.348 40	11.344 9	12.838 1
4	0.206 990	0.297 110	0.484 419	0.710 721	1.063 623	1.922 55	3.356 70	5.385 27	7.779 44	9.487 73	11.143 3	13.276 7	14.860 2
5	0.411 740	0.554 300	0.831 211	1.145 476	1.610 31	2.674 60	4.351 46	6.625 68	9.236 35	11.070 5	12.832 5	15.086 3	16.749 6
6	0.675 727	0.872 085	1.237 347	1.635 39	2.204 13	3.454 60	5.348 12	7.840 80	10.644 6	12.591 6	14.449 4	16.811 9	18.547 6
7	0.989 265	1.239 043	1.689 87	2.167 35	2.833 11	4.254 85	6.345 81	9.037 15	12.017 0	14.067 1	16.012 8	18.475 3	20.277 7
8	1.344 419	1.646 482	2.179 73	2.732 64	3.489 54	5.070 64	7.344 12	10.218 8	13.361 6	15.507 3	17.534 6	20.090 2	21.955 0
9	1.734 926	2.087 912	2.700 39	3.325 11	4.168 16	5.898 83	8.342 83	11.388 7	14.683 7	16.919 0	19.022 8	21.666 0	23.589 3
10	2.155 85	2.558 21	3.246 97	3.940 30	4.865 18	6.737 20	9.341 82	12.548 9	15.987 1	18.307 0	20.483 1	23.209 3	25.188 2
11	2.603 21	3.053 47	3.815 75	4.574 81	5.577 79	7.584 12	10.341 0	13.700 7	17.275 0	19.675 1	21.920 0	24.725 0	26.756 9
12	3.073 82	3.570 56	4.403 79	5.226 03	6.303 80	8.438 42	11.340 3	11.845 4	18.549 4	21.026 1	23.336 7	26.217 0	28.299 5
13	3.565 03	4.106 91	5.008 74	5.891 86	7.041 50	9.299 06	12.339 8	15.983 9	19.811 9	22.362 1	24.735 6	27.688 3	29.819 4
14	4.074 68	4.660 43	5.628 72	6.570 63	7.789 53	10.165 3	13.339 3	17.117 0	21.064 2	23.684 8	26.119 0	29.141 3	31.319 3
15	4.600 94	5.229 35	6.262 14	7.260 94	8.546 75	11.036 5	14.338 9	18.245 1	22.307 2	24.995 8	27.488 4	30.577 9	32.801 3

续表

df	Pr												
	0.995	0.990	0.975	0.950	0.900	0.750	0.500	0.250	0.100	0.050	0.025	0.010	0.005
16	5.142 24	5.812 21	6.907 66	7.961 64	9.312 23	11.912 2	15.338 5	19.368 8	23.541 8	26.296 2	28.845 4	31.999 9	34.267 2
17	5.697 24	6.407 76	7.564 18	8.671 76	10.085 2	12.791 9	16.338 1	20.488 7	24.769 0	27.587 1	30.191 0	33.408 7	35.718 5
18	6.264 81	7.014 91	8.230 75	9.390 46	10.864 9	13.675 3	17.337 9	21.604 9	25.989 4	28.869 3	31.526 4	34.805 3	37.156 4
19	6.843 98	7.632 73	8.906 55	10.117 0	11.650 9	14.562 0	18.337 6	22.71 7 8	27.203 6	30.143 5	32.852 3	36.190 8	38.582 2
20	7.433 86	8.260 40	9.590 83	10.850 8	12.442 6	15.451 8	19.337 4	23.827 7	28.412 0	31.410 4	34.169 6	37.566 2	39.996 8
21	8.033 66	8.897 20	10.282 93	11.591 3	13.239 6	16.344 4	20.337 2	24.934 8	29.615 1	32.670 5	34.478 9	38.932 1	41.401 0
22	8.642 72	9.542 49	10.982 3	12.338 0	14.041 5	17.239 6	21.337 0	26.039 3	30.813 3	33.924 4	36.780 7	40.289 4	42.795 6
23	9.260 42	10.195 67	11.688 5	13.090 5	14.847 9	18.137 3	22.336 9	27.141 3	32.006 9	35.172 5	38.075 7	41.638 4	44.181 3
24	9.886 23	10.856 4	12.401 1	13.848 4	15.658 7	19.037 2	23.336 7	28.241 2	33.196 3	36.415 1	39.364 1	42.979 8	45.558 5
25	10.519 7	11.524 0	13.119 7	14.611 4	16.473 4	19.939 3	24.336 6	29.338 9	34.381 6	37.652 5	40.646 5	44.314 1	46.927 8
26	11.160 3	12.198 1	13.843 9	15.379 1	17.291 9	20.843 4	25.336 4	30.434 5	35.563 1	38.885 2	41.923 2	45.641 7	48.289 9
27	11.807 6	12.878 6	14.573 3	16.151 3	18.113 8	21.749 4	26.336 3	31.528 4	36.741 2	40.113 3	43.194 4	46.963 0	49.644 9
28	12.461 3	13.564 8	15.307 9	16.927 9	18.939 2	22.657 2	27.336 3	32.620 5	37.915 9	41.337 2	44.460 7	48.278 2	50.993 3
29	13.121 1	14.256 5	16.047 1	17.708 3	19.767 7	23.566 6	28.336 2	33.710 9	39.087 5	42.556 9	45.722 2	49.587 9	52.335 6
30	13.786 7	14.953 5	16.790 8	18.492 6	20.599 2	24.477 6	29.336 0	31.799 8	40.256 0	43.772 9	46.979 2	50.892 2	53.672 0
40	20.706 5	22.164 3	24.433 1	26.509 3	29.050 5	33.660 3	39.335 4	45.616 0	51.805 0	55.758 5	59.341 7	63.690 7	66.765 9
50	27.990 7	29.706 7	32.357 4	34.764 2	37.688 6	42.942 1	49.334 9	56.333 6	63.167 1	67.504 8	71.420 2	76.153 9	79.490 0
60	35.534 6	37.484 8	40.481 7	43.187 9	46.458 9	52.293 8	59.334 7	66.981 4	74.397 0	79.081 9	83.297 6	88.379 4	91.951 7
70	43.275 2	45.441 8	48.757 6	51.739 3	55.329 0	61.698 3	69.334 4	77.576 6	85.527 1	90.531 2	95.023 1	100.425	104.215
80	51.172 0	53.540 0	57.153 2	60.391 5	64.277 8	71.144 5	79.334 3	88.130 3	96.578 2	101.879	106.629	112.329	116.321
90	59.196 3	61.754 1	65.646 6	69.126 0	73.291 2	80.624 7	89.334 2	98.649 9	107.565	113.145	118.136	124.116	128.299
100	67.327 6	70.064 8	74.221 9	77.929 5	83.358 1	90.133 2	99.334 1	109.141	118.498	124.342	129.561	135.807	140.169

表 A.5(a)　**德宾一沃森 *d* 统计量**(在 0.05 显著性水平上 d_I 和 d_U 的显著点)

n	k′=1		k′=2		k′=3		k′=4		k′=5		k′=6		k′=7		k′=8		k′=9		k′=10	
	d_L	d_U	d_L	d_U	d_L	d_U	d_L	d_U	d_L	d_U	d_L	d_U	d_L	d_U	d_L	d_U	d_L	d_U	d_L	d_U
6	0.610	1.400	—	—	—	—	—	—	—	—	—	—	—	—	—	—	—	—	—	—
7	0.700	1.356	0.467	1.896	—	—	—	—	—	—	—	—	—	—	—	—	—	—	—	—
8	0.763	1.332	0.559	1.777	0.368	2.287	—	—	—	—	—	—	—	—	—	—	—	—	—	—
9	0.824	1.320	0.629	1.699	0.455	2.128	0.296	2.588	—	—	—	—	—	—	—	—	—	—	—	—
10	0.879	1.30	0.697	1.641	0.525	2.016	0.376	2.414	0.243	2.822	—	—	—	—	—	—	—	—	—	—
11	0.927	1.324	0.658	1.604	0.595	1.928	0.444	2.283	0.316	2.645	0.203	3.005	—	—	—	—	—	—	—	—
12	0.971	1.331	0.812	1.579	0.658	1.864	0.512	2.177	0.379	2.506	0.268	2.832	0.171	3.149	—	—	—	—	—	—
13	0.010	1.340	0.861	1.562	0.715	1.816	0.574	2.094	1.445	2.390	0.328	2.692	0.230	2.985	0.147	3.266	—	—	—	—
14	1.045	1.350	0.905	1.551	0.767	1.779	0.632	2.303	0.505	2.296	0.389	2.572	0.286	2.848	0.200	3.111	0.127	3.360	—	—
15	1.007	1.361	0.946	1.543	0.814	1.750	0.685	1.977	0.562	2.220	0.447	2.472	0.343	2.727	0.251	2.979	0.175	3.216	0.111	3.438
16	1.106	1.371	0.982	1.539	0.857	1.728	0.734	1.935	0.615	2.157	0.502	2.388	0.398	2.624	0.304	2.860	0.222	3.090	0.155	3.304
17	1.133	1.381	1.015	1.536	0.897	1.710	0.779	1.900	0.664	2.104	0.554	2.318	0.451	2.537	0.356	2.757	0.272	2.975	0.198	3.184
18	1.158	1.391	1.046	1.535	0.933	1.696	0.820	1.872	0.710	2.060	0.603	2.257	0.502	2.461	0.407	2.667	0.321	2.873	0.244	3.073
19	1.180	1.401	1.074	1.536	0.967	1.685	0.859	1.848	0.752	2.023	0.649	2.206	0.549	2.396	0.456	2.589	0.369	2.783	0.290	2.974
20	1.201	1.411	1.100	1.537	0.998	1.676	0.894	1.828	0.792	1.991	0.692	2.162	0.595	2.339	0.502	2.521	0.416	2.704	0.336	2.885
21	1.221	1.420	1.125	1.538	1.026	1.669	0.927	1.812	0.829	1.964	0.732	2.124	0.637	2.290	0.547	2.460	0.461	2.633	0.380	2.806
22	1.239	1.429	1.147	1.541	1.053	1.664	0.958	1.797	0.863	1.940	0.769	2.090	0.677	2.246	0.588	2.407	0.504	2.571	0.424	2.734

续表

n	$k'=1$		$k'=2$		$k'=3$		$k'=4$		$k'=5$		$k'=6$		$k'=7$		$k'=8$		$k'=9$		$k'=10$	
	d_L	d_U	d_L	d_U	d_L	d_U	d_L	d_U	d_L	d_U	d_L	d_U	d_L	d_U	d_L	d_U	d_L	d_U	d_L	d_U
23	1.257	1.437	1.168	1.543	1.078	1.660	0.986	1.785	0.895	1.920	0.804	2.061	0.715	2.208	0.628	2.360	0.545	2.514	0.465	2.670
24	1.273	1.446	1.188	1.546	1.101	1.656	1.013	1.775	0.925	1.902	0.837	2.035	0.751	2.174	0.666	2.318	0.584	2.464	0.506	2.613
25	1.288	1.454	1.206	1.550	1.123	1.654	1.038	1.767	0.953	1.886	0.868	2.012	0.784	2.144	0.702	2.280	0.621	2.419	0.544	2.560
26	1.302	1.461	1.224	1.553	1.143	1.652	1.062	1.759	0.979	1.873	0.897	1.992	0.816	2.117	0.735	2.246	0.657	2.379	0.581	2.513
27	1.316	1.469	1.240	1.556	1.162	1.561	1.084	1.753	1.004	1.861	0.925	1.974	0.845	2.093	0.767	2.216	0.691	2.342	0.616	2.470
28	1.328	1.476	1.255	1.560	1.181	1.650	1.104	1.747	1.028	1.850	0.951	1.958	0.874	2.071	0.798	2.188	0.723	2.309	0.650	2.431
29	1.341	1.483	1.270	1.563	1.198	1.650	1.124	1.743	1.050	1.841	0.975	1.944	0.900	2.052	0.826	2.164	0.753	2.278	0.682	2.396
30	1.352	1.489	1.284	1.567	1.214	1.650	1.143	1.739	1.071	1.833	0.998	1.931	0.926	2.034	0.854	2.141	0.782	2.251	0.715	2.363
31	1.363	1.496	1.297	1.570	1.229	1.650	1.160	1.735	1.090	1.825	1.020	1.920	0.950	2.018	0.879	2.120	0.810	2.226	0.741	2.333
32	1.373	1.502	1.309	1.574	1.244	1.650	1.177	1.732	1.109	1.819	1.041	1.909	0.972	2.004	0.904	2.102	0.836	2.203	0.769	2.306
33	1.383	1.508	1.321	1.577	1.258	1.651	1.193	1.730	1.127	1.813	1.061	1.900	0.994	1.991	0.927	2.085	0.861	2.181	0.795	2.281
34	1.393	1.514	1.333	1.580	1.271	1.652	1.208	1.728	1.144	1.808	1.080	1.891	1.015	1.979	0.950	2.069	0.885	2.162	0.821	2.257
35	1.402	1.519	1.343	1.584	1.283	1.653	1.222	1.726	1.160	1.803	1.097	1.884	1.034	1.967	0.971	2.054	0.908	2.144	0.845	2.236
36	1.411	1.525	1.354	1.587	1.295	1.654	1.236	1.724	1.175	1.799	1.114	1.877	1.053	1.957	0.991	2.041	0.930	2.127	0.868	2.216
37	1.419	1.530	1.364	1.590	1.307	1.655	1.249	1.723	1.190	1.795	1.131	1.870	1.071	1.948	1.011	2.029	0.951	2.112	0.891	2.198
38	1.427	1.535	1.373	1.594	1.318	1.656	1.261	1.722	1.204	1.792	1.146	1.864	1.088	1.939	1.029	2.017	0.907	2.098	0.912	2.180
39	1.435	1.540	1.382	1.597	1.328	1.658	1.273	1.722	1.218	1.789	1.161	1.859	1.104	1.932	1.047	2.007	0.990	2.085	0.932	2.164
40	1.442	1544	1.391	1.600	1.338	1.659	1.285	1.721	1.230	1.786	1.175	1.854	1.120	1.924	1.064	1.997	1.008	2.072	0.952	2.149
45	1.475	1566	1.430	1.615	1.383	1.666	1.336	1.720	1.287	1.776	1.238	1.835	1.189	1.895	1.139	1.958	1.089	2.022	1.038	2.088

续表

n	k'=1		k'=2		k'=3		k'=4		k'=5		k'=6		k'=7		k'=8		k'=9		k'=10	
	d_L	d_U	d_L	d_U	d_L	d_U	d_L	d_U	d_L	d_U	d_L	d_U	d_L	d_U	d_L	d_U	d_L	d_U	d_L	d_U
50	1.503	1.585	1.462	1.628	1.421	1.674	1.378	1.721	1.335	1.771	1.291	1.822	1.246	1.875	1.201	1.930	1.156	1.986	1.110	2.044
55	1.528	1.601	1.490	1.641	1.452	1.681	1.414	1.724	1.374	1.768	1.334	1.814	1.294	1.861	1.253	1.909	1.212	1.959	1.170	2.010
60	1.549	1.616	1.514	1.652	1.480	1.689	1.444	1.727	1.408	1.767	1.372	1.808	1.335	1.850	1.298	1.894	1.260	1.939	1.222	1.984
65	1.567	1.629	1.536	1.662	1.503	1.696	1.471	1.731	1.438	1.767	1.404	1.805	1.370	1.843	1.336	1.882	1.301	1.923	1.266	1.964
70	1.583	1.641	1.554	1.672	1.525	1.703	1.494	1.735	1.464	1.768	1.433	1.802	1.401	1.837	1.369	1.873	1.337	1.910	1.305	1.948
75	1.598	1.652	1.571	1.680	1.543	1.709	1.515	1.739	1.487	1.770	1.458	1.801	1.428	1.834	1.399	1.867	1.369	1.901	1.339	1.935
80	1.611	1.662	1.586	1.688	1.560	1.715	1.534	1.743	1.507	1.772	1.480	1.801	1.453	1.831	1.425	1.861	1.397	1.893	1.369	1.925
85	1.624	1.671	1.600	1.696	1.575	1.721	1.550	1.747	1.525	1.774	1.500	1.801	1.474	1.829	1.448	1.857	1.422	1.886	1.396	1.916
90	1.635	1.679	1.612	1.703	1.589	1.726	1.566	1.751	1.542	1.776	1.518	1.801	1.494	1.827	1.469	1.854	1.445	1.881	1.420	1.909
95	1.645	1.687	1.623	1.709	1.602	1.732	1.579	1.755	1.557	1.778	1.535	1.802	1.512	1.827	1.489	1.852	1.465	1.877	1.442	1.903
100	1.654	1.694	1.634	1.715	1.613	1.736	1.592	1.758	1.571	1.780	1.550	1.803	1.528	1.826	1.506	1.850	1.484	1.874	1.462	1.898
150	1.720	1746	1.706	1.760	1.693	1.774	1.679	1.788	1.665	1.802	1.651	1.817	1.637	1.832	1.622	1.847	1.608	1.862	1.594	1.877
200	1.758	1.778	1.748	1.789	1.738	1.799	1.728	1.810	1.718	1.820	1.707	1.831	1.697	1.841	1.686	1.852	1.675	1.863	1.665	1.874

续表

n	$k'=11$		$k'=12$		$k'=13$		$k'=14$		$k'=15$		$k'=16$		$k'=17$		$k'=18$		$k'=19$		$k'=20$	
	d_L	d_U	d_L	d_U	d_L	d_U	d_L	d_U	d_L	d_U	d_L	d_U	d_L	d_U	d_L	d_U	d_L	d_U	d_L	d_U
16	0.098	3.503	—	—	—	—	—	—	—	—	—	—	—	—	—	—	—	—	—	—
17	0.138	3.378	0.087	3.557	—	—	—	—	—	—	—	—	—	—	—	—	—	—	—	—
18	0.177	3.265	0.123	3.441	0.078	3.603	—	—	—	—	—	—	—	—	—	—	—	—	—	—
19	0.220	3.159	0.160	3.335	0.111	3.496	0.070	3.642	—	—	—	—	—	—	—	—	—	—	—	—
20	0.263	3.063	0.200	3.234	0.145	3.395	0.100	3.542	0.063	3.676	—	—	—	—	—	—	—	—	—	—
21	0.307	2.976	0.240	3.141	0.182	3.300	0.132	3.448	0.091	3.583	0.058	3.705	—	—	—	—	—	—	—	—
22	0.349	2.897	0.281	3.057	0.220	3.211	0.166	3.358	0.120	3.495	0.083	3.619	0.052	3.731	—	—	—	—	—	—
23	0.391	2.826	0.322	2.979	0.259	3.128	0.202	3.272	0.153	3.409	0.110	3.535	0.076	3.650	0.048	3.753	—	—	—	—
24	0.431	2.761	0.362	2.908	0.297	3.053	0.239	3.193	0.186	3.327	0.141	3.454	0.101	3.572	0.070	3.678	0.004	3.773	—	—
25	0.470	2.702	0.400	2.844	0.335	2.983	0.275	3.119	0.221	3.251	0.172	3.376	0.130	3.494	0.094	3.604	0.065	3.702	0.041	3.790
26	0.508	2.649	0.438	2.784	0.373	2.919	0.312	3.051	0.256	3.179	0.205	3.303	0.160	3.420	0.120	3.531	0.087	3.632	0.060	3.724
27	0.544	2.600	0.475	2.730	0.409	2.859	0.348	2.987	0.291	3.112	0.238	3.233	0.191	3.349	0.149	3.460	0.112	3.563	0.081	3.658
28	0.578	2.555	0.510	2.680	0.445	2.805	0.383	2.928	0.325	3.050	0.271	3.168	0.222	3.283	0.178	3.392	0.138	3.495	0.104	3.592
29	0.612	2.515	0.544	2.634	0.479	2.755	0.418	2.874	0.359	2.992	0.305	3.107	0.254	3.219	0.208	3.327	0.166	3.431	0.129	3.528
30	0.643	2.477	0.577	2.592	0.512	2.708	0.451	2.823	0.392	2.937	0.337	3.050	0.286	3.160	0.238	3.266	0.195	3.368	0.156	3.465
31	0.647	2.443	0.608	2.553	0.545	2.665	0.484	2.776	0.425	2.887	0.370	2.996	0.317	3.103	0.269	3.208	0.224	3.309	0.183	3.406
32	0.703	2.411	0.638	2.517	0.576	2.625	0.515	2.733	0.457	2.840	0.401	2.946	0.349	3.050	0.299	3.153	0.253	3.252	0.211	3.348
33	0.731	2.382	0.668	2.484	0.606	2.588	0.546	2.692	0.488	2.796	0.432	2.899	0.379	3.000	0.329	3.100	0.283	3.198	0.239	3.293
34	0.758	2.355	0.695	2.454	0.634	2.554	0.575	2.654	0.518	2.754	0.462	2.854	0.409	2.954	0.359	3.051	0.312	3.147	0.267	3.240
35	0.783	2.330	0.722	2.425	0.662	2.521	0.604	2.619	0.547	2.716	0.492	2.813	0.439	2.910	0.388	3.005	0.340	3.099	0.295	3.190
36	0.808	2.306	0.748	2.398	0.689	2.492	0.631	2.586	0.575	2.680	0.520	2.774	0.467	2.868	0.417	2.961	0.369	3.053	0.323	3.142

续表

n	$k'=11$		$k'=12$		$k'=13$		$k'=14$		$k'=15$		$k'=16$		$k'=17$		$k'=18$		$k'=19$		$k'=20$	
	d_L	d_U	d_L	d_U	d_L	d_U	d_L	d_U	d_L	d_U	d_L	d_U	d_L	d_U	d_L	d_U	d_L	d_U	d_L	d_U
37	0.831	2.285	0.772	2.374	0.714	2.464	0.657	2.555	0.602	2.646	0.548	2.738	0.495	2.829	0.445	2.920	0.397	3.009	0.351	3.097
38	0.854	2.265	0.796	2.351	0.739	2.438	0.683	2.526	0.628	2.614	0.575	2.703	0.522	2.792	0.472	2.880	0.424	2.968	0.378	3.054
39	0.875	2.246	0.819	2.329	0.763	2.413	0.707	2.499	0.653	2.585	0.600	2.671	0.549	2.757	0.499	2.843	0.451	2.929	0.404	3.013
40	0.896	2.228	0.840	2.309	0.785	2.391	0.731	2.473	0.678	2.557	0.626	2.641	0.575	2.724	0.525	2.808	0.477	2.892	0.430	2.974
45	0.988	2.156	0.938	2.225	0.887	2.296	0.838	2.367	0.788	2.439	0.740	2.512	0.692	2.586	0.644	2.659	0.598	2.733	0.553	2.807
50	1.064	2.103	1.019	2.163	0.973	2.225	0.927	2.287	0.882	2.350	0.836	2.414	0.792	2.479	0.747	2.544	0.703	2.610	0.660	2.675
55	1.129	2.062	1.087	2.116	1.045	2.170	1.003	2.225	0.961	2.281	0.919	2.338	0.877	2.396	0.836	2.454	0.795	2.512	0.754	2.571
60	1.184	2.031	1.145	2.079	1.106	2.127	1.068	2.177	1.029	2.227	0.990	2.278	0.951	2.330	0.913	2.382	0.874	2.434	0.836	2.487
65	1.231	2.006	1.195	2.049	1.160	2.093	1.124	2.138	1.088	2.183	1.052	2.229	1.016	2.276	0.980	2.323	0.944	2.371	0.908	2.419
70	1.272	1.986	1.239	2.026	1.206	2.066	1.172	2.106	1.139	2.148	1.105	2.189	1.072	2.232	1.038	2.275	1.005	2.318	0.971	2.362
75	1.308	1.970	1.277	2.006	1.247	2.043	1.215	2.080	1.184	2.118	1.153	2.156	1.121	2.195	1.090	2.235	1.058	2.275	1.027	2.315
80	1.340	1.957	1.311	1.991	1.283	2.024	1.253	2.059	1.224	2.093	1.195	2.129	1.165	2.165	1.136	2.201	1.106	2.238	1.076	2.275
85	1.369	1.946	1.342	1.977	1.315	2.009	1.287	2.040	1.260	2.073	1.232	2.105	1.205	2.139	1.177	2.172	1.149	2.206	1.121	2.241
90	1.395	1.937	1.369	1.966	1.344	1.995	1.318	2.025	1.292	2.055	1.266	2.085	1.240	2.116	1.213	2.148	1.187	2.179	1.160	2.211
95	1.418	1.929	1.394	1.956	1.370	1.984	1.345	2.012	1.321	2.040	1.296	2.068	1.271	2.097	1.247	2.126	1.222	2.156	1.197	2.186
100	1.439	1.923	1.416	1.948	1.393	1.974	1.371	2.000	1.347	2.026	1.324	2.053	1.301	2.080	1.277	2.108	1.253	2.135	1.229	2.164
150	1.579	1.892	1.564	1.908	1.550	1.924	1.535	1.940	1.519	1.956	1.504	1.972	1.489	1.989	1.474	2.006	1.458	2.023	1.443	2.040
200	1.654	1.885	1.643	1.896	1.632	1.908	1.621	1.919	1.610	1.931	1.599	1.943	1.588	1.955	1.576	1.967	1.565	1.979	1.554	1.991

注：n=观测个数，k'=不包含常数项的解释变量个数。若 $n=40$ 和 $k'=4$，则 $d_L=1.285$ 和 $d_U=1.721$。若所计算的 d 值小于 1.285，则表明有正的一阶序列相关；若 d 大于 1.721，则表明无正的一阶序列相关迹象；若 $1.285 \leqslant d \leqslant 1.721$，则表明不能判断是否有正的一阶序列相关

资料来源：古扎拉蒂．计量经济学（下册）．北京：中国人民大学出版社，2000

表 A. 5(b) 德宾一沃森 **d** 统计量(在 0. 01 显著性水平上 d_L 和 d_U 的显著点)

n	k′=1		k′=2		k′=3		k′=4		k′=5		k′=6		k′=7		k′=8		k′=9		k′=10	
	d_L	d_U	d_L	d_U	d_L	d_U	d_L	d_U	d_L	d_U	d_L	d_U	d_L	d_U	d_L	d_U	d_L	d_U	d_L	d_U
6	0. 390	1. 142	—	—	—	—	—	—	—	—	—	—	—	—	—	—	—	—	—	—
7	0. 435	1. 036	0. 294	1. 676	—	—	—	—	—	—	—	—	—	—	—	—	—	—	—	—
8	0. 497	1. 003	0. 345	1. 489	0. 229	2. 102	—	—	—	—	—	—	—	—	—	—	—	—	—	—
9	0. 554	0. 998	0. 408	1. 389	0. 279	1. 875	0. 183	2. 433	—	—	—	—	—	—	—	—	—	—	—	—
10	0. 604	1. 001	0. 466	1. 333	0. 340	1. 733	0. 230	2. 193	0. 150	2. 690	—	—	—	—	—	—	—	—	—	—
11	0. 653	1. 010	0. 519	1. 297	0. 396	1. 640	0. 286	2. 030	0. 193	2. 453	0. 124	2. 892	—	—	—	—	—	—	—	—
12	0. 687	1. 023	0. 569	1. 274	0. 449	1. 575	0. 339	1. 913	0. 244	2. 280	0. 164	2. 665	0. 105	3. 053	—	—	—	—	—	—
13	0. 738	1. 038	0. 616	1. 261	0. 499	1. 526	0. 391	1. 826	0. 294	2. 150	0. 211	2. 490	0. 140	2. 838	0. 090	3. 182	—	—	—	—
14	0. 776	1. 054	0. 660	1. 254	0. 547	1. 490	0. 441	1. 757	0. 343	2. 049	0. 257	2. 354	0. 183	2. 667	0. 122	2. 981	0. 078	3. 287	—	—
15	0. 811	1. 070	0. 700	1. 252	0. 591	1. 464	0. 488	1. 704	0. 391	1. 967	0. 303	2. 244	0. 226	2. 530	0. 161	2. 817	0. 107	3. 101	0. 068	3. 374
16	0. 844	1. 086	0. 737	1. 252	0. 633	1. 446	0. 532	1. 663	0. 437	1. 900	0. 349	2. 153	0. 269	2. 416	0. 200	2. 681	0. 142	2. 944	0. 094	3. 201
17	0. 874	1. 102	0. 772	1. 255	0. 672	1. 432	0. 574	1. 630	0. 480	1. 847	0. 393	2. 078	0. 313	2. 319	0. 241	2. 566	0. 179	2. 811	0. 127	3. 053
18	0. 902	1. 118	0. 805	1. 259	0. 708	1. 422	0. 613	1. 604	0. 522	1. 803	0. 435	2. 015	0. 355	2. 238	0. 282	2. 467	0. 216	2. 697	0. 160	2. 925
19	0. 928	1. 132	0. 835	1. 265	0. 742	1. 415	0. 650	1. 584	0. 561	1. 767	0. 476	1. 963	0. 396	2. 169	0. 322	2. 381	0. 255	2. 597	0. 196	2. 816
20	0. 952	1. 147	0. 863	1. 271	0. 773	1. 411	0. 685	1. 567	0. 598	1. 737	0. 151	1. 918	0. 436	2. 110	0. 362	2. 308	0. 294	2. 510	0. 232	2. 714
21	0. 975	1. 161	0. 890	1. 277	0. 803	1. 408	0. 718	1. 554	0. 633	1. 715	0. 552	1. 881	0. 474	2. 059	0. 400	2. 244	0. 331	2. 434	0. 268	2. 625
22	0. 997	1. 174	0. 914	1. 284	0. 831	1. 407	0. 748	1. 543	0. 667	1. 691	0. 587	1. 849	0. 510	2. 015	0. 437	2. 188	0. 368	2. 367	0. 304	2. 548

续表

n	$k'=1$		$k'=2$		$k'=3$		$k'=4$		$k'=5$		$k'=6$		$k'=7$		$k'=8$		$k'=9$		$k'=10$	
	d_L	d_U	d_L	d_U	d_L	d_U	d_L	d_U	d_L	d_U	d_L	d_U	d_L	d_U	d_L	d_U	d_L	d_U	d_L	d_U
23	1.018	1.187	0.938	1.291	0.858	1.407	0.777	1.534	0.698	1.673	0.620	1.821	0.545	1.977	0.473	2.140	0.404	2.308	0.340	2.479
24	1.037	1.199	0.960	1.298	0.882	1.407	0.805	1.528	0.728	1.658	0.652	1.797	0.578	1.944	0.507	2.098	0.439	2.255	0.375	2.417
25	1.055	1.211	0.981	1.305	0.906	1.409	0.831	1.523	0.756	1.645	0.682	1.776	0.610	1.915	0.540	2.059	0.473	2.209	0.409	2.362
26	1.072	1.222	1.001	1.312	0.928	1.411	0.855	1.518	0.783	1.635	0.711	1.759	0.640	1.889	0.572	2.026	0.505	2.168	0.441	2.313
27	1.089	1.233	1.019	1.319	0.949	1.413	0.878	1.515	0.808	1.626	0.738	743	0.669	1.867	0.602	1.997	0.536	2.131	0.473	2.269
28	1.104	1.244	1.037	1.325	0.969	1.415	0.900	1.513	0.832	1.618	0.764	1.729	0.696	1.847	0.630	1.970	0.566	2.098	0.504	2.229
29	1.119	1.254	1.054	1.331	0.988	1.418	0.921	1.512	0.855	1.611	0.788	1.718	0.723	1.830	0.658	1.947	0.595	2.068	0.533	2.193
30	1.133	1.263	1.070	1.339	1.006	1.421	0.941	1.511	0.877	1.606	0.812	1.707	0.748	1.814	0.684	1.925	0.622	2.041	0.562	2.160
31	1.147	1.273	1.085	1.345	1.023	1.425	0.960	1.510	0.897	1.601	0.834	1.698	0.772	1.800	0.710	1.906	0.649	2.017	0.589	2.131
32	1.160	1.282	1.100	1.352	1.040	1.428	0.979	1.510	0.917	1.597	0.856	1.690	0.794	1.788	0.734	1.889	0.674	1.995	0.615	2.104
33	1.172	1.291	1.114	1.358	1.055	1.432	0.996	1.510	0.936	1.594	0.876	1.683	0.816	1.776	0.757	1.874	0.698	1.975	0.641	2.080
34	1.184	1.299	1.128	1.364	1.070	1.435	1.012	1.511	0.954	1.591	0.896	1.677	0.837	1.766	0.779	1.860	0.722	1.957	0.665	2.057
35	1.195	1.307	1.140	1.370	1.085	1.439	1.028	1.512	0.971	1.598	0.914	1.671	0.857	1.757	0.800	1.847	0.744	1.940	0.689	2.037
36	1.206	1.315	1.153	1.376	1.098	1.442	1.043	1.513	0.988	1.588	0.932	1.666	0.877	1.749	0.821	1.836	0.766	1.925	0.711	2.018
37	1.217	1.323	1.165	1.382	1.112	1.446	1.058	1.514	1.004	1.586	0.950	1.662	0.895	1.742	0.841	1.825	0.787	1.911	0.733	2.001
38	1.227	1.330	1.176	1.388	1.124	1.449	1.072	1.515	1.019	1.585	0.966	1.658	0.913	1.735	0.860	1.816	0.807	1.899	0.754	1.985
39	1.237	1.337	1.187	1.393	1.137	1.453	1.085	1.517	1.034	1.584	0.982	1.655	0.930	1.729	0.878	1.807	0.826	1.887	0.774	1.970
40	1.246	1.344	1.198	1.398	1.148	1.457	1.098	1.518	1.048	1.584	0.997	1.652	0.946	1.724	0.895	1.799	0.844	1.876	0.749	1.956
45	1.288	1.376	1.245	1.423	1.201	1.474	1.156	1.528	1.111	1.584	1.065	1.643	1.019	1.704	0.974	1.768	0.927	1.834	0.881	1.902

续表

n	k′=1		k′=2		k′=3		k′=4		k′=5		k′=6		k′=7		k′=8		k′=9		k′=10	
	d_L	d_U	d_L	d_U	d_L	d_U	d_L	d_U	d_L	d_U	d_L	d_U	d_L	d_U	d_L	d_U	d_L	d_U	d_L	d_U
50	1.324	1.403	1.285	1.446	1.245	1.491	1.205	1.538	1.164	1.587	1.123	1.639	1.081	1.692	1.039	1.748	0.997	1.805	0.955	1.864
55	1.356	1.427	1.320	1.466	1.284	1.506	1.247	1.548	1.209	1.592	1.072	1.638	1.134	1.685	1.095	1.734	1.057	1.785	1.018	1.837
60	1.383	1.449	1.350	1.484	1.317	1.520	1.283	1.558	1.249	1.598	1.214	1.639	1.179	1.682	1.144	1.726	1.108	1.771	1.072	1.817
65	1.407	1.468	1.377	1.500	1.346	1.534	1.315	1.568	1.283	1.604	1.251	1.642	1.218	1.680	1.186	1.720	1.153	1.761	1.120	1.802
70	1.429	1.485	1.400	1.515	1.372	1.546	1.343	1.578	1.313	1.611	1.283	1.645	1.253	1.680	1.223	1.716	1.192	1.754	1.162	1.792
75	1.448	1.501	1.422	1.529	1.395	1.557	1.368	1.587	1.340	1.617	1.313	1.649	1.284	1.682	1.256	1.714	1.227	1.748	1.199	1.783
80	1.466	1.515	1.441	1.541	1.416	1.568	1.390	1.595	1.364	1.624	1.338	1.653	1.312	1.683	1.285	1.714	1.259	1.745	1.232	1.777
85	1.482	1.528	1.458	1.553	1.435	1.578	1.411	1.603	1.386	1.630	1.362	1.657	1.337	1.685	1.312	1.714	1.287	1.743	1.262	1.773
90	1.496	1.540	1.474	1.563	1.452	1.587	1.429	1.611	1.406	1.636	1.382	1.661	1.360	1.687	1.336	1.714	1.312	1.741	1.288	1.769
95	1.510	1.552	1.489	1.573	1.468	1.596	1.446	1.618	1.425	1.642	1.403	1.666	1.381	1.690	1.358	1.715	1.336	1.741	1.313	1.767
100	1.522	1.562	1.503	1.583	1.482	1.604	1.462	1.625	1.441	1.647	1.421	1.670	1.400	1.693	1.378	1.717	1.357	1.741	1.335	1.765
150	1.611	1.637	1.598	1.651	1.584	1.665	1.571	1.679	1.557	1.693	1.543	1.708	1.530	1.722	1.515	1.737	1.501	1.752	1.486	1.767
200	1.664	1.684	1.653	1.693	1.643	1.704	1.633	1.715	1.623	1.725	1.613	1.735	1.603	1.746	1.592	1.757	1.582	1.768	1.571	1.779

续表

n	k′=11		k′=12		k′=13		k′=14		k′=15		k′=16		k′=17		k′=18		k′=19		k′=20	
	d_L	d_U	d_L	d_U	d_L	d_U	d_L	d_U	d_L	d_U	d_L	d_U	d_L	d_U	d_L	d_U	d_L	d_U	d_L	d_U
16	0.060	3.446	—	—	—	—	—	—	—	—	—	—	—	—	—	—	—	—	—	—
17	0.084	3.286	0.053	3.506	—	—	—	—	—	—	—	—	—	—	—	—	—	—	—	—
18	0.113	3.146	0.075	3.358	0.047	3.357	—	—	—	—	—	—	—	—	—	—	—	—	—	—
19	0.145	3.023	0.102	3.227	0.067	3.420	0.043	3.601	—	—	—	—	—	—	—	—	—	—	—	—
20	0.178	2.914	0.131	3.109	0.092	3.297	0.061	3.474	0.038	3.639	—	—	—	—	—	—	—	—	—	—
21	0.212	2.817	0.162	3.004	0.119	3.185	0.084	3.358	0.055	3.521	0.035	3.671	—	—	—	—	—	—	—	—
22	0.246	2.729	0.194	2.909	0.148	3.084	0.109	3.252	0.077	3.142	0.050	3.562	0.032	3.700	—	—	—	—	—	—
23	0.281	2.651	0.227	2.822	0.178	2.991	0.136	3.155	0.100	3.311	0.070	3.459	0.046	3.597	0.029	3.725	—	—	—	—
24	0.315	2.580	0.260	2.744	0.209	2.906	0.165	3.065	0.125	3.218	0.092	3.363	0.065	3.501	0.043	3.629	0.027	3.747	—	—
25	0.348	2.517	0.292	2.674	0.240	2.829	0.194	2.982	0.152	3.131	0.116	3.274	0.085	3.410	0.060	3.538	0.039	3.657	0.025	3.766
26	0.381	2.460	0.324	2.610	0.272	2.758	0.225	2.906	0.180	3.050	0.141	3.191	0.107	3.325	0.079	3.452	0.055	3.572	0.036	3.682
27	0.413	2.409	0.356	2.552	0.303	2.694	0.253	2.836	0.208	2.976	0.167	3.113	0.131	3.245	0.100	3.371	0.073	3.490	0.051	3.602
28	0.444	2.363	0.387	2.499	0.333	2.635	0.283	2.772	0.237	2.907	0.194	3.040	0.156	3.169	0.122	3.294	0.093	3.412	0.068	3.524
29	0.474	2.321	0.417	2.451	0.363	2.582	0.313	2.713	0.266	2.843	0.222	2.972	0.182	3.098	0.146	3.220	0.114	3.338	0.087	2.450
30	0.503	2.283	0.447	2.407	0.393	2.533	0.342	2.659	0.294	2.785	0.249	2.909	0.208	3.032	0.171	3.152	0.137	3.267	0.107	3.379
31	0.531	2.248	0.475	2.367	0.422	2.487	0.371	2.609	0.322	2.730	0.277	2.851	0.234	2.970	0.196	3.087	0.160	3.201	0.128	3.311
32	0.558	2.216	0.503	2.330	0.450	2.446	0.399	2.563	0.350	2.680	0.304	2.797	0.261	2.912	0.221	3.026	0.184	3.137	0.151	3.246
33	0.585	2.187	0.530	2.296	0.477	2.408	0.426	2.520	0.377	2.633	0.331	2.746	0.287	2.858	0.246	2.969	0.209	3.078	0.174	3.184
34	0.610	2.160	0.556	2.266	0.503	2.373	0.452	2.481	0.404	2.590	0.357	2.699	0.313	2.808	0.272	2.915	0.233	3.022	0.197	3.126
35	0.634	2.136	0.581	2.237	0.529	2.340	0.478	2.444	0.430	2.550	0.383	2.655	0.339	2.761	0.297	2.865	0.257	2.969	0.221	3.071
36	0.658	2.113	0.605	2.210	0.554	2.310	0.504	2.410	0.455	2.512	0.409	2.614	0.364	2.717	0.322	2.818	0.282	2.1919	0.244	3.019

续表

n	$k'=11$		$k'=12$		$k'=13$		$k'=14$		$k'=15$		$k'=16$		$k'=17$		$k'=18$		$k'=19$		$k'=20$	
	d_L	d_U	d_L	d_U	d_L	d_U	d_L	d_U	d_L	d_U	d_L	d_U	d_L	d_U	d_L	d_U	d_L	d_U	d_L	d_U
37	0.680	2.092	0.628	2.186	0.578	2.282	0.528	2.379	0.480	2.477	0.434	2.576	0.389	2.675	0.347	2.774	0.306	2.872	0.268	2.969
38	0.702	2.073	0.651	2.164	0.601	2.256	0.552	2.350	0.504	2.445	0.458	2.540	0.614	2.637	0.371	2.733	0.330	2.828	0.291	2.923
39	0.723	2.055	0.673	2.143	0.623	2.232	0.575	2.323	0.528	2.414	0.482	2.507	0.438	2.600	0.395	2.694	0.354	2.787	0.315	2.879
40	0.744	2.039	0.694	2.123	0.645	2.210	0.597	2.297	0.551	2.386	0.505	2.476	0.461	2.566	0.418	2.657	0.377	2.748	0.338	2.838
45	0.835	1.972	0.790	2.044	0.744	2.118	0.700	2.193	0.655	2.269	0.612	2.346	0.570	2.424	0.528	2.503	0.488	2.582	0.448	2.661
50	0.913	1.925	0.871	1.987	0.829	2.051	0.787	2.116	0.746	2.182	0.705	2.250	0.665	2.318	0.625	2.387	0.586	2.456	0.548	2.526
55	0.979	1.891	0.940	1.945	0.902	2.002	0.863	2.059	0.825	1.117	0.786	2.176	0.748	2.237	0.711	2.298	0.674	2.359	0.637	2.421
60	1.037	1.865	1.001	1.914	0.965	1.964	0.929	2.015	0.893	2.067	0.857	2.120	0.822	2.173	0.786	2.227	0.751	2.283	0.716	2.338
65	1.087	1.845	1.053	1.889	1.020	1.934	0.986	1.980	0.953	2.027	0.919	2.075	0.886	2.123	0.852	2.172	0.819	2.221	0.786	2.272
70	1.131	1.831	1.099	1.870	1.068	1.911	1.037	1.953	1.005	1.995	0.974	2.038	0.943	2.082	0.911	2.127	0.880	2.172	0.849	2.217
75	1.170	1.819	1.141	1.856	1.111	1.893	1.082	1.931	1.052	1.970	1.023	2.009	0.993	2.049	0.964	2.090	0.934	2.131	0.905	2.172
80	1.205	1.810	1.177	1.844	1.150	1.878	1.122	1.913	1.094	1.949	1.066	1.984	1.039	2.022	1.011	2.059	0.983	2.097	0.955	2.135
85	1.236	1.803	1.210	1.834	1.184	1.866	1.158	1.898	1.132	1.931	1.106	1.965	1.080	1.999	1.053	2.033	1.027	2.068	1.000	2.104
90	1.264	1.798	1.240	1.827	1.215	1.826	1.191	1.886	1.166	1.917	1.141	1.948	1.116	1.979	1.091	2.012	1.066	2.044	1.041	2.077
95	1.290	1.793	1.267	1.821	1.244	1.848	1.221	1.876	1.197	1.905	1.174	1.934	1.150	1.963	1.126	1.993	1.102	2.023	1.079	2.054
100	1.314	1.790	1.292	1.816	1.270	1.841	1.248	1.868	1.225	1.895	1.203	1.922	1.181	1.949	1.158	1.977	1.136	2.006	1.113	2.034
150	1.473	1.783	1.458	1.799	1.444	1.814	1.429	1.830	1.414	1.847	1.400	1.863	1.385	1.880	1.370	1.897	1.355	1.913	1.340	1.931
200	1.561	1.791	1.550	1.801	1.539	1.813	1.528	1.824	1.518	1.836	1.507	1.847	1.495	1.860	1.484	1.871	1.474	1.883	1.462	1.896

注：n=观测个数，k'=不包含常数项的解释变量个数

资料来源：古扎拉蒂．计量经济学(下册)．北京：中国人民大学出版社，2000

表 A.6　协整检验临界值表

N	模型形式	α	ϕ	se	ϕ_1	ϕ_2
1	无常数项，无趋势项	0.01	−2.5658	(0.0023)	−1.960	−10.04
		0.05	−1.9393	(0.0008)	−0.398	0.0
		0.10	−1.6156	(0.0007)	−0.181	0.0
1	常数项，无趋势项	0.01	−3.4336	(0.0024)	−5.999	−29.25
		0.05	−2.8621	(0.0011)	−2.738	−8.36
		0.10	−2.5671	(0.0009)	−1.438	−4.48
1	常数项，趋势项	0.01	−3.9638	(0.0019)	−8.353	−47.44
		0.05	−3.4126	(0.0012)	−4.039	−17.83
		0.10	−3.1279	(0.0009)	−2.418	−7.58
2	常数项，无趋势项	0.01	−3.9001	(0.0022)	−10.534	−30.03
		0.05	−3.3377	(0.0012)	−5.967	−8.98
		0.10	−3.0462	(0.0009)	−4.069	−5.73
2	常数项，趋势项	0.01	−4.3266	(0.0022)	−15.531	−34.03
		0.05	−3.7809	(0.0013)	−9.421	−15.06
		0.10	−3.4959	(0.0009)	−7.203	−4.01
3	常数项，无趋势项	0.01	−4.2981	(0.0023)	−13.790	−46.37
		0.05	−3.7429	(0.0012)	−8.352	−13.41
		0.10	−3.4518	(0.0010)	−6.241	−2.79
3	常数项，趋势项	0.01	−4.6676	(0.0022)	−18.492	−49.35
		0.05	−4.1193	(0.0011)	−12.024	−13.13
		0.10	−3.8344	(0.0009)	−9.188	−4.85
4	常数项，无趋势项	0.01	−4.6493	(0.0023)	−17.188	−59.20
		0.05	−4.1000	(0.0012)	−10.745	−21.57
		0.10	−3.8110	(0.0009)	−8.317	−5.19
4	常数项，趋势项	0.01	−4.9695	(0.0021)	−22.504	−50.22
		0.05	−4.4294	(0.0012)	−14.501	−19.54
		0.10	−4.1474	(0.0010)	−11.165	−9.88
5	常数项，无趋势项	0.01	−4.9587	(0.0026)	−22.140	−37.29
		0.05	−4.4185	(0.0013)	−13.641	−21.16
		0.10	−4.1327	(0.0009)	−10.638	−5.48
5	常数项，趋势项	0.01	−5.2497	(0.0024)	−26.606	−49.56
		0.05	−4.7154	(0.0013)	−17.432	−16.50
		0.10	−4.4345	(0.0010)	−13.654	−5.77
6	常数项，无趋势项	0.01	−5.2400	(0.0029)	−26.278	−41.65
		0.05	−4.7048	(0.0018)	−17.120	−11.17
		0.10	−4.4242	(0.0010)	−13.347	0.0
6	常数项，趋势项	0.01	−5.5127	(0.0033)	−30.735	−52.50
		0.05	−4.9767	(0.0017)	−20.883	−9.05
		0.10	−4.6999	(0.0011)	−16.445	0.0

注：①临界值计算公式是 $C(\alpha)=\phi_\infty+\phi_1 T^{-1}+\phi_2 T^{-2}$，其中 T 表示样本容量

②N 表示协整回归公式中所含变量个数，α 表示检验性水平

资料来源：张晓峒．应用数量经济学．北京：机械工业出版社，2009